慶祝萬國法律事務所
成立45周年系列之三

紛爭解決、公私協力
保密與競業

萬國法律事務所／著

五南圖書出版公司 印行

序

現今社會變遷快速，國際貿易盛行，企業常於國內外進行商業活動，政府機關除扮演規制企業的角色外，也常為企業各類商業活動的合作對象，企業也雇用大批員工以生產製造產品並拓展商業活動。

當企業與國內外企業、政府機關或員工交涉或簽訂各類契約時，有什麼應該特別注意的事項？或雙方發生紛爭時該如何解決？實為台灣企業在法律風險管理上所面臨的重要課題。

萬國法律事務所向來以專精於訴訟事件享譽法界，不論法官或律師同道均對本所辦理訴訟事件的嚴謹及品質讚譽有加。關於另一解決紛爭途徑——仲裁，本所秉承數十年來業已成熟豐富的仲裁經驗，充分發揮展現本所精湛的仲裁服務品質，深為當事人稱許及信賴。在法律事務日漸朝專業分工方向發展的今日，本所在創立時即特別成立訴訟、仲裁部門，在多位有豐富訴訟、仲裁經驗的創所律師、合夥律師及資深律師帶領下，再結合數十位學有專精之律師，提供更專業及全方位之訴訟仲裁法律服務。

在慶祝萬國法律事務所成立四十五周年之時，本所訴訟、仲裁部門同仁就辦理訴訟仲裁業務的心得，以「一問一答」的撰寫方式，在「紛爭因應、解決與預防」、「公私協力、促參、聯合開發與政府採購」、「競業禁止約定之許容及其界

限」、「營業（工商）秘密侵害及背信」等四個主題集結了115
篇論文，提供社會各界分享，並請指教，希望有助於企業經營
者對法律風險的管理，並提供企業法務人員作業的參考。

萬國法律事務所創所律師暨所長

陳傳岳

2019年9月10日

文章作者簡介

張嘉真

◎萬國法律事務所資深合夥律師

◎學歷：美國哥倫比亞大學法學碩士、國立台灣大學法學士

◎法律專長：訴訟事件、仲裁事件、工程法律、環保法規、公平交易法、公司法、國際貿易事件、著作權法事件、海商事件

林雅芬

◎萬國法律事務所資深合夥律師

◎學歷：國立台灣大學法學士

◎法律專長：工程法律、訴訟事件、仲裁事件、政府採購法事件、促參事件、聯合開發事件、銀行及金融事件

白友桂

◎萬國法律事務所助理合夥律師

◎學歷：國立台灣大學政治學士、國立中正大學社會福利學碩士、東吳大學法碩士

◎法律專長：民事訴訟、刑事訴訟、仲裁案件

王龍寬

◎萬國法律事務所助理合夥律師

◎學歷：美國西北大學國際人權法碩士、美國哈佛大學東亞法研究中心訪問學者、國立台灣大學法學士

◎法律專長：工程事件、政府採購法事件、人權事件、勞工事件、聯合開發事件、一般訴訟事件、仲裁事件

陳誌泓

◎萬國法律事務所助理合夥律師
◎學歷：日本九州大學大學院法學府法學碩士（紛爭管理論專攻）、國立台灣大學法碩士、國立台灣大學法學士、日本北海道大學法學研究科特別聽講生
◎法律專長：一般民刑事暨仲裁事件、工程及促參案件、民事執行及破產案件、勞動事件、衍生性金融商品爭議處理

吳典倫

◎萬國法律事務所助理合夥律師
◎學歷：美國賓夕凡尼亞大學法學碩士、華頓商學院商業與法律證書、國立台灣大學法學碩士、國立台灣大學法學士
◎法律專長：訴訟事件、仲裁事件、營建工程事件、不動產事件

陳一銘

◎萬國法律事務所助理合夥律師
◎學歷：國立台北大學法學碩士、國立台北大學法學士
◎法律專長：民事訴訟、刑事訴訟、行政爭訟、公司法及證券交易法事件、信託法事件、公平交易法及多層次傳銷管理法事件

姜威宇

◎萬國法律事務所助理合夥律師
◎學歷：國立台灣大學法學碩士、國立台灣大學法學士
◎法律專長：民事案件、行政訴訟事件

林庭宇

◎萬國法律事務所資深律師
◎學歷：國立台灣大學民商法學組碩士、國立台灣大學法學組學士
◎法律專長：訴訟事件

陳威韶

◎萬國法律事務所資深律師
◎學歷：國立台灣大學法律系司法組學士
◎法律專長：工程事件、聯合開發事件、金融事件、不動產爭議事件、一般民刑事、行政訴訟事件

唐玉盈

◎萬國法律事務所資深律師
◎學歷：國立台灣大學法學碩士、國立台灣大學法學士
◎法律專長：一般民刑事訴訟、訴願及行政訴訟、工程爭議、不動產爭議、國家賠償、刑事補償等事件

詹祐維

◎萬國法律事務所資深律師
◎學歷：國立台灣大學法律學研究所（公法組）碩士、國立台灣大學法律學系（司法組）學士
◎法律專長：民、刑事訴訟事件、行政訴訟事件

曾毓君

◎萬國法律事務所資深律師
◎學歷：國立台北大學法學碩士、天主教輔仁大學法學士
◎法律專長：一般民事及行政事件、仲裁事件、政府採購法事件

王之穎

◎萬國法律事務所資深律師
◎學歷：國立台灣大學法學碩士、法學士
◎法律專長：一般民刑事案件、勞資爭議案件

洪凱倫

◎萬國法律事務所資深律師
◎學歷：國立台北大學法學碩士、法學士
◎法律專長：一般民事案件、公司及證券金融事件、企業併購
事件、聯合開發事件

郭曉丰

◎萬國法律事務所律師
◎學歷：國立台灣大學法學士、政治學士
◎法律專長：一般民刑事案件

林誼勳

◎萬國法律事務所律師
◎學歷：國立交通大學科技法律研究所法學碩士、國立政治大
學法律學系學士
◎法律專長：民事案件、國際仲裁事件、工程法律案件、能源
法案件、公司法事件

江嘉瑜

◎萬國法律事務所律師
◎學歷：國立台灣大學法學士、法學碩士
◎法律專長：一般民刑事案件

黃新為

◎萬國法律事務所律師
◎學歷：國立政治大學法學士
◎法律專長：一般民刑事案件、契約審閱

劉穎嫻

◎萬國法律事務所律師
◎學歷：國立台灣大學法律學系司法組、國立台灣大學法律學研究所刑事法組、日本北海道大學法學研究科特別研究學生
◎法律專長：一般民刑事案件

李仲昀

◎萬國法律事務所律師
◎學歷：國立臺灣大學法律學系（司法組）學士、國立臺灣大學法律學研究所（基礎法學組）碩士
◎法律專長：一般民事案件、公司及銀行證券金融事件

趙川寧

◎萬國法律事務所律師
◎學歷：美國紐約大學法學院碩士、國立政治大學法律學系學士
◎法律專長：一般民事案件、公司及銀行證券金融事件

目　次

七、國家賠償

八、會計師鑑定

四、政府採購

第一篇

紛爭因應、解決與預防

一、外國仲裁

1

企業與外國企業簽訂契約時，如約定以仲裁解決紛爭，仲裁機構應如何選擇？相關注意事項為何？

張嘉眞、林誼勳

現今國際商務契約以仲裁方式解決契約所生之紛爭，頗為常見，但國際上有諸多仲裁機構，應如何選擇適合的仲裁機構進行仲裁？有無特別之注意事項？本文將扼要說明。

關鍵字：國際仲裁、機構仲裁、仲裁地、仲裁規則、費用

鑒於全球化以及國際貿易之盛行，企業與外國公司簽訂契約時，考量於任一方所屬國家之法院進行訴訟之不熟悉與勞費，時常選擇以仲裁之方式，作為合約紛爭之解決機制。企業雖可以非機構仲裁（ad hoc）之方式自行安排進行仲裁程序[1]，惟進行非機構仲裁，恐將增加當事人處理相關行政事務之負擔，且如於台灣進行非機構仲裁，所作成之仲裁判斷，亦有是否得為法院執行之疑問。為確保仲裁程序順利進行，企業多以機構仲裁之方式解

---

[1]　非機構仲裁相關制度特色，請詳本書第一篇第4章。

決紛爭，於仲裁機構之管理下，依照機構所訂之仲裁規則完成仲
裁程序，取得最終仲裁判斷解決紛爭。現今國際上有相當多仲裁
機構可資選擇，以下謹就選擇仲裁機構時應考量之幾個面向、所
涉及之相關概念以及注意事項，提供參考，俾評估選擇合宜之仲
裁機構。

一、仲裁機構、仲裁地及仲裁語言之選擇

（一）有關契約各方當事人之國籍、營業處所、主要財產或契約標的等之考量

　　當事人選擇仲裁機構，乃取決於各方對仲裁機構規則之熟悉
與信賴而定，故與契約各方當事人之國籍、營業處所、主要財產
或契約標的等有一定之關聯，例如：位於歐洲當事人，可能偏好
使用國際商會國際仲裁院（International Chamber of Commerce
International Court of Arbitration，下稱ICC）、倫敦國際仲裁中
心（London Court of International Arbitration）等仲裁機構進行
仲裁；又如當事人雙方均為美國當事人，可能偏好使用其國內之
美國仲裁協會（America Arbitration Association）進行仲裁。然
而，如果契約各方當事人屬不同國籍，亦經常選擇以第三地進
行仲裁。例如：契約當事人來自美國、中國，則可能約定於香
港國際仲裁中心（Hong Kong International Arbitration Centre）
進行仲裁；契約當事人來自於太平洋國家，亦經常約定新加坡
國際仲裁中心（Singapore International Arbitration Center，下稱
SIAC）為仲裁機構進行仲裁。

（二）於國際仲裁中，仲裁地（seat）以及仲裁詢問會地點（place）爲二個不同之概念，建議均應明示議訂於仲裁條款中爲同一地點，以符所需，避免二者可能不同之爭議

需特別注意者，我國仲裁法係以「仲裁地」此一用語處理撤銷仲裁判斷之訴管轄等問題[2]，然而，於國際仲裁中，有仲裁地（seat）以及仲裁詢問會地點（place）二個不同之概念，然均屬當事人可特約之情形[3]，惟如當事人只約定仲裁地或仲裁詢問會地點其一，未明文特約二者之情況下，有可能依仲裁庭決定一處與仲裁地不同之適當地點進行仲裁詢問會之程序[4]，導致仲裁地（seat）與仲裁詢問會地點（place）不同之情況，此時依一般國際仲裁規則仍應視爲是在「仲裁地」進行及作出之仲裁判斷[5]，但因形式上仲裁程序涉及二個地點，不免於我國適用仲裁法時發生仲裁地究爲何者之疑義，故建議應於仲裁條款約明仲裁地（seat）以及仲裁詢問會地點（place）爲同一地點，以符所需，避免二者可能不同之爭議。

申言之，仲裁地（seat）屬一國際仲裁之法律概念[6]，決定仲裁程序歸屬何地程序法律規範及作出仲裁判斷之處所，仲裁程序

---

[2] 仲裁法第41條第1項：「撤銷仲裁判斷之訴，得由仲裁地之地方法院管轄。」

[3] 如倫敦國家仲裁中心規則之規定，seat以及place均可由當事人特約，條文詳註9。

[4] London Court of International Arbitration Rules (2014) (hereinafter "LCIA Rules") Article 16.3 "The Arbitral Tribunal may hold any hearing at any convenient geographical place in consultation with the parties and hold its deliberations at any geographical place of its own choice; and if such place(s) should be elsewhere than the seat of the arbitration, the arbitration shall nonetheless be treated for all purposes as an arbitration conducted at the arbitral seat and any order or award as having been made at that seat."

[5] 同前註。

[6] 如倫敦國際仲裁中心規則第16條規定即明揭seat爲legal place，條文請詳下揭註9。

也必須符合仲裁地法（*lex arbitri*），包含仲裁地當地仲裁法等規定[7]，且該仲裁判斷之仲裁判斷之訴，原則上應由仲裁地之法院管轄[8]。

仲裁地（seat）可透過雙方約定決定，而如雙方未於仲裁協議約定仲裁地時，部分仲裁規則規定將以該仲裁機構所在國家作為仲裁地（如倫敦國際仲裁中心國際仲裁規則第16.2條即明確揭示，如當事人未約定仲裁地，仲裁地原則上為英國[9]），部分仲裁機構則無預設之仲裁地，如仲裁當事人未約定仲裁地，則由仲裁庭考量一切情形決定仲裁地[10]。此外，因仲裁案件可能需法院協助保全程序及未來之仲裁判斷承認執行，此亦須由仲裁地之法院，依仲裁地法之相關規定進行處理，是具談判籌碼之一方因對於其營業所或契約標的所在地之法律或法院制度較為熟悉，故可

---

[7]　GARY BORN, INTERNATIONAL COMMERCIAL ARBITRATION, 2056-57(2d ed.2014).

[8]　*Id*, at 2053.

[9]　LCIA Rules Article 16.1 The parties may agree in writing the seat (or legal place) of their arbitration at any time before the formation of the Arbitral Tribunal and, after such formation, with the prior written consent of the Arbitral Tribunal. Article 16.2 In default of any such agreement, the seat of the arbitration shall be London (England), unless and until the Arbitral Tribunal orders, in view of the circumstances and after having given the parties a reasonable opportunity to make written comments to the Arbitral Tribunal, that another arbitral seat is more appropriate. Such default seat shall not be considered as a relevant circumstance by the LCIA Court in appointing any arbitrators under Articles 5, 9A, 9B, 9C and 11. Article 16.3 The Arbitral Tribunal may hold any hearing at any convenient geographical place in consultation with the parties and hold its deliberations at any geographical place of its own choice; and if such place(s) should be elsewhere than the seat of the arbitration, the arbitration shall nonetheless be treated for all purposes as an arbitration conducted at the arbitral seat and any order or award as having been made at that seat.

[10]　Singapore International Arbitration Centre Arbitration Rules ("SIAC Rules") Rule 21.1 "The parties may agree on the seat of the arbitration. Failing such an agreement, the seat of the arbitration shall be determined by the Tribunal, having regard to all the circumstances of the case."

能選擇以其營業所或契約標的所在地，作為仲裁地進行仲裁。

　　至於仲裁地點（place）部分，則屬於一地理上之概念，選擇了仲裁機構，並不代表一定於仲裁機構或其分支機構所在地進行仲裁，又大抵而言，仲裁機構之仲裁規則，一般均可由當事人自由約定仲裁地來舉行仲裁詢問會[11]，故對於仲裁地點之選擇，一般會考量未來當事人、代理人及證人等方便前往的地點進行，不同國籍之當事人亦經常約定對於雙方均方便之第三地進行仲裁（例如：日商與印度基礎建設之仲裁爭議，則可能於選擇新加坡進行仲裁程序）。

（三）選定仲裁程序進行之語言

　　選定仲裁程序進行之語言，也是攸關仲裁程序進行是否順遂之關鍵，蓋仲裁語言一但決定，一般可能會配合選定以該仲裁語言為母語之仲裁人；又如仲裁語言與契約文件、證據資料或證人之母語相同，即可於仲裁程序中節省大量翻譯之花費及時間，一般而言，於國際仲裁，英文仍是最普徧之仲裁語言，也不乏擅長英文之企業人員、仲裁代理人及翻譯人員。惟如企業具有談判籌碼，且未來有在國內執行仲裁判斷之需求，如約定仲裁地及詢問會地點於台灣境內並約定仲裁語言為中文，也是可以考慮的選項。

二、仲裁機構費用

　　各仲裁機構之收費方式略有不同，以ICC為例，該仲裁機構係以案件爭端總金額，作為仲裁費用計算之基礎，依ICC所

---

[11] ICC Rules of Arbitration 2017 ("ICC Rules") Article 18 "1)The place of the arbitration shall be fixed by the Court, unless agreed upon by the parties.2)The arbitral tribunal may, after consultation with the parties, conduct hearings and meetings at any location it considers appropriate, unless otherwise agreed by the parties.3)The arbitral tribunal may deliberate at any location it considers appropriate."

公布之費用表計算仲裁行政費用（administrative expense）以及仲裁人費用（arbitrator's fee）等費用[12]，當事人可預先以爭議之金額，初步估算預計支出之仲裁費用，然請注意，依ICC仲裁規則之規定，仲裁費用將由兩造各自預納費用（advance on cost）[13]，並非完全由申請人方先行墊付，與一般法院係由原告方先行墊付訴訟費用之原則有所不同。然而，部分仲裁機構（如倫敦國際仲裁中心，London Court of International Arbitration）[14]，則係以秘書處承辦人員層級之不同，按小時計算服務費用，仲裁人之費用亦允許按時計費。依案件複雜程度以及參與人員之不同，兩種計費方式下仲裁費用結果，可能有相當之差距，宜預先了解納入評估。

　　此外，諸多仲裁規則規定，仲裁勝訴之一方，得請求對方負擔合理之法律費用（reasonable legal cost）[15]，此即包含勝訴方委任律師代理仲裁之費用，應予以留意。

---

[12] ICC RulesAppendix III- Arbitration Cost and Fees.

[13] ICC Rules Appendix III-Arbitration Cost and Fee Article 1 "5) Each party shall pay its share of the total advance on costs in cash. However, if a party's share of the advance on costs is greater than US$ 500,000 (the "Threshold Amount"), such party may post a bank guarantee for any amount above the Threshold Amount. The Court may modify the Threshold Amount at any time at its discretion."

[14] 倫敦國際仲裁中心相關費用計算方式，請詳參：https://www.lcia.org//Dispute_Resolution_Services/schedule-of-costs-lcia-arbitration.aspx（最後瀏覽日：2019年7月24日）。

[15] ICC Rules Article 38 1) "The costs of the arbitration shall include the fees and expenses of the arbitrators and the ICC administrative expenses fixed by the Court, in accordance with the scale in force at the time of the commencement of the arbitration, as well as the fees and expenses of any experts appointed by the arbitral tribunal and the reasonable legal and other costs incurred by the parties for the arbitration.". SIAC Rules Rule 37 "Party's Legal and Other Costs The Tribunal shall have the authority to order in its Award that all or a part of the legal or other costs of a party be paid by another party."

三、仲裁機構規則特色

　　仲裁機構之仲裁規則，可能影響仲裁程序之勞、費及時程，於選擇時需預先了解。

　　ICC仲裁程序，一般如下：

ICC仲裁主要階段	進行事項
仲裁聲請	提交聲請書與答辯書（反請求）
審理範圍書（terms of reference）擬定	仲裁庭依據當事人提交之內容擬定，由當事人確認簽署
仲裁前階程序爭議處置	仲裁庭處理保全程序或審理範圍爭議等
案件管理會議	召開電話、視訊或實體會議 決定程序時間表
Discovery與書狀交換	1.提交 Redfern Schedule 2.具狀就證據等再表示意見
仲裁詢問會	詢問會證人交叉詰問為主軸
詢問會後書狀交換	提交 Post Hearing Brief & Scott Schedule
仲裁庭審議並作成判斷	仲裁庭原則應於審理範圍書簽訂起算6個月內作成判斷（但可經兩造合意延長）

　　上述ICC仲裁之「審理範圍書」（Terms of Reference），為ICC仲裁規則之集中審理機制，值得特別說明。仲裁庭收受秘書處轉呈仲裁案件卷宗後，仲裁庭應依卷內資料草擬審理範圍書[16]，內容應包含當事人姓名及通訊資料、送達地址、案件事實

---

[16] ICC Rules Article 23 1) "As soon as it has received the file from the Secretariat, the arbitral tribunal shall draw up, on the basis of documents or in the presence of the parties and in the light of their most recent submissions, a document defining its

及雙方請求主張、爭點列表、仲裁人資訊、仲裁地以及特定適用之程序規則等[17]，而後由仲裁當事人簽署。仲裁當事人簽署審理範圍書後，除非仲裁庭考量新主張之本質、仲裁程序之階段以及一切情狀後，認為仍可追加新主張以及請求，否則不得追加於審理範圍書界定範圍外之新主張[18]。

　　此外，依ICC[19]以及SIAC規則[20]，仲裁庭做成仲裁判斷草稿

　　Terms of Reference. This document shall include the following particulars:a) the names in full, description, address and other contact details of each of the parties and of any person(s) representing a party in the arbitration; b) the addresses to which notifications and communications arising in the course of the arbitration may be made; c) a summary of the parties' respective claims and of the relief sought by each party, together with the amounts of any quantified claims and, to the extent possible, an estimate of the monetary value of any other claims; d) unless the arbitral tribunal considers it inappropriate, a list of issues to be determined; e) the names in full, address and other contact details of each of the arbitrators; f) the place of the arbitration; and g) particulars of the applicable procedural rules and, if such is the case, reference to the powerconferred upon the arbitral tribunal to act as amiable compositeur or to decide ex aequo et bono."

[17] 如國際律師公會（International Bar Association）所編撰之國際律師公會取證規則（International Bar Association Rules on the Taking of Evidence），即經常為當事人所選擇用以決定證據調查程序之規範。

[18] ICC Rules Article 23 4) "After the Terms of Reference have been signed or approved by the Court, no party shall make new claims which fall outside the limits of the Terms of Reference unless it has been authorized to do so by the arbitral tribunal, which shall consider the nature of such new claims, the stage of the arbitration and other relevant circumstances."

[19] ICC Rules Article 34 "Scrutiny of the Award by the Court Before signing any award, the arbitral tribunal shall submit it in draft form to the Court. The Court may lay down modifications as to the form of the award and, without affecting the arbitral tribunal's liberty of decision, may also draw its attention to points of substance. No award shall be rendered by the arbitral tribunal until it has been approved by the Court as to its form."

[20] SIAC Rules Rule 32.3 "Before making any Award, the Tribunal shall submit such Award in draft form to the Registrar. Unless the Registrar extends the period of time

之後，尚需提交予ICC國際仲裁院（International Court of Arbitration）、SIAC書記處（Registrar）審閱（scrutiny），由仲裁機構之專職律師以及專業人士，在不影響仲裁庭心證之前提下，對於仲裁判斷之內容給予修改建議，並於仲裁院、書記處核閱之後，才做成仲裁判斷書交付當事人，此或可確保仲裁判斷於程式上以及執行上沒有問題，但需考量進行審閱程序對於時程造成之影響。一般而言，ICC秘書處以及SIAC書記處多於仲裁庭提供仲裁判斷草稿後一個月左右完成審閱程序並作成正式之仲裁判斷書。

四、議訂適當之國際仲裁機構、仲裁規則、仲裁地、仲裁詢問會地點及仲裁語言

基上，鑒於國際仲裁之蓬勃發展，各仲裁機構規則制度雖漸趨於近似，以提供當事人相當程度之仲裁案件管理服務，惟因各機構之仲裁規則所定具體程序及特色仍有不同，將影響當事人對於仲裁案件之勞力、費用投入及時程之耗費，甚至仲裁判斷之結果，故於決定仲裁機構、仲裁規則以前，宜就相關仲裁機構、仲裁規則進行了解，並評估現在或未來可能發生契約爭議之具體所需，議訂適當之仲裁機構、仲裁規則、仲裁地、仲裁詢問會地點及仲裁語言。

---

or unless otherwise agreed by the parties, the Tribunal shall submit the draft Award to the Registrar not later than 45 days from the date on which the Tribunal declares the proceedings closed. The Registrar may, as soon as practicable, suggest modifications as to the form of the Award and, without affecting the Tribunal's liberty to decide the dispute, draw the Tribunal's attention to points of substance. No Award shall be made by the Tribunal until it has been approved by the Registrar as to its form."

2

如果選擇ICC或SIAC進行仲裁，可否向仲裁庭、緊急仲裁人聲請保全處分及緊急處分，於我國是否有效力？

張嘉眞、林誼勳

企業進行國際仲裁時，時有保全處分之需求，以確保日後強制執行。企業固可依各國法律，向法院聲請保全處分以達上開目的，惟利用他國法院尚有一定之難度，企業應如何藉由國際仲裁之相關機制聲請保全處分？仲裁庭、緊急仲裁人作成之保全處分、緊急處分，於臺灣是否有效力?是否得請求臺灣法院承認執行？

關鍵字：保全處分、緊急處分、緊急仲裁人、強制執行、法院協助

◎向仲裁庭聲請保全處分

依國際商會國際仲裁院（International Chamber of Commerce International Court of Arbitration，下稱ICC）仲裁規則第28條規定，除非當事人另有約定，當事人任一方得於案件卷宗資料轉

呈仲裁庭之後，聲請仲裁庭作成合適的保全處分，仲裁庭亦得命聲請之一方供擔保後作成保全處分[1]。ICC仲裁規則亦載明，當事人得向有權之法院聲請保全處分，且向法院聲請保全處分或聲請法院執行仲裁庭所作成保全處分，並不會構成仲裁協議之違反，因而衍生相關之損害賠償責任等，滌除當事人利用法院聲請保全處分、聲請法院執行保全處分，被認為違反仲裁協議遭求償之風險。

　　依新加坡國際仲裁中心（Singapore International Arbitration Centre，下稱SIAC）仲裁規則第30條規定，當事人得向仲裁庭聲請保全處分（Interim Relief）[2]。與ICC規則相同，SIAC規則訂有仲裁庭得命聲請之一方供擔保准予保全處分，且亦有向法院聲請保全處分不構成仲裁協議違反之揭示。

　　故依照ICC、SIAC仲裁規則進行仲裁之當事人，除可依其各國法律規定向法院聲請保全處分外[3]，也可以透過仲裁之機制，直接向「仲裁庭」聲請保全處分。而仲裁庭將審酌當事人是否有「無法回覆或嚴重損害之風險」（risk of irreparable or serious harm）、案件之緊急性（urgency）、當事人是否對於案

---

[1] ICC Rules of Arbitration 2016 (hereinafter "ICC Rules") Article 28 "1)Unless the parties have otherwise agreed, as soon as the file has been transmitted to it, the arbitral tribunal may, at the request of a party, order any interim or conservatory measure it deems appropriate. The arbitral tribunal may make the granting of any such measure subject to appropriate security being furnished by the requesting party. Any such measure shall take the form of an order, giving reasons, or of an award, as the arbitral tribunal considers appropriate."

[2] Arbitration Rules of the Singapore International Arbitration Centre SIAC Rules 6th Edition, 1 August 2016(hereinafter "SIAC Rules") Rule 30.1 "The Tribunal may, at the request of a party, issue an order or an Award granting an injunction or any other interim relief it deems appropriate. The Tribunal may order the party requesting interim relief to provide appropriate security in connection with the relief sought."

[3] 當事人可依仲裁法第39條及民事訴訟法第523條、第532條、第538條等規定聲請假扣押、假處分、定暫時狀態處分。

件進行初步證明（*prima facie case*）等因素決定是否作成保全處分。至於保全處分是否具強制力，雖國際仲裁當事人多自願遵守仲裁庭作成之保全處分，惟如有一方不遵守之情形時，另一方原則上得聲請法院協助執行該等保全處分（惟我國情形較為特殊，詳下述）[4]。此外，不遵守仲裁庭所作成之保全處分，亦有可能導致仲裁庭之心證對其產生不利影響，亦有謂仲裁庭或有可能於作成仲裁費用判斷時，考量當事人遵守之情形，以當事人配合仲裁程序進行之情形，於仲裁費用分擔比例上進行調整[5]。

◎向仲裁機構聲請，請求緊急仲裁人作成緊急處分

承前述，向仲裁庭聲請保全處分時點，係於「仲裁庭組成後」或「秘書處將案件卷宗資料轉呈仲裁庭」等時點，均為仲裁庭組成後，然選任仲裁人組成仲裁庭尚需一定之時間，仲裁庭尚未組成前如已有保全處分之需求，當事人或可聲請仲裁機構選任緊急仲裁人（Emergency Arbitrator）作成緊急處分（emergency interim relief, emergency arbitrator's decision）。

---

[4] 依聯合國國際貿易法委員會（United Nations Commission On International Trade Law）所公布國際商務仲裁模範仲裁法（Model Law on International Commercial Arbitration，下稱模範仲裁法）第17H條第(1)款規定：「An interim measure issued by an arbitral tribunal shall be recognized as binding and, unlessotherwise provided by the arbitral tribunal, enforcedupon application to the competent court, irrespective of the country in whichit was issued, subject to the provisions of article 17 I.」，故於比照或參考模範仲裁法訂定仲裁法之國家，仲裁庭所作成之保權處分，應可為國家法院強制執行。另如新加坡國際仲裁法（International Arbitration Act）係將仲裁庭所作成之interim award列為該法之award，使interim award得比照般仲裁判斷聲請法院強制執行。

[5] Melissa Magliana, *Chapter 3, Part II: Commentary on the Swiss Rules, Article 26 [Interim measures of protection*, inArbitration in Switzerland: The Practitioner's Guide (Second Edition) 711, 704-718(Manuel Arroyo ed., 2013).

　　依ICC仲裁規則第29條第1項規定[6]，雙方當事人如等不及仲裁庭組成，即有緊急或保全處分之需求，得聲請緊急仲裁人作成緊急處分，ICC規則第29條第2項、第4項進一步說明，雙方當事人承諾遵守緊急仲裁人所作成之緊急處分，且仲裁庭得依聲請審理緊急處分之費用以及一方不遵守緊急處分所生之請求，以確保該等緊急決定之自願遵守[7]。然需注意的是，緊急處分對於仲裁庭並無拘束力，仲裁庭得依情形調整、終止、撤銷緊急處分。

　　SIAC仲裁規則雖也訂有緊急仲裁人之緊急處分規定[8]，惟SIAC 規則中並無一方違反緊急處分時他方得於仲裁案件中主張之求償之明文規定，而係規定當事人同意緊急仲裁人之緊急處分應有拘束力（binding），且當事人應確實、立即履行依該等緊急處分。筆者認為，縱SIAC仲裁規則並未如ICC仲裁規則明揭仲裁庭得直接審理一方因另一方不遵守緊急處分所提起之請求，惟該等仲裁規則之規定，似仍可構成當事人間契約性質之約定[9]，不排除一方可就違反之另一方請求賠償並向仲裁庭主張一

---

[6] ICC Rules Article 29 1) "A party that needs urgent interim or conservatory measures that cannot await the constitution of an arbitral tribunal ("Emergency Measures") may make an application for such measures pursuant to the Emergency Arbitrator Rules in Appendix V. Any such application shall be accepted only if it is received by the Secretariat prior to the transmission of the file to the arbitral tribunal pursuant to Article 16 and irrespective of whether the party making the application has already submitted its Request for Arbitration."

[7] ICC Rules Article 29 4) "The arbitral tribunal shall decide upon any party's requests or claims related to the emergency arbitrator proceedings, including the reallocation of the costs of such proceedings and any claims arising out of or in connection with the compliance or non-compliance with the order.".

[8] SIAC Rules Rule 30.2 "A party that wishes to seek emergency interim relief prior to the constitution of the Tribunal may apply for such relief pursuant to the procedures set forth in Schedule 1."

[9] 如米蘭商會仲裁規則Article 26.2即揭示保全處分性質上屬於當事人間具有拘束力之契約：「2. In any case, unless otherwise agreed by the parties, the Arbitral

併審理。另依SIAC仲裁規則，當事人如擬聲請緊急仲裁人作成緊急處分，必須連同仲裁通知書（notice of arbitration）一同提交[10]；ICC仲裁規則並無此要求，無論仲裁通知書是否已提交，均可聲請緊急仲裁人作成緊急處分[11]。

◎仲裁庭之保全處分、或緊急仲裁人之緊急處分是否得強制執行？

我國法院對於此類仲裁庭之保全處分或緊急仲裁人之緊急處分，筆者至截稿前尚未於司法院網站查得相關聲請法院承認之案例，考量該等處分並不具有終局性（finality），應難被定性為屬仲裁法第47條第2項經法院裁定承認後與法院判決有同一效力之「外國仲裁判斷」，故該等仲裁庭之保全處分、或緊急仲裁人之緊急處分，恐難獲臺灣法院准予承認及強制執行。

然而，於其他國家，ICC、SIAC仲裁之仲裁庭之保全處分、或緊急仲裁人之緊急處分（例如：新加坡、香港明文承認緊急仲裁人之緊急處分可為法院執行），該國法院依其仲裁法等法

Tribunal, at request of a party, has the power to adopt any determination of provisional nature with binding contractual effect upon the parties.」。

[10]　SIAC Rules Schedule 1 Emergency Arbitrator Article 1 "A party that wishes to seek emergency interim relief may, concurrent with or following the filing of a Notice of Arbitration but prior to the constitution of the Tribunal, file an application for emergency interim relief with the Registrar. The party shall, at the same time as it files the application for emergency interim relief, send a copy of the application to all other parties. The application for emergency interim relief shall include: a. the nature of the relief sought; b. the reasons why the party is entitled to such relief; and c. a statement certifying that all other parties have been provided with a copy of the application or, if not, an explanation of the steps taken in good faith to provide a copy or notification to all other parties."

[11]　前揭註1。

規，或有承認或執行該等仲裁庭保全處分之可能[12]，故於該等國家，企業或可優先透過向仲裁庭／緊急仲裁人聲請保全／緊急處分，取代直接向他國法院聲請法院保全處分之勞費。

　　目前於臺灣，針對仲裁庭作成之保全處分以及緊急仲裁人之緊急處分，聲請人（債權人）只得逕依仲裁法以及民事訴訟法之規定，再次聲請法院准予假扣押或假處分裁定予以保全。惟如能同步取得仲裁庭之保全處分、或緊急仲裁人之緊急處分，或可比照ICC仲裁規則所規定違反緊急仲裁人之緊急處分時之求償機制（目前限於ICC仲裁緊急仲裁人之緊急處分，SIAC似尚無此求償機制），向仲裁庭提出求償，促進債務人自動遵守保全處分或緊急處分，以達保全之效果。另一方面，聲請人如已取得該等仲裁庭／緊急仲裁人之保全／緊急處分，且債務人有不履行之虞時，聲請人或可考慮將相關情形陳報臺灣法院釋明，作為向臺灣法院依仲裁法第39條規定，聲請准予假扣押或假處分裁定予以保全之輔佐證明。

---

[12] 依新加坡國際仲裁法（International Arbitration Act）Part II第2條有關於仲裁庭之定義：「Interpretation of Part II 2.—(1) In this Part, unless the context otherwise requires — "arbitral tribunal" means a sole arbitrator or a panel of arbitrators or a permanent arbitral institution, and includes an emergency arbitrator appointed pursuant to the rules of arbitration agreed to or adopted by the parties including the rules of arbitration of an institution or organization;」，Arbitral Tribunal 包含Emergency Arbitrator，而依同法第19條規定，仲裁庭之Award可被執行。另香港仲裁指令（Hong Kong Arbitration Ordinance）第22.B.1規定：「(1)Any emergency relief granted, whether in or outside Hong Kong, by an emergency arbitrator under the relevant arbitration rules is enforceable in the same manner as an order or direction of the Court that has the same effect, but only with the leave of the Court.」，明白肯認緊急仲裁人之緊急處分可為法院強制執行。

3

ICC以及SIAC所作成之仲裁判斷，當事人得否聲請我國法院裁定承認，並於我國進行強制執行？

張嘉真、林誼勳

外國仲裁判斷，是否得依臺灣仲裁法等規定，聲請臺灣法院裁定承認，並於臺灣進行強制執行？聲請外國仲裁判斷承認之標準為何？由ICC以及SIAC所作成之仲裁判斷，是否能於臺灣聲請法院裁定承認及執行？

關鍵字：外國仲裁判斷、承認、強制執行、公共秩序、互惠原則

◎外國仲裁判斷之定義

依仲裁法第47條[1]第1項規定之「外國仲裁判斷」，包括：(1)在中華民國領域外作成之仲裁判斷，及(2)於中華民國領域內

---

[1] 仲裁法第47條：「（第1項）在中華民國領域外作成之仲裁判斷或在中華民國領域內依外國法律作成之仲裁判斷，為外國仲裁判斷。（第2項）外國仲裁判斷，經聲請法院裁定承認後，於當事人間，與法院之確定判決有同一效力，並得為執行名義。」

依外國法律作成之仲裁判斷。亦即，只要仲裁地或仲裁規則，有一項涉及國外，即屬「外國仲裁判斷」。申言之，所謂「在中華民國領域外作成之仲裁判斷」為「外國仲裁判斷」之定義，著重在仲裁地在外國則屬之，縱於國外適用我國仲裁機構之仲裁規則，仍然是「外國仲裁判斷」。

所謂「在中華民國領域內依外國法律作成之仲裁判斷」為「外國仲裁判斷」之定義，則著重在仲裁判斷所適用之仲裁規則，是否為外國仲裁規則而定，縱使仲裁地在國內，如程序上係依據外國仲裁機構之仲裁規則作成之仲裁判斷，仍屬「外國仲裁判斷」[2]。例如：有一於我國依國際商會國際仲裁院（International Chamber of Commerce International Court of Arbitration，下稱ICC）仲裁規則進行仲裁作成之仲裁判斷，法院即認為因該仲裁判斷係依ICC仲裁規則所作成之仲裁判斷，屬於依外國法律作成之仲裁判斷而予以承認[3]。但需釐清者為，如仲裁地在國內且程序上係依我國仲裁機構仲裁規則所作之仲裁判斷，即便仲裁庭就仲裁爭議所適用之實體法是外國準據法，因為其仲裁地及仲裁規則均屬本國，仍屬於「國內仲裁判斷」。

◎外國仲裁判斷承認之判準

依仲裁法第47條第2項規定，外國仲裁判斷經聲請法院裁定承認後，於當事人間，與法院之確定判決有同一效力，並得為執

---

[2] 立法院司法經濟委員會86年12月21日台（86）司法發字第173號函說明三、（六）：「增訂在中華民國依外國仲裁法規、外國仲裁機構仲裁規則或國際組織仲規則作成之仲裁判斷，為外國仲裁判斷：目前實務上對於中華民國領域內非依我國商務仲裁例作成之仲裁判斷，認為既非內國仲裁判斷，亦非外國仲裁判斷，故無法獲得承認及執行，為使類此仲裁判斷有所定位，爰明定其為外國仲裁判斷。」

[3] 臺灣新北地方法院105年度仲許字第1號裁定。

行名義。而國內仲裁判斷，依仲裁法第37條規定，原則上雖仍應經當事人聲請法院爲執行裁定後始可強制執行，但同條第2項另訂有如經雙方書面同意，就特定請求事項得不經法院裁定逕予強制執行之規定，此於外國仲裁判斷則不適用之[4]，併此敘明。

　　關於外國仲裁判斷承認之判準，依仲裁法第49條[5]第1項規定，如外國仲裁判斷有：(1)背於中華民國公共秩序或善良風俗者；(2)依中華民國法律，其爭議事項不能以仲裁解決等情形，法院應裁定駁回當事人聲請承認外國仲裁判斷。另依仲裁法第49條第2項規定，如外國仲裁判斷之判斷地國或判斷地所適用之仲裁法規，對於臺灣之仲裁判斷不予承認者，法院得以駁回聲請，此爲互惠原則之體現。然而，外國仲裁判斷之承認，並非判斷地國對於我國之仲裁判斷先予承認，臺灣法院始得承認該國之仲裁判斷[6]，亦即我國法院對外國仲裁判斷之裁定承認所採取之互惠原則要件之審查，仍有裁量性，且亦有實務見解認爲，如果

---

[4]　仲裁法第37條第1項規定：「仲裁判斷，須聲請法院爲執行裁定後，方得爲強制執行。但合於下列規定之一，並經當事人雙方以書面約定仲裁判斷無須法院裁定即得爲強制執行者，得逕爲強制執行：一、以給付金錢或其他代替物或有價證券之一定數量爲標的者。二、以給付特定之動產爲標的者。」

[5]　仲裁法第49條：「（第1項）當事人聲請法院承認之外國仲裁判斷，有下列各款情形之一者，法院應以裁定駁回其聲請：一、仲裁判斷之承認或執行，有背於中華民國公共秩序或善良風俗者。二、仲裁判斷依中華民國法律，其爭議事項不能以仲裁解決者。（第2項）外國仲裁判斷，其判斷地國或判斷所適用之仲裁法規所屬國對於中華民國之仲裁判斷不予承認者，法院得以裁定駁回其聲請。」

[6]　最高法院75年度台抗字第335號裁定：「按商務仲裁條例第32條第2項固規定：外國仲裁判斷，其判斷地國對於中華民國之仲裁判斷不予承認者，法院得駁回其承認外國仲裁判斷之聲請。惟查此項互惠原則，並非謂外國仲裁判斷，須其判斷地國對於我國之仲裁判斷先予承認，我國法院始得承認該外國仲裁判斷，否則，非但有失禮讓之精神，且對於促進國際間之司法合作關係，亦屬有礙，參以上述法條規定，其判斷地國對於我國之仲裁判斷不予承認者，我國法院並非『應』駁回其承認該外國仲裁判斷之聲請，而係僅『得』駁回尤明。」

客觀上可期待他國基於互惠原則承認我國仲裁判斷[7]，法院承認該等外國仲裁判斷亦非違法。

此外，依仲裁法第50條規定[8]，如外國仲裁判斷有(1)仲裁協議因當事人依所應適用之法律係欠缺行為能力而不生效力、(2)仲裁協議，依當事人所約定之法律為無效（未約定時，依判斷地法為無效者）、(3)當事人之一方，就仲裁人之選定或仲裁程序應通知之事項未受適當通知，或有其他情事足認仲裁欠缺正當程序者、(4)仲裁判斷與仲裁協議標的之爭議無關，或逾越仲裁協議之範圍者（但除去該部分亦可成立者，其餘部分，不在此限）、(5)仲裁庭之組織或仲裁程序違反當事人之約定（當事人無約定時，違反仲裁地法者）、(6)仲裁判斷，對於當事人尚無拘束力或經管轄機關撤銷或停止其效力者等以上六款仲裁程序之

---

[7] 臺灣高等法院106年度非抗字第116號裁定：「佐以捷克共和國國際私法第120條、第121條分別規定『符合互惠原則之條件下，於外國作成之仲裁判斷應得到捷克共和國之承認與執行使其具有與捷克仲裁判斷相同之效力。如某外國對於其他外國作成之仲裁判斷聲明得基於互惠原則予以認可執行，一般即視為互惠原則存在。』『外國仲裁在下列狀況將被拒絕承認或執行：a)在我國法律規定為不可執行；b)我國法律已廢止；c)其瑕疵為我國法院裁決撤銷之理由；d)違反公共政策等語（原文見附件）』，依上開捷克共和國國際私法第120條、第121條規定，客觀上可期待該國將來基於互惠原則，對我國仲裁判斷為承認及執行。是以，抗告法院認原裁定承認系爭仲裁判斷，而駁回再抗告人於原審之抗告，並無違反仲裁法第49條第2項之規定。」

[8] 仲裁法第50條：「（第1項）當事人聲請法院承認之外國仲裁判斷，有下列各款情形之一者，他方當事人得於收受通知後二十日內聲請法院駁回其聲請：一、仲裁協議，因當事人依所應適用之法律係欠缺行為能力而不生效力者。二、仲裁協議，依當事人所約定之法律為無效；未約定時，依判斷地法為無效者。三、當事人之一方，就仲裁人之選定或仲裁程序應通知之事項未受適當通知，或有其他情事足認仲裁欠缺正當程序者。四、仲裁判斷與仲裁協議標的之爭議無關，或逾越仲裁協議之範圍者。但除去該部分亦可成立者，其餘部分，不在此限。五、仲裁庭之組織或仲裁程序違反當事人之約定；當事人無約定時，違反仲裁地法者。六、仲裁判斷，對於當事人尚無拘束力或經管轄機關撤銷或停止其效力者。」

違失，則法院應依他方當事人之聲請（他方需於收受通知後二十日內向法院提出聲請），駁回承認外國仲裁判斷之聲請。

◎以ICC、SIAC仲裁機構規則進行仲裁之仲裁判斷是否為臺灣法院所承認

針對向ICC提出仲裁聲請，並依ICC仲裁規則所作成之外國仲裁判斷，我國法院已作出諸多承認該等ICC仲裁判斷之裁定[9]，而針對由新加坡國際仲裁中心（Singapore International Arbitration Centre，下稱SIAC）所管理，依SIAC仲裁規則所作成之仲裁判斷，雖迄筆者截稿時尚未從司法院法學資料檢索系統查得當事人聲請承認之法院裁定，然經查臺灣彰化地方法院曾於100年所作出承認新加坡仲裁判斷之裁定[10]，該案所涉及之仲裁判斷係由新加坡商品交易所（Singapore Community Exchange Limited）依該機構之仲裁規則所作成關於給付貨款爭議之仲裁判斷，該案當事人約定之仲裁地為新加坡，我國法院經審理後裁定承認該新加坡仲裁判斷。是以，如無前揭仲裁法不予承認外國仲裁判斷之事由，同樣由新加坡SIAC所作成之仲裁判斷聲請我國法院裁定承認，當無疑問。

---

[9] 臺灣新竹地方法院106年度仲許字第2號裁定、臺灣新北地方法院105年度仲許字第1號裁定、臺灣臺北地方法院102年度仲認字第1號裁定、臺灣臺北地方法院100年度仲認字第1號裁定、臺灣臺北地方法院100年度聲字第62號裁定、臺灣士林地方法院97年度仲執字第2號裁定。

[10] 臺灣彰化地方法院100年度仲認字第1號裁定。

4

仲裁是否一定要向仲裁機構提起（institutional arbitration）？如果企業提起仲裁且非由仲裁機構辦理（Ad hoc arbitration），該仲裁判斷是否可以聲請強制執行？

張嘉眞、陳誌泓

仲裁法之仲裁可分為「機構仲裁」（institutional arbitration）及「非機構仲裁」（Ad hoc arbitration）兩類。前者係指由仲裁機構辦理之仲裁，後者則否。依臺灣法院實務見解，兩者主要效力區別在於，後者無仲裁法第37條第1項「與法院之確定判決有同一效力」規定之適用，故企業縱使取得非機構仲裁之仲裁判斷，亦無法據之聲請法院裁定強制執行。對於預定運用仲裁解決爭議之企業而言，此種區別頗為重大，則在上開法院實務見解下，企業應如何瞭解此種區別，以及應如何預防因此衍生之風險？

關鍵字：仲裁機構、機構仲裁、非機構仲裁、仲裁判斷之強制執行

◎法院見解

1. 企業如何瞭解「機構仲裁」及「非機構仲裁」之區別？

　　依據最高法院103年度台抗字第236號裁定，當事人如就現在或將來私法上之爭議，約定向已依仲裁法第54條規定[1]許可設立之仲裁機構提起仲裁，並由該仲裁機構辦理，且在其管理與監督下之自然人組成仲裁庭，並依循該機構制定之程序進行仲裁，作成仲裁判斷，此為「機構仲裁」（institutional arbitration）；如未約定仲裁人及其選定方法，或逕約定特定自然人或其他方式指定自然人為仲裁人，或由該特定之自然人或依該方式指定之自然人組成仲裁庭，依約定之程序進行仲裁，作成仲裁判斷，此為「非機構仲裁」（ad hoc arbitration）[2]。二者皆為臺灣仲裁法所承認之仲裁。

　　從而，如當事人於仲裁協議中約定相關爭議應提交仲裁機構處理，且該機構係已依仲裁法第54條規定許可設立者，則為機構仲裁，例如約定：「任何由本合約所生或與本合約有關之爭議，應提交○○○○仲裁協會，依中華民國仲裁法及該協會之仲裁規則於○○○仲裁地以仲裁解決之。」反之，例如約定由未經許可設立仲裁機構之法人或團體處理者，依仲裁法第5條第2項規定，視為未約定仲裁人，則非屬仲裁法之機構仲裁。以上為企業於選擇仲裁作為紛爭解決方式時所應瞭解。

---

[1]　仲裁法第54條：「（第1項）仲裁機構，得由各級職業團體、社會團體設立或聯合設立，負責仲裁人登記、註銷登記及辦理仲裁事件。（第2項）仲裁機構之組織、設立許可、撤銷或廢止許可、仲裁人登記、註銷登記、仲裁費用、調解程序及費用等事項之規則，由行政院會同司法院定之。」

[2]　又稱「臨時仲裁」、「個別仲裁」或「專案仲裁」，詳陳希佳（2011），〈探討臺灣法院關於非機構（ad hoc）仲裁判斷的裁判〉，《仲裁實務》，第93期，頁28。

如企業選擇於臺灣仲裁，目前臺灣之仲裁機構計有：中華民國仲裁協會、臺灣仲裁協會、中華不動產仲裁協會、中華工程仲裁協會及中華民國勞資爭議仲裁協會[3]。此外，如選擇於國外仲裁，國外仲裁機構，較常見的有國際商會仲裁院（The International Court of Arbitration of International Chamber of Commerce, ICC）、美國仲裁協會（American Arbitration Association, AAA）、倫敦國際仲裁院（The London Court of International Arbitration, LCIA）、新加坡國際仲裁中心（Singapore International Arbitration Center, SIAC）及香港國際仲裁中心（HongKong International Arbitration Center, HKIAC）等。

2. 如果企業提起仲裁且非由仲裁機構辦理，該仲裁判斷是否可以聲請強制執行？

以臺灣仲裁判斷為例，機構仲裁及非機構仲裁兩者雖均為臺灣仲裁法所承認之仲裁，惟依據99年度臺灣高等法院實務見解，僅機構仲裁具備「與法院之確定判決有同一效力」，從而得以該等仲裁判斷聲請法院許可執行（仲裁法第37條第1項及第2項規定參照），如屬非機構仲裁則否，無法據之聲請法院裁定強制執行。法院採此種見解之主要理由係認為[4]，仲裁機構係報經

---

[3]　資料來源：司法院「訴訟外紛爭解決機構查詢平台」（網址：http://adrmap.judicial.gov.tw/）（最後瀏覽日：108年6月14日）。

[4]　臺灣高等法院99年度非抗字第122號裁定：「四、按商務仲裁判斷聲請法院為許可強制執行之裁定，屬非訟事件。而對於抗告法院之裁定再為抗告，僅得以其適用法規顯有錯誤為理由，非訟事件法第45條第3項定有明文。次按仲裁人之判斷，於當事人間，與法院之確定判決，有同一效力；當事人於仲裁協議約定仲裁機構以外之法人或團體為仲裁人者，視為未約定仲裁人；仲裁機構，得由各級職業團體、社會團體設立或聯合設立，負責仲裁人登記、註銷登記及辦理仲裁事件，仲裁法第37條第1項、第5條第2項及第54條第1項分別定有明文。另依行政院會同司法院發布之『仲裁機構組織與調解程序及費用規則』第3條第1項及第9條規定，仲裁機構，指以公益為目的，經主管機關徵得目的事業主管機關

內政部徵得法務部會商各該事業主管機關同意後許可設立，屬在國家監督下成立之機構，其所制定相關程序規則，始能確保仲裁判斷之公正性與正確性，方得承認其具有確定力及執行力[5]。

　　至於在國外作成之外國非機構仲裁判斷，臺灣地方法院已有諸多直接依照外國仲裁判斷於臺灣承認執行之法制，即依仲裁法第48條至第50條等規定裁定承認外國非機構仲裁判斷而准予執行之案例[6]，惟目前似尚未有高等法院以上之法院就此議題表示法律見解，足知臺灣法院就國內、國外非仲裁機構仲裁判斷之承

　　同意後許可，由各級團體、社會團體設立或聯合設立，負責該仲裁機構仲裁人登記、註銷登記、訓練、講習及辦理仲裁事件，並依法完成登記之社團法人；各仲裁機構之設立，應由申請設立或聯合設立仲裁機構之團體檢具申請書、各該團體之立案證書、會員名冊、仲裁機構章程草案、發起人名冊、仲裁人倫理規範草案及相關證明文件，報經內政部徵得法務部會商各該事業主管機關同意後許可之。是仲裁法第37條賦與仲裁人之判斷，於當事人間，與法院之確定判決有同一效力，並可逕向法院聲請強制執行，自應由在國家監督下成立之仲裁機構，制定相關程序規則，俾能確保仲裁判斷之公正性與正確性，方得承認其具有確定力及執行力，即須係由報經內政部徵得法務部會商各該事業主管機關同意後許可之仲裁機構所作成者，始克當之（最高法院91年度台抗字第634號裁定、92年度台上字第170號判決、92年度台抗字第143號裁定、94年度台上字第433號判決意旨參照）。五、經查，系爭仲裁判斷係由藍瀛芳、戴森雄及余烈等三名仲裁人組成專案仲裁庭，而非由報經內政部徵得法務部會商各該事業主管機關同意後許可之仲裁機構所作成，揆諸上揭說明，自不應賦與系爭仲裁判斷與確定判決有同一效力之執行力。原法院以系爭仲裁判斷既非依仲裁法之規定所組成仲裁機構所為，自不具確定力及執行力，而裁定駁回再抗告人之抗告，適用法規並無錯誤。」最高法院103年度台抗字第236號裁定：「至當事人約定由未經許可設立仲裁機構之法人或團體為仲裁人者，依同法第5條第2項規定，視為未約定仲裁人，非屬仲裁法之機構仲裁，其作成之仲裁判斷，即無仲裁法第37條第1項『與法院之確定判決有同一效力』規定之適用。」

[5]　惟就此仍有學者之反對見解，例如前引註2陳希佳（2011）論文，以及王欽彥（2011），〈我國只有機構仲裁而無個案（ad hoc）仲裁？〉，《臺灣法學雜誌》，第171期，頁193-198。

[6]　除前引註2陳希佳（2011）論文第38頁提及之案例外，臺灣臺中地方法院98年度仲聲字第1號裁定、臺灣臺北地方法院87年度仲聲字第4號裁定，以及臺灣高雄地方法院79年度仲聲更字第1號裁定似均有承認外國非機構仲裁判斷之案例。

認，二者結論恰恰相反，即不承認國內作成之非機構仲裁判斷，但承認國外作成之非機構判斷承認之見解。

3. 企業應如何避免由非仲裁機構辦理仲裁時，所生無法強制執行之風險？

　　如前所述，依據臺灣法院實務見解，於臺灣作成之非機構仲裁並不具備法院確定判決所有的確定力及執行力，故於仲裁條款或仲裁契約中，務必約定提交依仲裁法第54條規定許可設立之仲裁機構處理，以避免勞時費力進行仲裁程序後，卻無法回收債權等風險。事實上，於選擇仲裁作為紛爭解決方式時，由於臺灣法院對於仲裁協議形式之重視，建議於磋商仲裁條款或仲裁契約時，務必委請專業律師協助，以確認仲裁機構、仲裁地、仲裁語言及仲裁程序等仲裁條款或仲裁契約之重要內容，均符合企業之需求。

5

外國仲裁判斷是否可於我國獲得承認及執行？需採行何種程序？經我國法院承認之外國仲裁判斷，是否具有既判力？

張嘉真、李仲昀

　　國際間企業彼此約定於外國仲裁或依外國仲裁機構之仲裁規則進行仲裁者，與日俱增，外國仲裁判斷於程序上應如何聲請臺灣法院准予承認及執行？此外，經臺灣法院承認之外國仲裁判斷，是否具有如同判決之既判力？本文將說明之。（註：此處之外國仲裁判斷，不含中國、港、澳，因另有專法規定）

關鍵字：外國仲裁判斷

◎**實務見解**

1. 外國仲裁判斷經聲請臺灣法院裁定承認後，得於臺灣執行之

　　外國仲裁判斷在臺灣得否享有既判力與執行力，涉及國家公權力之行使，端賴臺灣法而定[1]，因仲裁法自104年12月12日修正

---

[1]　參最高法院106年度台上字第2448號民事判決（節錄）：「……按既判力與執行

後，於該法第47條第2項規定[2]，外國仲裁判斷經聲請法院裁定承認後，於當事人間，與法院之確定判決有同一效力，並得為執行名義。亦即，此項法院裁定，不但賦予所承認之外國仲裁判斷與法院之確定判決有同一效力，亦令該判斷成為強制執行法第4條第1項第6款[3]所規定得為強制執行之名義，而可於我國強制執行之。然於104年修法之前，外國仲裁判斷縱經聲請臺灣法院裁定承認後，雖有執行力，惟仍無既判力，請參下文2所述。

有關外國仲裁判斷之承認聲請，依仲裁法第48條規定[4]，應向法院提出聲請狀，並檢附仲裁判斷書之正本或經認證之繕本、仲裁協議之原本或經認證之繕本、仲裁判斷如適用外國仲裁法規、外國仲裁機構仲裁規則或國際組織仲裁規則之全文，上述文件如以外文作成者，均應提出中文譯本。

一般而言，此種聲請外國仲裁判斷承認執行之案件，於認證及翻譯之所需勞費甚多，故如能選定本即有中文譯本之仲裁機構規則，例如ICC（International Chamber of Commerce International Court of Arbitration）及SIAC（Singapore International

---

　力關係國家公權力之行使，係國家主權所賦予，且國家公權力行使之範圍，依國際法原則，僅限於一國領域之內，並不當然延伸於其他國家之領域，故外國仲裁判斷在內國得否享有既判力與執行力，端賴內國法而定。」

[2]　現行（104年12月2日修正）仲裁法第47條第2項規定：「外國仲裁判斷，經聲請法院裁定承認後，於當事人間，與法院之確定判決有同一效力，並得為執行名義。」

[3]　強制執行法第4條第1項第6款：「強制執行，依左列執行名義為之：……六、其他依法律之規定，得為強制執行名義者。」

[4]　仲裁法第48條規定：「（第1項）外國仲裁判斷之聲請承認，應向法院提出聲請狀，並附具下列文件：一、仲裁判斷書之正本或經認證之繕本。二、仲裁協議之原本或經認證之繕本。三、仲裁判斷適用外國仲裁法規、外國仲裁機構仲裁規則或國際組織仲裁規則者，其全文。（第2項）前項文件以外文作成者，應提出中文譯本。第一項第一款、第二款所稱之認證，指中華民國駐外使領館、代表處、辦事處或其他經政府授權之機構所為之認證。第一項之聲請狀，應按應受送達之他方人數，提出繕本，由法院送達之。」

Arbitration Centre）等，應可節省相當之翻譯仲裁規則之費用。至於法院就聲請承認執行外國仲裁判斷之實質法定審查要件，請參下一議題之論述，以及本書中針對ICC及SIAC所作成之外國仲裁判斷，聲請臺灣法院裁定承認執行章節之探討。

2. 於104年12月2日仲裁法修訂前，經臺灣法院裁定承認之外國仲裁判斷僅具執行力而無既判力，惟於仲裁法修訂後，經臺灣法院裁定承認之外國仲裁判斷於當事人間，即與法院確定判決有同一效力

　　外國仲裁判斷經聲請臺灣法院裁定承認後，得於臺灣執行，已如前述。然而，經臺灣法院裁定承認之外國仲裁判斷，於我國是否具有既判力，於104年12月12日仲裁法修訂前後容有不同。

　　自我國仲裁制度之立法歷程以觀，外國仲裁判斷之規定，首見於71年6月11日修正之商務仲裁條例第30條規定：「凡在中華民國領域外作成之仲裁判斷，為外國仲裁判斷。外國仲裁判斷，經聲請法院裁定承認後，得為執行名義。」嗣商務仲裁條例於87年6月24日修正為「仲裁法」，其中，上開商務仲裁條例第30條規定移列為仲裁法第47條規定，條文內容修正為：「在中華民國領域外作成之仲裁判斷或在中華民國領域內依外國法律作成之仲裁判斷，為外國仲裁判斷。外國仲裁判斷，經聲請法院裁定承認後，為執行名義。」直至仲裁法104年12月2日修正，始明文增訂外國仲裁判斷經聲請法院裁定承認後，「於當事人間與法院之確定判決有同一效力」等文字，此與國內仲裁判斷自商務仲裁法於50年1月20日制定公布以來至今仲裁法第37條第1項仍就國內仲裁判斷規定「仲裁人之判斷，於當事人間，與法院之確定判決，有同一效力」有所區別。

　　對此立法沿革，依我國法院之見解，如最高法院106年度台

上字第2448號民事判決[5]、最高法院103年度台抗字第850號民事裁定[6]，咸認仲裁法於104年12月2日修正後，經法院裁定承認之外國仲裁判斷，除具執行力外，依仲裁法第47條第2項規定亦具有既判力，惟由於仲裁法並未明訂修正後之上開條文具有溯及效力，故本於法律不溯及既往之原則，應認104年12月2日修訂之仲裁法施行前，經臺灣法院裁定承認之外國仲裁判斷，僅具執行力而無既判力，於新法施行後裁定承認之外國仲裁判斷，始具有既判力。

---

[5]　參最高法院106年度台上字第2448號民事判決（節錄）：「……現行仲裁法第37條第1、2項前段規定：仲裁人之判斷，於當事人間，與法院之確定判決，有同一效力。仲裁判斷，須聲請法院為執行裁定後，方得為強制執行。此規定係50年公布施行之商務仲裁條例第21條第1、2項規定，迄今均未修訂。至於外國仲裁判斷係於71年於商務仲裁條例第30條首見，規定：凡在中華民國領域外作成之仲裁判斷，為外國仲裁判斷。外國仲裁判斷，經聲請法院裁定承認後，得為執行名義。87年6月24日商務仲裁條例修正公布名稱（仲裁法）及全文56條，將原仲裁條例第30條移列為仲裁法第47條規定，迄104年12月2日修正前，該條文係規定：在中華民國領域外作成之仲裁判斷或在中華民國領域內依外國法律作成之仲裁判斷，為外國仲裁判斷。外國仲裁判斷，經聲請法院裁定承認後，得為執行名義。由第37條、第47條分別就本國仲裁判斷及外國仲裁判斷為規定，效力亦有不同，可見斯時立法者就外國仲裁判斷係有意僅賦予執行力，與本國仲裁判斷有別。又系爭仲裁判斷，經被上訴人於102年間聲請我國法院裁定承認，於104年12月2日仲裁法第47條第2項規定修正公布前既已確定（卷附確定證明書記載該裁定確定之日期為104年2月26日，見一審卷一第256頁），仲裁法復未明訂修正後之該法第47條第2項有溯及效力，本諸法律不溯及既往之重要原則，自無從因新法之施行而溯及賦予既判力。原審以仲裁法第47條第2項為法理，且依程序從新原則，認本件應有該新法之適用，理由自有未洽。」

[6]　參最高法院103年度台抗字第850號民事裁定（節錄）：「按外國仲裁判斷縱得聲請法院裁定承認而發生執行力，但此承認裁定所取得者為強制執行法第4條第1項第6款之執行名義，究與仲裁法明文規定我國仲裁判斷與確定判決同一效力者有間，尚不生民事訴訟法第249條第1項第7款為確定判決效力所及之問題。」

6

何種情形下，我國法院得駁回或應駁回承認外國仲裁判斷之聲請？目前我國法院曾裁定承認或不承認之外國仲裁判斷之國家有哪些？

張嘉眞、李仲昀

臺灣法院就外國仲裁判斷之承認聲請，在何種情形下得駁回或應駁回該聲請而不予承認該外國仲裁判斷？又目前臺灣法院曾裁定承認或不承認該國仲裁判斷之國家有哪些？

關鍵字：外國仲裁判斷

◎實務見解

1. 臺灣法院「應」以裁定駁回外國仲裁判斷承認聲請之情形（仲裁法第49條第1項、仲裁法第51條第2項）[1]

(1) 外國仲裁判斷之承認或執行，有背於中華民國公共秩序或善良風俗者（仲裁法第49條第1項第1款規定）

　　仲裁法第49條第1項第1款規定，當事人聲請法院承認之外國仲裁判斷，其承認或執行有背於中華民國公共秩序或善良風俗者，法院應以裁定駁回其聲請。就此，依最高法院83年度台上字第1530號民事判決見解[2]，所謂有背於公共秩序或善良風俗，乃指違反國家社會一般利益及道德觀念而言，我國司法實務有關外國仲裁判斷是否違反我國公共秩序或善良風俗之公開案例中[3]，對於所謂公共秩序或善良風俗亦多以是否違反國家社會一

---

[1] 仲裁法第49條第1項規定：「（第1款）當事人聲請法院承認之外國仲裁判斷，有下列各款情形之一者，法院應以裁定駁回其聲請：一、仲裁判斷之承認或執行，有背於中華民國公共秩序或善良風俗者。（第2款）當事人聲請法院承認之外國仲裁判斷，有下列各款情形之一者，法院應以裁定駁回其聲請：二、仲裁判斷依中華民國法律，其爭議事項不能以仲裁解決者。」仲裁法第51條第2項規定：「前項外國仲裁判斷經依法撤銷確定者，法院應駁回其承認之聲請或依聲請撤銷其承認。」

[2] 最高法院83年度台上字第1530號民事判決（節錄）：「……所謂法律行為有背於公共秩序或善良風俗者無效，乃指法律行為本身違反國家社會一般利益及道德觀念而言。而法律行為是否違反公序良俗，則應就法律行為之內容，附隨情況，以及當事人之動機、目的及其他相關因素綜合判斷之。……」

[3] 可參臺灣臺中地方法院104年度抗字第272號民事裁定（節錄）：「……我國仲裁法第49條第1項第1款所謂『公共秩序』、『善良風俗』，前者係指立國精神與基本國策之具體表現，後者則為發源於民間之倫理觀念。質言之，我國法院得以該款規定拒絕承認外國仲裁判斷之效力者，乃承認仲裁判斷之結果，將牴觸我國法秩序或倫理秩序之基本原則或基本理念而言。……」臺灣高等法院臺南分院107年度非抗字第16號民事裁定、臺灣高等法院100年度非抗字第72號

般利益及道德觀念作為判斷標準。

雖外國法院判決曾有因高額違約金而經我國法院基於違反公序良俗不予承認之案例（參本書外國判決承認相關議題之討論），惟於截稿時，於司法院網站尚未查得外國仲裁判斷因有背於我國公共秩序或善良風俗而遭法院駁回聲請之案例，雖有經相對人執此事由抗辯之案件，然法院係以各案所涉外國仲裁判斷之標的爭議屬一般商業糾紛或其所命給付內容屬因商業糾紛所生之貨款、違約賠償及訴訟費用負擔等事項為由，認定該等外國仲裁判斷之法律效果並未涉及國家社會一般利益及人民道德觀念，故未違反我國公共秩序或善良風俗，准予承認，此有臺灣高等法院臺南分院107年度非抗字第16號民事裁定（承認日本商事仲裁協會依日本商事仲裁規則作成之仲裁判斷）、臺灣高等法院102年度非抗字第55號民事裁定（承認香港國際仲裁中心依其所訂機構仲裁規則作成之仲裁判斷）、臺灣高等法院100年度非抗字第72號民事裁定（承認芬蘭中央商會仲裁所依芬蘭中央商會仲裁規則作成之仲裁判斷）等可參。

(2) 外國仲裁判斷依中華民國法律，其爭議事項不能以仲裁解決者（仲裁法第49條第1項第2款規定）

仲裁法第49條第1項第2款規定，當事人聲請法院承認之外國仲裁判斷，如依我國法律，其爭議事項不能以仲裁解決者，法院應以裁定駁回其聲請。就此，臺灣新竹地方法院99年度抗字第29號民事裁定[4]准予承認仲裁判斷，而明認上開規定旨在要求

民事裁定、臺灣高等法院102年度非抗字第55號民事裁定等。

[4] 參臺灣新竹地方法院99年度抗字第29號民事裁定（節錄）：「……按我國仲裁法第49條第1項第2款規定，仲裁判斷依中華民國法律其爭議事項不能以仲裁解決者，法院得裁定駁回其聲請；惟該條文係要求我國法院在承認外國仲裁判斷之前，應審查該外國仲裁判斷依我國法律規定是否欠缺仲裁容許性，亦即該外國仲裁判斷所欲解決之爭議在性質上是否為我國法律所明文不許以仲裁方式解

我國法院於承認外國仲裁判斷之前，應審查該外國仲裁判斷依我國法律規定是否欠缺仲裁容許性，亦即，該外國仲裁判斷所欲解決之爭議在性質上是否為我國法律所明文不許以仲裁方式解決之爭議。

承上，依仲裁法第1條第1、2項及第2條規定[5]，有關現在或將來之爭議，以依法得和解者為限，當事人得訂立仲裁協議，約定由仲裁人一人或單數之數人成立仲裁庭仲裁之，又約定應付仲裁之協議，非關於一定之法律關係，及由該法律關係所生之爭議而為者，不生效力，可知我國就何種爭議事項得以仲裁解決等有關仲裁容許性之問題已有明文之規範。

至截稿時，於司法院網站尚未查得外國仲裁判斷因其爭議事項依我國法不能以仲裁解決而遭法院駁回聲請之案例，多數案件中，法院乃以該個案中所涉爭議屬一般商業糾紛，其性質依我國法尚無不得以仲裁解決之限制為由，認定並無仲裁法第49條第1項第2款所定情形，此有臺灣新竹地方法院99年度抗字第29號民事裁定（承認芬蘭中央商會仲裁所依芬蘭中央商會仲裁規則作成之仲裁判斷）、臺灣臺中地方法院95年度仲認字第1號民事裁定（承認美國仲裁協會國際爭議解決中心依美國仲裁協會商務仲裁規則作成之仲裁判斷）、臺灣臺南地方法院107年度抗字第9號民事裁定（承認日本商事仲裁協會依日本商事仲裁規則作成之仲裁判斷）等可參。

(3) 外國仲裁判斷經依法撤銷確定者（仲裁法第51條第2項規定）

外國仲裁判斷如業經撤銷並確定，於法律上而言，該外國仲

決之爭議。」

[5]　仲裁法第1條第1項、第2項規定：「有關現在或將來之爭議，當事人得訂立仲裁協議，約定由仲裁人一人或單數之數人成立仲裁庭仲裁之。」「前項爭議，以依法得和解者為限。」同法第2條規定：「約定應付仲裁之協議，非關於一定之法律關係，及由該法律關係所生之爭議而為者，不生效力。」

裁判斷即便於做成判斷之該國家亦不生效力，我國自亦無從承認該外國仲裁判斷，故依仲裁法第51條第2項規定，外國仲裁判斷經依法撤銷確定者，臺灣法院即應駁回其承認之聲請或依聲請撤銷其承認。

2. 臺灣法院「得」以裁定駁回外國仲裁判斷承認聲請之情形（仲裁法第49條第2項）[6]

外國仲裁判斷之判斷地國或判斷所適用之仲裁法規所屬國，對於中華民國之仲裁判斷不予承認者（仲裁法第49條第2項）

　　仲裁法第49條第2項規定，外國仲裁判斷之判斷地國或判斷所適用之仲裁法規所屬國，如對於我國仲裁判斷不予承認，臺灣法院得以裁定駁回外國仲裁判斷承認聲請。就此，最高法院75年度台抗字第335號民事裁定（廢棄前審法院駁回承認英國利物蒲原棉公會仲裁人所為仲裁判斷之原裁定）、臺灣高等法院高雄分院92年度抗字第687號民事裁定（承認越南國際仲裁中心依越南仲裁法作成之仲裁判斷）等認為[7]，上開規定內容所彰顯之互惠原則，無須由個案所涉外國仲裁判斷之判斷地國對於我國之仲裁判斷先予承認，臺灣法院始得承認該外國仲裁判斷，否則不僅有失禮讓之精神，亦將有礙於國際間司法合作關係之促進。

　　另臺灣高等法院106年度非抗字第79號民事裁定（承認美國

[6]　仲裁法第49條第2項規定：「外國仲裁判斷，其判斷地國或判斷所適用之仲裁法規所屬國對於中華民國之仲裁判斷不予承認者，法院得以裁定駁回其聲請。」

[7]　參最高法院75年度台抗字第335號民事裁定要旨（節錄）：「……外國仲裁判斷，其判斷地國對於中華民國之仲裁判斷不予承認者，法院得駁回其承認外國仲裁判斷之聲請。惟查此項互惠原則，並非謂外國仲裁判斷，須其判斷地國對於我國之仲裁判斷先予承認，我國法院始得承認該外國仲裁判斷，否則，非但有失禮讓之精神，且對於促進國際間之司法合作關係，亦屬有礙，參以上述法條規定，其判斷地國對於我國之仲裁判斷不予承認者，我國法院並非『應』駁回其承認該外國仲裁判斷之聲請，而係僅『得』駁回尤明。」

仲裁協會國際爭議解決中心依美國仲裁協會商務仲裁規則作成之仲裁判斷）亦揭示，司法上之相互承認，與國際法上或政治上之承認不同，司法上之承認基於國際間司法權相互尊重及禮讓之原則，如外國法院已有具體承認我國判決之事實存在，或客觀上可期待其將來承認我國法院判決，即可認有相互承認。換言之，應將仲裁法第49條第2項規定視為具彈性之互惠原則，亦即，外國仲裁判斷之承認，無須以其判斷地國對我國仲裁判斷予以承認為必要條件，此亦有臺灣高等法院91年度再抗字第93號民事裁定（承認韓國商務仲裁協會依韓國商務仲裁規則作成之仲裁判斷）等可參。

3. 我國法院依聲請以裁定駁回外國仲裁判斷承認聲請之情形（仲裁法第50條共6款）

當事人聲請法院承認之外國仲裁判斷，有下列各款情形之一者，他方當事人得於收受通知後二十日內聲請法院駁回其聲請

(1)仲裁協議，因當事人依所應適用之法律係欠缺行為能力而不生效力者。

(2)仲裁協議，依當事人所約定之法律為無效；未約定時，依判斷地法為無效者。

(3)當事人之一方，就仲裁人之選定或仲裁程序應通知之事項未受適當通知，或有其他情事足認仲裁欠缺正當程序者。

(4)仲裁判斷與仲裁協議標的之爭議無關，或逾越仲裁協議之範圍者。但除去該部分亦可成立者，其餘部分，不在此限。

(5)仲裁庭之組織或仲裁程序違反當事人之約定；當事人無約定時，違反仲裁地法者。

(6)仲裁判斷，對於當事人尚無拘束力或經管轄機關撤銷或停止其效力者。

4. 我國司法實務就各國仲裁判斷裁定承認及不予承認之概況

　　謹簡要整理臺灣法院對於各國仲裁判斷裁定承認及不予承認之情形如下：

　　(1)日本、越南、芬蘭、捷克、法國、巴拿馬、俄羅斯、新加坡等國家之仲裁判斷目前均有經臺灣法院裁定承認之案例[8]，惟該等國家之仲裁判斷尚無遭法院裁定駁回承認聲請之案例可參。

　　(2)美國[9]、英國[10]、韓國[11]等國家之仲裁判斷有經臺灣法院裁定承認者，亦有遭臺灣法院裁定駁回之案例，其遭駁回之理由包

---

[8]　參臺灣高等法院94年度抗字第433號裁定（日本）、臺灣高等法院104年度非抗字第12號裁定（日本）、臺灣高等法院高雄分院92年度抗字第687號裁定（越南）、臺灣高等法院100年度非抗字第72號裁定（芬蘭）、臺灣高等法院104年度非抗字第124號裁定（捷克）、臺灣士林地方法院105年度仲許字第1號裁定（捷克）、臺灣高等法院85年度抗字第3275號裁定（法國）、臺灣高等法院81年度抗字第1491號裁定（巴拿馬）、臺灣高等法院臺中分院99年度非抗字第88號裁定（俄羅斯）、臺灣彰化地方法院100年度抗字第46號裁定（新加坡）。

[9]　美國仲裁判斷經臺灣法院裁定承認之案例可參臺灣高等法院臺中分院92年度抗字第559號裁定（美國仲裁協會／密西根州）、臺灣高等法院88年度抗字第4026號裁定（美國影片行銷協會／洛杉磯）、臺灣臺北地方法院100年度抗字第107號裁定（國際商會仲裁庭／紐約州）、臺灣新北地方法院民事105年度仲許字第2號裁定（美國仲裁協會／洛杉磯）、臺灣臺北地方法院100年度抗字第107號裁定(美國仲裁協會/紐約州)、臺灣臺中地方法院95年度仲認字第1號裁定（美國仲裁協會／麻州波士頓）、臺灣士林地方法院97年度仲聲字第2號裁定（美國仲裁協會／加州）、臺灣高等法院臺中分院89年度抗字第81號裁定（美國仲裁協會／加州）、臺灣臺北地方法院96年度抗字第41號裁定（美國仲裁協會）等案例。

[10]　英國仲裁判斷經臺灣法院裁定承認之案例可參臺灣高等法院臺中分院92年度抗字第260號（利物浦）、臺灣高等法院臺南分院91年度抗字第240號裁定（倫敦）、臺灣高等法院86年度抗字第425號（英國倫敦金屬交易所London Metal Exchange）、臺灣臺中地方法院103年度仲聲字第1號裁定（倫敦）。

[11]　韓國仲裁判斷經臺灣法院裁定承認之案例可參臺灣士林地方法院103年度仲許字第1號裁定（韓國商事仲裁院）、臺灣高雄地方法院105年度仲許字第2號裁定（韓國商事仲裁院）。

含未合法送達[12]、未補正或提出相關認證文件[13]、逾越仲裁協議之範圍[14]等，以因未合法送達而遭裁定駁回之案例最多。

(3)拉脫維亞、南非等國家之仲裁判斷有遭法院裁定駁回承認聲請之案例，其駁回聲請之理由包含未合法送達[15]、做成該外國仲裁判斷之仲裁庭組織及程序不符當地法規[16]等，而該等國家之仲裁判斷，目前於司法院網站尚查無經臺灣法院裁定承認之案例可參。

---

[12] 相關案例可參臺灣高等法院97年度非抗字第61號裁定（美國仲裁協會）、臺灣高等法院97年度非抗字第99號裁定（美國仲裁協會／紐約州）、臺灣高等法院97年度非抗字第48號裁定（美國仲裁協會），相關規定可參仲裁法第50條第3款規定：「當事人聲請法院承認之外國仲裁判斷，有下列各款情形之一者，他方當事人得於收受通知後二十日內聲請法院駁回其聲請：……三、當事人之一方，就仲裁人之選定或仲裁程序應通知之事項未受適當通知，或有其他情事足認仲裁欠缺正當程序者。」

[13] 相關案例可參臺灣臺北地方法院82年度仲備字第19號裁定（英國）、臺灣板橋地方法院90年度仲聲字第6號裁定（韓國），相關規定可參仲裁法第48條第1項第1款規定：「外國仲裁判斷之聲請承認，應向法院提出聲請狀，並附具下列文件：一、仲裁判斷書之正本或經認證之繕本。」

[14] 相關案例可參臺灣士林地方法院105年度抗字第93號裁定（韓國）、臺灣桃園地方法院95年度抗字第148號裁定（韓國）。

[15] 相關案例可參臺灣高等法院高雄分院97年度抗字第314號裁定（拉脫維亞）。

[16] 相關案例可參臺灣高等法院81年度抗字第962號裁定（南非）。

7

中國大陸、港澳地區作成之仲裁判斷，是否得由我國法院認可／承認及強制執行？

張嘉眞、林誼勳

近來兩岸四地貿易頻繁，臺灣企業與中國大陸、香港、澳門企業進行交易，亦有約定以位於中國大陸、香港、澳門之仲裁機構進行爭議解決之情形，惟於該等地區作成之仲裁判斷，基於臺灣與中國大陸、港澳地區之特殊情形，並非直接適用仲裁法中關於外國仲裁判斷承認之規定，則於該等地區所作之仲裁判斷是否得由臺灣法院認可／承認及強制執行？本文將提出說明。

關鍵字：中國大陸仲裁判斷、港澳地區仲裁判斷、承認、強制執行

◎於中國大陸進行仲裁所作成之仲裁判斷是，否可聲請臺灣法院認可執行？

企業如於中國大陸進行仲裁作成之仲裁判斷，得聲請臺灣法院裁定「認可」。經裁定認可後，如仲裁判斷係以給付為內容者，得為執行名義，但以在臺灣地區作成之民事確定裁判、民事仲裁判斷，得聲請大陸地區法院裁定認可或為執行名義者，始適

用之，此爲臺灣地區與大陸地區人民關係條例（下稱兩岸關係條例）第74條[1]之明文規定。該條之立法理由即明揭，因臺灣以及中國大陸之商務仲裁體制有異，爲兼顧當事人權益，於法院裁定認可後，得爲執行名義，但僅有執行力，而非如同外國仲裁判斷般，依仲裁法第47條規定聲請法院承認後，與法院判決有同一效力[2]。因此，經許可之中國大陸仲裁判斷，並無既判力。

　　然而，依兩岸關係條例第74條第3項規定，同條第1、2項有關於中國仲裁判斷爲臺灣法院裁定認可，限於臺灣之民事判決、仲裁判斷得聲請中國法院認可爲執行名義始適用之，其立法理由明揭考量公平以及互惠原則增訂此規定[3]。惟因中國大陸方面於2015年頒布「最高人民法院關於認可和執行臺灣地區仲裁裁決

---

[1]　臺灣地區與大陸地區人民關係條例第74條：「（第1項）在大陸地區作成之民事確定裁判、民事仲裁判斷，不違背臺灣地區公共秩序或善良風俗者，得聲請法院裁定認可。（第2項）前項經法院裁定認可之裁判或判斷，以給付爲內容者，得爲執行名義。（第3項）前二項規定，以在臺灣地區作成之民事確定裁判、民事仲裁判斷，得聲請大陸地區法院裁定認可或爲執行名義者，始適用之。」

[2]　最高法院104年度台上字第33號判決：「對照臺灣地區與大陸地區人民關係條例第74條、香港澳門關係條例第42條規定之差異，及後條例係爲排除前條例於港澳地區適用而特爲立法，可見係立法者有意爲不同之規範，即基於兩岸之特殊關係，爲解決實際問題，對於在大陸地區作成之民事確定裁判、民事仲裁判斷，特以非訟程序爲認可裁定，並僅就以給付內容者，明定其有執行力，而未賦予實質確定力。立法者既係基於兩岸地區民事訴訟制度及仲裁體制差異，爲維護我法律制度，並兼顧當事人權益（見該條文立法理由），而爲上開規定，自不容再援引民事訴訟法、仲裁法關於外國民事確定裁判、外國仲裁判斷效力之相關規定及法理，認在大陸地區作成之民事確定裁判及仲裁判斷，經我法院裁定認可者，即發生既判力。」

[3]　兩岸人民關係條例第74條第3項86年5月14日修正立法理由：「二、依本條例規定，在大陸地區作成之民事確定裁判及民事仲裁判斷，不違背臺灣地區公共秩序或善良風俗者，得聲請我法院裁定認可，並得爲執行名義；惟大陸方面卻未能秉持互惠、對等之原則，承認在我方作成之民事確定裁判及民事仲裁判斷，得聲請大陸地區法院裁定認可，並得在大陸地區執行，顯屬不公，爰依公平及互惠原則，增訂第3項規定，期使中共當局正視兩岸司法互助問題，能以誠意解決，俾維護兩岸法律制度，並兼顧當事人權益。」

的規定」，該規定第一條即明揭臺灣仲裁判斷之當事人可以作爲申請人，向大陸法院申請執行臺灣仲裁判斷，日後中國大陸仲裁判斷如無違反臺灣公共秩序或善良風俗，原則上應可爲臺灣法院認可，目前我國法院已著有裁定認可中國國際經濟貿易仲裁委員會、北京、上海、深圳、廣州等地仲裁機構之仲裁判斷[4]。

　　有疑問者，乃中國大陸之仲裁判斷，是否即不受到外國仲裁判斷承認之相關要件，僅需不違反臺灣公共秩序以及善良風俗，即可一律爲臺灣法院認可？部分臺灣法院裁定業已認定，如仲裁申請書、開庭通知等文件如未經合法送達，乃剝奪當事人聽審以及辯論之機會（相當於仲裁法第50條第1項第3款[5]仲裁判斷他方當事人得聲請法院駁回承認外國仲裁判斷聲請之事由），係屬違背臺灣公共秩序及善良風俗，因而駁回聲請人聲請裁定認可中國大陸之仲裁判斷[6]，由此可推知，臺灣法院係以臺灣公共秩序及善良風俗爲判準，針對中國仲裁判斷於仲裁程序上是否有欠缺正當程序之情形，於審查是否認可中國大陸仲裁判斷時，進行相當之管控。

---

[4] 如臺灣臺北地方法院107年度陸仲許字第1號（認可深圳仲裁委員會之仲裁判斷）、臺灣臺北地方法院107年度陸仲許字第2號（認可廣州仲裁委員會之仲裁判斷）、臺灣新北地方法院107年度陸仲許字第2號（認可上海仲裁委員會之仲裁判斷）、臺灣新北地方法院101年度陸仲許字第3號（認可中國國際經濟貿易仲裁委員會之仲裁判斷）、臺灣橋頭地方法院107年度陸仲許字第1號（認可北京仲裁委員會之仲裁判斷）。

[5] 仲裁法第50條第1項第3款規定：「當事人聲請法院承認之外國仲裁判斷，有下列各款情形之一者，他方當事人得於收受通知後二十日內聲請法院駁回其聲請：三、當事人之一方，就仲裁人之選定或仲裁程序應通知之事項未受適當通知，或有其他情事足認仲裁欠缺正當程序者。」

[6] 臺灣新北地方法院107年度陸仲許字第1號裁定。

◎於香港、澳門進行仲裁機構之仲裁而作成之仲裁判斷，是否可聲請臺灣法院承認執行？

依香港澳門條例第42條第2項規定[7]，於香港、澳門作成之仲裁判斷，其效力乃準用「商務仲裁條例」（按：爲今仲裁法之前身）第30條至第34條之規定，立法理由明白揭示香港澳門法律制度之健全程度，與一般民主法治國家相較歧異較少，故比照一般外國仲裁判斷之情形予以承認，此與前揭針對中國大陸仲裁判斷所爲之認可制度設計，有本質上之不同。至於前揭所準用之商務仲裁條例條號與現今仲裁法之相關條文號碼如何對應之問題，法院判決已明揭係準用仲裁法第47條至第51條等規定[8]，是以，香港、澳門之仲裁判斷，應符合仲裁法第49條、第50條之事由，否則仍有遭法院駁回聲請、或由他方當事人聲請法院駁回聲請之情形。實務上，香港作成之仲裁判斷（如由香港國際仲裁中心），多爲我國法院所承認[9]，惟至截稿日爲止，筆者於司法院網站上，似未尋得澳門仲裁機構之仲裁判斷爲臺灣法院所承認之案例，惟如符合前述法律要件，向臺灣法院聲請承認並執行澳門仲裁機構之仲裁判斷，應屬可行。

---

[7] 香港澳門關係條例第42條第2項：「在香港或澳門作成之民事仲裁判斷，其效力、聲請法院承認及停止執行，準用商務仲裁條例第三十條至第三十四條之規定。」本條文述及之「準用商務仲裁條例第三十條至第三十四條之規定」，因該條例已於87年改由仲裁法所取代，依法院實務解釋，應指仲裁法之第47至51條等規定。

[8] 臺灣士林地方法院100年度仲認字第1號裁定。

[9] 臺灣臺北地方法院106年度聲字第234號裁定、臺灣士林地方法院100年度仲認字第1號裁定、臺灣新竹地方法院104年度仲許字第3號裁定。

8

於接到仲裁判斷後，發現仲裁人並沒有審理企業提出的抵銷抗辯，則企業是否可以提出撤銷仲裁判斷訴訟，請求將抵銷金額範圍內的不利仲裁判斷撤銷？

張嘉真、陳誌泓

　　仲裁是人民依仲裁法等規定，本於契約自由原則，以合意方式選擇依訴訟外途徑處理爭議之制度，其制度設計上係藉由一次性仲裁程序終局解決紛爭，故於仲裁判斷作成後，僅限於法律特定事由，始得提出撤銷仲裁判斷之訴救濟，與一般訴訟的三級三審制度不同。然而，如果企業於仲裁程序中提出抵銷抗辯，卻於接到仲裁判斷後，發現仲裁人並沒有審理該抵銷抗辯，則企業是否可以提出撤銷仲裁判斷訴訟，請求將抵銷金額範圍內的不利仲裁判斷撤銷？

關鍵字：抵銷抗辯、仲裁協議、撤銷仲裁判斷之訴

◎法院見解

1. 撤銷仲裁判斷之訴之提起事由及法院之審理原則為何？

　　仲裁係人民依法律之規定，本於契約自由原則，以當事人合意選擇依訴訟外途徑處理爭議之制度，兼有程序法與實體法之雙重效力，具私法紛爭自主解決之特性（司法院大法官釋字591號解釋參照），也因此仲裁制度與訴訟制度不同，原則上無三級三審制度，仲裁判斷作成後，於當事人間與法院確定判決有同一效力，當事人應受拘束（仲裁法第37條第1項參照），除非有仲裁法第40條第1項各款所列事由，當事人亦不得提起撤銷仲裁判斷之訴。

　　依最高法院見解，撤銷仲裁判斷之訴並非原仲裁程序之上級審或再審，非就原仲裁判斷認定事實及適用法規是否妥適，再為審判，法院僅就原仲裁判斷有無仲裁法第40條第1項各款所列事由之重大瑕疵，予以形式審查，至於當事人於實體法上有無請求權，仲裁人所命給付是否有誤，均非法院審查範圍[1]。

---

[1]　最高法院106年度台上字第836號判決：「按仲裁人之仲裁判斷，於當事人間與法院之確定判決有同一效力，當事人應受其拘束，而撤銷仲裁判斷之訴，並非原仲裁程序之上級審或再審，法院僅得就原仲裁判斷是否具有仲裁法第40條第1項所列事由之重大瑕疵，予以形式審查，至原仲裁判斷所持法律見解是否妥適，其實體內容是否合法、妥適，乃仲裁人之仲裁權限，非法院所得予以審查。又仲裁庭之組成或仲裁程序，違反仲裁協議或法律規定者，當事人得對於他方提起撤銷仲裁判斷之訴，仲裁法第40條第1項第4款固著有規定。惟該款係為程序上有瑕疵之仲裁判斷所設之救濟方法，其所謂仲裁程序係指仲裁庭組成以外之其他仲裁程序行為，不包括仲裁判斷本身的瑕疵；其所違反之法律規定應限於強行或禁止規定，不包含為訓示規定。是仲裁判斷實體之內容是否合法、妥適，自不在該條款規範之列。」

2. 仲裁程序仲裁庭得否審酌一方所提出之抵銷抗辯？仲裁庭未 審酌時，得否以之爲由提起撤銷仲裁判斷之訴？

如前所述，仲裁制度係人民本於契約自由原則選擇，以當事人之合意爲基礎之爭議解決機制，故仲裁庭得否審酌當事人所提出之抵銷抗辯，應取決於該等抵銷抗辯是否在當事人仲裁協議範圍或仲裁標的範圍內[2]。

易言之，如仲裁當事人所提之抵銷抗辯，係本於同一仲裁協議或仲裁標的範圍內之爭議所生，而得認屬雙方合意仲裁範圍內，則仲裁庭應得審理。例如，仲裁聲請人係基於雙方工程契約之仲裁條款提出仲裁，則如他方本於同一工程契約所生爭議提出抵銷抗辯，此時仲裁庭應得合法審理。從而，如於接到仲裁判斷後發現仲裁庭未予審理上開抵銷抗辯時，抵銷抗辯提出方應得依據仲裁法第40條第1項第1款與第4款[3]及仲裁法第38條第1款[4]之事由，提出撤銷仲裁判斷訴訟，請求法院將抵銷金額範圍內的不利仲裁判斷撤銷[5]。

---

[2] 最高法院102年度台上字第2074號判決：「所謂是否存在有效之仲裁協議，應包括仲裁協議之有無及其範圍如何。依上揭仲裁判斷之意旨，仲裁庭雖認當事人間存有有效仲裁協議，但謂被上訴人所爲瑕疵抵銷抗辯，非兩造仲裁協議之範圍，逕以此程序上之理由不予審酌，均屬當事人間所涉有效與否之仲裁協議及其範圍之認定，非關仲裁庭就該抗辯事由之實體有無理由爲判斷，自屬撤銷仲裁判斷之訴審理法院應調查審認之事項，法院應探究有無符合上揭規定即仲裁程序違反仲裁協議之情。」

[3] 仲裁法第40條第1項第1款及第4款：「有下列各款情形之一者，當事人得對於他方提起撤銷仲裁判斷之訴：一、有第三十八條各款情形之一者……四、仲裁庭之組成或仲裁程序，違反仲裁協議或法律規定者。」

[4] 仲裁法第38條第1款本文：「有下列各款情形之一者，法院應駁回其執行裁定之聲請：一、仲裁判斷與仲裁協議標的之爭議無關，或逾越仲裁協議之範圍者。」

[5] 臺灣高等法院101年度重上更（二）字第27號判決：「本件上訴人依系爭承諾函第7點約定向被上訴人請求代爲給付總包商應付之款項，被上訴人則爲工作未完成、瑕疵及抵銷等抗辯而拒絕給付，自屬兩造就系爭承諾函第7點約定所生之

　　反之，如仲裁當事人所提之抵銷抗辯，根本與仲裁協議或仲裁標的無關，則仲裁庭不應審理。例如，仲裁聲請人係基於雙方投資契約之仲裁條款提出仲裁，則如他方係基於該等投資契約外之其他委任契約所生爭議提出抵銷抗辯，此時因該等抵銷抗辯不在兩造合意之仲裁範圍內，仲裁庭應不得審理該等抵銷抗辯，抵銷抗辯提出方亦無從以仲裁庭未審理該等抵銷抗辯為由，提出撤銷仲裁判斷訴訟[6]。

爭議，堪認為兩造仲裁協議之範圍，則被上訴人主張仲裁庭未予審酌即作成仲裁判斷，該仲裁程序違反仲裁協議，符合仲裁法第40條第1項第4款規定之撤銷仲裁判斷事由，據以請求撤銷仲裁判斷等語，自屬有據。」

[6]　臺灣高等法院106年度重上字第535號判決：「被上訴人於仲裁程序所提抵銷抗辯，並非系爭合約第11條約定之仲裁範圍，既如前述，而兩造除了系爭合約書第11條之約定外，並無其他仲裁協議等情，亦據兩造陳明在卷（見本院卷一第190頁），則系爭仲裁判斷以被上訴人之抵銷抗辯非屬仲裁協議範圍而未實質審理，其仲裁程序自無違反仲裁協議。系爭仲裁判斷既未違反仲裁協議，被上訴人依仲裁法第40條第1項第4款、第3項規定，請求撤銷系爭仲裁斷，即難認有據，其依仲裁法第42條第2項規定，請求撤銷臺北地院105年度仲執字第6號裁定，亦屬無據。」

9

仲裁程序中已判斷之爭執事項，企業與其他企業於嗣後進行之相關訴訟或仲裁程序中，是否受到拘束（即爭點效原則）？

張嘉真、陳誌泓

所謂「爭點效」是法院基於民事訴訟法上之誠信原則及訴訟經濟所創出之法理，認為法院於判決理由中，本於當事人辯論後之結果，就訴訟標的以外之重要爭點作成判斷時，在其後之訴訟中，法院及當事人就該已經法院判斷之重要爭點受到拘束，原則上皆不得作成相反之判斷或主張。然而，如果是仲裁程序中已經仲裁庭判斷之爭執事項，在相同當事人於嗣後進行之相關訴訟或仲裁程序中，是否仍有「爭點效」之適用？換言之，該已經仲裁庭判斷之爭執事項，之後的仲裁庭、受訴法院以及雙方當事人，是否均受到拘束？

關鍵字：仲裁判斷、爭點效、程序法之誠信原則

◎法院見解

1. 仲裁程序中已判斷之爭執事項，在嗣後進行之訴訟有無爭點效？

　　以最高法院就同一爭議作成的兩個判決為例，在101年度台上字第299號判決中，最高法院似乎認定，如果當事人提出之訴訟資料，足以推翻前仲裁判斷之認定時，當事人得作相反之主張，法院亦得為相反之判斷，隱含仲裁判斷似有爭點效之適用[1]，惟在106年度台上字第305號判決，最高法院只肯認仲裁判斷依法所具有之既判力（仲裁法第37條第1項規定[2]參照），但基於仲裁程序本質，不肯認仲裁判斷具有爭點效，其認為仲裁制度為當事人合意之訴訟外紛爭解決制度，仲裁人的資格、適用之程序與實體規則、事後之救濟程序等，均與民事訴訟程序不同，故仲裁判斷理由中就重要爭點或法律關係所為判斷，對當事人不生拘束力，因此同一當事人間提起另件民事訴訟，就相同爭點法律關係，法院或當事人仍得為相反之判斷或主張，始符仲裁制度之本質，亦無違訴訟經濟與誠信[3]。

---

[1] 最高法院101年度台上字第299號判決：「按民事訴訟法第400條第1項規定確定判決之既判力，惟於判決主文所判斷之訴訟標的，始可發生。若訴訟標的以外之事項，縱令與為訴訟標的之法律關係有影響，因而於判決理由中對之有所判斷，除同條第2項所定情形外，尚不能因該判決已經確定而認此項判斷有既判力。倘當事人提出之訴訟資料，足以推翻原判斷，非不得作相反之主張，法院亦非不得為相反之判斷。有鑑於仲裁制度之單級審理特色及仲裁判斷有限司法審查，此於仲裁事件亦有其適用。」

[2] 仲裁法第37條第1項：「仲裁人之判斷，於當事人間，與法院之確定判決，有同一效力。」

[3] 最高法院106年度台上字第305號判決：「仲裁制度本質為當事人自行合意之訴訟外紛爭解決機制，仲裁人之資格不以有相當法律訓練者為限，適用之程序與實體規則可由當事人或仲裁庭選擇或為衡平仲裁（仲裁法第19條、第31條規定參照），無如民事訴訟法程序相同嚴謹之調查證據、審理程序及程序之拘束

　　至於下級法院中，有採取如同最高法院101年度台上字第299號判決見解者，認定仲裁程序中已判斷之爭執事項，在嗣後進行之訴訟原則上有爭點效[4]，亦有採取最高法院106年度台上字第305號判決見解者，認為仲裁程序中已判斷之爭執事項，在嗣後進行之訴訟無爭點效[5]。

2. 仲裁程序中已判斷之爭執事項，在嗣後進行之仲裁有無爭點效？

　　由於仲裁程序採不公開審理，且仲裁判斷亦未完全公開，對於仲裁判斷是否採取爭點效，尚待仲裁協會進一步統計，惟如仲裁判斷不採認前一仲裁之爭點效，當事人一方是否對之提起撤銷仲裁判斷之訴？就此最高法院106年度台上字第836號判決認為，因法院於撤銷仲裁判斷之訴中，僅得形式審查原仲裁判斷是否具有仲裁法第40條第1項所列事由之重大瑕疵，至於原仲裁判斷所持法律見解是否妥適，其實體內容是否合法、妥適，非法院所得予以審查，且因爭點效非法律規定，故無論仲裁庭是否採納爭點效理論，均無仲裁法第40條第1項第4款「仲裁庭之仲裁程序違反法律規定」之撤銷事由[6]。易言之，仲裁庭是否採取爭點

力，所為仲裁判斷相對欠缺法之安定性與預測性，其救濟亦只有嚴格限制之撤銷仲裁判斷訴訟（仲裁法第40條規定參照）之有限司法審查，與訴訟程序本質上不同，關於當事人之程序權保障與民事訴訟制度相差甚遠。是仲裁判斷於當事人間，除與法院之確定判決有同一之既判力（仲裁法第37條第1項規定參照）外，仲裁判斷理由中所為其他非聲請仲裁標的之重要爭點法律關係判斷，對當事人不生拘束力。同一當事人間提起另件民事訴訟，就相同爭點法律關係，法院或當事人仍得為相反之判斷或主張，始符仲裁制度之本質，亦無違訴訟經濟與誠信。」

[4]　例如：臺灣高等法院高雄分院105年度建上字第10號判決、臺灣高等法院105年度重上字第787號判決、臺灣高等法院101年度重上字第701號判決等。

[5]　例如：臺灣高等法院106年度建上字第80號判決、臺灣高等法院臺中分院104年度重上字第167號判決、臺灣高等法院臺中分院104年度上易字第208號判決等。

[6]　最高法院106年度台上字第836號判決：「按仲裁人之仲裁判斷，於當事人間與

效，由仲裁人依其權限判斷，非法院可以審查，亦非事後提起撤銷仲裁判斷之事由。

法院之確定判決有同一效力，當事人應受其拘束，而撤銷仲裁判斷之訴，並非原仲裁程序之上級審或再審，法院僅得就原仲裁判斷是否具有仲裁法第40條第1項所列事由之重大瑕疵，予以形式審查，至原仲裁判斷所持法律見解是否妥適，其實體內容是否合法、妥適，乃仲裁人之仲裁權限，非法院所得予以審查。又仲裁庭之組成或仲裁程序，違反仲裁協議或法律規定者，當事人得對於他方提起撤銷仲裁判斷之訴，仲裁法第40條第1項第4款固著有規定。惟該款係為程序上有瑕疵之仲裁判斷所設之救濟方法，其所謂仲裁程序係指仲裁庭組成以外之其他仲裁程序行為，不包括仲裁判斷本身的瑕疵；其所違反之法律規定應限於強行或禁止規定，不包含為訓示規定。是仲裁判斷實體之內容是否合法、妥適，自不在該條款規範之列。又爭點效乃係以訴訟上之誠信原則及保障當事人公平為骨幹，推衍形成之民事訴訟學說理論，並非法律規定。系爭仲裁判斷已載明其不採納爭點效理論之理由，揆諸前揭說明，其法律見解之當否尚非法院所得予以審查，原審因認系爭仲裁判斷無仲裁法第40條第1項第4款規定之撤銷事由，核無違誤。上訴論旨指摘原判決違背法令，復就原審其他贅述理由，指摘原判決不當，求予廢棄，均非有理由。」

二、外國判決及裁判

1

如欲於我國執行外國民事判決，應經過何種程序？如何聲請我國法院強制執行之？經我國法院許可執行之外國民事判決，是否具有既判力？

張嘉眞、林庭宇

依強制執行法第4條之1第1項規定，外國法院確定判決聲請強制執行者，需符合「無民事訴訟法第402條第1項各款情形之一」之要件，並經我國法院以判決宣示許可執行後，始得於我國強制執行，且具有既判力。

關鍵字：外國判決、許可執行

◎外國法院確定判決在我國執行

企業得於我國執行外國法院民事確定判決，惟仍應依強制執行法第4條之1第1項規定[1]，符合「無民事訴訟法第402條第1項各

---

[1] 強制執行法第4條之1規定：「（第1項）依外國法院確定判決聲請強制執行者，以該判決無民事訴訟法第402條各款情形之一，並經中華民國法院以判決宣示許

款情形之一」²之要件，並經我國法院以判決宣示許可執行後，始得於我國執行，不得在未經判決許可前，直接持該外國法院民事判決直接聲請法院強制執行之。

1. 向我國法院提起許可執行之訴

按最高法院92年台上字第2032號民事判決：「**按依外國法院確定判決聲請強制執行者，以該判決無民事訴訟法第402條各款情形之一，並經我國法院以判決宣示許可其執行者為限，得為強制執行**，強制執行法第4條之1第1項定有明文。故請求許可外國法院確定判決強制執行，應以訴為之，除由該外國確定判決之債權人為原告，並以其債務人為被告外，**其依判決國法規定為該外國確定判決效力所及之第三人，亦得為原告或被告。**」此另有最高法院92年台上字第985號民事判決可稽³。

參酌上開最高法院見解，企業如欲於我國執行外國民事確定判決，應依強制執行法第4條之1第1項及民事訴訟法第402條規定，向我國法院提起訴訟，請求判決宣示許可該外國法院確定判

可其執行者為限，得為強制執行。（第2項）前項請求許可執行之訴，由債務人住所地之法院管轄。債務人於中華民國無住所者，由執行標的物所在地或應為執行行為地之法院管轄。」

2　民事訴訟法第402條規定：「（第1項）外國法院之確定判決，有下列各款情形之一者，不認其效力：一、依中華民國之法律，外國法院無管轄權者。二、敗訴之被告未應訴者。但開始訴訟之通知或命令已於相當時期在該國合法送達，或依中華民國法律上之協助送達者，不在此限。三、判決之內容或訴訟程序，有背中華民國之公共秩序或善良風俗者。四、無相互之承認者。（第2項）前項規定，於外國法院之確定裁定準用之。」

3　最高法院92年台上字第985號民事判決：「按依民事訴訟法第402條之立法體例，係以外國法院之確定判決在我國認其具有效力為原則，如有該條各款情形之一者，始例外不認其效力。此與強制執行法第4條之1第1項規定依外國法院確定判決聲請強制執行者，以該判決無民事訴訟法第402條各款情形之一，並經中華民國法院以判決宣示許可其執行者為限，得為強制執行，乃為外國法院確定判決在我國取得執行力、得由我國法院據以強制執行之要件規定尚有區別。」

決強制執行。原則上，除由該外國確定判決之債權人為原告，並以其債務人為被告外，如為該外國確定判決效力所及之第三人，亦得為原告或被告。

2. 管轄法院

依強制執行法第4條之1第2項規定：「……前項請求許可執行之訴，由債務人住所地之法院管轄。債務人於中華民國無住所者，由執行標的物所在地或應為執行行為地之法院管轄。」，依前開強制執行法規定，企業如欲於我國執行外國民事確定判決，應向債務人住所地之我國法院提起許可執行之訴，如債務人於我國無住所，但有債務人之財產於我國境內，企業應向債務人財產所在地或應為執行行為地之我國法院提起許可執行之訴。

3. 外國法院確定之民事判決

按最高法院92年台上字第985號民事判決：「**至於該外國法院確定判決之確定力，仍應依該國相關之程序規定為斷，不以由我國法院依我國程序相關規定判決賦與為必要。**本件系爭英國判決既於西元1994年（民國83年）11月8日宣示，依該國相關程序規定，該判決因上訴人未提起上訴，已告確定。」，次按臺灣高等法院100年度重上字第784號民事確定判決：「**被上訴人主張系爭新加坡法院判決已確定等語，業據提出經公證之新加坡高等法院2011年2月16日公文、系爭新加坡法院判決（均含中譯本）等件為證**（見原審台北地院卷第9至30頁，本院卷第1宗第129至155頁），並經我國駐新加坡代表處向新加坡最高法院函詢結果，系爭新加坡法院決係新加坡高等法院（High Court）法官Lai Siu Chiu於99年7月5日至9日開庭審理後所做之判決，99年7月5日至9日開庭審理時，兩造均親自出席，系爭新加坡法院判決業經新加坡公證人（Advocate and Solicitor）驗證等語，有該新加坡代表處101年3月9日新加字第1010000204號函可稽（見本

院卷第1宗第172至174頁），參以上訴人自認系爭新加坡法院判決系針對與其同一人之新加坡張立杰，**其當時對系爭新加坡法院判決未上訴等情（見本院卷第1宗第158頁反面），堪信系爭新加坡法院判決已經確定。」**

　　依前開法院見解，企業欲執行之外國法院民事判決，是否已確定而得向法院提起許可執行之訴，應依該國相關之程序規定為斷，而非依我國相關程序規定判斷判決是否已確定。

4. 無民事訴訟法第402條第1項各款情形之一

　　按民事訴訟法第402條第1項各款明文訂有四種就外國法院確定判決例外不予承認之情形，依強制執行法第4條之1第1項規定，企業欲於我國執行外國民事確定判決，必須無民事訴訟法第402條第1項各款情形之一。

◎無民事訴訟法第402條第1項不予承認之外國民事判決之既判力

　　按臺灣高等法院94年度家上字第191號民事確定判決：「末按訴訟標的之法律關係，於確定之終局判決中經裁判者，**當事人之一造以該確定判決之結果為基礎，於新訴訟用作攻擊防禦方法時，他造應受其既判力之拘束……查本件英國杜拜郡法院之離婚判決**，係由上訴人所起訴，並於民國90年3月21日，自行持英國杜拜郡法院之判決，向新竹縣竹東鎮戶政事務所，申請離婚登記，有英國杜拜郡法院判決及其譯本、臺灣板橋地方法院檢察署92年度偵字第806號不起訴處分書（誤載為向臺北縣土城市戶政事務所辦理離婚登記）、新竹縣竹東鎮戶政事務所93年10月24日竹縣東戶字第09303103號函及其所附離婚登記申請書、英國杜拜郡法院判決、判決確定證明書、我國駐英臺北代表處民國90年2月12日簽證可稽（見原審卷第82至102頁），**上訴人主張**

係戶政事務所片面爲其辦理離婚登記云云，顯非實在。上訴人爲與其向英國杜拜郡法院起訴之陳述，及英國杜拜郡法院確定判決爲相反之主張，揆諸前揭說明，亦無可取。」，次按臺灣高等法院臺南分院92年度重上更（二）字第24號民事確定判決：「我國民事訴訟法第402條所謂『認其效力』者，乃認其與本國法院之判決有同一之效力，諸凡既判力、執行力及形成力均與本國之判決無異，至其效力客觀的及主觀的範圍，仍應從該外國法定之，即有關本件系爭美國法院判決之客觀的及主觀的效力範圍，應依美國有關法律之規定而加以解釋及適用。又美國係英美法系國家，除既有之成文法外，美國法院尚以判決先例、立法理由及學說解釋等不成文法作爲判決基礎，並形成拘束力。」。

依前開法院見解，企業所持之外國法院確定判決，經我國法院爲許可外國法院確定判決強制執行之判決後，該外國法院確定判決既然已無民事訴訟法第402條第1項各款明文訂有外國法院確定判決例外不予承認之情形，則該外國法院確定判決應發生既判力，而與我國之判決無異。實際上，除了需強制執行之外國法院給付判決，必須由我國法院判決許可承認，方可於我國強制執行外，其他外國判決如無民事訴訟法第402條第1項各款不予承認之情形，我國法院係採自動承認其既判力之見解。

相較之下，須特別注意者，關於大陸法院所作之判決，係依臺灣地區與大陸地區人民關係條例第74條規定[4]，以及最高法院96年度台上字第2531號民事判決、最高法院97年度台上字第

---

[4] 臺灣地區與大陸地區人民關係條例第74條規定：「（第1項）在大陸地區作成之民事確定裁判、民事仲裁判斷，不違背臺灣地區公共秩序或善良風俗者，得聲請法院裁定認可。（第2項）前項經法院裁定認可之裁判或判斷，以給付爲內容者，得爲執行名義。（第3項）前二項規定，以在臺灣地區作成之民事確定裁判、民事仲裁判斷，得聲請大陸地區法院裁定認可或爲執行名義者，始適用之。」

2258號民事判決[5]等可知，臺灣法院就大陸法院民事裁判係採「裁定認可執行制」，亦即，大陸法院民事確定判決或判決，尚須向法院聲請承認並經法院裁定認可後，該大陸法院裁判於我國始具效力，此與其他國家法院裁判，原則上不待臺灣法院裁定承認即自動發生承認之效力不同，且經臺灣法院裁定認可之大陸地區民事確定裁判，亦僅具有執行力而無與臺灣法院確定判決同一效力之既判力[6]。

另依香港澳門關係條例第42條第1項規定[7]準用民事訴訟法第402條規定[8]，以及最高法院96年度台上字第2531號民事判決、最高法院97年度台上字第2258號民事判決等見解[9]，並參酌港澳條例第42條規定立法理由：「香港地區及澳門地區法律制度之健全程度與一般民主法治國家相較，歧異較少，**故其裁判或仲裁判斷比照一般外國裁判及仲裁判斷之情形予以承認。**」，可知臺灣法院就香港、澳門法院確定判決，與外國法院確定判決相同，

---

5 最高法院96年度台上字第2531號民事判決要旨、最高法院97年度台上字第2258號民事判決（節錄）：「……就大陸地區民事確定裁判之規範，係採『裁定認可執行制』，與外國法院或在香港、澳門作成之民事確定裁判（香港澳門關係條例第42條第1項明定其效力、管轄及得為強制執行之要件，準用民事訴訟法第402條及強制執行法第4條之1之規定），仿德國及日本之例，依民事訴訟法第402條之規定，就外國法院或在香港、澳門作成之民事確定裁判，採『自動承認制』，原則上不待我國法院之承認裁判，即因符合承認要件而自動發生承認之效力未盡相同，是經我國法院裁定認可之大陸地區民事確定裁判，應祇具有執行力而無與我國法院確定判決同一效力之既判力……。」

6 最高法院97年度台上字第2376號判決（節錄）：「……經我國法院裁定認可之大陸地區民事確定裁判，應祇具有執行力而無與我國法院確定判決同一效力之既判力……。」

7 香港澳門關係條例第42條第1項規定：「在香港或澳門作成之民事確定裁判，其效力、管轄及得為強制執行之要件，準用民事訴訟法第402條及強制執行法第4條之1之規定。」

8 前揭註2。

9 前揭註5。

除非是需於臺灣強制執行之給付判決，需另外於我國起訴請求判決宣示准予執行外，係採自動承認制，如無民事訴訟法第402條第1項各款不予承認之情形，臺灣法院係採自動承認其既判力之見解。

2

我國法院拒絕承認外國民事裁判效力之情形為何？關於外國民事裁判效力，司法實務上認定與我國有、無相互承認之國家為何？

張嘉眞、李仲昀

　　我國司法實務除對大陸法院裁判採裁定認可制以外，對其他國家法院裁判原則上採自動承認制，對此，我國民事訴訟法設有例外不予承認外國法院裁判之規定。按民事訴訟法第402條第1項各款明文訂有四種就外國法院確定判決例外不予承認之情形，並於同條第2項規定其他外國法院確定裁判亦準用之。本文將說明各款不予承認之情形，並彙整我國司法實務上認定與我國有、無相互承認之國家為何？

關鍵字：外國裁判、境外裁判、相互承認

◎實務見解

民事訴訟法第402條[1]第1項各款明文訂有四種就外國法院確定判決例外不予承認之情形，並於同條第2項規定其他外國法院確定裁判亦應準用前揭不予承認之規定：

1. 依中華民國之法律，外國法院無管轄權者

民事訴訟法第402條第1項第1款及第2項規定，外國法院之裁判，如做出裁判之外國法院依我國法對該案並無管轄權，則我國就該外國法院裁判之效力不予承認。至於「管轄權」有無之認定，依最高法院99年度台上字第1425號民事判決要旨，應就當事人所主張之事實，按照所涉及之我國法中有關管轄之規定來判定該外國法院是否有管轄權，此與當事人就該案中之請求，是否經外國法院認定成立與否無關[2]。

---

[1] 民事訴訟法第402條規定：「（第1項）外國法院之確定判決，有下列各款情形之一者，不認其效力：一、依中華民國之法律，外國法院無管轄權者。二、敗訴之被告未應訴者。但開始訴訟之通知或命令已於相當時期在該國合法送達，或依中華民國法律上之協助送達者，不在此限。三、判決之內容或訴訟程序，有背中華民國之公共秩序或善良風俗者。四、無相互之承認者。（第2項）前項規定，於外國法院之確定裁定準用之。」

[2] 最高法院99年度台上字第1425號民事判決要旨：「按依中華民國之法律，外國法院無管轄權者，該外國法院之確定判決，不認其效力，此觀諸民事訴訟法第402條第1項第1款規定自明。又管轄權之有無，應依上訴人主張之事實，按諸法律關於管轄之規定而為認定，與其請求之是否成立無涉。關於上訴人事務所主張被上訴人違約、違反受託義務、不當得利部分及上訴人公司請求被上訴人給付租金部分：按因契約涉訟者，如經當事人定有債務履行地，得由該履行地之法院管轄；民事訴訟法第12條定有明文。所謂債務履行地，係以當事人契約所定之債務履行地為限。又是項約定雖不以書面或明示為必要，即以言詞或默示為之，亦非法所不許，惟仍必須當事人間有約定債務履行地之意思，始有該條之適用。而管轄權之有無，雖為受訴法院應職權調查之事項，惟當事人對此訴訟成立要件之舉證責任仍不因而免除。再按主張特別管轄籍之人，對特別管轄籍事由存在，應負舉證責任，若不能舉證該特別管轄籍事由存在，應自負其不利

2. 敗訴之被告未應訴者

依民事訴訟法第402條第1項第2款及第2項規定，外國法院之裁判，如敗訴之被告未應訴者，我國就該外國法院裁判之效力不予承認，以確保我國人民於外國司法訟爭程序中，其程序權及防禦權等基本權益能獲得保障，此觀民事訴訟法第402條第1項第2款規定之立法理由[3]、最高法院97年度台上字第109號民事判決[4]、最高法院102年度台上字第1367號民事裁定[5]即明。準此，本款所謂「應訴」，應以被告之實質防禦權是否獲得充分保障行使作為判斷標準。換言之，倘被告所參與之程序或所為之各項行為與防禦權之行使無涉，即不宜視之為「應訴」行為，此有最高法院92年度台上字第883號民事判決[6]可參。

益。」

[3] 參民事訴訟法第402條第1項第2款規定之立法理由（節錄）：「……為保障當事人之程序權，開始訴訟之通知或命令不僅應合法送達，並應給予當事人相當期間以準備行使防禦權……。」

[4] 最高法院97年度台上字第109號民事判決要旨：「民事訴訟法第402條第1項第2款之立法本旨，在確保我國民於外國訴訟程序中，其訴訟權益獲得保障。所謂『應訴』應以被告之實質防禦權是否獲得充分保障行使為斷。倘若被告所參與之程序或所為之各項行為與訴訟防禦權之行使無涉，自不宜視之為『應訴』之行為。而在外國行送達者，須向當事人或法定代理人本人為之，向其訴訟代理人送達者，亦無不可，惟以該國之替代送達方法為之，對於當事人之防禦權是否充分保障，上訴人可否充分準備應訴，自應予詳細調查。」

[5] 最高法院102年度台上字第1367號民事裁定要旨（節錄）：「按民事訴訟法第402條第1項第2款所謂『應訴』，應以被告之實質防禦權是否獲得充分保障行使為斷，如當事人於外國訴訟程序中，客觀狀態下可知悉訴訟之開始，可充分準備應訴，可實質行使防禦權，即已符合應訴要件，不以當事人本人是否親收開始訴訟之通知，是否親自參與言詞辯論程序為必要。」

[6] 最高法院92年度台上字第883號民事判決要旨（節錄）：「民事訴訟法第402條之立法本旨，在確保我國民於外國訴訟程序中，其訴訟權益獲得保障。所謂「應訴」應以被告之實質防禦權是否獲得充分保障行使為斷。倘若被告所參與之程序或所為之各項行為與訴訟防禦權之行使無涉，自不宜視之為「應訴」之行為。」

3. 裁判之內容或訴訟程序，有背中華民國之公共秩序或善良風俗者

(1)民事訴訟法第402條第1項第3款及第2項規定，外國法院之裁判，如其內容或訴訟程序，有背中華民國之公共秩序或善良風俗者，我國就該外國法院裁判之效力不予承認。本款所謂「有背於公共秩序者」，依最高法院97年度台上字第835號民事判決[7]、最高法院102年度台上字第1367號民事裁定[8]之見解，係指外國法院所宣告之法律上效果或宣告法律效果所依據之原因，違反我國之基本立法政策或法律理念、社會之普遍價值或基本原則而言。

(2)就訴訟程序違背公序良俗之情形，舉例而言，如當事人未被賦予聽審或辯論之機會，或法官依法應迴避而未迴避，其判決明顯違反司法之中立性及獨立性等均屬之，此有民事訴訟法第402條第1項第3款規定之立法理由[9]、臺灣高等法院100年度上字

---

[7] 最高法院97年度台上字第835號民事判決（節錄）：「……又外國法院之確定判決內容，有背中華民國之公共秩序或善良風俗者，不認其效力，民事訴訟法第402條第1項第3款定有明文。所謂有背於公共秩序者，係指外國法院所宣告之法律上效果或宣告法律效果所依據之原因，違反我國之基本立法政策或法律理念、社會之普遍價值或基本原則而言。」

[8] 最高法院102年度台上字第1367號民事裁定要旨（節錄）：「……該法條第3款所謂有背於公共秩序者，係指外國法院所宣告之法律上效果或宣告法律效果所依據之原因，違反我國之基本立法政策或法律理念、社會之普遍價值或基本原則而言。」

[9] 民事訴訟法第402條第1項第3款規定之立法理由：「第3款之規定，係指外國法院確定判決之內容在實體法上違背我國公序良俗之情形而言，然為保障當事人之程序權，就外國法院判決之訴訟程序違背我國公序良俗之情形，亦應包括在內。爰修正第3款規定，以求周延。所謂訴訟程序違背公序良俗，例如當事人雖已受送達，但未被賦予聽審或辯論之機會；或法官應迴避而未迴避，其判決明顯違反司法之中立性及獨立性。此外，外國法院之訴訟繫屬或確定判決，依第182條之2運用之結果，如與我國法院之訴訟繫屬或確定判決有所牴觸時，是否承認外國法院之訴訟繫屬或確定判決，亦應依個別具體狀況判斷是否違背我國

第357號民事判決[10]等可稽。

(3)另有關「賭債」之外國法院裁判是否違反我國善良風俗而例外不予承認，我國實務對此多以此事由拒絕承認，惟過去及近年來亦漸有承認國外賭場賭債判決者：

早期我國實務就賭博是否違背民事訴訟法第402條第1項第3款規定所稱之善良風俗，多採取認定違反善良風俗不予承認之見解，例如最高法院44年台上字第421號民事判例明示賭博為法令禁止之行為，最高法院84年度台上字第2534號民事判決、臺灣高等法院高雄分院89年度重上字第96號民事判決、臺灣高等法院99年度重上更（一）字第145號民事判決均明示[11]，所謂外國法院之判決有背公共秩序或善良風俗，指外國法院判決之內容係命為我國法律所禁止之行為，例如命交付違禁物，或係我國社會觀念上認為違背善良風俗，例如承認重婚、賭博等均屬之。

公序良俗而定。至於外國法院之判決有無違背我國之公序良俗，乃係法官應依職權加以斟酌之事項，法官應促使當事人為適當之主張及舉證後加以判斷。」

[10] 臺灣高等法院100年度上字第357號民事判決（節錄）：「……按外國法院之確定判決，其判決之內容或訴訟程序，有背中華民國之公共秩序或善良風俗者，不認其效力。民事訴訟法第402條第1項第3款定有明文。前開關於外國確定判決之規定，並準用於港澳地區法院之確定判決（港澳條例第42條第1項）。民事訴訟法第402條第1項第3款規定，於92年2月7日修正時，增訂訴訟程序違背公序良俗之規定，其修正理由並謂：「（舊法）第3款之規定，係指外國法院確定判決之內容在實體法上違背我國公序良俗之情形而言，然為保障當事人之程序權，就外國法院判決之訴訟程序違背我國公序良俗之情形，亦應包括在內。爰修正第3款規定，以求周延。所謂訴訟程序違背公序良俗，例如當事人雖已受送達，但未被賦予聽審或辯論之機會；或法官應迴避而未迴避，其判決明顯違反司法之中立性及獨立性……。」是外國（港澳地區）法院確定判決有當事人未被賦予聽審或辯論機會之情形者，應認訴訟程序違背我國公序良俗。」

[11] 最高法院84年度台上字第2534號民事判決、臺灣高等法院高雄分院89年度重上字第96號民事判決、臺灣高等法院99年度重上更（一）字第145號民事判決（節錄）：「……所謂外國法院之判決有背公共秩序或善良風俗，係指外國法院判決之內容係命為我國法律所禁止之行為，如命交付違禁物是；或係我社會觀念上認為違背善良風俗，如承認重婚、賭博者是。」

　　惟過去及近年來實務上亦漸有承認外國賭場賭債之判決，例如臺灣高等法院89年度上字第396號民事判決、臺灣臺北地方法院105年度重訴字第1121號民事判決均指出[12]，我國雖禁止賭博行為，惟於賭博合法且聞名於世之國家或地區，當事人於該地賭博遊樂，應尊重當地之法律秩序並受當地法律所規範，故當事人辯稱其所積欠之賭債違反我國公序良俗，主張外國法院相關裁判應例外不予承認云云，並不可採。

4. 無相互之承認者

　　(1)民事訴訟法第402條第1項第4款規定，外國法院之裁判，如無相互之承認者，我國就該外國法院裁判之效力亦不予承認。所謂「相互之承認」，係指「司法上之承認」而言，並非指國際法上或政治上之承認。而司法上之相互承認，基於國際間司法權相互尊重及禮讓之原則，如外國法院已有具體承認我國判決之事實存在，或客觀上可期待其將來承認我國法院之判決，即可認有相互之承認，此有民事訴訟法第402條第1項第4款規定之立法理

---

[12] 臺灣高等法院89年度上字第396號民事判決（節錄）：「按所謂賭博，係指藉偶然事實之成就與否，決定財物得喪之射倖行為。美國內華達州拉斯維加斯，素以經營賭博聞名於世，為眾所周知。賭博行為固為我國法令所禁止，然在美國內華達州為法律所允許之行為，此為上訴人所自認在卷，則上訴人在該地遊樂賭博，自應尊重行為地之秩序，受該地法律規範，本國法律自無予以保護之必要。則關於上訴人因遊樂性之賭博行為與被上訴人所生之債之關係，即應適用內華達州法律，而不得認為係因賭博之非法行為所生之債務，於法無效，故此部分上訴人之辯解，即不足取。」臺灣臺北地方法院105年度重訴字第1121號民事判決（節錄）：「新加坡法令允許之賭博行為固為我國法令所禁止，惟原告於新加坡聖淘沙素以經營賭博聞名於世，此為眾所周知，而被告為一成年人，並自陳邀集友人前往原告賭場，顯見其為一閱歷豐富、具充分辨識能力之完全行為能力人，其就遊樂性賭博行為為新加坡法律所允許之行為一節，應知之甚詳，其既於該地遊樂賭博，即應尊重該地法律秩序，受該地法律規範，是被告辯稱其所積欠原告之債務為賭債並非借款，違反我國公序良俗應屬無效云云，並不可採。」

由[13]、最高法院93年度台上字第1943號民事判決[14]、最高法院102年度台上字第1367號民事裁定[15]等可稽。換言之，如該外國未明示拒絕承認我國判決之效力，應儘量從寬及主動立於互惠觀點，承認該國判決之效力。

(2)目前我國法院曾明示與臺灣有、無相互承認之外國裁判

A. 我國法院明示有相互承認之外國裁判：香港[16]、美國[17]、韓國[18]、新加坡[19]、英國[20]、紐西蘭[21]、馬來西亞[22]、澳洲[23]、比利

---

[13] 民事訴訟法第402條第1項第4款規定之立法理由：「第4款所謂『無國際相互之承認者』，係指司法上之承認而言，並非指國際法上或政治上之承認，爲避免誤解，爰將『國際』二字刪除，以杜爭議。」

[14] 最高法院93年度台上字第1943號民事判決要旨（節錄）：「……民事訴訟法第402條第1項第4款所謂相互之承認，係指司法上之承認而言，並非指國際法上或政治上之承認。而司法上之相互承認，基於國際間司法權相互尊重及禮讓之原則，如外國法院已有具體承認我國判決之事實存在，或客觀上可期待其將來承認我國法院之判決，即可認有相互之承認。」

[15] 最高法院102年度台上字第1367號民事裁定（節錄）：「又同法第402條第1項第4款所謂相互之承認，非指該國與我國互爲國際法上的國家承認或政府承認，而係指法院間相互承認判決的互惠而言。如該外國未明示拒絕承認我國判決之效力，應儘量從寬及主動立於互惠觀點，承認該國判決之效力。外國法院承認我國法院判決之要件，祗須與民事訴訟法承認外國判決效力之重要原則不太懸殊即可，非以與我國規定內容完全相同爲必要，倘外國並無積極否認我國法院確定判決效力之事實，且外國法院判決復無民事訴訟法第402條第1項第1款、第2款、第3款情形，不妨承認其判決爲有效，以符合目前我國外交現況之需要。」

[16] 參最高法院93年度台上字第1943號民事判決。

[17] 參臺灣高等法院100年度重上更（三）字第12號民事判決。

[18] 參臺灣高等法院高雄分院102年度海商上字第1號民事判決。

[19] 參最高法院102年度台上字第1367號民事裁定。

[20] 參最高法院100年度台上字第2242號民事判決。

[21] 參臺灣高等法院95年度重上字第68號民事判決。

[22] 參臺灣高等法院臺中分院98年度重再字第1號民事判決。

[23] 參最高法院104年度台上字第1998號民事裁定。

時[24]、日本[25]、加拿大[26]、南非[27]、德國[28]、義大利[29]、印尼[30]、越南[31]。

　　B. 我國法院明示無相互承認之外國裁判：英屬維京群島[32]、越南[33]。

---

[24]　參最高法院95年度台上字第1364號民事裁定。

[25]　參臺灣高等法院高雄分院100年度上字第265號民事判決。

[26]　參臺灣高等法院93年度家上字第121號民事判決。

[27]　參臺灣高等法院91年度上字第191號民事判決。

[28]　參臺灣高等法院102年度上易字第465號民事判決。

[29]　參臺灣高等法院105年度重上更（一）字第35號民事判決。

[30]　參臺灣彰化地方法院103年度家聲字第1號民事裁定。

[31]　參臺灣新竹地方法院94年度婚字第21號民事判決。

[32]　參臺灣高等法院103年度上字第493號民事判決。

[33]　參臺灣臺中地方法院98年度訴字第2655號民事判決。

3

企業得否於我國執行外國法院民事判決以外之裁判？企業如欲於我國執行外國法院民事判決以外之裁判，應符合哪些要件？

張嘉眞、李仲昀

依我國強制執行法第4條之1第1項規定，外國法院確定判決聲請強制執行者，於符合法定要件下，得為強制執行。然而，外國法院民事判決以外之裁判，例如外國法院所為具給付性質之確定裁定等，是否亦包含於強制執行法第4條之1第1項所訂「外國法院確定判決」之範圍而得聲請為強制執行，容有疑義。如企業欲依該條規定於我國經內執行外國法院民事判決以外之裁判，應符合哪些要件？

關鍵字：外國裁判、境外裁判、強制執行

◎實務見解

　　企業非不得於我國執行外國法院民事判決以外之裁判，惟仍應依強制執行法第4條之1第1項規定[1]，符合「無民事訴訟法第402條各款情形之一」[2]之要件，並經臺灣法院以判決宣示許可執行後，始得於我國執行，不得持該外國法院民事判決以外之裁判直接聲請法院強制執行之：

　　1. 強制執行法第4條之1第1項規定於條文中雖使用「外國法院確定判決」之文字，惟依臺灣高等法院101年度重上字第92號民事判決[3]、臺灣高等法院高雄分院101年度再易字第58號民事判

---

[1] 強制執行法第4條之1規定：「（第1項）依外國法院確定判決聲請強制執行者，以該判決無民事訴訟法第四百零二條各款情形之一，並經中華民國法院以判決宣示許可其執行者為限，得為強制執行。（第2項）前項請求許可執行之訴，由債務人住所地之法院管轄。債務人於中華民國無住所者，由執行標的物所在地或應為執行行為地之法院管轄。」

[2] 民事訴訟法第402條規定：「（第1項）外國法院之確定判決，有下列各款情形之一者，不認其效力：一、依中華民國之法律，外國法院無管轄權者。二、敗訴之被告未應訴者。但開始訴訟之通知或命令已於相當時期在該國合法送達，或依中華民國法律上之協助送達者，不在此限。三、判決之內容或訴訟程序，有背中華民國之公共秩序或善良風俗者。四、無相互之承認者。（第2項）前項規定，於外國法院之確定裁定準用之。」

[3] 臺灣高等法院101年度重上字第92號民事判決（節錄）：「……民事訴訟法已於92年2月7日增定第402條第2項時，已明定外國法院之確定裁定，除有同法條第1項各款規定之情形外，亦為我國所自動承認，其立法理由並以『確定訴訟費用額之裁定』為其例示（見前述（一）1.）。94年2月5日修正公布之非訟事件法第94條，就外國法院所為非訟裁定，亦有相同規定。足見外國法院所為裁定與外國法院所為判決相同，其效力均應為我國所普遍承認。強制執行法第4條之1第1項規定：『依外國法院確定判決聲請強制執行者，以該判決無民事訴訟法第402條各款情形之一，並經中華民國法院以判決宣示許可其執行者為限，得為強制執行』。是得以判決宣示許可其執行者，文義上固僅侷限於外國法院之『確定判決』。惟外國法院所為具給付性質之確定裁定，苟民事訴訟法已明定承認其效力，若不賦予裁定之執行力，殊與增訂民事訴訟法第402條第2項規定『解決當事人間之紛爭』有違。(2)又所謂判決與裁定，於我國民事訴訟法固有明確之

決[4]見解，可知所謂判決與裁定，於我國民事訴訟法固有明確之區別，然於外國法上，未必如此涇渭分明，故民事訴訟法第402條增訂第2項規定前，學說上即認同該法第402條第1項所稱「確定判決」，並不以外國之裁判使用「判決」名稱者為限，只要係法院所為解決私法上權利義務爭執所為之裁判行為即可，其使用判決以外其他名稱，如決定、裁定、判斷或命令等，對於承認並無影響，同理推之，強制執行法第4條之1第1項所定得為請求判決宣示許可強制執行者，實應著眼於解決當事人間紛爭之規範目的，對外國法院就解決私法上權利義務爭執所為給付性質之確定終局裁判，不論係以裁定、判斷、決定或命令為之，概念上均應涵攝在內，亦即，除外國法院民事判決外，其他外國法院裁判亦

區別，然於外國法上，未必如此涇渭分明，民事訴訟法第402條增訂第2項規定前，學說上即認同法第1項所稱『確定判決』，並不以外國之裁判使用『判決』名稱者為限，法院所為解決私法上權利義務爭執所為之裁判行為即可，其使用判決以外其他名稱，如決定、裁定、判斷或命令等，對於承認並無影響（最高法院98年度台再字第46號判決意旨參照）。此於強制執行法第4條之1第1項所規定之「外國法院確定判決」，亦應為相同之解釋。況如前（一）2.(6)所述，英國法院於使用判決（Judgement）與命令（Order）二詞時，時而交互使用，二詞並具有同等之效力，且法院之各項裁決雖有形式不同，惟均具同等效力，是在英國法上與判決（Judgement）有同等效力之系爭最終費用證明，應為強制執行法第4條之1第1項所規定得以判決宣示許可執行之『外國法院確定判決』，應可認定。」

[4] 臺灣高等法院高雄分院101年度再易字第58號民事判決（節錄）：「民事訴訟法第402條已於92年2月7日公布修正增訂第2項有關外國法院確定裁定準用之規定，其增訂理由為：外國法院所為之確定裁定，除基於訴訟指揮所為程序上之裁定外，為解決當事人間之紛爭，亦有承認其效力之必要；非訟事件法亦於94年2月5日公布修正增訂第49條有關承認外國法院之確定非訟事件裁判之規定。是以，強制執行法第4條之1第1項所定得為請求判決宣示許可強制執行者，應本於解決當事人間紛爭之規範目的，對於外國法院就解決私法上權利義務爭執所為給付性質之確定終局裁判，不論其以裁定、判斷、決定或命令為之，概念上均應涵攝在內，不以名稱為『判決』之外國法院裁判為限；故強制執行法第4條之1未為修正前，取得外國法院確定裁定，自得請求我國法院以判決宣示許可其執行，無庸置疑。」

有適用強制執行法第4條之1第1項聲請強制執行之空間，方能有效達成本條之立法目的。

2. 基上所述，企業尚非不得於我國執行外國法院民事判決以外之裁判，惟仍應符合強制執行法第4條之1第1項規定，符合「無民事訴訟法第402條各款情形之一」之要件，並經臺灣法院以判決宣示許可執行後，始得於我國執行，而不得逕持該外國法院民事判決以外之裁判，聲請法院強制執行之。

4

企業是否得於我國執行外國保全裁定？

張嘉眞、李仲昀

依本書前揭相關議題之探討，可知企業就外國法院民事判決以外之裁判如符合我國法相關規定，得經臺灣法院判決宣示許可後於我國執行。然而，外國法院做成之假執行、假處分、假扣押等保全裁定，是否非屬民事訴訟法第402條第2項所稱之「外國法院確定裁定」而無法依強制執行法第4條之1第1項規定聲請於我國執行？

關鍵字：外國保全裁定、強制執行、假執行、假處分、假扣押

◎實務見解

我國實務目前似尚無外國保全裁判於我國聲請承認與執行之案例可參，依民事訴訟法第402條規定[1]之立法理由[2]及學說見

---

[1] 民事訴訟法第402條規定：「（第1項）外國法院之確定判決，有下列各款情形之一者，不認其效力：一、依中華民國之法律，外國法院無管轄權者。二、敗訴之被告未應訴者。但開始訴訟之通知或命令已於相當時期在該國合法送達，或依中華民國法律上之協助送達者，不在此限。三、判決之內容或訴訟程序，有背中華民國之公共秩序或善良風俗者。四、無相互之承認者。（第2項）前項規定，於外國法院之確定裁定準用之。」

[2] 民事訴訟法第402條規定之立法理由（節錄）：「……外國法院所為之確定裁

解，外國法院之保全裁定僅有暫時確定權利義務之性質，非屬民事訴訟法第402條第2項所稱之「外國法院確定裁定」，該等保全裁定或有可能不為臺灣司法機關所承認及執行：

1. 我國實務目前似尚無外國保全裁判於我國聲請承認與執行之案例可參，依民事訴訟法第402條規定之立法理由，可知該條第2項所稱外國法院之「確定裁定」，應僅包含具解決當事人間紛爭性質之裁定，例如命扶養或監護子女等有關身分關係之保全處分、確定訴訟費用額之裁定、就父母對於未成年子女權利義務之行使或負擔之事項所為之裁定等，始有承認其效力之必要，如係隨時得加以變更、僅具暫時確定性之裁定，例如基於訴訟指揮所為程序上之裁定，則非本條所指之「確定裁定」，無承認其效力之必要。

2. 學說對此亦採取相近之見解[3]，認外國法院假扣押、假處分、假執行之裁判等，並無最後確定實體權利義務之效力，僅有暫時確定權利義務之性質，與民事訴訟法第402條第2項立法要件不符，臺灣法院不能承認其效力。其理由在於，外國債權人直接向臺灣法院依循我國保全程序取得我國假扣押、假處分、假執行等裁定並在我國執行，實際上並不困難，又外國法院之假扣押、假處分、假執行等裁定於取得上比起須經嚴密審判程序之判決更為容易且迅速，如肯認該等外國法院保全裁定得於我國承認

定，例如命扶養或監護子女等有關身分關係之保全處分、確定訴訟費用額之裁定、就父母對於未成年子女權利義務之行使或負擔之事項所為之裁定等，為解決當事人間之紛爭，亦有承認其效力之必要，爰增訂第2項，明定外國法院之確定裁定準用第1項之規定。至於基於訴訟指揮所為程序上之裁定，因隨時得加以變更，故非本項所指之確定裁定。」

[3] 參陳榮宗、林慶苗（2011），《民事訴訟法（上）》，修訂五版，頁110-111，臺北：三民；蔡華凱（2016），〈涉外假扣押——最高法院103年度台抗字第1020號裁定〉，《月旦裁判時報》，45期，頁43-44、46；蔡華凱（2013），〈涉外民事保全程序之基礎問題研究〉，《月旦法學雜誌》，214期，頁173-175、189。

並執行，對債務人之程序保障過於不周。

3. 從而，依上開民事訴訟法第402條規定之立法理由及學說見解，外國法院之假扣押、假處分、假執行等保全裁定，因僅有暫時確定權利義務之性質，非屬民事訴訟法第402條第2項所稱之「外國法院確定裁定」，基於平衡債務人程序保障等考量，該等保全裁定或有可能不為臺灣司法機關所承認及執行。

5

企業請求法院認可外國民事判決以外之裁判（例如重整、破產裁定等），我國法院採自動承認制或裁定認可制？

張嘉眞、李仲昀

外國民事判決以外之裁判，特別是有關外國法院所為之重整或破產裁定，臺灣法院係採自動承認制或裁定認可制？（註：此處之外國，不含中國大陸、港、澳，因另有專法規定）

關鍵字：外國裁判、境外裁判

◎實務見解

1. 臺灣法院對外國法院民事判決以外之裁判採自動承認制

關於外國法院民事判決之承認，我國司法實務認為[1]，除以給付判決據爲執行名義向我國法院聲請強制執行者，依強制執

---

[1] 最高法院93年度台上字第2082號判決要旨（節錄）：「……外國法院之確定判決，除給付判決據爲執行名義向我國法院聲請強制執行者，依強制執行法第4條之1第1項規定，應經我國法院以判決宣示許可其執行外，並無須由我國法院以裁判予以承認之規定……。」

行法第4條之1第1項規定，應經我國法院以判決宣示許可其執行外，其餘並無須由我國法院以裁判予以承認之規定。

至於外國法院民事判決以外之裁判，依民事訴訟法第402條第2項規定及該條之立法理由[2]，我國司法實務認為，諸如命扶養或監護子女等有關身分關係之保全處分、確定訴訟費用額之裁定、就父母對於未成年子女權利義務之行使或負擔之事項所為之裁定等，原則上採取自動承認制，此有最高法院105年度台上字第232號民事判決[3]、最高法院96年度台上字第2531號民事判決[4]、臺灣高等法院101年度重上字第92號民事判決[5]等可稽。

---

[2] 民事訴訟法第402條第2項規定之立法理由（節錄）：「……外國法院所為之確定裁定，例如命扶養或監護子女等有關身分關係之保全處分、確定訴訟費用額之裁定、就父母對於未成年子女權利義務之行使或負擔之事項所為之裁定等，為解決當事人間之紛爭，亦有承認其效力之必要……。」

[3] 最高法院105年度台上字第232號民事判決（節錄）：「……按外國法院之確定判決或裁定，如無我國民事訴訟法第402條第1項各款所列情形之一，我國自動承認其效力，除給付判決（或裁定）據為執行名義向我國法院聲請強制執行者，依強制執行法第4條之1第1項規定，應經我國法院宣示許可執行外，並無須由我國法院以裁判予以承認之必要。」

[4] 最高法院96年度台上字第2531號民事判決要旨（節錄）：「……就大陸地區民事確定裁判之規範，係採『裁定認可執行制』，與外國法院或在香港、澳門作成之民事確定裁判（香港澳門關係條例第42條第1項明定其效力、管轄及得為強制執行之要件，準用民事訴訟法第402條及強制執行法第4條之1之規定），仿德國及日本之例，依民事訴訟法第402條之規定，就外國法院或在香港、澳門作成之民事確定裁判，採『自動承認制』，原則上不待我國法院之承認裁判，即因符合承認要件而自動發生承認之效力未盡相同……。」

[5] 臺灣高等法院101年度重上字第92號判決（節錄）：「……按外國法院之確定判決如無民事訴訟法第402條第1項各款情形者，即無待我國法院裁判之承認而當然發生與我國法院確定判決同一之效力。且前開規定，並準用於外國法院之確定裁定，此觀同法第402條第2項規定自明。又所謂外國法院，係指外國就私權關係為裁判之法院；所謂裁判，不限於判決，凡就解決私法上權利義務爭執而為之終局裁判行為，且依該外國法律當事人已不能以通常聲明不服之方法，請求予以廢棄或變更者，均屬之，至於其使用之名稱（如判決、裁定、判斷或命令）、方式或適用之法規如何，均非所問。民事訴訟法於92年2月7日增定第402

2. 有關外國法院所為之重整裁定，臺灣法院有認應採自動承認制之案例，惟就破產裁定，依據我國破產法第4條規定之屬地主義原則[6]，臺灣法院認外國破產裁定於我國不生效力

(1)外國法院所為之重整裁定，臺灣法院如臺灣士林地方法院99年度重訴字第226號民事判決等認屬非訟事件[7]，應依我國非訟事件法第49條之規定，以決定是否承認該裁定之效力[8]。按非訟事件法第49條規定[9]及該條之立法理由[10]，可知我國對外國法院之確定非訟事件裁判係採自動承認制，原則上承認其效力，僅於該外國法院非訟事件裁判有非訟事件法第49條所訂各款情形

條第2項時，其立法理由係以：『外國法院所為之確定裁定，例如……確定訴訟費用額之裁定……等，為解決當事人間之紛爭，亦有承認其效力之必要，爰增訂第2項，明定外國法院之確定裁定準用第1項之規定。』更足認外國法院所為具有確定訴訟費用額性質之裁定，其效力應為我國所承認。」（本案經上訴駁回確定，最高法院104年度台上字第1085號民事判決並肯認原審有關外國法院確定裁定於我國採自動承認制之見解）

[6] 破產法第4條規定：「和解在外國成立或破產在外國宣告者，對於債務人或破產人在中國之財產，不生效力。」

[7] 學說上就破產事件之法律性質，除認屬非訟事件外，尚有認屬訴訟事件或兼具非訟事件及訴訟事件性質之特殊事件等不同之見解，可參陳榮宗（2001），《破產法》，2版，頁9-12，臺北：三民。

[8] 臺灣士林地方法院99年度重訴字第226號民事判決（節錄）：「……上開重整裁定既屬外國法院之確定非訟事件裁判，自應依我國非訟事件法第49條之規定，以決定是否承認該裁定之效力……。」

[9] 非訟事件法第49條：「外國法院之確定非訟事件之裁判，有下列各款情形之一者，不認其效力：一、依中華民國之法律，外國法院無管轄權者。二、利害關係人為中華民國人，主張關於開始程序之書狀或通知未及時受送達，致不能行使其權利者。三、外國法院之裁判，有背公共秩序或善良風俗者。四、無相互之承認者。但外國法院之裁判，對中華民國人並無不利者，不在此限。」

[10] 非訟事件法第49條立法理由（節錄）：「現今交通發達，國際間往來頻繁，外國法院之非訟事件裁判若於我國聲請承認，應如何處理，殊有明定必要，以保障關係人之權益，爰參考民事訴訟法第402條、德國非訟事件法第16條之1之例，增設本條，對外國法院之確定非訟事件裁判，原則上承認其效力，僅於外國法院裁判有下列情形時，始不承認其效力……。」

時，始例外不承認其效力。

(2) 我國司法實務上，曾有人民聲請承認外國法院所為重整裁定之案件，惟我國法院認為，依上開非訟事件法第49條規定採自動承認制，無庸聲請承認，此可參臺灣臺北地方法院101年度聲字第355號民事裁定[11]，該裁定係臺灣法院就日本東京地方法院所為之重整裁定，認除有非訟事件法第49條所定例外不予承認之情形外，無須經法院裁定認可即生效力。

(3) 然而，我國法院基於破產法第4條規定之屬地主義原則，認外國破產裁定於我國不生效力，亦不得透過聲請法院承認而賦予效力，例如臺灣高等法院103年度抗字第179號民事裁定（該案法院認日本橫濱地方法院所為之破產宣告對債務人或破產人於我國之財產不生效力）[12]、臺灣橋頭地方法院106年度重訴字第101號民事判決（該案法院認荷蘭法院所為之破產宣告等對於破產人在我國之財產不生破產之效果，亦無處分權利）[13]等。

---

[11] 臺灣臺北地方法院101年度聲字第355號民事裁定（節錄）：「……外國法院之確定非訟事件之裁判，有下列各款情形之一者，不認其效力……非訟事件法第49條固定有明文。然當事人對於外國法院之確定裁定，除法另有規定或欲將以為執行名義，而請求我國法院予以強制執行之情形，方應由我國法院以判決宣示許可其執行外，其他情形之承認外國法院確定裁定之效力，法律上並無應由我國法院予以認可之規定。此觀非訟事件法中僅例列舉若干不承認外國非訟事件裁判效力之規定，並未載明應經認可方承認其效力自明……。」

[12] 臺灣高等法院103年度抗字第179號民事裁定（節錄）：「……外國之『債務清理』程序，如與我國破產法所定和解及破產性質不同，即與我國破產法第4條之規定無涉；反之，外國之『債務清理』程序，其條件如與我國破產法所定和解或破產相當者，始有我國破產法第4條規定之適用。……我國與日本之破產制度既屬相當，自有我國破產法第4條規定之適用，即破產在外國宣告者，對於債務人或破產人在我國之財產，不生效力，準此，自難認橫濱院所宣告寬氏公司破產之效力應及於該公司在我國之財產……。」

[13] 臺灣橋頭地方法院106年度重訴字第101號民事判決（節錄）：「……現行破產法第4條既採屬地主義之例而為規定，自無論理解釋之空間……縱認荷蘭商惠知公司在荷蘭業經宣告破產，然該破產宣告及所選任之破產管理人之效力，對於荷蘭商惠知公司在我國之財產，並不生破產之效果，亦無處分之權利，荷蘭商惠知公司仍須依我國法令辦理破產聲請，或依公司法第380條規定，以史都普為荷蘭商惠知公司之清算人進行清算程序。」

6

企業請求法院認可香港、澳門、大陸法院所作成之民事判決以外之裁判（例如重整、破產裁定等），我國法院採自動承認制或裁定認可制？

張嘉眞、李仲昀

香港、澳門、大陸法院民事判決以外之裁判於我國之承認，因另有專法規定，則是否亦採自動承認制？如否，則我國法院就香港、澳門、大陸法院民事判決以外之裁判，係採取何種方式加以承認？特別是香港、澳門、大陸法院所為之重整或破產裁定，我國法院是否曾為承認？

關鍵字：外國裁判、大陸法院裁判

◎實務見解

1. 我國對香港、澳門法院裁判，依香港澳門關係條例第42條第1項規定準用民事訴訟法第402條規定，係採自動承認制，惟對大陸法院裁判，依臺灣地區與大陸地區人民關係條例第74條規定則係採裁定認可制

　　(1)依香港澳門關係條例（下稱港澳條例）第42條第1項規定[1]準用民事訴訟法第402條規定[2]，以及最高法院96年度台上字第2531號民事判決、最高法院97年度台上字第2258號民事判決等見解[3]，可知臺灣法院就香港、澳門法院裁判，與外國法院裁判相同，係採自動承認制，亦即，除有民事訴訟法第402條第1項所訂各款情形外，原則上不待我國法院為承認裁判，即因符合

---

[1] 香港澳門關係條例第42條第1項規定：「在香港或澳門作成之民事確定裁判，其效力、管轄及得為強制執行之要件，準用民事訴訟法第402條及強制執行法第4條之1之規定。」

[2] 民事訴訟法第402條規定：「（第1項）外國法院之確定判決，有下列各款情形之一者，不認其效力：一、依中華民國之法律，外國法院無管轄權者。二、敗訴之被告未應訴者。但開始訴訟之通知或命令已於相當時期在該國合法送達，或依中華民國法律上之協助送達者，不在此限。三、判決之內容或訴訟程序，有背中華民國之公共秩序或善良風俗者。四、無相互之承認者。（第2項）前項規定，於外國法院之確定裁定準用之。」

[3] 最高法院96年度台上字第2531號民事判決要旨、最高法院97年度台上字第2258號民事判決（節錄）：「……就大陸地區民事確定裁判之規範，係採『裁定認可執行制』，與外國法院或在香港、澳門作成之民事確定裁判（香港澳門關係條例第42條第1項明定其效力、管轄及得為強制執行之要件，準用民事訴訟法第402條及強制執行法第4條之1之規定），仿德國及日本之例，依民事訴訟法第402條之規定，就外國法院或在香港、澳門作成之民事確定裁判，採『自動承認制』，原則上不待我國法院之承認裁判，即因符合承認要件而自動發生承認之效力未盡相同，是經我國法院裁定認可之大陸地區民事確定裁判，應祇具有執行力而無與我國法院確定判決同一效力之既判力……。」

承認要件而自動發生承認之效力。

　　(2) 相較之下，依臺灣地區與大陸地區人民關係條例第74條規定[4]，以及最高法院96年度台上字第2531號民事判決[5]、最高法院97年度台上字第2258號民事判決[6]等可知，臺灣法院就大陸法院民事裁判係採「裁定認可執行制」，亦即，大陸法院民事確定判決或判決以外之確定裁判，尚須向法院聲請承認並經法院裁定認可後，該大陸法院裁判於我國始具效力，此與其他國家法院裁判，原則上不待我國法院裁定承認即自動發生承認之效力不同，且經我國法院裁定認可之大陸地區民事確定裁判，亦僅具有執行力而無與我國法院確定判決同一效力之既判力[7]。

---

[4] 臺灣地區與大陸地區人民關係條例第74條規定：「（第1項）在大陸地區作成之民事確定裁判、民事仲裁判斷，不違背臺灣地區公共秩序或善良風俗者，得聲請法院裁定認可。（第2項）前項經法院裁定認可之裁判或判斷，以給付為內容者，得為執行名義。（第3項）前二項規定，以在臺灣地區作成之民事確定裁判、民事仲裁判斷，得聲請大陸地區法院裁定認可或為執行名義者，始適用之。」

[5] 最高法院96年度台上字第2531號民事判決要旨（節錄）：「……就大陸地區民事確定裁判之規範，係採『裁定認可執行制』，與外國法院或在香港、澳門作成之民事確定裁判（香港澳門關係條例第42條第1項明定其效力、管轄及得為強制執行之要件，準用民事訴訟法第402條及強制執行法第4條之1之規定），仿德國及日本之例，依民事訴訟法第402條之規定，就外國法院或在香港、澳門作成之民事確定裁判，採『自動承認制』，原則上不待我國法院之承認裁判，即因符合承認要件而自動發生承認之效力未盡相同……。」

[6] 參前揭註5。

[7] 參前揭註5及最高法院97年度台上字第2376號判決（節錄）：「……經我國法院裁定認可之大陸地區民事確定裁判，應祇具有執行力而無與我國法院確定判決同一效力之既判力……。」

2. 我國就大陸法院所為之重整或破產裁判，似傾向採取不予認可之見解；港、澳選任破產管理人、清算人等裁判曾有經臺灣法院承認之案例，又港澳之重整裁判，依法可能獲自動承認

(1)關於大陸法院所為重整或破產裁定之案件，最近一則案例係有關聲請人向臺灣法院聲請裁定認可大陸地區江西省新余市中級人民法院所為宣告重整之裁定，先經臺灣新竹地方法院105年度陸許字第1號民事裁定類推適用破產法第4條有關屬地主義原則之規定[8]，認該大陸法院所為之重整裁定於我國不生效力而裁定駁回聲請。對此，該案抗告審法院雖以該大陸法院作成之重整裁定，似不須類推適用破產法第4條規定為由，廢棄原裁定並准予認可該重整裁定[9]，惟該案再抗告審之法院，則以抗告審法院未考量破產、重整程序上有關屬地主義之適用等問題而將該認可之裁定予以廢棄[10]（該案至截稿前仍繫屬於臺灣新竹地方法院

---

[8] 破產法第4條規定：「和解在外國成立或破產在外國宣告者，對於債務人或破產人在中國之財產，不生效力。」

[9] 參臺灣新竹地方法院105年度抗字第36號民事裁定（節錄）：「……本件既為跨國債務清理之爭議，鑒於清算型債務清理、重建型債務清理，於本質上俱屬相同，均係為清理債務之程式，則本院究聲請人所執大陸地區重整裁定時，自非不得類推適用上開破產法第4條規定甚明。而我國破產法第4條規定之立法精神，係在於保護我國境內債權人之利益，而採取屬地主義，故破產宣告之效力，僅能限於國內，則我國目前就外國之和解、破產、重整等債務處理程序，不承認外國債務處理程序在我國之效力。是以系爭裁定並非我國法院得本於民事訴訟法第402條規定所作成一般性認可裁定，則不應受限於前述民事訴訟法第402條第1項之規定而導致於該法律事件更趨複雜，係應以屬地主義之特別規定，作為本件聲請之衡斷原則之一，則聲請人以前開民事訴訟法及兩岸人民關係條例之規範，聲請我國法院承認系爭裁定之效力，亦屬無據，併此敘明。」

[10] 參臺灣高等法院105年度非抗字第117號民事裁定（節錄）：「……原裁定僅以大陸地區係『例示式』而非『列舉式』之立法，將臺灣民事裁判均納入大陸地區法院認可和執行的範圍內，且於實務上曾承認我國本票裁定之非訟裁定，而忽略關於破產、重整程序上仍存在是否適用屬地主義爭議之本質上差異，未予調查大陸地區法院是否承認臺灣地區法院所為重整裁定之效力，即遽認可預期

審理中）。

　　(2)另有關香港、澳門法院所爲之重整或破產裁判，司法院秘書長秘台廳民二字第0980006602號函明示[11]，港澳條例第42條第1項規定雖準用民事訴訟法第402條規定，就香港、澳門法院所爲之民事裁判採取自動承認制，惟因我國破產法第4條有關屬地主義原則之規範爲破產程序之特別規定，香港、澳門法院所爲之破產裁判，不在準用民事訴訟法第402條規定之範圍，故臺灣法院不承認該等破產裁判於我國之效力。

　　(3)就此，臺灣高等法院100年度重上字第23號民事判決[12]、最高法院102年度台上字第193號民事判決[13]咸認上開函釋所謂港

大陸地區未來亦有可能承認我國法院作成之重整裁定，進而認定本件認可符合前述公平、互惠原則，尚嫌速斷，而此關涉抗告人主張原裁定適用兩岸人民關係條例第74條規定顯然違背法令是否可採，自有再行調查、研酌餘地。」

[11] 司法院秘書長秘台廳民二字第0980006602號函（節錄）：「……又香港澳門關係條例第42條第1項固規定：『在香港或澳門作成之民事確定裁判，其效力、管轄及得爲強制執行之要件，準用民事訴訟法第402條及強執行法第4條之1之規定。』惟前開破產法第4條爲破產程序之特別規定，不在準用民事訴訟法第402條規定之列，故香港法院所爲破產之判決，我國法院不承認其效力。」

[12] 臺灣高等法院100年度重上字第23號民事判決（節錄）：「司法院秘書長98年2月27日秘台廳民二字第0980001022號函文及98年4月17日秘台廳民二字第0980006602號函文，所謂『外國法院所爲破產之裁判』我國不承認其效力，應指破產法第4條規定所稱『在外國所爲之破產宣告』，尚不包括外國法院對於破產人代表人或法定代理人之選任。是依我國破產法第4條之規定，並未排除香港法院所爲選任PaulJeremyBrough、EdwardSimonMiddleton及PatrickCowley三人爲被上訴人之清盤人效力，及否定該三人基於清盤人之地位有代表被上訴人提起本件訴訟之權力。」

[13] 「關於破產之國際效力，立法例上有普及主義、屬地主義及折衷主義之別，外國立法例往昔多採屬地主義，即破產宣告之效力，僅及於本國，對破產人在外國之財產不生影響，我國破產法亦同，乃於第4條規定和解在外國成立，或破產在外國宣告者，對於債務人或破產人在中國之財產，不生效力。……現行破產法第4條既採屬地主義之例而爲規定，自無論理解釋之空間，或將該條所定關於屬地之效力，擴及於與我國破產法所定和解及破產性質不同之外國『債務清理』程序，故仍應依該條之文理解釋，限制其適用範圍，必以外國之債務清

澳法院所為之破產裁判於我國不承認其效力者，應僅指該等法院所為之破產宣告，尚不包括選任破產人管理人、法定代理人或清算人等之裁判。

(4)綜上，除港、澳選任破產管理人、清算人等相關裁判曾有經臺灣法院裁定認可之案例（例如臺灣臺北地方法院98年度審聲字第514號民事裁定認可香港法院所為選任共同清算人之裁定），及港澳之重整裁判可能獲自動承認外，我國法院就大陸法院所為之重整或破產裁判，似傾向採取不予認可之見解。

理程序，其條件與我國破產法所定和解或破產相當者，始有適用上開規定之餘地……原審本於上述理由因認香港公司條例之強制清盤程序，與我國破產法第4條規定無涉，Edward等二人得審查委員會授權，以被上訴人法定代理人身分提起本件訴訟，尚非無訴訟能力而未經合法代理，亦無當事人不適格情事，進而為上訴人不利之論斷，經核於法並無違誤。」

三、民事支付命令及假扣押

1

企業對於廠商積欠之貨款，除提起民事訴訟請求付款外，企業是否尚有其他更為簡便、迅速且節省成本之法律程序可採，以確保企業之債權？

張嘉真、洪凱倫、趙川寧

針對廠商拖欠之貨款，企業得透過督促程序聲請支付命令以主張權利，則支付命令之聲請方式及效力為何？聲請支付命令與提起民事訴訟請求有何差異？企業如果收到支付命令需如何因應？

關鍵字：督促程序、支付命令、民事訴訟

◎不得聲請支付命令之請求

債權人之請求，限於以給付金錢或其他代替物或有價證券之一定數量為標的者，才可提出支付命令聲請[1]；此外，如債權人

---

[1] 民事訴訟法第508條：「（第1項）債權人之請求，以給付金錢或其他代替物或有價證券之一定數量為標的者，得聲請法院依督促程序發支付命令。（第2項）

應為對待給付尚未履行（如：出賣人尚未出貨）或應於外國送達（如：買受人為外國公司）或公示送達者（如：債務人已行方不明），均不得聲請發支付命令[2]。

◎支付命令之聲請程序

債權人得依民事訴訟法督促程序之規定，向管轄法院聲請支付命令。茲就聲請流程簡要說明如下：

1. 撰寫支付命令聲請狀，並應載明下列各款事項（民事訴訟法第511條[3]）：
   (1) 雙方當事人及法定代理人姓名、住所。
   (2) 請求之標的及其數量。
   (3) 請求之原因事實。其有對待給付者，已履行之情形。
   (4) 應發支付命令之陳述。
   (5) 管轄法院（依民事訴訟法第1條、第2條、第6條或第20條，向債務人住所地、法人主事務所或營業所所在地之法院聲請）。
2. 附具聲請狀繕本：關於聲請支付命令應附具之繕本數量，各法院之要求並不一致，建議債權人於聲請前宜先參閱各法院網站，或致電各法院訴訟輔導科確認。
3. 每件繳納聲請費新臺幣500元。

支付命令之聲請與處理，得視電腦或其他科技設備發展狀況，使用其設備為之。其辦法，由司法院定之。」

[2] 民事訴訟法第509條：「督促程序，如聲請人應為對待給付尚未履行，或支付命令之送達應於外國為之，或依公示送達為之者，不得行之。」

[3] 民事訴訟法第511條：「（第1項）支付命令之聲請，應表明下列各款事項：一、當事人及法定代理人。二、請求之標的及其數量。三、請求之原因事實。其有對待給付者，已履行之情形。四、應發支付命令之陳述。五、法院。（第2項）債權人之請求，應釋明之。」

◎支付命令之效力

1. 債務人得於收受支付命令二十天內向法院提出異議（民事訴訟法第516條[4]），支付命令將於異議範圍內失效（民事訴訟法第519條[5]），債權人後續必須採聲請調解或起訴方式請求。

　　法院若認債權人之聲請無民事訴訟法第513條[6]之情形，且其請求非無理由者，將向債務人發支付命令，債務人收受支付命令後，得於二十日內向發支付命令之法院提出聲明異議狀（不需檢附理由），異議後該支付命令於債務人異議範圍內失其效力，債權人支付命令之聲請將被視為起訴或聲請調解，法院將命債權人補繳訴訟裁判費，並依案件之性質適用小額、簡易或普通程序。此時，債權人若請求權時效即將屆至，必須依法院指示補繳裁判費提起訴訟，始可發生中斷時效之效力；若債權人之請求權時效尚有餘裕，可視情形考慮聲明撤回調解之聲請或起訴，而無須繳納裁判費，另於適當時期於時效未屆滿前再行起訴或聲請調解。

---

[4]　民事訴訟法第516條：「（第1項）債務人對於支付命令之全部或一部，得於送達後二十日之不變期間內，不附理由向發命令之法院提出異議。（第2項）債務人得在調解成立或第一審言詞辯論終結前，撤回其異議。但應負擔調解程序費用或訴訟費用。」

[5]　民事訴訟法第519條：「（第1項）債務人對於支付命令於法定期間合法提出異議者，支付命令於異議範圍內失其效力，以債權人支付命令之聲請，視為起訴或聲請調解。（第2項）前項情形，督促程序費用，應作為訴訟費用或調解程序費用之一部。」

[6]　民事訴訟法第513條：「（第1項）支付命令之聲請，不合於第五百零八條至第五百十一條之規定，或依聲請之意旨認債權人之請求為無理由者，法院應以裁定駁回之；就請求之一部不得發支付命令者，應僅就該部分之聲請駁回之。（第2項）前項裁定，不得聲明不服。」

2. 債務人若未於收受支付命令二十日內聲明異議，則該支付命令得爲執行名義。

(1) 民國104年7月1日修法前

　　依修正前民事訴訟法第521條規定：「債務人對於支付命令未於法定期間合法提出異議者，支付命令與確定判決有同一之效力。」，從而，若債務人未於法定期間內提出異議者，因該支付命令已與確定判決有同一之效力，僅得依法聲請再審，而無法另行訴請法院確認該命令所命給付金額之債權不存在。

(2) 民國104年7月1日修法後

　　依修正前民事訴訟法規定，支付命令若未於法定期間提出異議者，僅得依再審之方式救濟，雖便利債權人行使權利，惟因臺灣法院對於再審事由從嚴解釋，該制度將致使債務人實務上難以再審程序爲救濟，對債務人之保障仍有不足。從而，民國104年7月1日民事訴訟法第521條[7]修正後，確定之支付命令，不再具有既判力，而僅得爲執行名義，債務人除得於債權人已聲請強制執行時，提起債務人異議之訴外，尚可提起確認之訴並提供相當並確實之擔保，停止強制執行以資救濟。

3. 又法院發支付命令後，若未於三個月內送達於債務人者，該命令將失其效力（民事訴訟法第515條[8]）。

---

[7] 民事訴訟法第521條：「（第1項）債務人對於支付命令未於法定期間合法提出異議者，支付命令得爲執行名義。（第2項）前項情形，爲裁定之法院應付與裁定確定證明書。（第3項）債務人主張支付命令上所載債權不存在而提起確認之訴者，法院依債務人聲請，得許其提供相當並確實之擔保，停止強制執行。」

[8] 民事訴訟法第515條：「（第1項）發支付命令後，三個月內不能送達於債務人者，其命令失其效力。（第2項）前項情形，法院誤發確定證明書者，自確定證明書所載確定日期起五年內，經撤銷確定證明書時，法院應通知債權人。如債權人於通知送達後二十日之不變期間起訴，視爲自支付命令聲請時，已經起訴；其於通知送達前起訴者，亦同。（第3項）前項情形，督促程序費用，應作爲訴訟費用或調解程序費用之一部。」

◎企業收受支付命令時應注意事項

企業倘若有收受法院寄來之支付命令時，如認為所述內容不實，務必應於收受命令二十日內以書面向法院聲明異議，且可無需敘明異議理由，即生聲明異議之效力，而支付命令一旦經債務人依法聲明異議即失效力，惟若未依限以書面聲明異議，該支付命令即成為執行名義，可憑以強制執行企業之財產，來實現支付命令所載命給付金錢等內容，故企業對支付命令之收受及聲明異議，不可不慎。

◎法院核發支付命令之流程圖

關於支付命令之聲請及核發流程，請參考下方臺灣新北地方法院公告之流程圖：

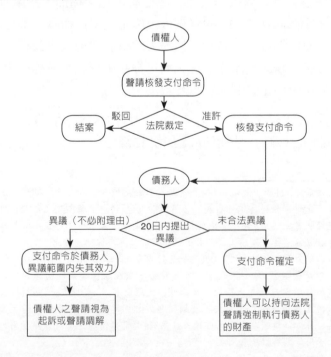

◎支付命令與民事訴訟程序及民事判決之差異

　　相較於直接提起民事訴訟，以督促程序聲請支付命令，倘債務人未於收受支付命令二十日內提出書面異議，則支付命令確定，得使債權人更為迅速且簡便的取得執行名義，且聲請支付命令之裁判費亦低於起訴裁判費，謹就兩者之差異整理如下表：

	支付命令	民事訴訟
請求之限制	1.限於給付金錢或其他代替物或有價證券之一定數量為標的之請求； 2.不得有債權人應為對待給付尚未履行之情形； 3.不得為應於外國送達或公示送達者。	無左列請求之限制
裁判費	新臺幣500元	依訴訟標的金額計算，至少為新臺幣1,000元（民事訴訟法第77條之13[9]及第77條之16[10]參照）

---

[9] 民事訴訟法第77條之13：「因財產權而起訴，其訴訟標的之金額或價額在新臺幣十萬元以下部分，徵收一千元；逾十萬元至一百萬元部分，每萬元徵收一百元；逾一百萬元至一千萬元部分，每萬元徵收九十元；逾一千萬元至一億元部分，每萬元徵收八十元；逾一億元至十億元部分，每萬元徵收七十元；逾十億元部分，每萬元徵收六十元；其畸零之數不滿萬元者，以萬元計算。」舉例而言，若訴訟標的為新臺幣（下同）100萬元，則第一審裁判費為10,900元。

[10] 民事訴訟法第77條之16：「（第1項）向第二審或第三審法院上訴，依第七十七條之十三及第七十七條之十四規定，加徵裁判費十分之五；發回或發交更審再行上訴者免徵；其依第四百五十二條第二項為移送，經判決後再行上訴者，亦同。（第2項）於第二審為訴之變更、追加或依第五十四條規定起訴者，其裁判費之徵收，依前條第三項規定，並準用前項規定徵收之。提起反訴應徵收裁判費者，亦同。」舉例而言，訴訟標的為100萬元之案件若上訴至第二審或第三審，裁判費各為16,350元。

	支付命令	民事訴訟
花費時間	較為快速，約一至兩個月	較為冗長，依案件複雜程度及具體個案而定，每個審級可能達一年以上
審理方式	不開庭，僅書面審理	需開庭
證據之要求	僅需釋明即可	需提出證據證明自己之主張為真
效力	倘債務人未於收受支付命令二十日內提出書面異議，則支付命令確定，得為執行名義	確定後有既判力，得為執行名義

2

企業聲請支付命令時，法院准予核發之審查標準爲何？

張嘉眞、洪凱倫、趙川寧

因支付命令具有聲請程序簡易、審理迅速，且聲請費用固定不受請求金額多寡影響等特色，爲常見之企業對於無爭議之國內債權所採用之求償方式，然而，法院對於支付命令之聲請是否裁准，仍有一定之審查標準，企業應如何提出聲請，以儘速取得法院核發之支付命令？實務上常見被法院要求補正或不予核發支付命令之原因有哪些？

關鍵字：支付命令、聲請費用、審查標準、補正原因

◎支付命令之聲請要件

須具備下列三項要件，債權人始得據以聲請法院核發支付命令：

1. 債權人之請求，須以給付金錢或其他代替物或有價證券之一定數量爲標的（民事訴訟法第508條第1項[1]）。

---

[1] 民事訴訟法第508條第1項規定：「債權人之請求，以給付金錢或其他代替物或

2. 債權人就其請求無爲對待給付之義務（民事訴訟法第509
　　條[2]）：

此係因督促程序，法院僅依債權人單方之聲請，不訊問債務
人而審理，即對債務人發支付命令，故該債務人之同時履行抗辯
權即無從行使，是倘出賣人就尚未交貨之貨款請求權，向法院聲
請核發支付命令，法院將以出賣人所負對待給付尚未履行爲由，
駁回其支付命令之聲請[3]。

3. 支付命令之送達須非應於外國爲之或非應依公示送達爲
　　之者（民事訴訟法第509條[4]）：

支付命令如應於外國爲送達者，債務人即不能於短期內聲
明異議，此與督促程序簡易、迅速之本旨相違，自不許發支付命
令。又支付命令如應依公示送達方式爲之者，則因債務人難以知
悉支付命令之內容，無從提出異議，故亦不許發支付命令。

◎支付命令之聲請程序

1. 應向管轄法院提出聲請

支付命令之聲請專屬債務人爲被告時有管轄權之法院管轄
（民事訴訟法第510條[5]），即由被告住所地之法院管轄，如被告
爲私法人，則由其主事務所或主營業所所在地之法院管轄。此規
定旨在保護債務人，使其易於提出異議。

有價證券之一定數量爲標的者，得聲請法院依督促程序發支付命令。」

[2] 民事訴訟法第509條規定：「督促程序，如聲請人應爲對待給付尚未履行，或支
付命令之送達應於外國爲之，或依公示送達爲之者，不得行之。」

[3] 臺灣士林地方法院103年度司促字第9767號民事裁定、臺灣臺南地方法院98年度
司促字第32458號民事裁定意旨參照。

[4] 同註2。

[5] 民事訴訟法第510條規定：「支付命令之聲請，專屬債務人爲被告時，依第一
條、第二條、第六條或第二十條規定有管轄權之法院管轄。」

2. 聲請支付命令應表明之事項

支付命令之聲請，應表明下列各款事項：(1)當事人及法定代理人。(2)請求之標的及其數量。(3)請求之原因事實。其有對待給付者，已履行之情形。(4)應發支付命令之陳述。(5)法院（民事訴訟法第511條[6]第1項）。

因於督促程序中，法院僅憑債權人一方之聲請，對債務人發支付命令，故除上開應表明之事項外，爲便於法院審查，債權人並應就請求釋明之（民事訴訟法第511條[7]第2項）。

3. 應繳納規費

聲請核發支付命令，須徵收裁判費新臺幣500元（民事訴訟法第77條之19），如聲請人未爲繳納，即屬聲請程序不備。

◎支付命令之審理方式

支付命令採書面審理方式，法院不開庭訊問債務人，而僅就債權人之主張調查合法要件，審酌其法律上（而非事實上）有無理由，不實體調查審訊債務人（民事訴訟法第512條[8]）。

又爲達訴訟經濟並保障債權人、債務人正當權益，依民事訴訟法第511條第2項規定，聲請支付命令之債權人應負釋明義務，債權人若未釋明，或有釋明不足之情形，法院得依同法第513條[9]規定，駁回債權人之聲請。

---

[6] 民事訴訟法第511條規定：「（第1項）支付命令之聲請，應表明下列各款事項：一、當事人及法定代理人。二、請求之標的及其數量。三、請求之原因事實。其有對待給付者，已履行之情形。四、應發支付命令之陳述。五、法院。（第2項）債權人之請求，應釋明之。」

[7] 同前註。

[8] 民事訴訟法第512條：「法院應不訊問債務人，就支付命令之聲請爲裁定。」

[9] 民事訴訟法第513條：「（第1項）支付命令之聲請，不合於第五百零八條至第

◎常見支付命令聲請經法院要求補正之原因

1. 未提出足資識別債務人身分之釋明文件[10]

債權人聲請對債務人發支付命令，未提出足資識別債務人身分之釋明文件，對此，法院多會以裁定命債權人於裁定送達後一定期限內，補正債務人之最新戶籍謄本，或債務人公司登記資料及代表人之最新戶籍謄本。

2. 未據繳納裁判費[11]

債權人聲請對債務人發支付命令，未據繳納裁判費，法院將以裁定限令債權人於裁定送達後一定期限內補繳裁判費。

3. 未提出兩造間請求原因事實之文件[12]

債權人未提出兩造間請求原因事實之文件，致法院形式上無從認定債權人之請求是否確係存在。

◎法院駁回支付命令聲請之原因

支付命令之聲請，不合於前述聲請要件（即民事訴訟法第

五百十一條之規定，或依聲請之意旨認債權人之請求為無理由者，法院應以裁定駁回之；就請求之一部不得發支付命令者，應僅就該部分之聲請駁回之。（第2項）前項裁定，不得聲明不服。」

[10] 此有臺灣臺北地方法院108年度司促字第7294號、臺灣士林地方法院108年度司促字第5390號，以及臺灣新北地方法院108年度司促字第4157號等民事裁定可參。

[11] 此有臺灣臺北地方法院108年度司促字第6349號、臺灣士林地方法院108年度司促字第5529號，以及臺灣新北地方法院108年度司促字第9999號等民事裁定可參。

[12] 此有臺灣臺北地方法院108年度司促字第4849號、臺灣臺北地方法院108年度司促字第4650號民事裁定可參。

508條至第511條之規定），或依聲請之意旨認債權人之請求為無理由者，法院應以裁定駁回之，且債權人對於駁回聲請之裁定，不得聲明不服（民事訴訟法第513條[13]）。

因支付命令之聲請，法院僅憑一方之書面審理，為便利法院調查其聲請有無理由，同時兼顧督促程序在使數量明確且無訟爭性之債權得以迅速、簡易確定，節省當事人勞費，以收訴訟經濟之效果，並保障債權人、債務人正當權益，聲請支付命令之債權人依民事訴訟法第511條第2項規定，就其請求應負釋明義務，即債權人聲請狀內所載之請求原因事實，應包括表明請求之標的、數量及提出相當證據使法院相信其請求之原因事實為真實。債權人若未釋明[14]，或有釋明不足[15]之情形，法院得依民事訴訟法第513條第1項規定，駁回債權人之聲請。

此外，若支付命令之聲請與前述聲請程序不合，且該情形可得補正者，法院通常會另作成裁定命債權人於一定期限內補正之，若債權人逾期仍未補正，法院即會依民事訴訟法第513條第1項規定，駁回債權人之聲請。

---

[13] 同註9。

[14] 臺灣臺北地方法院108年度司促字第4650號民事裁定：「……查本件聲請人為上開聲請，僅提出商業本票九紙及支票乙紙為證，聲請人並未提出兩造間請求原因事實之文件，此經本院於民國108年3月29日命其補正，聲請人迄未補正，此致本院形式上無從認定聲請人之請求是否確係存在，揆諸首開條文及說明，聲請人顯有未盡表明請求原因事實及就其請求為釋明之責，聲請顯於法不合，聲請應予駁回，爰依民事訴訟法第513條第1項第3款、第2項、第95、第78條之規定，裁定如主文。」

[15] 臺灣臺北地方法院108年度司促字第4361號民事裁定：「……查本件聲請人為上開聲請，提出重大傷病卡、調解不成立證明書、本票等，惟依聲請人所提出之上開文件，無從認定聲請人確已支出被繼承人張陳根月歷年之醫藥費、照護費，此經本院裁定命聲請人補正醫藥費、照護費之費用單據、收據、發票等釋明文件，聲請人雖具狀陳報，惟僅再次陳報相對人須共同負擔上開費用，未提出已支出費用之釋明文件，顯有未盡釋明請求之情，聲請顯於法不合，聲請應予駁回，爰依民事訴訟法第513條第1項第3款、第2項、第95、第78條之規定，裁定如主文。」

3

企業聲請之支付命令確定後，應如何對債務人之財產聲請強制執行？

張嘉真、洪凱倫、趙川寧

法院依債權人之聲請向債務人發支付命令後，債務人如未於收受送達後二十日之不變期間內，向法院提出異議，支付命令即告確定，此時，債權人應如何以確定之支付命令，對債務人之財產聲請強制執行？債權人應如何查詢債務人之財產，以供強制執行？

關鍵字：支付命令、支付命令確定證明書、強制執行

◎如何取得支付命令確定證明書

債務人如未於收受支付命令後二十日內合法提出異議[1]，法院應依民事訴訟法第521條第2項之規定[2]，核發確定證明書予債

---

[1] 民事訴訟法第516條：「（第1項）債務人對於支付命令之全部或一部，得於送達後二十日之不變期間內，不附理由向發命令之法院提出異議。（第2項）債務人得在調解成立或第一審言詞辯論終結前，撤回其異議。但應負擔調解程序費用或訴訟費用。」

[2] 民事訴訟法第521條：「（第1項）債務人對於支付命令未於法定期間合法提出

權人。

　　至於債務人收受送達之日期，即異議期間二十日之計算，應以法院送達證書所載者為憑，債權人如擬確認債務人之異議期限，除得主動聯繫法院承辦書記官詢問者外，亦得向法院聲請閱卷確認之。

◎以支付命令為執行名義聲請強制執行

　　債權人可撰寫強制執行聲請狀，憑該支付命令及確定證明書，並繳納執行費，向法院聲請對債務人強制執行，以滿足其債權，聲請流程如下：

1. 撰強制執行聲請狀

　　依強制執行法第5條第1項、第2項規定，債權人聲請強制執行，應以書狀表明下列各款事項，提出於執行法院為之：(1)當事人及法定代理人、(2)請求實現之權利，並宜記載執行之標的物、應為之執行行為或強制執行法所定其他事項。

2. 繳納執行費

　　依強制執行法第28條之2規定，執行費依債權額的千分之八計算，但執行標的金額或價額未滿新臺幣5,000元者免繳執行費。

3. 向管轄法院遞交聲請

　　強制執行由應執行之標的物所在地或應為執行行為地之法院管轄，應執行之標的物所在地或應為執行行為地不明者，由債務

異議者，支付命令得為執行名義。（第2項）前項情形，為裁定之法院應付與裁定確定證明書。（第3項）債務人主張支付命令上所載債權不存在而提起確認之訴者，法院依債務人聲請，得許其提供相當並確實之擔保，停止強制執行。」

人之住、居所、公務所、事務所、營業所所在地之法院管轄。同一強制執行事件，數法院均有管轄權者，債權人得向其中一法院聲請。且受理強制執行事件之法院，如有須在他法院管轄區內為執行行為時，應囑託該他法院為之（強制執行法第7條）。

債權人於遞交聲請時，須將強制執行聲請狀、執行名義（即支付命令及確定證明書正本），以及執行費繳納收據正本，一併遞送法院。

◎如何查詢債務人之財產

債權人可憑執行名義向國稅局繳費（每查調一位債務人之年度所得及財產資料，查詢費用為新臺幣500元）後，申請債務人之「年度各類所得資料清單」及「全國財產稅總歸戶財產查詢清單」，再依清單上所示之財產資料，向管轄的執行法院聲請強制執行債務人之特定財產。

此外，債權人亦得向法院聲請代向稅捐機關查詢債務人年度綜合所得稅各類所得資料清單及財產歸屬清單，惟仍須自行繳交查詢費用新臺幣500元。

4

企業向法院聲請假扣押之程序為何？企業聲請假扣押將產生哪些成本與費用？

張嘉眞、洪凱倫、趙川寧

企業可以假扣押債務人財產，來保全未來之強制執行，則聲請假扣押之程序為何，企業應向何法院提出聲請，以加速執行？企業聲請假扣押將產生哪些成本與費用？提供擔保金之金額與型態為何？

關鍵字：假扣押、假扣押裁定、擔保金

◎聲請假扣押[1]之程序

1. 向管轄法院提出假扣押聲請

依民事訴訟法第524條[2]第1項規定，假扣押之聲請，向本案

---

[1] 民事訴訟法第522條：「（第1項）債權人就金錢請求或得易爲金錢請求之請求，欲保全強制執行者，得聲請假扣押。（第2項）前項聲請，就附條件或期限之請求，亦得爲之。」

[2] 民事訴訟法第524條：「（第1項）假扣押之聲請，由本案管轄法院或假扣押標的所在地之地方法院管轄。（第2項）本案管轄法院，爲訴訟已繫屬或應繫屬

管轄法院或假扣押標的所在地之地方法院提出，債權人應向上開法院提出民事假扣押聲請狀。茲就二種管轄法院分述如下：

(1) 本案管轄法院

指訴訟已繫屬或應繫屬之第一審法院，但若訴訟現繫屬於第二審者，得以第二審法院為本案管轄法院。舉例而言，若欠款廠商公司登記於臺北，則企業若擬對其提起民事訴訟追償欠款，應向臺北地方法院起訴，則臺北地方法院將為本案管轄法院，企業得向臺北地方法院提出假扣押之聲請；惟若訴訟至二審才有聲請假扣押之必要，則向第二審法院聲請假扣押裁定。

(2) 假扣押標的所在地之法院

指應行假扣押標的物或權利所在地之地方法院，故舉凡債務人之動產、不動產所在地，或假扣押之財產如屬債權之該債務人住所地，亦均屬得受理假扣押聲請之管轄法院。

一般而言，除欲假扣押之財產為不動產或避免由本案管轄法院囑託假扣押執行延宕時程，債權人通常會向本案管轄法院提出，再就其他財產之所在地聲請囑託執行。

2. 繳交裁定費並取得假扣押裁定

債權人應依民事訴訟法第77條之19規定[3]，向法院繳交裁判費新臺幣1,000元，若法院認為假扣押聲請符合法定要件，債權人通常將於一週至兩週內收到法院准予假扣押之裁定。

之第一審法院。但訴訟現繫屬於第二審者，得以第二審法院為本案管轄法院。（第3項）假扣押之標的如係債權或須經登記之財產權，以債務人住所或擔保之標的所在地或登記地，為假扣押標的所在地。」

[3]　民事訴訟法第77條之19：「聲請或聲明不徵費用。但下列第一款之聲請，徵收裁判費新臺幣五百元；第二款至第七款之聲請，徵收裁判費新臺幣一千元：一、聲請發支付命令。二、聲請參加訴訟或駁回參加。三、聲請回復原狀。四、起訴前聲請證據保全。五、聲請假扣押、假處分或撤銷假扣押、假處分裁定。六、（刪除）七、聲請公示催告或除權判決。」

◎聲請假扣押強制執行之程序

1. 查詢債務人財產

　　債權人於聲請取得法院准予假扣押之裁定後，若債權人對債務人財產狀況並不清楚，債權人得持該假扣押裁定正本，向稅捐機關申請查閱債務人全國財產稅總歸戶財產查詢清單及債務人年度綜合所得稅各類所得資料清單，以確認債務人可供執行之財產。

　　若債權人自力調查後仍無法知悉債務人可供假扣押之財產，債權人得依強制執行法第19條規定[4]，請求執行法院函詢「臺灣集中保管結算所股份有限公司」調查債務人所委託開設證券帳戶之證券商為何以及其等帳戶之餘額資料，俾便發現債務人其他可供強制執行之財產。

　　債權人若已知悉債務人可供假扣押之財產，即得依假扣押裁定提存擔保金後向管轄法院聲請假扣押強制執行。

2. 提存擔保金

　　債權人於聲請時得視個人持有擔保物之型態究為現金、股票、存單等，於聲請事項表明欲以現金或等值之國內上市（櫃）股票或國內銀行之無記名可轉讓定期存單、銀行保證書作為擔保，如經法院核准於假扣押裁定載明為擔保之方式，即可以現金以外之其他擔保方式作為擔保金。一般而言，股票如為上市（櫃）股票者，較容易獲准為擔保方式。債權人應依假扣押裁定書主文記載之應供擔保金額提出擔保，如股票於公開交易市場之

---

[4] 強制執行法第19條：「（第1項）執行法院對於強制執行事件，認有調查之必要時，得命債權人查報，或依職權調查之。（第2項）執行法院得向稅捐及其他有關機關、團體或知悉債務人財產之人調查債務人財產狀況，受調查者不得拒絕。但受調查者為個人時，如有正當理由，不在此限。」

交易價格低於票面價格時，需提出股市行情訊息供法院折價，如為高於票面價格之股票，執行法院實務上仍保守依票面價格折算擔保金者亦所在多有；銀行出具保證書之方式，雖為法律所許（民事訴訟法第106條準用第102條第2項規定[5]），由於銀行之保證書不能附期限等要求，銀行通常會要求銀行保證之申請人需提供足額擔保及收取相當之手續費始願提供，故實務上並不多見。

　　債權人於提供擔保時，不論是提供現金、股票、存單或保證書，均需出具提存書向法院提存所[6]辦理擔保提存手續，提存物之繳納須向法院服務中心駐院代理國庫之臺灣銀行為之，擔保品如係現金，須取具國庫存款收款書；如係有價證券，則須取具國庫保管品經收通知書，並應繳納提存費新臺幣500元[7]，再持同上開文件送交提存所分案。

3. 向強制執行法院聲請假扣押強制執行

　　債權人應書立民事假扣押強制執行聲請書狀，並繳納執行費[8]，向欲查封財產之所在地法院或應為執行行為地之法院聲請強制執行。

　　應特別注意的是，債權人於聲請取得假扣押裁定後，應於收

---

[5]　民事訴訟法第106條：「第一百零二條第一項、第二項及第一百零三條至前條之規定，於其他依法令供訴訟上之擔保者準用之；其應就起訴供擔保者，並準用第九十八條、第九十九條第一項、第一百條及第一百零一條之規定。」民事訴訟法第102條規定：「（第1項）供擔保應提存現金或法院認為相當之有價證券。但當事人別有約定者，不在此限。（第2項）前項擔保，得由保險人或經營保證業務之銀行出具保證書代之。（第3項）應供擔保之原告，不能依前二項規定供擔保者，法院得許由該管區域內有資產之人具保證書代之。」

[6]　提存法第5條：「擔保提存事件由本案訴訟已繫屬或應繫屬之第一審法院或執行法院提存所辦理之。」

[7]　提存法第28條第3項：「擔保提存費，每件徵收新臺幣五百元。」

[8]　強制執行法第28條之2第1項：「民事強制執行，其執行標的金額或價額未滿新臺幣五千元者，免徵執行費；新臺幣五千元以上者，每百元收七角，其畸零之數不滿百元者，以百元計算。」

到假扣押裁定後三十日內提出假扣押執行之聲請（強制執行法第132條第3項[9]），否則即不得再以該假扣押裁定為執行名義聲請執行。

◎假扣押擔保金之計算

假扣押將使債務人無法任意處分其財產，為保障債務人權益，依民事訴訟法第526條規定[10]，法院若認債權人就假扣押之原因有釋明不足之情形，得定相當之擔保命供擔保後為假扣押；或者債權人雖已釋明，但法院認為仍有必要者，亦可要求債權人提供假扣押擔保。惟實務上多以假扣押欲保全之債權金額的三分之一為標準酌定之。

又依民事訴訟法第526條第4項規定，若債權人之請求係基於家庭生活費用、扶養費、贍養費、夫妻剩餘財產差額分配者，法院所命擔保之金額不得高於請求金額之十分之一。

◎假扣押程序將產生之費用與成本

謹將假扣押程序將產生之費用與成本臚列如下：

---

[9]　強制執行法第132條第3項：「債權人收受假扣押或假處分裁定後已逾三十日者，不得聲請執行。」

[10]　民事訴訟法第526條：「（第1項）請求及假扣押之原因，應釋明之。（第2項）前項釋明如有不足，而債權人陳明願供擔保或法院認為適當者，法院得定相當之擔保，命供擔保後為假扣押。（第3項）請求及假扣押之原因雖經釋明，法院亦得命債權人供擔保後為假扣押。（第4項）夫或妻基於剩餘財產差額分配請求權聲請假扣押者，前項法院所命供擔保之金額不得高於請求金額之十分之一。」

假扣押程序	費用與成本（單位：新臺幣）
聲請假扣押裁定	裁判費1,000元
查詢債務人財產	1.債務人之全國財產稅總歸戶財產查詢清單及債務人年度綜合所得稅各類所得資料清單，每一清單各250元規費（即每一年之所得、財產資料各250元）。 2.請求執行法院向臺灣集中保管結算所股份有限公司查詢債務人有無集保股票之查詢規費300元。
提存擔保金	1.擔保金（依法院假扣押裁定之擔保金額而定）。 2.提存費500元。
聲請假扣押強制執行	強制執行金額的千分之八 （若執行標的金額或價額未滿5,000元，則免繳執行費）。此假扣押執行費金額如已繳納，未來於取得本案之執行名義（如以勝訴之確定判決）聲請終局執行時，無需重複繳納。

5
企業聲請假扣押時，法院准予假扣押之審查標準為何？

張嘉眞、洪凱倫、趙川寧

　　向法院聲請假扣押裁定，禁止債務人處分其財產，雖可達到確保債權人利益之目的，然而，此對債務人之權益影響甚大，近來法院對於假扣押聲請之准許，日趨嚴格，則法院之審查標準為何？實務上常見被法院要求補正或駁回假扣押聲請之原因又為何？

關鍵字：假扣押、假扣押裁定、審查標準、補正原因

◎假扣押之聲請要件

　　須具備下列二項要件，債權人始得據以向法院聲請假扣押裁定：

1. 債權人之請求，須為請求債務人給付金錢或者是得易為金錢之請求（民事訴訟法第522條[1]第1項）

給付金錢之請求，例如：請求給付票款、請求返還借款、請求交付買賣價款、請求給付貨款、請求給付工程款、請求給付租金等。又所謂「得易為金錢請求之請求」，係指請求之內容原本不是金錢，但是可以用金錢請求替代者，例如：甲向乙購買車子，乙遲未將車子過戶交付給甲，甲經過催告後，得依法解除買賣契約，而向乙請求返還所收的價款，此時，原非屬金錢的請求（所有權移轉），即變成金錢請求（返還價金）。

2. 須有假扣押之原因（民事訴訟法第523條[2]）

所謂假扣押之原因，係指有日後不能強制執行或甚難執行之虞而言（民事訴訟法第523條第1項），其中，「有日後不能強制執行之虞」之情形，例如：債務人有浪費財產、增加負擔或就其財產為不利益之處分等，將達於無資力之狀態；「有日後甚難執行之虞」之情形，例如：債務人移往遠地、逃匿無蹤或隱匿財產等。又債務人之財產如屬應在外國為強制執行者，依法視為有日後甚難執行之虞（民事訴訟法第523條第2項）。

此外，最高法院裁定見解認為，倘債務人對債權人應給付之金錢或得易為金錢請求之債權，經催告後仍斷然堅決拒絕給付，且債務人現存之既有財產與債權人之債權相差懸殊，將無法或不足清償該債權，依一般社會通念，可認其日後有不能強制執行或

---

[1]　民事訴訟法第522條：「（第1項）債權人就金錢請求或得易為金錢請求之請求，欲保全強制執行者，得聲請假扣押。（第2項）前項聲請，就附條件或期限之請求，亦得為之。」

[2]　民事訴訟法第523條：「（第1項）假扣押，非有日後不能強制執行或甚難執行之虞者，不得為之。（第2項）應在外國為強制執行者，視為有日後甚難執行之虞。」

甚難執行之虞之情事時，亦應涵攝在內[3]。

◎須釋明請求及假扣押之原因

　　債權人於提出假扣押聲請時，依民事訴訟法第526條[4]第1項之規定，應提出相當證據，向法院說明欲保全強制執行之本案請求為何，以及為何需要假扣押，即若不為假扣押，日後有不能強制執行或甚難執行之虞的原因。釋明如有不足，債權人陳明願供擔保，或法院認為適當時，得以裁定命債權人供擔保後准予假扣押。

　　此外，由於法院就是否命供擔保享有裁量權，請求及假扣押之原因雖經釋明，法院亦得命債權人供擔保後為假扣押（民事訴訟法第526條第2項及第3項）。目前法院實務多數係以假扣押債權金額的三分之一酌定擔保金數額。

◎常見假扣押聲請經法院要求補正之原因

1. 未提供足資識別債務人（即相對人）身分之釋明文件[5]

　　債權人未提出足資識別債務人身分之釋明文件，經法院以裁定命債權人於裁定期限內補正債務人之最新戶籍謄本、公司登記資料及代表人之最新戶籍謄本。

---

[3]　此有最高法院104年台抗字第863號裁定可參。

[4]　民事訴訟法第526條：「（第1項）請求及假扣押之原因，應釋明之。（第2項）前項釋明如有不足，而債權人陳明願供擔保或法院認為適當者，法院得定相當之擔保，命供擔保後為假扣押。（第3項）請求及假扣押之原因雖經釋明，法院亦得命債權人供擔保後為假扣押。（第4項）夫或妻基於剩餘財產差額分配請求權聲請假扣押者，前項法院所命供擔保之金額不得高於請求金額之十分之一。」

[5]　此有臺灣高等法院臺中分院107年抗字第297號民事裁定可參。

2. 未繳納裁判費用[6]

債權人未依民事訴訟法第77條之19之規定，繳納聲請假扣押裁定之裁判費新臺幣1,000元，法院將以裁定限令債權人於裁定送達後一定期限內補繳裁判費。

3. 請求或假扣押之原因釋明不足[7]

債權人就其請求及假扣押之原因，若未盡釋明之義務，法院將以裁定限令債權人於裁定期限內補正之。

◎法院駁回假扣押聲請之原因

1. 就「假扣押之原因」未盡釋明義務[8]

由於假扣押之聲請原因須為「對債務人有日後不能強制執行或甚難執行之虞者」，聲請人於釋明其事實上之主張時，應同時提出可供法院得隨時進行調查之證據，使法院形成薄弱心證，信其主張為真實。若債權人就其聲請假扣押之原因未盡釋明之義務，即不符假扣押之要件，法院無先以裁定命其補正之必要[9]，其假扣押之聲請自無從准許，而應予駁回。

2. 就「請求之原因事實」未盡釋明義務或顯無理由[10]

受理假扣押聲請之法院，從形式上審查，如認債權人之請求顯非正當（如當事人不適格或顯然與法律規定有違等）時，即應

---

[6] 此有臺灣新北地方法院100年事聲字第179號民事裁定可參。

[7] 此有臺灣新北地方法院100年事聲字第122號民事裁定可參。

[8] 此有最高法院96年度台抗字第723號民事裁定、臺灣高等法院108年抗字第218號民事裁定，以及臺灣新北地方法院100年事聲字第126號民事裁定可參。

[9] 此有臺灣高等法院102年度抗字第1146號民事裁定可參。

[10] 此有最高法院106年度台抗字第900號民事裁定可參。

依法駁回債權人假扣押之聲請。惟若涉及債權人所主張之債權能否成立，尚待本案辯論後判決者，即非屬假扣押裁定程序所應審究之範疇，法院不得逕然駁回該假扣押之聲請。

6

企業有債款無法收回，依法可採取哪些法律程序保全企業債款，以避免債務人脫產？債務人可供扣押之財產態樣爲何？

張嘉眞、洪凱倫、趙川寧

企業有債款無法收回，若債務人蓄意脫產或喪失債信，即便取得確定判決後亦可能面臨無財產可供執行之窘境，則企業依法可採取哪些程序以保全其債款？

關鍵字：假扣押、假扣押裁定、保全程序、避免債務人脫產

◎假扣押制度

假扣押係向法院聲請裁定以「暫時」查封、扣押債務人財產的保全程序[1]，蓋企業若遭遇廠商積欠貨款之情形，固可以提起民事訴訟之方式救濟，惟因訴訟程序曠日費時，爲避免債務人在冗長的訴訟程序終結前即惡意隱匿或處分其財產，使債權人面臨

---

[1] 民事訴訟法第522條：「（第1項）債權人就金錢請求或得易爲金錢請求之請求，欲保全強制執行者，得聲請假扣押。（第2項）前項聲請，就附條件或期限之請求，亦得爲之。」

取得執行名義（確定判決）後卻無財產可供執行之窘境，是債權人就金錢請求或得易為金錢請求之請求，欲保全強制執行者，得於提起訴訟前或訴訟進行中，向法院聲請假扣押。

◎可供扣押之財產態樣

債務人可供扣押之財產，包括債務人之存款、薪資、股票、債權、動產、不動產等財產，惟為保障債務人及其共同生活之親屬得維持其基本生活，仍有以下之限制：

1. 社會福利津貼、社會救助及補助（強制執行法第122條[2]第1項）

強制執行法第122條第1項規定，債務人依法領取之社會福利津貼、社會救助或補助，不得強制執行。

2. 債務人依法領取之社會保險給付或其對於第三人之債權（強制執行法第122條第2項）

債務人依法領取之社會保險給付或其對於第三人之債權，如係維持債務人及其共同生活之親屬生活所必需者，亦不得為強制執行之標的。所謂對於第三人之債權，例如：債務人每月之薪資、出租房屋所得之租金、投資股票所得之股息或紅利等皆屬

---

[2] 強制執行法第122條：「（第1項）債務人依法領取之社會福利津貼、社會救助或補助，不得為強制執行。（第2項）債務人依法領取之社會保險給付或其對於第三人之債權，係維持債務人及其共同生活之親屬生活所必需者，不得為強制執行。（第3項）債務人生活所必需，以最近一年衛生福利部或直轄市政府所公告當地區每人每月最低生活費一點二倍計算其數額，並應斟酌債務人之其他財產。（第4項）債務人共同生活親屬生活所必需，準用前項計算基準，並按債務人依法應負擔扶養義務之比例定其數額。（第5項）執行法院斟酌債務人與債權人生活狀況及其他情事，認有失公平者，不受前三項規定之限制。但應酌留債務人及其扶養之共同生活親屬生活費用。」

之。於聲請扣押時，如債務人以此法律理由聲明異議，則執行法院有可能基於「維持債務人及其共同生活之親屬生活所必需者」，而不予查封。

上述所謂「維持債務人生活所必需者」，應以最近一年衛生福利部或直轄市政府所公告當地區每人每月最低生活費1.2倍計算其數額，並應斟酌債務人之其他財產；所謂「債務人共同生活親屬生活所必需」，應準用前揭計算基準，並按債務人依法應負擔扶養義務之比例定其數額（強制執行法第122條第3項及第4項）。舉臺北市而言，2019年臺北市每人每月最低生活費為新臺幣（下同）16,580元，則若債務人居住於臺北市，則計算維持債務人生活所必須之數額即為19,896元（計算式：16,580元×1.2 = 19,896元）。另債務人共同生活親屬生活所必需，亦準用前述計算基準，並按債務人依法應負擔扶養義務之比例定其數額。

惟若執行法院斟酌債務人與債權人生活狀況及其他情事，認有失公平者，則不受上述限制，但法院仍應酌留債務人及其扶養之共同生活親屬生活費用（強制執行法第122條第5項）。

3. 應酌留債務人及其共同生活之親屬二個月間生活所必需之食物、燃料及金錢（強制執行法第52條[3]）

關於應酌留予債務人及其共同生活親屬之生活費用及生活必需品期間，執行法院得於審核債務人之家庭狀況後縮短或延長之，但縮短不得短於一個月，延長不得超過三個月。

---

[3]　強制執行法第52條：「（第1項）查封時，應酌留債務人及其共同生活之親屬二個月間生活所必需之食物、燃料及金錢。（第2項）前項期間，執行法官審核債務人家庭狀況，得伸縮之。但不得短於一個月或超過三個月。」

4. 其他不得查封之財產

依強制執行法第53條[4]第1項列舉禁止查封之債務人財產包括：

(1)債務人及其共同生活之親屬所必需之衣服、寢具及其他物品。

(2)債務人及其共同生活之親屬職業上或教育上所必需之器具、物品。

(3)債務人所受或繼承之勳章及其他表彰榮譽之物品。

(4)遺像、牌位、墓碑及其他祭祀、禮拜所用之物。

(5)未與土地分離之天然孳息不能於一個月內收穫者。

(6)尚未發表之發明或著作。

(7)附於建築物或其他工作物，而為防止災害或確保安全，依法令規定應設備之機械或器具、避難器具及其他物品。

又前揭禁止查封之債務人財產若經執行法院斟酌債權人及債務人狀況，認有顯失公平情形，仍以查封為適當者，或經債務人同意者，執行法院仍得依聲請查封其全部或一部（強制執行法第53條第2項）。

---

[4] 強制執行法第53條：「（第1項）左列之物不得查封：一、債務人及其共同生活之親屬所必需之衣服、寢具及其他物品。二、債務人及其共同生活之親屬職業上或教育上所必需之器具、物品。三、債務人所受或繼承之勳章及其他表彰榮譽之物品。四、遺像、牌位、墓碑及其他祭祀、禮拜所用之物。五、未與土地分離之天然孳息不能於一個月內收穫者。六、尚未發表之發明或著作。七、附於建築物或其他工作物，而為防止災害或確保安全，依法令規定應設備之機械或器具、避難器具及其他物品。（第2項）前項規定斟酌債權人及債務人狀況，有顯失公平情形，仍以查封為適當者，執行法院得依聲請查封其全部或一部。其經債務人同意者，亦同。」

四、違約金、定金及保證書

1

違約金、定金、保證金或銀行保證書，何者擔保效果較佳？

張嘉眞、趙川寧

為擔保契約之確實履行，除得約定違約金條款外，亦常見以提供定金、保證金或銀行保證書擔保之情形。究竟上揭各種擔保機制之性質為何？契約當事人應如何選擇擔保，以符所需？

關鍵字：定金、違約金、保證金、銀行保證書

◎違約金

違約金依其性質之不同，可分爲「損害賠償額預定性違約金」及「懲罰性違約金」二種態樣。「損害賠償額預定性違約金」爲當事人間預先約定因不履行所生損害之賠償總額，故債務人違約時，債權人僅得請求給付違約金，而不得再請求遲延利息或其他因違約所生之損害；「懲罰性違約金」係爲督促債務人確實履約，故債務人一但未依約履行時，債權人除得請求債務人給付懲罰性違約金外，並得向債務人請求履行契約之給付責任，且債權人如另有損害，並得向債務人請求不履行契約所生之損害賠償責任。因此，若契約雙方希望能督促各方遵守契約義務，於契

約中明定違約金約款屬懲罰性違約金，方不致影響依原契約請求履行或請求債務不履行之損害賠償，詳請參另篇關於違約金議題之詳細說明。

◎定金

定金與違約金最大之不同在於：定金之成立及生效依民法第248條[1]規定，具有要物性質，亦即必需一方提出現金或擔保票據[2]予另一方始符合要物條件而定金生效，故僅僅只有一方需提供定金之書面約定，但尚未提出現金或交付擔保票據予收受定金之一方，以符合定金契約之法定要物條件之前，該等定金契約之約定尚未生效，故契約當事人還無法依已交付定金之相關約定主張權利。至於未依約提供定金之一方依約有何責任，或是否影響所涉契約之生效及成立，係屬另事，二者應予區分，亦即此時雖尚不能視為已交付定金之情形主張權利，惟可視該契約就一方未依約定之時程交付定金之契約責任如何規定，決定其法律效果。

定金依其性質與作用之不同，通常可分為證約定金、成約定

---

[1] 民法第248條：「訂約當事人之一方，由他方受有定金時，推定其契約成立。」

[2] 高等法院104年上易字第1064號判決意旨：「又本票，謂發票人簽發一定之金額，於指定之到期日，由自己無條件支付與受款人或執票人之票據（票據法第3條規定參照），故本票性質雖係有價證券，然其並非代替物，原不能充作定金，惟如雙方另有約定以本票面額所表彰之金額，充作定金之交付，以本票經提示或追索未獲付款為解除金錢給付效果之要件，本諸契約自由原則，定金契約仍得認為成立。」

金、違約定金、解約定金及立約定金[3]。然而，依民法第249條[4]之規定及我國法院見解，若當事人間未就定金之效力特別約定者，原則上定金應屬違約定金，並為最低損害賠償額之預定，其因可歸責於付定金當事人之事由致債務不能履行，他方所受損害倘不及定金時，定金固不得請求返還，但如所受損害超過定金時，他方仍得依民法第226條規定請求超出定金數額之損害賠償[5]。至於定金或違約金過高時，可否請法院酌減或請求返還等議題，將於另外之章節說明之。

又民法第249條第2款及第3款規定，契約若因可歸責於付定金當事人之事由致不能履行時，定金不得請求返還；若係因可歸責於受定金當事人之事由，致不能履行時，該當事人則應加倍返還其所受之定金。所謂「致不能履行時」應如何解釋，依我國法院之見解，應僅於給付不能及不可補正之不完全給付[6]之情形方

---

[3] 最高法院91年度台上字第635號民事判決：「「按定金之性質，因其作用之不同，通常可分為：（一）證約定金，即為證明契約之成立所交付之定金。（二）成約定金，即以交付定金為契約成立之要件。（三）違約定金，即以定金為契約不履行之損害賠償擔保。（四）解約定金，即為保留解除權而交付之定金，亦即以定金為保留解除權之代價。（五）立約定金，亦名猶豫定金，即在契約成立前交付之定金，用以擔保契約之成立等數種。」

[4] 民法第249條：「定金，除當事人另有訂定外，適用左列之規定：一、契約履行時，定金應返還或作為給付之一部。二、契約因可歸責於付定金當事人之事由，致不能履行時，定金不得請求返還。三、契約因可歸責於受定金當事人之事由，致不能履行時，該當事人應加倍返還其所受之定金。四、契約因不可歸責於雙方當事人之事由，致不能履行時，定金應返還之。」

[5] 最高法院103年度台上字第179號判決：「當事人間就定金之效力未作特別約定者，依該條規定，原則上應屬違約定金，並為最低損害賠償額之預定，其因可歸責付定金當事人事由致債務不能履行，他方所受損害倘不及定金時，定金固不得請求返還，惟如所受損害超過定金時，他方仍得依民法第226條規定請求額外之賠償。」

[6] 最高法院69年台上字第3935號判決：「按契約因可歸責於受定金人之事由，致不能履行時，該當事人應加倍返還所受之定金，固為民法第249條第3款所明定。惟所謂不能履行，必須於契約成立後發生給付不能之情形，且其給付不能

有適用，而不適用於當事人單純拒絕履行[7]、給付遲延[8]或可補正的不完全給付[9]之情形。

與賠償額預定性違約金相比，違約定金為最低損害賠償額之預定，而賠償額預定性違約金則為當事人間預先約定因不履行而生損害之賠償總額，即最高賠償額之約定。就此而言，違約定金看似較賠償額預定性違約金較能提供受定金當事人更多的保障，惟亦不然，蓋依第249條第3款之規定，因可歸責於受定金當事人之事由，致不能履行時，該受當事人亦應加倍返還其所受之定金。此外，依前述我國法院見解，民法第249條第2款及第3款規定因可歸責於契約一方之原因致不能履行時，應不予返還或加倍返還違約定金之規定，並不適用於當事人單純拒絕履行、給付遲延或可補正的不完全給付之情形，故究欲提供定金擔保，亦或約定懲罰性／損害賠償總額預定性質之，應視具體個案契約之義務內容擔保需求、雙方之履約能力、資力與往來債信等而定。

◎保證金（或稱履約保證金）

履約保證金常見於工程案件或政府採購案件中，其目的在於

係因可歸責於受定金人之事由所致，始足當之。如當事人所訂契約之標的並非不能履行，而僅其品質、規格、面積或數量與約定之內容不符者，僅生債務人應否負物之瑕疵擔保責任之問題，此與前述「不能履行」之情形迥然有別。」

[7]　最高法院43年台上字第607號判例：「主債務人對於上訴人之債務，僅係不為給付，而非不能履行，上訴人不得依民法第249條第3款請求如應為加倍返還定金。」

[8]　最高法院71年台上字第2992號判例：「契約當事人之一方，為確保其契約之履行，而交付他方之定金，依民法第249條第3款規定，除當事人另有約定外，祇於契約因可歸責於受定金當事人之事由，致不能履行時，該當事人始負加倍返還其所受定金之義務，若給付可能，而僅為遲延給付，即難謂有該條款之適用。」

[9]　同註6。

擔保契約之履行，由契約之一方交付一定數額之金錢或其他代替物予他方，以保障應付履約保證金之人不履行契約所造成他方之損害。關於履約保證金之性質，在契約當事人未明定或約定不明下，我國法院似仍未有統一之見解，有採違約金說[10]、違約定金說[11]或信託讓與擔保說[12]者，而分別類推適用關於違約金或違約定金之相關規定。

◎銀行保證書

在實務運作上，契約雙方間若有保證金之約定，亦常由銀行開具連帶保證書與提出保證金之一方負連帶保證責任。而關於銀行保證書之性質，依我國法院見解，係為代替債務人本應給付之保證金，委由銀行所為付款之承諾，該等保證銀行所為之付款承諾具有相當之獨立性及無因性，此與民法上之保證有其從屬性及補充性不同[13]。換言之，除非另有約定，否則於債務人違約時，

---

[10] 最高法院97年台上字第1604號判決意旨：「依同一契約第22條第2項約定，系爭履約保證金係供擔保被上訴人履行契約及違約時應負之損害賠償責任，核屬違約金性質。衡諸民法第252條規定，法院就約定之違約金金額過高者，自得酌減至相當之金額。」

[11] 最高法院98年台上字第607號判決意旨：「履約保證金之目的在於擔保契約之履行，以保障因付履約保證金之人不履行契約所造成對方之損害，通常屬於違約定金性質，倘契約當事人無特別約定，依民法第249條第2款規定，須因可歸責於付履約保證金當事人之事由而致之給付不能（履行不能），受履約保證金當事人始可主張沒收該履約保證金，如僅係給付遲延及不為給付與給付不完全而能補正者均不包括在內。」

[12] 最高法院94年台上字第1209號判決意旨：「承攬契約之承攬人交付履約保證金予定作人，係以擔保承攬債務之履行為目的，信託的讓與其所有權予定作人。此項保證金之返還請求權，附有於約定返還期限屆至時，無應由承攬人負擔責任之事由發生，或縱有應由承攬人負擔責任之事由發生，惟於扣除承攬人應負擔保責任之賠償金額後猶有餘額之停止條件。」

[13] 最高法院92年台上字第216號判決參照。

銀行之主要義務即係「付款」，而非履行債務人契約上之義務，
從而，銀行自不得援引契約當事人間其他契約關係爲抗辯，作爲
免除或減輕其給付保證金數額之付款義務[14]。

　　如上所述，因銀行保證書具有獨立性及無因性之特性，故
契約當事人間縱有其他抗辯，銀行仍有付款之義務而不得拒絕付
款，似對債權人較有保障。然而，銀行出具保證書多定有一定保
證期間，則銀行是否得提供符合契約當事人需求之保證期間，亦
爲契約雙方在訂立擔保約款時應考量之點。關此，實務上一般採
取於銀行保證書期滿前一定時間內，約定應由債務人提出更新期
限之保證書，逾期視爲違約，債權人可逕向保證銀行要求保證金
之方式，促使保證書之期限可依個案之履約擔保需求，定期更
新。

---

[14] 最高法院95年台上字第517號判決意旨：「其因被上訴人出具保證書，即使承攬
人金鴻公司毋庸繳納原應繳納之履約保證金，而將之移轉由出具該保證書者承
擔，該保證書實屬付款之承諾，而爲『現金之代替』。故被上訴人之主要義務
即係『付款』，而非履行金鴻公司之承攬契約義務，此與民法上保證責任係於
主債務人不履行債務時始負責任，從屬於主債務而具有從屬性及補充性迥異。
被上訴人自不得援引其他契約關係爲抗辯，作爲免除或減輕其給付保證金數額
之付款義務。」

2

締約時如約定違約金，是屬於損害賠償總額預定性或懲罰性之違約金？二者有何區別？如何約定較爲妥適？

張嘉眞、趙川寧

為確保契約之一方或各方確實履行契約義務，締約時會納入違約金之約款，惟違約金之約定，究竟係屬損害賠償總額預定性或懲罰性違約金？於一方違約之情形，守約方請求違約方給付違約金後，是否得再向違約方請求履行原契約義務或因債務不履行所生之損害賠償？

關鍵字：違約金、損害賠償總額預定性違約金、懲罰性違約金

◎損害賠償額預定性違約金

違約金依其性質之不同，可分爲「損害賠償額預定性違約金」及「懲罰性違約金」，而當事人所約定之違約金究屬何性質，原則上依雙方之意思定之。倘當事人未爲約定，依民法第

250條[1]第2項前段之規定，違約金視爲當事人間預先約定因不履行而生損害之賠償總額，即所謂「賠償額預定性違約金」，其目的在於塡補損害，並使契約當事人於違約情形發生時，得較爲迅速地請求違約方應支付預定之損害賠償金額。

民法第250條第2項後段規定，並就當事人間約定「損害賠償額預定性違約金」之情形爲例示，亦即契約當事人約定「如債務人不於適當時期或不依適當方法履行債務時，即須支付違約金」，此時違約金視爲債權人因債務人不於適當時期或不依適當方法履行債務所生損害之賠償總額。

損害賠償額預定性違約金既係契約當事人預先就債務人之不履行而生損害之總額爲預定，依我國法院見解，於債務人違約情形發生時，債權人僅得就因債務人債務不履行所生之損害，或損害賠償額預定性違約金擇一請求。亦即，於債務人給付遲延之情形時，損害賠償額預定性違約金應視爲當事人就因遲延所生之損害，業已依契約預定其賠償，從而除請求違約金外，不得更依民法第233條規定請求遲延利息（最高法院62年台上字第1394號判例參照[2]）。

---

[1] 民法第250條：「（第1項）當事人得約定債務人於債務不履行時，應支付違約金。（第2項）違約金，除當事人另有訂定外，視爲因不履行而生損害之賠償總額。其約定如債務人不於適當時期或不依適當方法履行債務時，即須支付違約金者，債權人除得請求履行債務外，違約金視爲因不於適當時期或不依適當方法履行債務所生損害之賠償總額。」

[2] 最高法院62年台上字第1394號判例意旨：「又按違約金，有懲罰之性質，有損害賠償之性質，本件違約金，如爲懲罰之性質，於上訴人履行遲延時，被上訴人除請求違約金外，固得依民法第233條之規定，請求給付遲延利息及賠償其他之損害；如爲損害賠償之性質，則應認爲已就因遲延所生之損害，業依契約預定其賠償額，不得更依該條規定，請求遲延利息及賠償損害。」

◎懲罰性違約金

　　所謂「懲罰性違約金」，依我國法院見解，其係以違約金懲罰違約方，以督促債務人確實履約，故如債務人未依約履行時，無論債權人有無損害，皆得請求債務人給付懲罰性違約金（最高法院83年度台上字第2879號民事裁判參照[3]）。

　　至於債務人其他因兩造間債之關係所應負之一切責任，均不因債務人給付懲罰性違約金而受影響，故債權人除得請求懲罰性違約金外，並得向債務人請求履行原來之契約給付責任，或債務人不履行契約所生之損害賠償責任[4]。

　　此外，於債務人遲延給付之情形，如違約金屬懲罰性違約金者，債權人除請求違約金外，尚得依民法第233條規定，請求給付遲延利息及賠償其他損害（最高法院62年台上字第1394號判例參照）。

---

[3]　最高法院83年度台上字第2879號民事判決意旨：「按民法第250條就違約金之性質，區分為損害賠償預定性質之違約金，及懲罰性違約金，前者乃將債務不履行債務人應賠償之數額預以約定，亦即一旦有債務不履行情事發生，債務人即不待舉證證明其所受損害係因債務不履行所致及損害額之多寡，均得按約定違約金請求債務人支付，此種違約金於債權人無損害時，不能請求。後者之違約金係以強制債務之履行為目的，確保債權效力所定之強制罰，故如債務人未依債之關係所定之債務履行時，債權人無論損害有無，皆得請求，且如有損害時，除懲罰性違約金，更得請求其他損害賠償。」

[4]　最高法院81年台上字第566號民事判決意旨：「惟按懲罰性違約金，係指當事人為確保債務之履行，約定債務人不履行債務時，應支付之金錢或其他給付。至債務人關於其因債之關係所應負之一切責任均不因其給付違約金而受影響，故債權人除得請求違約金外，並得請求履行債務，或不履行之損害賠償。此與以違約金為債務不履行所生損害之賠償總額之賠償額預定性違約金，自不相同。」

◎小結

關於契約中所約定之違約金之性質，依民法第250條規定，除非當事人間另有約定，應視為賠償額預定性違約金，債務人違約時，債權人僅得請求給付違約金，且不得再請求遲延利息或及其他因違約所生其他損害。因此，若契約雙方希望能督促各方遵守契約義務，或可考慮於契約中明定違約金約款屬懲罰性違約金，才不致影響依原契約請求履行或請求債務不履行之損害賠償。

又上開所述，係就我國關於懲罰性違約金之規定為論述，若雙方當事人約定契約之準據法為外國法，且該契約爭議為外國法院管轄而經外國法院判決，則有外國判決之懲罰性違約金於我國執行之相關問題，將於另篇文章進一步論述。

3

違約金、定金、保證金或銀行保證書約定過高，是否可請求法院酌減？

張嘉眞、趙川寧

為確保契約之一方或各方確實履行契約義務，締約時常會依交易之性質及締約雙方之需求納入定金、違約金、保證金或銀行保證書之約款，若上述約款約定之金額過高，契約之一方是否得請求法院酌減其金額？

關鍵字：定金、違約金、保證金、銀行保證書

◎違約金

違約金之數額，固得由當事人依私法自治予以約定，然倘若所約定之違約金額，超過其損害額甚鉅而有顯失公平之情形時，不問其爲懲罰性違約金抑或損害賠償預定之違約金，依民法第252條[1]規定，得由法院酌減至相當額數，以保護債務人之利益。

至於違約金數額是否相當，依臺灣法院見解，須依一般客觀事實，社會經濟狀況及當事人所受損害情形，作爲法院酌減違

---

[1]　民法第252條規定：「約定之違約金額過高者，法院得減至相當之數額。」

約金數額之標準，且法院酌減違約金數額，並應加以衡量債務人若能如期履行債務時，債權人可得享受之一切利益，俾符公平原則。

◎違約定金

依我國法院之見解，定金之交付既係在契約履行以前，目的在強制契約之履行，則關於定金金額之酌定，當非以契約不履行時可能發生之損害額爲衡量標準。違約定金雖在供契約不履行損害賠償之擔保，但在性質上應認爲係最低損害賠償額之預定，此與違約金除當事人另有訂定外，視爲因不履行債務而生損害之賠償總額（民法第250條第2項規定）未盡相同。是關於約定之違約定金，法院不得援用民法第252條「違約金酌減」之規定，依職權酌減至相當之數額[2]，惟若約定違約定金過高，與當事人所受損害顯不成比例時，應認當事人交付過高金額部分已非違約定金，而係價金之「一部先付」，交付之當事人得請求返還該超過相當比例損害額部分之先付價金，以求公平[3]。

◎履約保證金

如前篇文章所述，履約保證金在契約當事人未明定或約定不明之情形下，履約保證金之性質爲何，我國法院似仍未有統一之見解，從而關於履約保證金過高之情形下，契約之一方是否得請

---

[2]　最高法院98年台上字第710號判決參照。
[3]　最高法院95年台上字第2883號判決參照。

求法院酌減之議題，仍應視法院係採違約金說[4]、違約定金說[5]或信託讓予擔保說而有不同之適用結果。

◎銀行保證書

關於銀行是否得主張銀行保證書擔保金額過高而請求法院應予酌減，我國法院似認為因銀行保證書係擔保契約之性質，契約具有獨立性，於擔保事故發生時，擔保人即負有為給付之義務，不以主債務有效成立為必要，自不得主張主債務人所有之抗辯。

則縱所約定擔保之債務為違約金，且該違約金額確有過高而應予核減之情形，因擔保契約具有獨立性，於擔保事故發生時，屬於契約當事人間所存之事由，銀行不得以此為抗辯主張該違約金有過高之情形而應予酌減[6]。

---

[4] 最高法院97年台上字第1604號判決意旨：「依同一契約第22條第2項約定，系爭履約保證金係供擔保被上訴人履行契約及違約時應負之損害賠償責任，核屬違約金性質。衡諸民法第252條規定，法院就約定之違約金金額過高者，自得酌減至相當之金額。」。

[5] 最高法院90年台上字第1136號判決意旨：「可見係以該保證金作為契約不履行之損害賠償擔保，應屬『違約定金』之性質。故契約中雖未有上訴人加倍返還之約定，惟因可歸責上訴人之事由致契約不能履行時，被上訴人自得依民法第249條第3款之規定請求其加倍返還。本件之合建契約不能履行，既係因上訴人不能依約提出合法之通路使用權同意書使被上訴人申請建造執照，即係可歸責上訴人之事由，被上訴人依上開規定請求上訴人加倍返還所受領之保證金，尚屬有據。該違約定金與違約金之性質不同，民法又無法院得就過高之違約定金減至相當數額之規定，上訴人請求核減，並無可取。」

[6] 最高法院94年台上字第1134號判決意旨：「按當事人約定一方對於他方於一定擔保事故發生時，即應為一定之給付者，學說上稱之為擔保契約。此項契約具有獨立性，於擔保事故發生時，擔保人即負有為給付之義務，不以主債務有效成立為必要，自不得主張主債務人所有之抗辯，與民法上之保證契約具有從屬性或補充性不同。（略）此項約定倘係擔保契約之性質，則縱所約定擔保之債務為違約金，且該違約金額確有過高而應予核減，亦屬九聯公司與高市新工處間所存之事由，臺銀民權分行要不得援以對抗高市新工處。」。

4

違約金如約定過高，如何請求法院酌減？如外國法院判准之約定違約金過高，可否請我國法院執行？於請求承認外國法院判決之訴訟中，被告得否請求法院酌減外國判決命給付之高額違約金？

張嘉眞、林庭宇

契約當事人間「損害賠償額預定性違約金」或「懲罰性違約金」之約定過高，如何請求我國法院酌減？持外國判決在我國法院聲請承認許可執行時，如外國法院判准之違約金過高，我國法院得否准予執行？被告是否可一併請求法院酌減該外國法院判准應給付之違約金？

關鍵字：違約金、酌減違約金

◎請求我國法院酌減違約金

違約金之數額，固得由當事人依私法自治予以約定，然倘若所約定之違約金額，超過其損害額甚鉅而有顯失公平之情形時，

不問其為懲罰性違約金抑或損害賠償預定之違約金，依民法第252條規定[1]，得由法院酌減至相當額數，以保護債務人之利益。

至於違約金數額是否相當，依我國法院見解，須依一般客觀事實，社會經濟狀況及當事人所受損害情形，作為法院酌減違約金數額之標準[2]，且法院酌減違約金數額，並應加以衡量債務人若能如期履行債務時，債權人可得享受之一切利益，俾符公平原則[3]。

此外，我國法院見解指出，不論違約金之性質，係契約當事人間約定於契約不履行時，債務人應支付之「損害賠償額預定性違約金」或「懲罰性違約金」，契約當事人間約定之違約金額過高者，法院均得減至相當之數額[4]，惟若當事人係於發生債務不履行情事後，始約定一方應給付他方一定之金額，以賠償他方所受之損害，即非「損害賠償額預定性違約金」或「懲罰性違約金」，與違約金之性質不符，此時我國法院即不得依民法第252

---

[1] 民法第252條規定：「約定之違約金額過高者，法院得減至相當之數額。」

[2] 最高法院79年台上字第1915號判例：「約定之違約金額過高者，法院得減至相當之數額，民法第252條定有明文。至於是否相當，即須依一般客觀事實，社會經濟狀況及當事人所受損害情形，以為斟酌之標準。且約定之違約金過高者，除出於債務人之自由意思，已任意給付，可認為債務人自願依約履行，不容其請求返還外，法院仍得依前開規定，核減至相當之數額。」

[3] 最高法院95年台上字第1075號判決：「次按當事人約定契約不履行之違約金過高者，法院得依民法第252條以職權減至相當之數額。而違約金是否相當，須依一般客觀事實、社會經濟狀況及當事人所受損害情形，以為酌定標準。債務人若能如期履行債務時，債權人可得享受之一切利益，亦應加以衡量，俾符公平原則。」

[4] 最高法院104年台上字第895號判決：「按約定之違約金額過高者，法院得減至相當之數額，民法第252條定有明文，而約定之違約金是否過高，應就債務人若能如期履行債務時，債權人可得享受之一切利益為衡量標準，而非以僅約定一日之違約金若干為衡量標準，且法院酌減違約金至相當之數額，關於是否相當，須依一般客觀事實、社會經濟狀況及當事人所受損害情形，以為酌定標準，此不問違約金作用為懲罰性抑為損害賠償之預定，均有其適用。」

條規定予以酌減[5]。

又依民法第251條規定[6]，若債務已爲一部履行者，我國法院亦得比照債權人因一部履行所受之利益，減少違約金。

◎約定違約金之外國判決在我國之承認及執行

依最高法院97年台上字第835號判決意旨[7]，外國法院之確定判決內容所涉之法律要件事實，該當於我國法律規定時，即無違反我國之基本立法政策或法律理念、社會之普遍價值或基本原則，符合民事訴訟法第402條第1項規定。查我國法院就契約當事人間約定「損害賠償額預定性違約金」及「懲罰性違約金」均承認其效力，可推知約定違約金之外國判決，如於我國聲請承認與執行，依前開最高法院判決意旨，似未違反我國之基本立法政策或法律理念，該外國判決得在我國爲強制執行。

應特別敘者爲，與雙方所約定之懲罰性違約金不同，而屬英

---

[5] 最高法院99年台上字第1525號判決：「查約定之違約金額過高者，法院固得依民法第252條規定減至相當之數額。惟違約金係當事人約定契約不履行時，債務人應支付之懲罰金或損害賠償額之預定，以確保債務之履行爲目的。若當事人係於發生債務不履行情事後，始約定一方應給付他方一定之金額，以賠償他方所受之損害，既非懲罰金或損害賠償額之預定，自與違約金之性質有間，即不得依上開法條之規定予以酌減。」

[6] 民法第251條規定：「債務已爲一部履行者，法院得比照債權人因一部履行所受之利益，減少違約金。」

[7] 最高法院97年台上字第835號判決：「外國法院之確定判決內容，有背中華民國之公共秩序或善良風俗者，不認其效力，民事訴訟法第402條第1項第3款定有明文。所謂有背於公共秩序者，係指外國法院所宣告之法律上效果或宣告法律效果所依據之原因，違反我國之基本立法政策或法律理念、社會之普遍價值或基本原則而言。查我國一般民事侵權行爲及債務不履行事件雖無懲罰性賠償金之規定，然諸如消費者保護法第51條、公平交易法第32條第1項等規定，已有損害額三倍懲罰性賠償金之明文規定，則外國法院所定在損害額三倍以下懲罰性賠償金之判決，該事件事實如該當於我國已經由特別法規定有懲罰性賠償金規定之要件事實時，是否仍然違反我國之公共秩序，即非無進一步推求餘地。」

美法系下，雙方並未約定懲性違約金，但外國法院依法作出命被告應給付懲罰性賠償金之外國判決，我國法院曾認為該英美法系下之懲罰性賠償金之外國判決，因與我國民法之賠償損害以回復原狀為原則之法律秩序之基本原則違背，而有不予認可執行之案例。然依最高法院97年台上字第835號判決曉諭：「查我國一般民事侵權行為及債務不履行事件雖無懲罰性賠償金之規定，然諸如消費者保護法第51條、公平交易法第32條第1項等規定，已有損害額三倍懲罰性賠償金之明文規定，則**外國法院所定在損害額三倍以下懲罰性賠償金之判決，該事件事實如該當於我國已經由特別法規定有懲罰性賠償金規定之要件事實時，是否仍然違反我國之公共秩序，即非無進一步推求餘地。**」依此案例，英美法系下，外國法院判令被告應給付相當於三倍實際損害額之懲罰性賠償金之外國判決，依民事訴訟法第402條[8]及強制執行法第4條之1第1項規定[9]，如該外國判決並無民事訴訟法第402條第1項各款不予承認之情形之一，得經我國法院以判決宣示許可強制執行。

---

[8] 民事訴訟法第402條規定：「（第1項）外國法院之確定判決，有下列各款情形之一者，不認其效力：一、依中華民國之法律，外國法院無管轄權者。二、敗訴之被告未應訴者。但開始訴訟之通知或命令已於相當時期在該國合法送達，或依中華民國法律上之協助送達者，不在此限。三、判決之內容或訴訟程序，有背中華民國之公共秩序或善良風俗者。四、無相互之承認者。（第2項）前項規定，於外國法院之確定裁定準用之。」

[9] 強制執行法第4條之1規定：「（第1項）依外國法院確定判決聲請強制執行者，以該判決無民事訴訟法第402條各款情形之一，並經中華民國法院以判決宣示許可其執行者為限，得為強制執行。」

◎如外國判決判命被告應付之約定違約金過高時，是否得於我國法院聲請許可執行之案件審理時，由被告請求我國法院酌減？

經查至截稿時，筆者尚未於司法院網站尋獲於外國判決聲請我國法院許可執行之案件中，經被告請求我國法院酌減外國法院判令被告應給付違約金之案例，惟有學者見解指出：「外國懲罰性賠償許可執行，原則上無違背我國公序良俗。但如懲罰性賠償金額過高，與其行為所應負的責任不相當時，過高的部分即違反我國法律秩序的基本原則，法院得予酌減。」，[10]認為基於我國法律秩序的基本原則，如外國判決所判准之當事人間懲罰性賠償金過高時，我國法院應得加以酌減。

因此，承前所述，依民法第252條規定及我國法院見解，已表明債務人應支付之違約金不論係「損害賠償額預定性違約金」或「懲罰性違約金」，如契約當事人間約定之違約金額過高者，法院得減至相當之數額，以保護債務人之利益，故如外國判決判准之違約金太高而未曾經外國法院酌減，則於我國聲請許可執行時，我國法院似得經被告之請求酌減違約金，以免該外國判決違反民事訴訟法第402條第1項規定揭櫫我國之基本立法政策或法律理念、社會之普遍價值或基本原則。

---

[10] 謝哲勝，外國懲罰性賠償判決許可執行，理律文教基金會2011年12月11日超國界法律研討會，22頁。

五、檢調之搜索扣押

1

檢調單位到企業現場進行刑事搜索、扣押程序時，企業依法有何權利可主張因應？

張嘉眞、姜威宇

　　針對檢調單位之刑事搜索／扣押，企業應於搜索人員到達時，通知企業法務部門人員或外部律師到場，並要求搜索人員出示其身分證件及核對搜索票之內容。搜索人員在執行扣押或搜索時，依法有權封鎖現場，但企業人員有在場之權利，應全程伴隨搜索人員，確認搜索人員搜索／扣押之過程，並記錄之。搜索／扣押結束時，就任何遭扣押之物品或文件，應要求搜索人員開立收據並簽名／用印，另請求閱覽搜索／扣押筆錄，同時應儘量取得搜索人員之聯絡資訊，並立即作成報告，俾便因應後續可能之偵查程序。

關鍵字：偵查、搜索、扣押、搜索票、在場權、夜間搜索

◎刑事搜索／扣押程序之發起

　　刑事偵查程序於檢察官因告訴、告發、自首或其他情事知有

犯罪嫌疑時，開始發起[1]，偵查過程中為蒐集並保全相關證據，即可能對企業進行搜索／扣押。相較於行政調查／檢查程序其調查事由、要件、效果等規定散見於各特別行政法，刑事搜索／扣押程序主要規範於刑事訴訟法，且一般而言具有較大之強制力[2]。

◎當搜索人員到達時應通知法務人員等到場，並要求搜索人員出示證件與搜索票

　　為確保企業能確實掌握搜索／扣押程序進行之過程，以維護企業法定權益，在搜索人員到達時，應先通知企業法務部門人員或外部律師到場[3]。在正式開始搜索／扣押前，應要求搜索人員出示其身分證件，對於不符合規定或未出示身分證件之媒體或利害關係人等，應拒絕其進入[4]。

　　搜索原則上應用搜索票[5]，故於搜索開始前，應先要求搜索

---

[1] 刑事訴訟法第228條。

[2] 刑事訴訟法第132條：「抗拒搜索者，得用強制力搜索之。但不得逾必要之程度。」及第138條：「應扣押物之所有人、持有人或保管人無正當理由拒絕提出或交付或抗拒扣押者，得用強制力扣押之。」

[3] 刑事訴訟法第150條第1項：「當事人及審判中之辯護人得於搜索或扣押時在場。但被告受拘禁，或認其在場於搜索或扣押有妨害者，不在此限。」故現行法下辯護人僅得於審判程序中進行之搜索／扣押程序在場。

[4] 依刑事訴訟法第128條之2及第136條規定，搜索、扣押除由法官或檢察官親自實施外，由檢察事務官、司法警察官或司法警察執行。

[5] 刑事訴訟法第128條：「（第1項）搜索，應用搜索票。（第2項）搜索票，應記載下列事項：一、案由。二、應搜索之被告、犯罪嫌疑人或應扣押之物。但被告或犯罪嫌疑人不明時，得不予記載。三、應加搜索之處所、身體、物件或電磁紀錄。四、有效期間，逾期不得執行搜索及搜索後應將搜索票交還之意旨。（第3項）搜索票，由法官簽名。法官並得於搜索票上，對執行人員為適當之指示。（第4項）核發搜索票之程序，不公開之。」無須搜索票屬例外情形，例如：1.附帶搜索（刑事訴訟法第130條）；2.逕行搜索與緊急搜索（刑事訴訟法第131條）；3.同意搜索（刑事訴訟法第131條之1）。

人員提示搜索票[6]，並由企業人員核對搜索票之記載是否完全，以瞭解搜索之目的、對象、範圍、有效期間等資訊，如果有未記載或記載不全者，應拒絕搜索。

◎關於搜索／扣押程序進行方式之應注意事項

搜索人員在執行扣押或搜索時，依法有權封鎖現場，禁止在場人員離去，或禁止其他人進入該處所[7]，但企業人員依法有在場之權利，如搜索人員要求離去，應拒絕之[8]。又搜索原則上不得於夜間進行，如搜索人員於夜間進行搜索，企業應與搜索人員確認夜間搜索之事由及法律依據，並要求記明於筆錄[9]。

搜索與扣押均應依照搜索票記載之目的、對象、範圍進行之，故企業人員應全程伴隨搜索人員，確認搜索人員搜索之過程，並記錄之。

◎搜索／扣押結束時之應注意事項

在搜索人員離開前，企業就任何遭扣押之物品或文件，應要求開立收據並簽名／用印[10]；如搜索人員未發現應扣押之物，亦應要求搜索人員開立證明書[11]。又依刑事訴訟法第42條規定：「搜索、扣押及勘驗，應制作筆錄，記載實施之年、月、日及時間、處所並其他必要之事項。扣押應於筆錄內詳記扣押物之名目，或制作目錄附後。勘驗得制作圖畫或照片附於筆錄。筆錄應

---

[6]　刑事訴訟法第145條。

[7]　刑事訴訟法第144條第2項。

[8]　刑事訴訟法第148條前段及第150條。

[9]　刑事訴訟法第146條。

[10]　刑事訴訟法第139條。

[11]　刑事訴訟法第125條。

令依本法命其在場之人簽名、蓋章或按指印。」故於搜索人員離去前，企業人員應要求閱覽搜索／扣押筆錄之記載，並確實核對，同時應儘量取得搜索人員之聯絡資訊，以便後續聯絡之用。搜索人員離開後，所有參與調查之公司人員應立即作成報告，詳加記載搜索／扣押之範圍（文件、物品、電腦資料、詢問之問題等），俾便因應後續可能之偵查程序。

六、行政救濟、行政調查及行政罰鍰

1

企業可能面臨行政機關到企業現場進行調查的情況有哪些？

張嘉眞、姜威宇

　　為作成適當行政處分或行使其他權限，行政機關常有到企業進行調查之必要，企業原則上須配合調查單位進入企業場所查閱文件、進行詢問、抽樣物品等行政措施，違反者將處罰鍰。實務上常見之調查事由，包含勞動類（勞動基準法、勞動檢查法）、環保類（空氣污染防制法、噪音管制法、廢棄物清理法）及公平交易法、消費者保護法、個人資料保護法等類型。

關鍵字：行政調查、行政檢查、勞動基準法、勞動檢查法、空氣污染防制法、噪音管制法、廢棄物清理法、公平交易法、消費者保護法、個人資料保護法

◎何謂到場行政調查？

　　爲作成適當行政處分或行使其他法定權限，以達行政目的，行政機關常有到企業進行調查／檢查之必要，以確保其作成行政行爲所依據之事實與資訊充分且正確。行政調查之法源依據

規範於各特別行政法規中，各法規範之調查事由、執行方法及違反罰則均有不同，除不具強制性之任意性調查外，企業原則上負有協助調查之義務，須配合調查單位，有可能在依法無須事前通知之情況下，進入企業場所查閱特定文件、對特定人員進行詢問、抽樣物品等行政措施，違反者依法將處罰鍰。

◎企業實務上常見之法定行政調查事由

1. 勞動類

　　為調查各事業單位是否確實遵守勞動基準法等相關勞工法令，依勞動基準法第72條至第74條及勞動檢查法第13條至第15條規定，主管機關原則上可在未事前通知之情況下隨時派員進入各事業單位[1]，就勞動檢查之範圍，可詢問相關人員、要求提出必要報告、紀錄、工資清冊等文件、檢查企業依法應備置之文件資料、物品等調查措施，如拒絕、規避或妨礙檢查，將處新臺幣3萬元以上15萬元以下罰鍰[2]。

---

[1]　有關調查原則上可不事先通知之規定，例如勞動檢查法第13條：「勞動檢查員執行職務，除左列事項外，不得事先通知事業單位：一、第二十六條規定之審查或檢查。二、危險性機械或設備檢查。三、職業災害檢查。四、其他經勞動檢查機構或主管機關核准者。」有關調查原則上應行通知之規定，則例如稅捐稽徵機關調查程序應行注意事項第5條規定：「五、調查人員進行調查前，除通知調查將無法達成稽徵或調查目的者外，應以書面載明下列事項，通知被調查者……」，故調查前是否會通知，須視各特別法規定而定，惟一般而言，多數特別法之行政調查對於是否應事先通知都未明文規範。

[2]　勞動基準法第80條、勞動檢查法第35條。

2. 環保類

(1) 空氣污染防制法

A. 調查事由

檢查或鑑定公私場所或移動污染源空氣污染物排放狀況、空氣污染物收集設施、防制設施、監測設施或產製、儲存、使用之燃料成分、製造、進口、販賣含揮發性有機物化學製品成分[3]。公私場所應具備便於實施上述檢查及鑑定之設施[4]。

B. 違反處罰

規避、妨礙或拒絕依第48條第1項之檢查、鑑定或命令，或未依第48條第4項具備設施者，處公私場所新臺幣20萬元以上100萬元以下罰鍰；處移動污染源使用人或所有人新臺幣5千元以上10萬元以下罰鍰，並得按次處罰及強制執行檢查、鑑定[5]。

(2) 噪音管制法

A. 調查事由

進入發生噪音或有事實足認有發生噪音之虞之公、私場所檢查或鑑定噪音狀況[6]。

B. 違反處罰

違反第19條第2項或第3項規定，規避、妨礙或拒絕檢查或鑑定者，處規避、妨礙或拒絕之人新臺幣3千元以上3萬元以下罰鍰，並強制執行檢查或鑑定[7]。

---

[3]　空氣污染防制法第48條。

[4]　檢查鑑定公私場所空氣污染物排放狀況之採樣設施規範。

[5]　空氣污染防制法第71條。

[6]　噪音管制法第19條。

[7]　噪音管制法第31條。

(3) 廢棄物清理法

A. 調查事由

檢查、採樣廢棄物貯存、清除、處理或再利用情形[8]。

B. 違反處罰

無故規避、妨礙或拒絕第9條第1項之攔檢、檢查、採樣或命令提供有關資料者，處新臺幣3萬元以上500萬元以下罰鍰[9]。

3. 其他企業常見之調查事由

(1) 公平交易法

A. 調查事由

派員前往當事人及關係人之事務所、營業所，調查有無違反公平交易法規定（例如：公平交易法第7條至第25條規定之限制競爭或不公平競爭之行為），危害公共利益之情事[10]。

B. 違反處罰

主管機關依第27條規定進行調查時，違反第27條第3項規定無正當理由規避、妨礙或拒絕調查者，得處新臺幣5萬元以上50萬元以下罰鍰；受調查者再經通知，無正當理由規避、妨礙或拒絕者，主管機關得繼續通知調查，並按次處新臺幣10萬元以上100萬元以下罰鍰，至接受調查、到場陳述意見或提出有關帳冊、文件等資料或證物為止[11]。

(2) 消費者保護法

A. 調查事由

派員前往企業經營者之事務所、營業所或其他有關場所調查

---

[8]　廢棄物清理法第9條。
[9]　廢棄物清理法第56條。
[10]　公平交易法第26條及第27條。
[11]　公平交易法第44條。

所提供之商品或服務有無損害消費者生命、身體、健康或財產之虞，必要時，得就地抽樣商品，加以檢驗[12]。

B. 違反處罰

企業經營者規避、妨礙或拒絕主管機關調查者，處新臺幣3萬元以上30萬元以下罰鍰，並得按次處罰[13]。

(3) 個人資料保護法

A. 調查事由

為執行資料檔案安全維護、業務終止資料處理方法、國際傳輸限制或其他例行性業務檢查而認有必要或有違反個人資料保護法規定之虞時，得派員進入企業檢查，並得命相關人員為必要之說明、配合措施或提供相關證明資料[14]。

B. 違反處罰

無正當理由規避、妨礙或拒絕主管機關進入、檢查或處分者，處新臺幣2萬元以上20萬元以下罰鍰[15]。

---

[12] 消費者保護法第33條。

[13] 消費者保護法第57條。

[14] 個人資料保護法第22條。

[15] 個人資料保護法第49條。

2
行政機關到企業現場進行調查時，企業依法有何權利可主張因應？

張嘉眞、姜威宇

　　行政機關到企業現場進行調查時，企業應儘速通知法務人員或外部律師到場，並要求調查人員出示其身分證件，確認是否符合法律規定之調查身分。在正式調查開始時，應確認調查人員依法有無取走原件或複印之權限，如有複印、扣留、拍照、錄影之情形，企業應詳加記錄相關文件遭複製、扣留等狀況，並向調查人員申請檢視或複製拍攝照片與錄影影片等；於調查人員詢問企業人員而製作紀錄或錄音時亦同。調查結束時，就任何遭取走之物品或文件，應要求調查人員開立收據並簽名／用印，並儘量取得調查人員之聯絡資訊，同時立即作成調查報告，俾便因應後續可能之行政處分。

關鍵字：行政調查、行政檢查、出示證件、複印、扣留、拍照、
　　　　錄影、錄音、詢問

◎當調查人員到達時應通知法務人員或外部律師到場，並要求調查人員出示證件

爲確保企業能確實掌握調查程序進行之過程，以維護企業法定權益，在調查人員到達時，應先儘速通知企業法務部門人員或外部律師到場。在正式開始調查前，應要求調查人員出示其身分證件，確認是否符合法律規定之調查身分，除調查機關之人員與其依法邀請陪同之其他相關主管機關、學術機構、團體或專家外[1]，對於不符合或未出示身分證件者（例如：媒體、利害關係人等），應拒絕其進入[2]。

◎調查開始時關於文件提供或人員詢問之應注意事項

在調查程序開始時，須與調查人員溝通調查之方式，一般而言，行政調查程序係規定機關人員可到場進行調查，但關於文件或物品提供後，調查人員可否複印或扣留，則須視相關調查法令之規範內容而定。因此，在調查法令未明文規定可取走原件或複印之情形[3]，企業應與調查人員確認所須文件之清單及必要性，以及是否以出示文件原本或影本之方式供檢查即可；如調查人員

---

[1] 例如勞動檢查法第23條第1項：「勞動檢查員實施勞動檢查認有必要時，得報請所屬勞動檢查機構核准後，邀請相關主管機關、學術機構、相關團體或專家、醫師陪同前往鑑定，事業單位不得拒絕。」

[2] 勞動檢查法第22條第1項及公平交易法第27條第4項。

[3] 關於法律僅授權行政機關可到場調查，而未明文行政機關可影印或扣留文件或資料之規定，例如噪音管制法第19條規定：「各級主管機關得指派人員並提示有關執行職務上證明文件或顯示足資辨別之標誌，進入發生噪音或有事實足認有發生噪音之虞之公、私場所檢查或鑑定噪音狀況。對於前項之檢查或鑑定，任何人不得以任何理由規避、妨礙或拒絕。前二項規定，於主管機關檢查機動車輛、民用航空器聲音狀況時，準用之。」建築法第25條第2項規定：「直轄市、縣（市）（局）主管建築機關爲處理擅自建造或使用或拆除之建築物，得派員攜帶證明文件，進入公私有土地或建築物內勘查。」

依法可對文件複印、扣留、拍照或錄影等，企業應先確認法律依
據為何[4]，同時詳加記錄相關文件遭複製、扣留等狀況，並向調
查機關申請檢視或複製拍攝照片與錄影影片等[5]。

當調查人員要求詢問有關人員時，應先要求法務人員陪同詢
問，在調查人員依法可於詢問時製作談話紀錄或錄音之情形[6]，
如有錄音或製作談話紀錄應主動要求複製或影印留底，並應注意
紀錄內容是否正確。

◎調查結束時之應注意事項

在調查人員離開前，企業就任何遭取走之物品或文件，應
要求調查人員開立收據並簽名／用印[7]，並儘量取得調查人員之

---

[4] 關於行政機關必要時可影印或扣留文件或資料之規定，例如勞動檢查法第15條
第1項第3款：「勞動檢查員執行職務時，得就勞動檢查範圍，對事業單位之雇
主、有關部門主管人員、工會代表及其他有關人員為左列行為：三、檢查事業
單位依法應備置之文件資料、物品等，必要時並得影印資料、拍攝照片、錄影
或測量等。」個人資料保護法第22條第2項：「中央目的事業主管機關或直轄
市、縣（市）政府為前項檢查時，對於得沒入或可為證據之個人資料或其檔
案，得扣留或複製之。對於應扣留或複製之物，得要求其所有人、持有人或保
管人提出或交付；無正當理由拒絕提出、交付或抗拒扣留或複製者，得採取對
該非公務機關權益損害最少之方法強制為之。」及公平交易法第27條第2項：
「依前項調查所得可為證據之物，主管機關得扣留之；其扣留範圍及期間，以
供調查、檢驗、鑑定或其他為保全證據之目的所必要者為限。」

[5] 勞動檢查法第15條第3項及第4項規定：「勞動檢查員依第一項第三款所為之錄
影、拍攝之照片等，事業單位認有必要時，得向勞動檢查機構申請檢視或複
製。對於前項事業單位之請求，勞動檢查機構不得拒絕。」

[6] 勞動檢查法第15條第1項第1款：「勞動檢查員執行職務時，得就勞動檢查範
圍，對事業單位之雇主、有關部門主管人員、工會代表及其他有關人員為左列
行為：一、詢問有關人員，必要時並得製作談話紀錄或錄音。」

[7] 例如勞動基準法第73條第2項：「檢查員執行職務，得就本法規定事項，要求事
業單位提出必要之報告、紀錄、帳冊及有關文件或書面說明。如需抽取物料、
樣品或資料時，應事先通知雇主或其代理人並掣給收據。」公平交易法施行細
則第35條：「主管機關收受當事人或關係人所提出之帳冊、文件及其他必要之

聯絡資訊，以便後續聯絡之用。調查人員離開後，所有參與調查之公司人員應立即作成調查報告，詳加記載調查人員檢查之範圍（查閱之文件、物品、電腦資料、詢問之問題等），俾便因應後續可能之行政處分。

資料或證物後，應依提出者之請求製發收據。」及個人資料保護法施行細則第30條第1項：「依本法第二十二條第二項規定，扣留或複製得沒入或可爲證據之個人資料或其檔案時，應掣給收據，載明其名稱、數量、所有人、地點及時間。」

3

企業不服行政機關所為之行政處分，應如何提起訴願？訴願之救濟時間應如何計算？

張嘉眞、劉穎嫻

所謂「行政處分」是中央或地方機關就公法上具體事件所為之決定或其他公權力措施而對外直接發生法律效果之單方行政行為，舉凡營業許可證之核發、變更或廢止，准許商標註冊／核准專利，或是命停止營業或科處罰鍰等行為，均屬之。倘若行政處分違法或不當，或行政機關對於企業依法申請的案件，在法定期間內應作為而不作為，企業應如何提起訴願？訴願期間應如何計算？

關鍵字：行政處分、訴願、訴願救濟

◎企業不服行政機關所為之行政處分，應如何提起訴願？

1. 向原行政處分機關或訴願機關提出訴願書

　　企業如不服行政機關所為之行政處分，應依訴願法第56條[1]規定填載訴願書，經由原行政處分機關向訴願機關提起訴願[2]，或直接向訴願機關提起訴願[3]。舉例而言，若企業不服經濟部作

---

[1] 訴願法第56條規定：「（第1項）訴願應具訴願書，載明左列事項，由訴願人或代理人簽名或蓋章：一、訴願人之姓名、出生年月日、住、居所、身分證明文件字號。如係法人或其他設有管理人或代表人之團體，其名稱、事務所或營業所及管理人或代表人之姓名、出生年月日、住、居所。二、有訴願代理人者，其姓名、出生年月日、住、居所、身分證明文件字號。三、原行政處分機關。四、訴願請求事項。五、訴願之事實及理由。六、收受或知悉行政處分之年、月、日。七、受理訴願之機關。八、證據。其為文書者，應添具繕本或影本。九、年、月、日。（第2項）訴願應附原行政處分書影本。（第3項）依第二條第一項規定提起訴願者，第一項第三款、第六款所列事項，載明應為行政處分之機關、提出申請之年、月、日，並附原申請書之影本及受理申請機關收受證明。」

[2] 訴願法第58條規定：「（第1項）訴願人應繕具訴願書經由原行政處分機關向訴願管轄機關提起訴願。（第2項）原行政處分機關對於前項訴願應先行重新審查原處分是否合法妥當，其認訴願為有理由者，得自行撤銷或變更原行政處分，並陳報訴願管轄機關。（第3項）原行政處分機關不依訴願人之請求撤銷或變更原行政處分者，應儘速附具答辯書，並將必要之關係文件，送於訴願管轄機關。（第4項）原行政處分機關檢卷答辯時，應將前項答辯書抄送訴願人。」另就訴願之管轄機關，可參照訴願法第4條規定：「訴願之管轄如左：一、不服鄉（鎮、市）公所之行政處分者，向縣（市）政府提起訴願。二、不服縣（市）政府所屬各級機關之行政處分者，向縣（市）政府提起訴願。三、不服縣（市）政府之行政處分者，向中央主管部、會、行、處、局、署提起訴願。四、不服直轄市政府所屬各級機關之行政處分者，向直轄市政府提起訴願。五、不服直轄市政府之行政處分者，向中央主管部、會、行、處、局、署提起訴願。六、不服中央各部、會、行、處、局、署所屬機關之行政處分者，向各部、會、行、處、局、署提起訴願。七、不服中央各部、會、行、處、局、署之行政處分者，向主管院提起訴願。八、不服中央各院之行政處分者，向原院提起訴願。」

[3] 訴願法第59條規定：「訴願人向受理訴願機關提起訴願者，受理訴願機關應將

成之罰鍰處分，得檢附訴願書及原行政處分書影本，於法定期間內向經濟部（即原行政處分機關）或行政院（即訴願機關）提起訴願。

依前揭規定，企業可以自由選擇向原處分機關或訴願機關提出訴願書，惟兩者有些許處理程序上之差異。蓋如選擇向原行政處分機關提出訴願，原行政處分機關將先行重新審查原處分是否合法妥當[4]，於認定訴願無理由時始送至訴願機關。此一審查程序雖定有二十日之期間限制[5]，但因訴願尚未送至訴願機關，訴願機關無從監督，不能完全排除原處分機關於自行審查時之時程拖延，故企業可以考量訴願事件的具體情形、急迫性及時間需求，於訴願事件較緊急之情況，例如擬依訴願法[6]或行政訴訟法[7]

訴願書影本或副本送交原行政處分機關依前條第二項至第四項規定辦理。」

[4] 同註2訴願法第58條第2項、第3項。

[5] 如行政院及各級行政機關訴願審議委員會審議規則第6條第1項規定：「原行政處分機關收受之訴願書未具訴願理由者，應於十日內移由訴願管轄機關審理；附具訴願理由者，應於二十日內依本法第五十八條第二項至第四項規定辦理。」另如考試院及所屬機關訴願審議委員會審議規則第4條第1項亦定有相同規定。

[6] 訴願法第93條規定：「（第1項）原行政處分之執行，除法律另有規定外，不因提起訴願而停止。（第2項）原行政處分之合法性顯有疑義者，或原行政處分之執行將發生難以回復之損害，且有急迫情事，並非為維護重大公共利益所必要者，受理訴願機關或原行政處分機關得依職權或依申請，就原行政處分之全部或一部，停止執行。（第3項）前項情形，行政法院亦得依聲請，停止執行。」

[7] 行政訴訟法第116條規定：「（第1項）原處分或決定之執行，除法律另有規定外，不因提起行政訴訟而停止。（第2項）行政訴訟繫屬中，行政法院認為原處分或決定之執行，將發生難於回復之損害，且有急迫情事者，得依職權或依聲請裁定停止執行。但於公益有重大影響，或原告之訴在法律上顯無理由者，不得為之。（第3項）於行政訴訟起訴前，如原處分或決定之執行將發生難於回復之損害，且有急迫情事者，行政法院亦得依受處分人或訴願人之聲請，裁定停止執行。但於公益有重大影響者，不在此限。（第4項）行政法院為前二項裁定前，應先徵詢當事人之意見。如原處分或決定機關已依職權或依聲請停止執行者，應為駁回聲請之裁定。（第5項）停止執行之裁定，得停止原處分或決定之效力、處分或決定之執行或程序之續行之全部或部分。」

規定向訴願機關申請停止原處分之執行時，選擇向訴願機關或同時對二機關提出訴願書，以避免訴願處理時程拖延。

2. 於訴願期間內聲明不服，視為已在法定期間內提起訴願，但應於三十日內補送訴願書

若企業尚在考量是否提起訴願，或仍需更多時間撰擬訴願書或準備資料等，可依訴願法第57條[8]規定，於訴願法定期間屆滿前向訴願機關或原行政處分機關先聲明不服，之後再於三十日內補送訴願書[9]，即可爭取三十日之時間考慮及準備訴願。惟須特別注意，如訴願人只聲明不服而未於三十日內補送訴願書，訴願機關將依訴願法第77條第2款[10]規定逕為不受理決定，毋須依同

---

[8]　訴願法第57條規定：「訴願人在第十四條第一項所定期間向訴願管轄機關或原行政處分機關作不服原行政處分之表示者，視為已在法定期間內提起訴願。但應於三十日內補送訴願書。」

[9]　參照最高行政法院92年度裁字第769號裁定意旨：「惟按訴願人在第14條第1項所定期間向訴願管轄機關或原行政處分機關作不服原處分之表示者，視為已在法定期間內提起訴願。但應於三十日內補送訴願書，訴願法第57條定有明文。依抗告人提出相對人90年10月5日90府教社字第275425號函所示，抗告人係於同年9月26日向原行政處分機關之相對人提出申請書，申請撤銷原處分，即抗告人在同年10月2日法定期間屆滿前已為不服原處分之表示，視為已提起訴願，抗告人隨即於同年10月22日向相對人補送訴願書，符合前揭三十日內補送訴願書之規定，即符合訴願法第57條之規定，訴願受理機關教育部為實體審究，駁回抗告人之訴願，於法並無不合。原審法院以抗告人未於法定期間內提起訴願為由，未為實體審理，即以抗告人之訴不合法，而駁回抗告人在原審之訴，自有違誤，抗告人執此指摘，求為廢棄，為有理由。」

[10]　訴願法第77條規定：「訴願事件有左列各款情形之一者，應為不受理之決定：一、訴願書不合法定程式不能補正或經通知補正逾期不補正者。二、提起訴願逾法定期間或未於第五十七條但書所定期間內補送訴願書者。三、訴願人不符合第十八條之規定者。四、訴願人無訴願能力而未由法定代理人代為訴願行為，經通知補正逾期不補正者。五、地方自治團體、法人、非法人之團體，未由代表人或管理人為訴願行為，經通知補正逾期不補正者。六、行政處分已不存在者。七、對已決定或已撤回之訴願事件重行提起訴願者。八、對於非行政處分或其他依法不屬訴願救濟範圍內之事項提起訴願者。」

法第62條[11]命訴願人補正[12]。

3. 利害關係人亦得提起訴願或參加訴願

如企業非行政處分之受處分人，仍可能依訴願法第18條[13]規定，以利害關係人之身分提起訴願。所謂利害關係，實務上多指法律上之利害關係而言，即其權利或法律上利益因行政處分而直接受有損害者，若僅具經濟上、情感上或其他事實上之利害關係，並不屬之[14]。比如最高行政法院101年度判字第959號判

---

[11] 訴願法第62條規定：「受理訴願機關認為訴願書不合法定程式，而其情形可補正者，應通知訴願人於二十日內補正。」

[12] 參照最高行政法院96年度裁字第00914號裁定意旨：「又依訴願法第77條第1款及第2款之分別規定觀之，修法時既已將『未於第57條但書所定期間內補送訴願書者』，與法定不變期間之『提起訴願逾法定期間』併列於第2款，而顯然有別於第1款所規定之『訴願書不合法定程式不能補正或經通知補正逾期不補正者』，將之與係法定不變期間性質之『提起訴願逾法定期間』同列於第2款，而不將『未於第57條但書所定期間內補送訴願書者』歸屬第1款之『訴願書不合法定程式不能補正或經通知補正逾期不補正者』，則『未於第57條但書所定期間內補送訴願書者』與『訴願書不合法定程式不能補正或經通知補正逾期不補正者』不可再等同視之。其期間之性質應作相同之理解，均屬法定不變期間，以符合現行訴願法第77條第1款及第2款分別規定之立法意旨。準此，依訴願法第77條第2款之規定可知，若未於第57條但書所定期間內補送訴願書者，其訴願不合法應為訴願不受理之決定，並無命其補正之必要，此與訴願法第77條第1款規定應命補正之事項不同。」

[13] 訴願法第18條規定：「自然人、法人、非法人之團體或其他受行政處分之相對人及利害關係人得提起訴願。」

[14] 參照最高行政法院106年度判字第183號判決意旨：「經查，按自然人、法人、非法人之團體或其他受行政處分之相對人及利害關係人得提起訴願，訴願法第18條設有規定；行政訴訟法第4條第3項亦規定：『訴願人以外之利害關係人，認為第一項訴願決定，損害其權利或法律上之利益者，得向行政法院提起撤銷訴訟。』其所指利害關係，乃係法律上之利害關係而言，不包括事實上之利害關係，亦即其權利或法律上利益因行政處分而直接受有損害者，若僅具經濟上、情感上或其他事實上之利害關係者，即非所謂法律上之利害關係，此有本院75年判字第362號判例意旨可資參照。」

決[15]，即認為股東得就許可少數股東召開股東會之原處分提起行政救濟。另如最高行政法院100年度判字第911號判決[16]，亦認該案上訴人因買賣取得土地所有權後，發現該土地業經他人取得自用農舍建造執照及使用執照，致其所有權受到相關法令限制時，應為原處分之利害關係人，而得提起救濟。

除依前揭規定自行提起訴願外，如企業與訴願人利害關係相

---

[15] 參照最高行政法院101年度判字第959號判決意旨：「本件上訴人臺北市政府認因符合公司法第173條第4項規定，而以原處分許可上訴人邢福彪於99年6月15日前自行召集成霖公司股東會，選任新一屆董事、監察人。惟被上訴人等則係以其成霖公司股東身分遭侵奪，而爭執上訴人邢福彪主張其為成霖公司股東身分之真實性，被上訴人等雖非原處分之相對人，然公司法第173條第4項之要件，既須認定申請人為持有公司已發行股份總數百分之三以上股份之股東，則原處分就上訴人邢福彪股東身分之認定，依關股權歸屬，難謂就被上訴人等股東權之行使無所影響。依前開說明，原處分對被上訴人等而言，具有法律上之利害關係。原審據此認被上訴人等提起本件撤銷訴訟，應屬適法，核無不合。又當事人適格，係指當事人就特定訴訟標的有實施訴訟之權能而言，祇須主張自己為權利人，而對其主張之義務人提起，即為當事人適格，亦即當事人是否適格，應依原告起訴主張之事實為斷，而非依審判之結果定之。此有本院100年度判字第454號判決意旨可資參照。本件被上訴人等既以其等為成霖公司股東而主張權利，即屬適格當事人。上訴人等仍執詞主張被上訴人等並非成霖公司股東，被上訴人等自不得主張提起本件訴訟，被上訴人等並不具有當事人適格一節，非為可採。」

[16] 參照最高行政法院100年度判字第911號判決意旨：「……揆諸前揭建築法及農業發展條例規定，『應留設之法定空地，非依規定不得分割、移轉，並不得重複使用』、『農舍應與其坐落用地併同移轉或併同設定抵押權；已申請興建農舍之農業用地不得重複申請』，則上訴人取得系爭五結鄉○○段1123地號（重測後五結鄉○○段1468地號）農牧用地後，該土地為訴外人李春吉留設變更設計自用農舍建造執照之法定空地，並取得被上訴人核發之系爭使用執照，其所有權受到前揭建築法與農業發展條例規定之限制亦明。是上訴人於原審主張因被上訴人系爭處分之核發，致其法律上之利益受有損害，而為系爭處分之利害關係人，即屬有據，自得依行政訴訟法第4條第1項規定，提起行政訴訟。原判決認上訴人非屬系爭處分之利害關係人，欠缺本件訴訟權能適格，尚嫌違誤。」

同,得申請參加訴願,輔助訴願人進行訴願程序[17];如與訴願人利害關係相反,企業為確保自身權益,亦得依受理訴願機關之職權通知,參加訴願程序[18]。

4. 依訴願法第2條提起訴願後,如行政機關已作成不利訴願人之行政處分,仍應續行訴願程序

　　相對於前述有行政處分之情形,如果企業是向行政機關申請作成特定行政處分,但行政機關於法定期間內仍遲未作成任何行政處分時,企業得依訴願法第2條第1項[19]規定提起課予義務訴願,請求訴願機關命原處分機關作成處分。若於提起訴願後、訴願機關作成訴願決定之前,行政機關已作成不利企業之行政處分(如駁回企業之申請),實務認為[20]此時訴願機關仍應續行訴願程序,對嗣後所為之行政處分併為實體審查,不得駁回訴願。

---

[17] 訴願法第28條規定:「(第1項)與訴願人利害關係相同之人,經受理訴願機關允許,得為訴願人之利益參加訴願。受理訴願機關認有必要時,亦得通知其參加訴願。(第2項)訴願決定因撤銷或變更原處分,足以影響第三人權益者,受理訴願機關應於作成訴願決定之前,通知其參加訴願程序,表示意見。」

[18] 同註17訴願法第28條第2項。

[19] 訴願法第2條規定:「(第1項)人民因中央或地方機關對其依法申請之案件,於法定期間內應作為而不作為,認為損害其權利或利益者,亦得提起訴願。(第2項)前項期間,法令未規定者,自機關受理申請之日起為二個月。」

[20] 參照最高行政法院101年度2月份庭長法官聯席會議之意旨:「自程序之保障及訴訟經濟之觀點,訴願法第82條第2項所謂『應作為之機關已為行政處分』,係指有利於訴願人之處分而言,至全部或部分拒絕當事人申請之處分,應不包括在內。故於訴願決定作成前,應作為之處分機關已作成之行政處分非全部有利於訴願人時,無須要求訴願人對於該處分重為訴願,訴願機關應續行訴願程序,對嗣後所為之行政處分併為實體審查,如逕依訴願法第82條第2項規定駁回,並非適法。」

◎訴願之救濟時間應如何計算？

1. 一般訴願期間為三十日

依訴願法第14條第1項[21]規定，提起訴願之期間為三十日，並以行政處分達到（如書面行政處分送達相對人）之次日起算；如擬對公告提起訴願，則自公告期滿之次日起算。若企業為利害關係人，則訴願期間應自企業知悉該行政處分時起算三十日，但自行政處分達到或公告期滿後已超過三年者，依訴願法第14條第2項[22]規定，即不得再提起訴願。

依訴願法第14條第3項[23]規定，訴願期間之終了係以原行政處分機關或訴願機關「收受」訴願書之日期為準，而非以寄出之郵戳日期為憑，此需特別留意。

至於企業對於依法申請案件，因行政機關逾法定期間（依訴願法第2條第2項，法令未規定者，自機關受理申請之日起為二個月）不作為而提起課予義務訴願之情形[24]，因行政機關遲遲未作成准駁之行政處分，參照行政院97年12月12日處會規字第0970057673號函[25]之意旨，企業得隨時提起訴願，並不受三十日

---

[21] 訴願法第14條規定：「（第1項）訴願之提起，應自行政處分達到或公告期滿之次日起三十日內為之。（第2項）利害關係人提起訴願者，前項期間自知悉時起算。但自行政處分達到或公告期滿後，已逾三年者，不得提起。（第3項）訴願之提起，以原行政處分機關或受理訴願機關收受訴願書之日期為準。（第4項）訴願人誤向原行政處分機關或受理訴願機關以外之機關提起訴願者，以該機關收受之日，視為提起訴願之日。」

[22] 同註21訴願法第14條第2項。

[23] 同註21訴願法第14條第3項。

[24] 同註19訴願法第2條。

[25] 參照行政院97年12月12日處會規字第0970057673號函之意旨：「……按訴願法第14條所定提起訴願期間之規定，係適用於對行政機關積極作為之行政處分有所不服，而提起訴願之情形，至對於行政機關消極不作為而提起訴願者，尚非該條適用之範疇。又訴願法於87年10月28日修正公布時（自89年7月1日施

訴願期間之限制。

2. 如行政機關未告知救濟期間或告知錯誤未為更正，則訴願期間為一年

　　若行政機關作成行政處分，未告知不服行政處分之救濟期間或告知錯誤而未為更正時，依行政程序法第98條第3項[26]之規定，訴願人自處分書送達後一年內聲明不服時，均視為於法定期間內合法提起訴願，亦即，訴願期間可達一年。

　　行），亦以人民依法申請之案件，行政機關逾應作為之法定期間仍不作為者，人民得隨時提起訴願，無另訂訴願期間之必要，爰刪除原第9條第2項有關是類案件應自法定期限經過後滿十日之次日起，於三十日內提起訴願之規定。故依現行訴願法之規定，人民對於依法申請案件，因行政機關逾法定期間不作為而提起訴願者，並無提起訴願期間限制之規定。」

[26] 行政程序法第98條：「（第1項）處分機關告知之救濟期間有錯誤時，應由該機關以通知更正之，並自通知送達之翌日起算法定期間。（第2項）處分機關告知之救濟期間較法定期間為長者，處分機關雖以通知更正，如相對人或利害關係人信賴原告知之救濟期間，致無法於法定期間內提起救濟，而於原告知之期間內為之者，視為於法定期間內所為。（第3項）處分機關未告知救濟期間或告知錯誤未為更正，致相對人或利害關係人遲誤者，如自處分書送達後一年內聲明不服時，視為於法定期間內所為。」

4

企業提起訴願救濟時，該不利之行政處分是否可停止執行？

張嘉眞、姜威宇

企業對不利行政處分提起訴願等行政救濟之後，行政處分之效力是否當然停止執行？

關鍵字：訴願、行政訴訟、行政處分執行力、停止執行

行政處分是行政機關就公法上具體事件所爲之決定或其他公權力措施而對外直接發生法律效果之單方行政行爲[1]，具體而言，它代表國家行政於個案對人民所作成之決定，且其內容對人民的權利或利益造成影響。行政處分於日常生活中可謂無所不在，小如個人之交通違規罰單、繳費通知、課稅通知，大至徵收土地、勒令企業歇業等，皆爲行政處分之樣態。

行政處分一生效即對人民產生拘束力，不服行政機關所爲之行政處分，原則上雖可提起訴願，以尋求救濟[2]，然而訴願提起是否會當然停止行政處分之執行力，乃爲企業需特別關注之議

---

[1] 行政程序法第92條參照。

[2] 部分行政處分需先踐行前置程序或是可直接提起行政訴訟。

題。如訴願提起後，行政處分之效力不停止執行，則在訴願審理期間，企業仍須依循行政處分為一定之行為或不行為，否則可能再遭受到更不利之處分，例如未於期限改善內改善而遭裁處連續罰、未於期限內繳納罰鍰而需繳交額外滯納金等。

依我國現行法律之規定，**訴願提起原則上不會停止行政處分之執行，亦即行政處分於提起訴願後仍然有效[3]**，其立法理由是著眼於法秩序安定性和行政機關執行行政處分公信力的維護，並維持行政之效率。易言之，訴願不停止執行之原則，是因為行政機關代表公益，執行上必須迅速且有效，希望不會因救濟程序的進行，拖延了代表公益的行政；另一方面，亦是為了防止人民利用提起訴願及行政訴訟來延宕、阻撓行政處分之執行。如果行政處分之執行力於提起訴願後當然停止執行，可以想見行政之推動與效能會因大量之訴願而窒礙難行，故立法者作成價值選擇，而為如此之立法。同理，於行政訴訟階段，行政處分也以不停止執行為原則[4]。

然而，訴願提起並不會當然停止行政處分之執行之規定，勢必引發對於人民之權利有保障不周全之疑慮，法諺有言「遲來的正義，不是正義」，倘若行政處分之執行對人民之影響至關重大，將造成難以回復之損害，且有急迫之情事，諸如拆遷、勒令停工、停業關廠等，如不能於第一時間停止行政處分之效力，則縱然事後訴願決定將停工、停業處分撤銷，恐已人事全非，緩不濟急，徒增枉然。

所以，在訴願提起不當然停止行政處分之執行之原則下，當有例外，俾促使行政處分執行力及人民因不法行政處分可能遭受

---

[3] 訴願法第93條第1項規定：「原行政處分之執行，除法律另有規定外，不因提起訴願而停止。」

[4] 行政訴訟法第116條第1項規定：「原處分或決定之執行，除法律另有規定外，不因提起行政訴訟而停止。」

之重大損害二者間，其利害趨於平衡，是部分法律另有規定因提起訴願而停止執行之例外情形，例如：108年4月17日修正前之舊銀行法第134條第3項[5]，稅捐稽徵法第39條第2項[6]，即係以提供擔保或繳納部分稅款作為停止執行之條件。除此之外，訴願法規定於訴願階段，受理訴願機關或原行政處分機關得依職權或依人民之申請，就原行政處分之全部或一部，停止執行[7]，以健全對人民之保障，有關停止執行之聲請等，本書將續於下一個議題進一步說明。

---

[5]　108年4月17日修正前之銀行法第134條第3項規定：「前二項罰鍰之受罰人不服者，得依訴願及行政訴訟程序，請求救濟。在訴願及行政訴訟期間，得命提供適額保證，停止執行。」惟現行法已刪除該規定。

[6]　稅捐稽徵法第39條第2項規定：「前項暫緩執行之案件，除有下列情形之一者外，稅捐稽徵機關應移送強制執行：一、納稅義務人對復查決定之應納稅額繳納半數，並依法提起訴願者。」

[7]　訴願法第93條第2項規定：「原行政處分之合法性顯有疑義者，或原行政處分之執行將發生難以回復之損害，且有急迫情事，並非為維護重大公共利益所必要者，受理訴願機關或原行政處分機關得依職權或依申請，就原行政處分之全部或一部，停止執行。」

5
企業如何請求暫時停止執行不利之行政處分之效力？

張嘉眞、姜威宇

企業於訴願或行政訴訟階段應如何申／聲請停止執行，以暫時停止不利之行政處分之效力？停止執行之要件為何？實務上之態度及見解為何？

關鍵字：停止執行、難以回復之損害、利益衡量

◎申／聲請停止執行之法源依據

承前所述，訴願與行政訴訟等行政救濟手段之提起，原則上不會停止行政處分之執行。不過，企業依法有暫時停止不利行政處分效力之手段，就是向訴願機關或行政法院申／聲請停止執行。我國現行之行政處分停止執行制度，於訴願法及行政訴訟法皆設有規定：

訴願法第93條規定：「（第1項）原行政處分之執行，除法律另有規定外，不因提起訴願而停止。（第2項）原行政處分之合法性顯有疑義者，或原行政處分之執行將發生難以回復之損害，且有急迫情事，並非爲維護重大公共利益所必要者，受理訴

願機關或原行政處分機關得依職權或依申請，就原行政處分之全部或一部，停止執行。（第3項）前項情形，行政法院亦得依聲請，停止執行。」

行政訴訟法第116條規定：「（第1項）原處分或決定之執行，除法律另有規定外，不因提起行政訴訟而停止。（第2項）行政訴訟繫屬中，行政法院認為原處分或決定之執行，將發生難於回復之損害，且有急迫情事者，得依職權或依聲請裁定停止執行。但於公益有重大影響，或原告之訴在法律上顯無理由者，不得為之。（第3項）於行政訴訟起訴前，如原處分或決定之執行將發生難於回復之損害，且有急迫情事者，行政法院亦得依受處分人或訴願人之聲請，裁定停止執行。但於公益有重大影響者，不在此限。」

◎企業向訴願機關或是向行政法院申／聲請停止執行，何者較為妥當？

依訴願法第93條第2項及行政訴訟法第116條第3項規定，於訴願階段或是在提起訴願前，企業可選擇向訴願機關或是向行政法院申／聲請停止執行（雙軌制），但於法院實務上，多數見解認為於訴願階段或是在提起訴願前，應以優先向訴願機關申請停止執行為原則，如未先向訴願機關提出，逕向法院提出，且無情況緊急，非即時由行政法院予以處理難以救濟之情形，行政法院可能會認為欠缺權利保護必要而駁回其聲請[1]。此外，如有同時向訴願機關及法院申／聲請停止執行之情形，行政法院也會認定

---

[1] 部分實務見解認為，於訴願階段之停止執行，原則應向訴願機關提起，逕向行政法院聲請停止執行時，必其情況緊急，非即時由行政法院予以處理，即難以救濟之情形，否則尚難認有以行政法院之裁定予以救濟之必要，行政法院應認欠缺權利保護必要而駁回其聲請，如最高行政法院107年度裁字第1254號裁定即採此見解。

無救濟之必要而駁回[2]；於行政訴訟階段，企業依行政訴訟法第116條規定，則需向行政法院聲請。

◎聲請停止執行之要件

1. 於提起訴願前或訴願階段，向訴願機關或原處分機關聲請停止執行之要件（訴願法第93條第2項）：(1)原行政處分之合法性顯有疑義；或(2)原行政處分之執行將發生難以回復之損害，且有急迫情事，(3)並非為維護重大公共利益所必要。

前述(1)(2)符合其中之一即可，(3)則為必要要件。

2. 行政訴訟繫屬中或是行政訴訟起訴前，向行政法院聲請停止執行之要件（行政訴訟法第116條第2項與第3項）：(1)發生難於回復之損害，且有急迫情事者；(2)對公益無重大影響；(3)

---

[2] 最高行政法院96年度裁字第1828號裁定：「訴願法第93條第2項所謂『受理訴願機關或原行政處分機關得依職權或依申請，就原行政處分之全部或一部，停止執行』及第3項所謂『行政法院亦得依聲請，停止執行』，係採雙軌制，得由受處分人依其選擇向『受理訴願機關或原行政處分機關』或『行政法院』提出申請，並非得同時向『受理訴願機關或原行政處分機關』及『行政法院』提出申請，否則無異容許受處分人得任意濫用行政救濟程序之資源，且恐將發生各該機關准駁不一，致無所適從之情形，顯非立法賦與多方救濟管道之本意。經查：（一）本件抗告人不服相對人96年4月10日院授人考字第09600614632號停職處分，於同月13日向相對人提起訴願，嗣於同月14日向原審法院聲請停止系爭處分之執行，又於同月16日向相對人申請停止系爭處分之執行，經行政院秘書長於96年4月19日函系爭處分之代辦機關即相對人所屬人事行政局檢卷答辯在案等情，業據原審查明，是相對人並未拒絕處理抗告人停止執行之申請；又抗告人向相對人提出之停止執行申請，經相對人審議結果，於96年6月1日作成否准停止執行申請之決定，此有行政院秘書長96年6月1日院臺訴字第0960024716號函可稽。（二）觀之抗告人於原審法院聲請停止系爭處分之執行後僅2日，即重複向相對人申請停止系爭處分之執行等情，應足認本件原無非即時由行政法院予以處理，即難以救濟之情形。揆之前開說明，本件既無由行政法院處理系爭處分停止執行以為救濟之必要，抗告人本件聲請，即屬欠缺權利保護必要，不應准許。」

原告之訴非在法律上顯無理由。

3. 訴願法與行政訴訟法就停止執行准許要件於法條文字上雖略有不同，惟最高行政法院見解認為，兩者性質既然類似，都是暫時性權利保護等保全程序，所需具備之實質要件不應有所差異[3]，故將要件大致分為下列三者，並說明實質內涵：

(1)執行將發生難於回復之損害且有急迫情事：所謂「難於回復之損害」，法院裁定多數見解認為應以損害是否能以金錢賠償作為判斷基準，如果可以用金錢賠償，則傾向認定非難於回復之損害。至於是否「有急迫情事」，則依具體個案情形，由行政法院或訴願機關依實際情形判斷[4]。

(2)停止執行對公益無重大影響：所稱「公益」即為「公共利益」，凡涉及公共福祉之事項皆屬之。就公益有無「重大影響」之判斷，必須衡量企業之利益與原處分或決定執行將產生的公共利益之間的輕重[5]。簡單來說，停止執行之目的，乃在保護

---

[3] 最高行政法院99年度裁字第2041號裁定：「1.本案勝訴之蓋然性高低，在本質上是所有保全許可決策所共通之審查因素，即使法無明文，在法律解釋上，依保全制度之基本法理，也當然應予斟酌，事實上民事訴訟與行政訴訟之假扣押或假處分，雖然均無『本案勝訴機率』之表明，但法院在決定是否給予假扣押或假處分之保全，此等因素均應予以考量。2.何況本案是依行政訴訟法第116條第3項之規定，於行政爭訟案件起訴前所為之『停止執行』保全請求，其與依訴願法第93條第2項規定之停止執行保全請求，性質類似，故保全所需具備之實質要件相同不應有所差異，為何僅因程序上受理之公部門不同，即異其審查標準，從此觀點言之，原裁定以上之論點亦非妥適。」

[4] 最高行政法院103年度裁字第746號裁定：「謂難以回復之損害，係指其損害不能回復原狀，或回復困難，且在社會一般通念上不能以金錢估價賠償者而言；至於所謂急迫情事，則指原處分或決定已開始執行或隨時有開始執行之虞，且其急迫情事非因可歸責於抗告人之事由所造成而言。」

[5] 最高行政法院103年度裁字第1516號裁定：「停止執行對公益無重大影響：所稱『公益』，即『公共利益』（訴願法第93條第2項參照），凡涉及公共福祉之事項皆屬之。於公益有無『重大影響』，係屬對『當事人』利益與立即執行之公益間的利益衡量，申言之，停止執行之目的，乃在保護受處分人或利害關係人個人之利益（私益），然若私益之保護對於公共利益有重大影響時，基於利益

受處分人或利害關係人個人（企業）之利益（私益），然若私益之保護對於公共利益（公益）有重大影響時，基於利益衡量，應以保護公益為優先。

(3)請求在法律上非顯無理由：如果企業提起訴願或行政訴訟之理由相當薄弱，根本不需法院或訴願機關再作證據調查即可作出判斷，即為顯無理由之情形[6]。

另除前述三法定要件外，在個案審理判斷上，主要衡量因素為「停止執行之急迫性」與「企業提起救濟得到有利判斷之機率」，兩者間有互補功能，當勝訴機率甚大時，急迫性之標準即可降低一些；當保全急迫性之情況很明顯，勝訴機率值之要求或許可以降低一些[7]。

◎目前實務上較可能獲准停止執行之情形

1. 行政處分之執行將造成企業營運資金調度困難，造成難以彌補之重大損失[8]。

衡量，應以保護公益為優先。」最高行政法院行政103年度裁字1043號裁定亦為相同之見解。

[6] 最高行政法院103年度裁字第1043號裁定：「行政訴訟繫屬中，倘原告所提之訴訟，在法律上顯無理由者，亦不得為之——亦即若依原告之起訴狀，其所訴之事實不待調查即可得知在法律上顯無理由者，依行政訴訟法第107條第3項規定，行政法院本即得不經言詞辯論，逕以判決駁回，則其停止執行之聲請，自屬欠缺權利保護利益而不應准許。」

[7] 最高行政法院99年度裁字第2034號裁定：「應將『保全之急迫性』與『本案請求勝訴之蓋然率』當成是否允許停止執行之二個衡量因素，且彼此間有互補功能，當本案請求勝訴機率甚大時，保全急迫性之標準即可降低一些；當保全急迫性之情況很明顯，本案請求勝訴機率值或許可以降低一些。」

[8] 最高行政法院96年度裁字第3852號裁定：「又本件原處分除命聲請人於收受原處分後四十五日內補繳回收清除處理費新臺幣（下同）148,940,482元外，且諭知逾期未完納，將依廢棄物清理法第51條第1項規定，移送強制執行，並處應繳納費用1倍至3倍之罰鍰。而依聲請人公司變更登記表所載，其實收資本總額

　　2. 行政處分裁罰金額甚鉅，縱於日後得以金錢予以賠償，國家亦將負擔過重的金錢支出，並致社會資源的無謂耗費[9]。

　　3. 行政處分之執行導致股權移轉標售，衍生複雜法律關係，難以復原[10]。

　　4. 如不停止執行將導致公司破產或解散清算而人格消滅[11]。

　　5. 行政處分命補繳空污費金額高達20億1,153萬3,833元，訴願機關准予停止執行[12]。

為362,000,000元，若對於聲請人執行應繳納之巨額回收清除處理費，足致使聲請人營運資金之調度陷入困難，而造成聲請人無法彌補之營業上重大損失，因此，本件雖屬於金錢給付義務，於行政強制執行後，相對人本案訴訟縱遭敗訴確定，固可以金錢計算賠償，惟參酌本院上該裁定意旨，在一般社會通念上，應認此損害已達回復困難之程度，且有急迫性。綜上所述，本院認其聲請為有理由，應予准許。」

[9] 最高行政法院108年度裁字第37號裁定：「則原裁定認原處分追徵價額達11億3,973萬6元，係屬鉅額，法院若未於現執行階段介入處理者，相對人遭執行之財產將無從或難於回復，縱於日後得以金錢予以賠償，國家亦將負擔過重的金錢支出，並致社會資源的無謂耗費，而有難於回復損害之急迫情事，即屬有據。」

[10] 臺北高等行政法院105年度停字第128號裁定：「倘聲請人本案訴訟（關於撤銷移轉為國有之下命處分即原處分2）日後勝訴確定，法院認定原處分2違法，則聲請人因股權移轉所受損害，縱能以金錢填補，以原處分所載兩家公司成立多年，事業投資之資產高達156億多元，其移轉為國有後所受損害金額可能甚鉅，且因股權移轉為國有後，倘再行標售，衍生更複雜之法律關係，導致損害計算困難，為避免將來國家負擔過重的金錢支出或延伸出耗費社會資源的不必要爭訟，參酌前述最高行政法院裁定意旨，應認為聲請人已釋明原處分2如不停止執行，將造成難於回復之損害，且有急迫之情事。故相對人主張原處分2執行後並未致聲請人受有難以估算之金錢損害云云，自無足採。」（該案經抗告，最高行政法院106年度裁字第38號裁定維持原裁定））

[11] 最高行政法院99年度裁字第2327號裁定：「一旦抗告人無法按期繳納，勢將被視為全部到期而被強制執行，並遭查封拍賣資產（大部分為存貨），債權人亦將群起請求其償還債款，終致倒閉破產一途。屆時抗告人之本案訴訟即使最後勝訴確定，其公司亦已因倒閉破產或解散清算而人格消滅，不復存在，實非金錢所能賠償，依一般社會通念，顯係難以回復的損害。」

[12] 行政院環保署環訴字第1010081467號訴願決定。

　　由上述獲准態樣可知，准許停止執行通常爲行政處分涉及金額非常巨大，導致企業存續有困難，甚至倒閉之極端嚴重情況。近年較受囑目之准予停止執行案例，即爲不當黨產委員會命特定事業移轉財產爲國有之相關案例，行政法院於該等案件中即認爲金額甚鉅，且涉及股權移轉等，後續回復困難，所以認爲有停止執行之必要[13]。

◎申／聲請停止執行，依目前行政及法院實務見解，均有相當難度

　　雖於訴願法與行政訴訟法均設有停止執行之相關規定，作爲暫時性之權利保護措施，但於我國現行訴願機關及法院實務，准予停止執行之機率相對較低，多限於前述行政處分金額非常巨大，導致企業存續有困難，甚至倒閉之嚴重情況。

　　原因在於，「執行將發生難於回復之損害且有急迫情事」此要件之認定，法院實務傾向採取傳統之「能否用金錢賠償損失」之制式判準，導致於個案申／聲請停止執行獲准之可能性驟降。畢竟絕大多數之損害得以金錢衡量，縱使如房屋拆除，亦有法院見解認爲屬金錢可以衡量者[14]。

　　近年雖有部分法院見解有所突破，認爲不應以「能否用金錢賠償損失」當成唯一之判準[15]，而認「如果損失之填補可以金錢

---

[13] 詳前註9與註10之行政法院裁定。

[14] 最高行政法院105年裁字第1578號行政裁定：「系爭建物如遭拆除，對抗告人所生損害，在一般社會通念上，並非不得以金錢賠償或回復之，揆諸前揭規定及說明，原處分之執行即不發生難於回復損害之情事。」

[15] 最高行政法院95年度裁字第2380號裁定：「另外『難以回復之損害』，固然要考慮將來可否以金錢賠償，但也不應只以『能否用金錢賠償損失』當成惟一之判準。如果損失之填補可以金錢爲之，但其金額過鉅時，或者計算有困難時，爲了避免將來國家負擔過重的金錢支出或延伸出耗費社會資源的不必要爭訟，仍應考慮此等後果是否有必要列爲『難以回復損害』之範圍。」

爲之，但其金額過鉅時，或者計算有困難時，爲了避免將來國家負擔過重的金錢支出或延伸出耗費社會資源的不必要爭訟，仍應考慮此等後果是否有必要列爲『難以回復損害』之範圍。」應屬的論，而較符合聲請停執行制度乃爲暫時保護人民於行政救濟階段，免遭受重大損害之意旨，惟法院見解仍有紛歧[16]。

---

[16] 如最高行政法院101年度裁字第2556號裁定：「又本件執行金額即本件稅額及罰鍰雖總計約2億元，但若將來判決結果係有利於聲請人而應返還，亦係以國家總體財政爲最終擔保，不虞無從返還之問題，自非難於回復之損害。」

6

企業不服行政機關所爲之行政處分及訴願結果，應如何提起行政訴訟？企業應如何決定行政訴訟救濟類型？

張嘉眞、劉穎嫻

企業如對訴願結果不服，得提起撤銷行政訴訟，以撤銷不利之行政處分。另對於無效之行政處分，是否提起確認訴訟？對於申請案件遲遲不予核准時，是否應提起課予義務之給付行政訴訟？企業依公法契約，是否得對機關提起一般給付行政訴訟？企業應如何決定行政訴訟之類型？各類型行政訴訟之提起要件為何？本文將扼要說明之。

關鍵字：行政訴訟、撤銷訴訟、課予義務訴訟、一般給付訴訟、確認訴訟

◎企業不服行政機關所為之行政處分及訴願結果，應如何提起行政訴訟？

1. 應於訴願決定書送達後二個月內提出起訴狀

　　企業不服行政機關所為之行政處分，或行政機關對於企業依法申請的案件，在法定期間內怠為任何處分，得依訴願法相關規定提起訴願。此時，如企業仍對訴願結果不服，應列原處分機關為被告（若原處分業經行政機關撤銷或變更，則以該機關為被告），於訴願決定書送達後二個月內向管轄之高等行政法院[1]提出起訴狀[2]，訴請撤銷原處分及訴願決定。如案件適用簡易訴訟程序（如訴訟標的之價額在新臺幣40萬元以下，或因不服行政機關所為告誡、警告、記點、記次、講習、輔導教育或其他相類之輕微處分而涉訟等[3]），應向管轄之地方法院行政訴訟

---

[1]　行政訴訟法第104條之1規定：「適用通常訴訟程序之事件，以高等行政法院為第一審管轄法院。」

[2]　行政訴訟法第106條規定：「（第1項）第四條及第五條訴訟之提起，除本法別有規定外，應於訴願決定書送達後二個月之不變期間內為之。但訴願人以外之利害關係人知悉在後者，自知悉時起算。（第2項）第四條及第五條之訴訟，自訴願決定書送達後，已逾三年者，不得提起。（第3項）不經訴願程序即得提起第四條或第五條第二項之訴訟者，應於行政處分達到或公告後二個月之不變期間內為之。（第4項）不經訴願程序即得提起第五條第一項之訴訟者，於應作為期間屆滿後，始得為之。但於期間屆滿後，已逾三年者，不得提起。」

[3]　行政訴訟法第229條規定：「（第1項）適用簡易訴訟程序之事件，以地方法院行政訴訟庭為第一審管轄法院。（第2項）下列各款行政訴訟事件，除本法別有規定外，適用本章所定之簡易程序：一、關於稅捐課徵事件涉訟，所核課之稅額在新臺幣四十萬元以下者。二、因不服行政機關所為新臺幣四十萬元以下罰鍰處分而涉訟者。三、其他關於公法上財產關係之訴訟，其標的之金額或價額在新臺幣四十萬元以下者。四、因不服行政機關所為告誡、警告、記點、記次、講習、輔導教育或其他相類之輕微處分而涉訟者。五、關於內政部入出國及移民署（以下簡稱入出國及移民署）之行政收容事件涉訟，或合併請求損害賠償或其他財產上給付者。六、依法律之規定應適用簡易訴訟程序者。（第3

庭[4]提出起訴狀。

2. 利害關係人亦得提起行政訴訟

　　如企業並非訴願人，惟認為訴願決定損害其權利或法律上之利益，亦得依行政訴訟法第4條第3項規定[5]，以利害關係人之身分提起撤銷訴訟。此時，二個月之起訴期間應自利害關係人「知悉訴願決定時」起算[6]，但須注意自訴願決定書送達後已逾三年者，仍不得提起訴訟[7]。例如居民對准予環評之訴願決定提起撤銷行政訴訟[8]。

項）前項所定數額，司法院得因情勢需要，以命令減為新臺幣二十萬元或增至新臺幣六十萬元。（第4項）第二項第五款之事件，由受收容人受收容或曾受收容所在地之地方法院行政訴訟庭管轄，不適用第十三條之規定。但未曾受收容者，由被告機關所在地之地方法院行政訴訟庭管轄。」

[4]　同註3行政訴訟法第229條第1項。

[5]　行政訴訟法第4條規定：「（第1項）人民因中央或地方機關之違法行政處分，認為損害其權利或法律上之利益，經依訴願法提起訴願而不服其決定，或提起訴願逾三個月不為決定，或延長訴願決定期間逾二個月不為決定者，得向行政法院提起撤銷訴訟。（第2項）逾越權限或濫用權力之行政處分，以違法論。（第3項）訴願人以外之利害關係人，認為第一項訴願決定，損害其權利或法律上之利益者，得向行政法院提起撤銷訴訟。」

[6]　同註2行政訴訟法第106條第1項。

[7]　同註2行政訴訟法第106條第2項。

[8]　參照最高行政法院107年度判字第757號判決意旨：「我國環評法制係採預防原則（環評法第1條參照），開發行為對於環境有不良影響之虞時，應實施環評，評估審查程序有嚴謹規定，主要就對環境有重大影響之虞之開發行為進行審查（環評法第5條參照）。由於重大開發案對環境及當地居民影響深遠，其危害具有持續性及累積性，其程度之判斷具有風險評估（風險預測）特性，端賴法定之環評程序及其各項專業委員予以把關（環評法第3、6、7條參照）。是以，開發單位為開發行為前應提出環說書，由專業委員為環評審查；且環評之審查結論為目的事業主管機關核發許可開發之前提要件，在環說書未經完成審查或說明書未經認可前，目的事業主管機關不得為開發行為之許可，其許可者無效，俾發揮環評制度功能（環評法第14條第1項參照），防止開發行為對環境或當地居民造成不可回復之危害。因此，環評審查會對於應實施環評之開發行為所作之審查結論，受開發行為影響之人民，揆諸前述保護規範理論，環評法第5條第

◎企業應如何決定行政訴訟救濟類型？

　　行政訴訟主要分為四種救濟類型，即撤銷訴訟、課予義務訴訟、一般給付訴訟及確認訴訟，其中以撤銷訴訟為實務上最常適用之類型。企業應依請求之內容，決定以何種訴訟類型進行訴訟。此外，為避免因訴訟類型錯誤而遭法院駁回請求，建議企業於必要時或得同時提出備位聲明，於先位聲明所主張之訴訟類型為法院所不採時，即得依備位聲明之訴訟類型主張。

1. 如欲排除違法不當行政處分之侵害，得提起撤銷訴訟

　　如企業欲請求排除違法不當之行政處分所帶來之侵害，得經訴願後依法提起撤銷訴訟，請求撤銷原處分，以溯及既往消滅原處分之效力[9]。撤銷訴訟原則上需先經過訴願程序或相當於訴願之其他程序[10]，亦即提起訴願而不服訴願決定，或行政機關怠於

1項、第7條及第14條第1項既保護因生存環境受影響之人民之目的，其等當然具有法律上利害關係，得對該環評審查結論，提起撤銷訴訟即具原告適格。」

[9]　同註5行政訴訟法第4條第1項。

[10]　參照司法院釋字第295號理由書：「憲法保障人民之訴願權，其目的在使為行政處分之機關或其上級機關自行矯正其違法或不當處分，以維護人民之權益，若法律規定之其他行政救濟途徑，已足達此目的者，則在實質上即與訴願程序相當，自無須再踐行訴願程序。訴願法第1條：『人民對於中央或地方機關之行政處分，認為違法或不當，致損害其權利或利益者，得依本法提起訴願、再訴願。但法律另有規定者，從其規定。』其但書規定即係包括上述情形在內，惟並非謂未經提起訴願或再訴願，縱已用盡其他相當於訴願、再訴願之行政救濟程序，亦不得續行行政訴訟。財政部依會計師法規定，設置會計師懲戒委員會及懲戒覆審委員會。會計師懲戒委員會因財政部交付懲戒而對會計師所為之懲戒決議，係行政處分，被懲戒之會計師有所不服，對之聲請覆審，實質上與訴願相當。會計師懲戒覆審委員會所為之覆審決議，相當於最終之訴願決定，無須再對之提起訴願、再訴願。依上開說明，被懲戒人如因該項決議違法，認為損害其權利者，應許其逕行提起行政訴訟，以符憲法第16條保障人民訴訟權之意旨。」

作成訴願決定，始得提起；例外如利害關係人不服訴願決定[11]或擬撤銷之行政處分係經聽證程序作成[12]等情形，則得逕行提起撤銷訴訟。

由於撤銷訴訟所爭執者在於原處分是否應予撤銷，故提起撤銷訴訟時，自需以原處分之存在爲前提。如原處分業經行政機關撤銷或廢止而不存在，或已執行完畢或因其他原因而消滅，即不具備提起撤銷訴訟之要件[13]，此時企業應視需求轉換撤銷訴訟，變更提起確認訴訟（詳下文4.(2)之「撤銷訴訟變更爲確認處分違法訴訟之類型」）。

2. 如欲請求行政機關作成授予利益之行政處分，得提起課予義務訴訟

就企業依法申請之案件，如行政機關於法定期間內應作爲而不作爲，企業得經依訴願程序後，以課予義務訴訟請求該機關應作成行政處分[14]。此外，如行政機關駁回企業依法申請之案件，

---

[11] 同註5行政訴訟法第4條第3項。

[12] 行政程序法第108條規定：「（第1項）行政機關作成經聽證之行政處分時，除依第四十三條之規定外，並應斟酌全部聽證之結果。但法規明定應依聽證紀錄作成處分者，從其規定。（第2項）前項行政處分應以書面爲之，並通知當事人。」同法第109條規定：「不服依前條作成之行政處分者，其行政救濟程序，免除訴願及其先行程序。」

[13] 參照最高行政法院94年度判字第514號判決意旨：「按提起撤銷訴訟，無論係認原處分違法損害其權益，經提起訴願猶不服其決定，而以原處分爲對象者（行政訴訟法第4條第1項）；或係訴願人以外之利害關係人，認爲前述訴願決定損害其權益，而以訴願決定爲對象者（同條第3項），其所爭均爲原處分之應否撤銷，自以有原處分之存在爲前提。若原處分已經原處分機關自行撤銷而不存在，即無從以撤銷訴訟爭執其應否撤銷，此時提起撤銷訴訟，顯不備撤銷訴訟之要件，其起訴爲不合法。」

[14] 行政訴訟法第5條規定：「（第1項）人民因中央或地方機關對其依法申請之案件，於法令所定期間內應作爲而不作爲，認爲其權利或法律上利益受損害者，經依訴願程序後，得向行政法院提起請求該機關應爲行政處分或應爲特定內容之行政處分之訴訟。（第2項）人民因中央或地方機關對其依法申請之案件，予

企業亦得經依訴願程序後，請求該機關應爲該特定內容之行政處分[15]。與撤銷訴訟相同，課予義務訴訟原則上需先經過訴願程序或相當於訴願之其他程序，始得提起。

3. 如欲請求行政機關依公法上原因或行政契約爲給付，得提起一般給付訴訟

如企業欲請求行政機關給付因公法上原因發生財產上之給付（比如請求給付補助金等），或作成行政處分以外之非財產上之給付（比如請求地政事務所除去土地登記簿上之不利註記等），或請求行政機關應依行政契約之法律關係爲給付（比如請求返還申請保證金等），得提起一般給付訴訟[16]。舉例而言，如因施工損壞鄰房而經主管機關註記列管，嗣申請撤銷列管而遭主管機關拒絕時，此時應依一般給付訴訟請求救濟[17]。

以駁回，認爲其權利或法律上利益受違法損害者，經依訴願程序後，得向行政法院提起請求該機關應爲行政處分或應爲特定內容之行政處分之訴訟。」

[15] 同註14行政訴訟法第5條第2項。

[16] 行政訴訟法第8條規定：「（第1項）人民與中央或地方機關間，因公法上原因發生財產上之給付或請求作成行政處分以外之其他非財產上之給付，得提起給付訴訟。因公法上契約發生之給付，亦同。（第2項）前項給付訴訟之裁判，以行政處分應否撤銷爲據者，應於依第四條第一項或第三項提起撤銷訴訟時，併爲請求。原告未爲請求者，審判長應告以得爲請求。」

[17] 參照最高行政法院106年度判字第283號判決意旨：「本件上訴人係被上訴人所核發102股建字第070號建造執照工程之起造人，因該工程施工中損壞鄰房，經被上訴人於管制卡註記列管；嗣上訴人依上述新北市損鄰事件處理程序第9點規定，申請被上訴人撤銷列管，遭被上訴人以系爭函拒絕……然此列管行政行爲，並非法律所規定，僅係行政主管機關於所掌作業簿冊（管制卡）上註記受損戶遭受建方施工損害之事實，屬行政部門所爲內部作業簿冊之記載，法律並未規定發生如何之法律效果。該註記既未能對外直接發生法律效果，自非行政處分。則被上訴人以系爭函拒絕上訴人依新北市損鄰事件處理程序第9點：『……經依損壞鄰房補償費用提存法院數額表（如下表）分段累計確定數額後以受損戶名義提存於法院，向主管機關「申請撤銷列管」……。』規定，申請撤銷對其所爲損鄰事件之列管要求，核屬拒絕作成事實行爲之要求，該拒絕行

另，實務上有見解[18]認為，如依實體法上之規定，企業於行使給付請求權前，須先經行政機關核定給付範圍及金額者，應先提起訴願後，再提起課予義務訴訟，不得逕提起一般給付訴訟。

4. 如欲請求確認行政處分無效或違法，得提起確認訴訟

(1) 確認訴訟之一般類型

如企業欲請求確認效力存續之行政處分無效[19]，或確認已執行完畢或因其他原因消滅而無回復原狀可能之行政處分為違法，於企業具有確認之法律上利益時，得提起確認訴訟[20]。於確認行

為亦非行政處分。依上說明，人民如不服，應提起行政訴訟法第8條第1項之一般給付訴訟請求救濟，始為正辦。」

[18] 參照最高行政法院102年度判字第129號判決要旨：「按提起一般給付訴訟，須以該訴得『直接』行使給付請求權者為限，如依據實體法上之規定，尚須先經行政機關核定其給付請求權者，則於提起一般給付訴訟之前，應先提起課予義務訴訟，請求行政機關作成該特定內容之行政處分。是有關人民申請金錢給付，須由行政機關先作成核准處分者，於行政機關拒絕申請時，申請人須先循序提起課予義務訴願及課予義務訴訟，請求判令行政機關作成核准處分，而不得直接提起給付訴訟。」

[19] 就行政處分無效之判斷標準，依行政程序法第111條規定：「行政處分有下列各款情形之一者，無效：一、不能由書面處分中得知處分機關者。二、應以證書方式作成而未給予證書者。三、內容對任何人均屬不能實現者。四、所要求或許可之行為構成犯罪者。五、內容違背公共秩序、善良風俗者。六、未經授權而違背法規有關專屬管轄之規定或缺乏事務權限者。七、其他具有重大明顯之瑕疵者。」

[20] 行政訴訟法第6條規定：「（第1項）確認行政處分無效及確認公法上法律關係成立或不成立之訴訟，非原告有即受確認判決之法律上利益者，不得提起之。其確認已執行而無回復原狀可能之行政處分或已消滅之行政處分為違法之訴訟，亦同。（第2項）確認行政處分無效之訴訟，須已向原處分機關請求確認其無效未被允許，或經請求後於三十日內不為確答者，始得提起之。（第3項）確認訴訟，於原告得提起或可得提起撤銷訴訟、課予義務訴訟或一般給付訴訟者，不得提起之。但確認行政處分無效之訴訟，不在此限。（第4項）應提起撤銷訴訟、課予義務訴訟，誤為提起確認行政處分無效之訴訟，其未經訴願程序者，行政法院應以裁定將該事件移送於訴願管轄機關，並以行政法院收受訴狀

政處分無效之訴訟，企業須踐行起訴前置程序，亦即依行政程序法第113條第2項[21]規定請求原處分機關確認該處分無效，於原處分機關未允許或不為確答時，始得提起[22]。此外，如企業擬確認公法上法律關係成立或不成立，亦得提起確認訴訟[23]，舉例而言，如所有權人爭執其所有之土地不成立公法上公用地役關係，應具有確認利益，得提起訴訟請求確認公用地役關係不成立[24]。

此外，由於確認訴訟本質上具有補充性，除確認行政處分違法之情形外，原則上僅限於無法提起撤銷訴訟、課予義務訴訟或一般給付訴訟時，方得提起確認訴訟[25]。比如廠商認為招標及決標無效，逕提起確認政府採購之公法上法律關係不存在之訴，實務上即認為廠商應依政府採購法相關規定提出異議、申訴及撤銷訴訟，不得逕提起確認訴訟[26]。

之時，視為提起訴願。」

[21] 行政程序法第113條規定：「（第1項）行政處分之無效，行政機關得依職權確認之。（第2項）行政處分之相對人或利害關係人有正當理由請求確認行政處分無效時，處分機關應確認其為有效或無效。」

[22] 同註20行政訴訟法第6條第2項。

[23] 同註20行政訴訟法第6條第1項。

[24] 參照最高行政法院100年度判字第798號判決意旨：「私有土地上所形成之供不特定公眾通行之用的道路，在公法上如認已成立公用地役關係存在，則所有權人在對其所有物之使用，負有公法上公用地役關係存在範圍內容忍公眾使用之義務，是所有權人爭執其所有之系爭土地不成立（或不存在）公用地役關係，據以提起確認訴訟，請求確認公用地役關係不成立（或不存在），即難認無確認之法律上利益，上訴人主張被上訴人提起確認訴訟，有違確認訴訟補充性云云，尚不足採。」

[25] 同註20行政訴訟法第6條第3項。

[26] 參照最高行政法院100年度判字第1233號判決意旨：「……至於上訴人請求確認系爭工程之政府採購公法上法律關係不成立，因其未提起撤銷訴訟，逕行提起確認公法上法律關係不成立之訴，違反行政訴訟法第6條第3項之確認訴訟補充性原則，其訴為不合法等語，業已詳述其認定事實之依據及得心證之理由，並無上訴意旨所指違背法令之情形。」

(2) 撤銷訴訟變更爲確認處分違法訴訟之類型

如企業提起撤銷訴訟後，原處分於訴訟進行中已執行完畢，而無回復原狀可能或已消滅時，此時繼續進行原處分撤銷訴訟，對企業而言已無實益，企業得於具有確認利益時，依行政訴訟法第196條第2項[27]規定，聲請變更[28]爲確認行政處分違法之訴訟[29]。

上開企業聲請將原處分撤銷訴訟，轉換變更爲確認行政處分違法之確認訴訟，是否具有確認利益，而符合確認之訴之起訴要件，實務上多指原告目前所處之不確定法律狀態，若不起訴以法院判決予以確認，即將受不利益之效果而言[30]。比如原告主張若

---

[27] 行政訴訟法第196條規定：「（第1項）行政處分已執行者，行政法院爲撤銷行政處分判決時，經原告聲請，並認爲適當者，得於判決中命行政機關爲回復原狀之必要處置。（第2項）撤銷訴訟進行中，原處分已執行而無回復原狀可能或已消滅者，於原告有即受確認判決之法律上利益時，行政法院得依聲請，確認該行政處分爲違法。」

[28] 實務上多直接依行政訴訟法第196條第2項規定變更訴之聲明（如最高行政法院107年度裁字第1815號裁定）。此外，亦有部分實務見解同時適用行政訴訟法第111條第1項或第3項各款事由爲變更（如臺北高等行政法院105年度訴字第107號判決）。

[29] 參照最高行政法院104年度判字第209號判決意旨：「……依據前揭行政訴訟法規定及說明，撤銷訴訟，旨在撤銷違法之行政處分，使其『自始歸於無效』，且得撤銷之行政處分雖已執行完畢，惟如人民因該處分之撤銷而有可回復之法律上利益時，應許其請求回復原狀，以除去包含該執行上之事實措施在內之不法結果；倘撤銷訴訟進行中，原處分已執行而無回復原狀可能或已消滅者，於原告有即受確認判決之法律上利益時，行政法院得依聲請，確認該行政處分爲違法。」

[30] 參照最高行政法院107年度判字第257號判決意旨：「行政訴訟法第6條第1項規定：『確認行政處分無效及確認公法上法律關係成立或不成立之訴訟，非原告有即受確認判決之法律上利益者，不得提起之。其確認已執行而無回復原狀可能之行政處分或已消滅之行政處分爲違法之訴訟，亦同。』可知，提起確認行政處分違法之訴訟，原告必須有即受確認判決之法律上利益，而所謂有即受確認判決之法律上利益，係指原告目前所處之不確定法律狀態，若不起訴請求判決予以確認，即將受不利益之效果而言。」

確認原處分爲違法，原告可請求國家賠償云云，此時原告提起確認訴訟即具有確認利益[31]。

---

[31] 參照最高行政法院106年度判字第349號判決意旨：「行政訴訟法第6條第1項：『確認行政處分無效及確認公法上法律關係成立或不成立之訴訟，非原告有即受確認判決之法律上利益者，不得提起之。其確認已執行而無回復原狀可能之行政處分或已消滅之行政處分爲違法之訴訟，亦同。』原處分失其效力（消滅），已如上述。上訴人主張如果原處分確認爲違法，其可請求國家賠償等語，其有提起本件確認訴訟之訴之利益。」

七、國家賠償

1

企業因行政機關公務員不法行爲而受有損害，企業得否不經協議，直接向民事法院提起國家賠償訴訟？

張嘉眞、詹祐維

企業欲提起國家賠償訴訟時，依國家賠償法規定，須先向賠償義務機關請求賠償，遭拒絕或協議不成後，始得向民事法院提起國家賠償訴訟；此外，企業如不欲先進行協議，得以行政訴訟法第7條所定附帶方式，於行政訴訟附帶提出國家賠償訴訟。又協議程序中，如企業就賠償義務機關之認定與行政機關持不同見解，行政機關逕行將案件移轉其他賠償義務機關時，企業應考慮於時效內先行起訴所認定之賠償義務機關，避免權利因逾越時效未行使而消滅。

關鍵字：國家賠償、國家賠償協議施行細則、協議程序、附帶請求、拒絕賠償理由書、協議不成立證明書、賠償義務機關

◎何謂國家賠償協議先行程序？

　　按國家賠償法（下稱國賠法）第10條第1項[1]規定，企業如欲依國賠法第2條第2項[2]或第3條[3]等國賠法規定請求權利，向行政機關提起國家賠償之訴，應先向賠償義務機關提出請求，始得依同法第11條第1項規定[4]，於主管機關拒絕賠償、自提出請求之日起逾三十日不開始協議或開始協議後逾六十日協議不成立等情形，再向民事法院提起國家賠償訴訟。如未經協議，逕行提出國賠訴訟，法院將以起訴不合法為理由以裁定駁回訴訟，無庸先命補正[5]。

---

[1]　國家賠償法第10條規定：「（第1項）依本法請求損害賠償時，應先以書面向賠償義務機關請求之。賠償義務機關對於前項請求，應即與請求權人協議。（第2項）協議成立時，應作成協議書，該項協議書得為執行名義。」

[2]　國家賠償法第2條規定：「（第1項）本法所稱公務員者，謂依法令從事於公務之人員。（第2項）公務員於執行職務行使公權力時，因故意或過失不法侵害人民自由或權利者，國家應負損害賠償責任。公務員怠於執行職務，致人民自由或權利遭受損害者亦同。（第3項）前項情形，公務員有故意或重大過失時，賠償義務機關對之有求償權。」

[3]　國家賠償法第3條規定：「（第1項）公有公共設施因設置或管理有欠缺，致人民生命、身體或財產受損害者，國家應負損害賠償責任。（第2項）前項情形，就損害原因有應負責任之人時，賠償義務機關對之有求償權。」

[4]　國家賠償法第11條規定：「（第1項）賠償義務機關拒絕賠償，或自提出請求之日起逾三十日不開始協議，或自開始協議之日起逾六十日協議不成立時，請求權人得提起損害賠償之訴。但已依行政訴訟法規定，附帶請求損害賠償者，就同一原因事實，不得更行起訴。（第2項）依本法請求損害賠償時，法院得依聲請為假處分，命賠償義務機關暫先支付醫療費或喪葬費。」

[5]　例如臺灣高等法院97年度抗國字第17號確定裁定、臺灣高等法院臺南分院93年度抗國字第4號確定裁定、臺灣嘉義地方法院98年度朴國小字第1號確定裁定等。

◎法令規定無需經協議程序之情形

1. 行政訴訟法第7條規定

查國賠法之請求權，程序上除依國賠法向民事法院起訴外，依行政訴訟法第7條[6]，於提起行政訴訟法第4條、第5條、第6條或第8條所定撤銷、課予義務、確認處分違法、確認公法上關係存否或一般給付之訴等行政訴訟時，亦得合併請求賠償或其他財產上之給付，該條所定之賠償亦包含國家賠償請求權，而該規定屬於國家賠償請求權程序上之特別規定，實務上認定不受國賠法第10條之限制[7]，無庸先行國家賠償協議程序。

但依行政訴訟法第7條合併提出之請求，需以合法提起行政訴訟為前提，否則將會遭法院一併駁回[8]，且該等規定僅是程序上賦予行政法院就國家賠償請求權之審判權限，實體上是否符合

---

[6] 行政訴訟法第7條規定：「提起行政訴訟，得於同一程序中，合併請求損害賠償或其他財產上給付。」

[7] 最高行政法院93年判字第494號判例：「人民因國家之行政處分而受有損害，請求損害賠償時，現行法制，得依國家賠償法規定向民事法院訴請賠償外，亦得依行政訴訟法第7條規定，於提起其他行政訴訟時合併請求。二者為不同之救濟途徑，各有其程序規定。人民若選擇依國家賠償法請求損害賠償時，應依國家賠償法規定程序為之。若選擇依行政訴訟法第7條規定請求損害賠償時，自僅依行政訴訟法規定程序辦理即可。行政訴訟法既未規定依該法第7條規定合併請求損害賠償時，應準用國家賠償法規定，自無須踐行國家賠償法第10條規定以書面向賠償義務機關請求賠償及協議之程序。」

[8] 最高行政法院98年6月份第1次庭長法官聯席會議（二）：「是當事人主張因行政機關之違法行政行為受有損害，循序向行政法院提起行政訴訟，並依行政訴訟法第7條規定於同一程序中，合併依國家賠償法規定請求損害賠償者，因行政法院就國家賠償部分，自當事人依法『附帶』提起國家賠償時起取得審判權，而案件經行政法院審理後，如認行政訴訟部分因有行政訴訟法第107條第1項第2款至第10款情形而不合法者，此時行政訴訟既經裁定駁回，其依國家賠償法附帶提起國家賠償之訴部分，屬附帶請求之性質，非可單獨提起之行政訴訟，因而失所附麗，自得一併裁定駁回。」

國賠法之求償要件，仍應以國賠法規定判斷[9]，應予注意。

　　上開附帶提起國家賠償請求之方式，得不先經協議程序，且因行政訴訟法第98條之1規定，行政訴訟以每案計費收取固定之訴訟費用[10]，故以一訴主張數項標的，或為訴之變更、追加或提起反訴者，皆不另徵收裁判費，從而如與行政訴訟合併方式提出，即能免除向民事法院提起國家賠償訴訟所需之高額裁判費用[11]。

　　惟此方式之缺點在於，並非所有國家賠償請求之類型，皆能依此程序合併行政訴訟辦理，例如就公務員因單純事實行為所生之侵害，如修整馬路挖斷企業管線或造成設備破壞等，或因人

---

[9]　詳前揭註8：「行政訴訟法第7條規定……斟酌該條之立法過程，乃在使當事人於提起行政訴訟時得『附帶』提起不同審判系統之訴訟，以連結行政訴訟與國家賠償訴訟審判權，而達訴訟經濟目的之意旨，並參照該條立法理由第3點明文闡述：『向行政法院「附帶」提起損害賠償之訴，自應適用行政訴訟程序，而其實體上之法律關係，仍以民法有關規定為依據……。』是行政訴訟法第7條規定所謂『合併請求』損害賠償或其他財產上給付，……行政法院並於此情形取得國家賠償訴訟審判權之意，以符合立法意旨及立法理由。」

[10]　依現行行政訴訟法第98條規定：「（第1項）訴訟費用指裁判費及其他進行訴訟之必要費用，由敗訴之當事人負擔。但為第一百九十八條之判決時，由被告負擔。（第2項）起訴，按件徵收裁判費新臺幣四千元。適用簡易訴訟程序之事件，徵收裁判費新臺幣二千元。」一般行政訴訟案件起訴裁判費為新臺幣4,000元。

[11]　但於96年8月15日修法前提起之訴訟除外，詳最高行政法院97年度裁字第3393號裁定：「（一）『以一訴主張數項標的，或為訴之變更、追加或提起反訴者，不另徵收裁判費。』行政訴訟法第98條之1定有明文，查此條乃96年8月15日修正施行之行政訴訟法為徵收裁判費之規定後，鑒於裁判費係按件計徵，故就利用同一訴訟程序之訴之合併為不另徵收裁判費之規定。是於96年8月15日修正施行之行政訴訟法施行前，已起訴之行政訴訟事件，雖於96年8月15日修正行政訴訟法施行後利用同一訴訟程序為訴之追加，然因該事件並無已按件徵收裁判費之情，是其所追加之訴自不生因該事件已按件計徵裁判費，而不須再另行徵收裁判費情事。故而原審就抗告人於96年8月16日後所追加請求相對人給付1,000萬元部分之訴，命抗告人繳納裁判費，即無不合。抗告意旨執行政訴訟法第98條之1規定為爭議，並無可採。」

民之訴願有理由，而正值機關依訴願決定另為調查以為適法處分之審查中，還未有行政訴訟之提起，但國家賠償請求時效將屆滿時，即因當時並無任何可資合併提起之行政訴訟存在，自無法依此方式合併提起；此外，如合併於行政訴訟提出，亦將增加案件之複雜程度，兩造主張之範圍更加廣泛，恐會拖延行政訴訟之進度；況且，行政法院是否會因為合併審理國家賠償，對於請求金額高低等不同情形，而影響其對於行政行為合法與否之審查密度及心證，亦難排除其可能性，故是否欲選擇此種合併行政訴訟之國賠起訴方式，需再予斟酌。

2. 國家賠償法施行細則第37條規定

依國家賠償法施行細則（下稱國賠法施行細則）第37條規定[12]，國家賠償起訴時，應提出(1)拒絕賠償證明書、(2)協議不成立證明書、(3)已申請協議或(4)已請求發給證明書之證明文件等四種文件其一。

關於(1)拒絕賠償證明書，係指當人民向賠償義務機關提出請求後，依國賠法施行細則第19條規定，如賠償義務機關認為請求無理由或無賠償義務，即得不經協議程序於收受請求書三十日內，作成拒絕賠償理由書，此時如取得「拒絕賠償理由書」即得依此向民事法院提起國家賠償訴訟，無庸再經協議。

關於(3)已申請協議之證明等文件，係指受理國家賠償請求之機關，於收受請求書後，逾三十日未開始協議，也未作成(1)拒絕賠償證明時，此時僅需提出機關收受請求書之證明文件例如收文章、收發用印等，依國賠法即得直接提起國家賠償訴訟，無庸再經協議。而所謂「開始協議」之認定，依國賠法施行細則第

---

[12] 國家賠償法施行細則第37條規定：「（第1項）請求權人因賠償義務機關拒絕賠償，或協議不成立而起訴者，應於起訴時提出拒絕賠償或協議不成立之證明書。（第2項）請求權人因賠償義務機關逾期不開始協議或拒不發給前項證明書而起訴者，應於起訴時提出已申請協議或已請求發給證明書之證明文件。」

21條第2項規定[13]，指賠償義務機關第一次協議期日。

關於(2)、(4)類文件，則是指在第一次協議期日之後，雙方逾六十日如果仍然無法達成協議，依據國賠法施行細則第26條第1項規定[14]，可以選擇直接請求賠償義務機關發給(2)協議不成立證明書，或依同細則第26條第2項規定[15]要求繼續協議，但以延長一次即六十日爲限。如賠償義務機關屆期仍拒絕發出證明文件，即應提出(4)已請求發給證明之相關文件，起訴請求賠償。

◎協議程序中，收受請求機關認定自己非賠償義務機關之因應

國賠事件之賠償義務機關爲何？涉及國賠法第9條[16]之解釋，因此，不論於訴訟或協議程序中，實務上皆可能發生收受國賠請求之機關，認定自己非屬於賠償義務機關而拒絕賠償之情形。又倘若於訴訟程序中，向錯誤之賠償義務機關提起國賠請

---

[13] 國家賠償法施行細則第21條規定：「（第1項）賠償義務機關爲第一次協議之通知，至遲應於協議期日五日前，送達於請求權人。（第2項）前項通知所載第一次之協議期日爲開始協議之日。」

[14] 國家賠償法施行細則第26條規定：「（第1項）自開始協議之日起逾六十日協議不成立者，賠償義務機關應依請求權人之申請，發給協議不成立證明書。（第2項）請求權人未依前項規定申請發給協議不成立證明書者，得請求賠償義務機關繼續協議，但以一次爲限。」

[15] 同前註。

[16] 國家賠償法第9條規定：「（第1項）依第二條第二項請求損害賠償者，以該公務員所屬機關爲賠償義務機關。（第2項）依第三條第一項請求損害賠償者，以該公共設施之設置或管理機關爲賠償義務機關。（第3項）前二項賠償義務機關經裁撤或改組者，以承受其業務之機關爲賠償義務機關。無承受其業務之機關者，以其上級機關爲賠償義務機關。（第4項）不能依前三項確定賠償義務機關，或於賠償義務機關有爭議時，得請求其上級機關確定之。其上級機關自被請求之日起逾二十日不爲確定者，得逕以該上級機關爲賠償義務機關。」

求，實務上會駁回起訴[17]；於協議程序中，依國賠法施行細則第
19條規定[18]，該收受請求之機關如認定自己並非賠償義務機關，
即應作成拒絕賠償理由書，並將相關資料移送其認定之賠償義務
機關。

　　準此，倘收受請求機關認定自己非賠償義務機關，據以作
成拒絕賠償理由書並將案件移送其他機關，對於企業即請求權人
而言，請求案件所涉之協議程序，即會因移送行為一分為二，企
業就此二機關均應分別取得上開國賠法施行細則第37條所定之
四種文件，證明已符合先行協議之規定。又於訴訟對象之選擇
上，倘選擇錯誤之賠償義務機關遭駁回，需另外重新起訴時，恐
會遭真正之賠償義務機關為時效抗辯之窘境。故建議企業應就任
何可能是賠償義務機關者於符合協議先行規定後，一併列為被告
起訴，如有時效之壓力，應考慮先行起訴已取得國賠法施行細則
第37條所定起訴文件之機關，並於起訴狀之起訴事實載明另有
一賠償機關將俟符合協議先行程序後追加起訴，待該賠償義務機
關同樣符合起訴要件後，再一併追加為被告，以避免逾越起訴時
效。

---

[17] 例如最高法院97年度台聲字第1037號裁定：「本件聲請人就上開再抗告事件，
向本院聲請訴訟救助及選任律師為訴訟代理人，固已釋明其無資力，惟其再抗
告事件之本案訴訟，係以內政部地政司為被告……依國家賠償法第9條第1項規
定，應以該公務員所屬機關為賠償義務機關，亦即國家賠償法所稱之賠償義務
機關，係指依法組織之中央或地方機關，有決定國家意思並對外表示之權限而
言。查內政部為掌理全國內務行政事務，地政司僅為其內部單位……聲請人逕
以內政部地政司為被告……該訴訟顯無勝訴之望……」；亦有諸多判決涉及賠
償義務機關之爭執，如最高法院89年度台上字第15號判決案、最高法院88年度
台上字第1885號判決案等。
[18] 國家賠償法施行細則第19條規定：「被請求賠償損害之機關，認非賠償義務機
關或無賠償義務者，得不經協議，於收到請求權人之請求起三十日內，以書面
敘明理由拒絕之，並通知有關機關。」

2

企業與行政機關協議國家賠償程序中，國家賠償之請求權時效是否繼續計算？如何確保國家賠償之請求權時效不致逾期？

張嘉眞、詹祐維

　　國家賠償訴訟因有協議先行程序之要求，因此請求權時效計算上，相較於一般民事訴訟較為複雜，關此，最保守計算為依國家賠償法第5條準用民法第129條規定，即時效，因請求而中斷，惟應於六個月內起訴，否則視為不中斷。然實務上也有較寬鬆之時效解釋，本文將扼要說明。

關鍵字：國家賠償長期消滅時效、短期消滅時效、請求、時效中
　　　　斷、視為不中斷、拒絕賠償理由書、協議

◎國家賠償請求權時效

　　依國家賠償法（下稱國賠法）第8條規定[1]，國家賠償請求權

---

[1]　國家賠償法第8條規定：「（第1項）賠償請求權，自請求權人知有損害時起，因二年間不行使而消滅；自損害發生時起，逾五年者亦同。（第2項）第二條第三項、第三條第二項及第四條第二項之求償權，自支付賠償金或回復原狀之日

之時效，以請求權人知有損害時起二年內不行使而消滅，或於損害發生時起逾五年亦同，其中所謂「知有損害」，依國家賠償法施行細則第3條之1規定[2]，係指知有損害事實及國家賠償責任之原因事實，其中不以知悉賠償義務機關為必要[3]，此與實務對民法第197條前段侵權責任短期消滅時效之起算，應知悉具體侵權行為人始行起算不同[4]。又損害發生時起，則應指實際發生損害時起算，如尚未發生實際損害，不起算時效[5]。

◎協議程序中消滅時效之計算

1. 時效因請求而中斷

　　按國賠法並未就時效計算或中斷為特別規定，依同法第5條

　　起，因二年間不行使而消滅。」

[2] 國家賠償法施行細則第3條之1規定：「本法第八條第一項所稱知有損害，須知有損害事實及國家賠償責任之原因事實。」

[3] 最高法院103年度第2次民事庭會議（三）決議：「按國家賠償法第8條第1項前段係規定賠償請求權，自請求權人知有損害時起，因二年間不行使而消滅，而依同法施行細則第3條之1規定，所謂知有損害，係指知有損害事實及國家賠償責任之原因事實而言。衡以國家賠償法係規範國家對人民之賠償責任，係整體不可分割，於不能確定賠償義務機關或孰為賠償義務機關有爭議時，除可依國家賠償法第9條第4項規定定其賠償義務機關外，同法施行細則第19條復規定被請求賠償損害之機關，認非賠償義務機關或無賠償義務者，得不經協議拒絕之，並通知有關機關，認是否知悉賠償義務機關對於國家賠償請求權之行使並無影響。是國家賠償法第8條第1項前段所定之賠償請求權時效，自以請求權人知悉應由國家負賠償責任即足，不以知悉賠償義務機關為必要。」

[4] 最高法院72年台上字第738號判例：「關於侵權行為損害賠償請求權之消滅時效，應以請求權人實際知悉損害及賠償義務人時起算，非以知悉賠償義務人因侵權行為所構成之犯罪行為經檢察官起訴，或法院判決有罪為準。」

[5] 臺灣高等法院102年度上國易字第11號：「再者，侵權行為請求權之消滅時效，除加害行為外，尚須有損害之發生始能起算；否則，雖有加害行為，但損害尚未發生，其侵權行為之成立要件尚未具備，時效自不得開始進行。」

規定[6]，國賠法未規定事項，準用民法規定，則國賠法消滅時效之中斷或不完成，係準用民法第129條至第143條規定。其中，當人民依國賠法第10條向賠償義務機關提出國家賠償請求，並開始協議時，即該當國賠法準用民法第129條，因「請求」而中斷時效計算之情形，此時保守而言，依民法第130條規定，若於請求後六個月內不起訴，視為不中斷，時效將會繼續進行。然實務上有較寬鬆之時效解釋，請參下文之見解。

2. 協議程序中未符合起訴要件，不繼續計算六個月起訴期間

由於依國賠法第11條、國賠法施行細則第37條規定，已提出協議請求，於賠償義務機關(1)作成拒絕賠償書、(2)作成協議不成立證明書、(3)賠償義務機關於請求逾三十日仍未開始協議或(4)拒不核發拒絕賠償書、協議不成立證明書等四種情形，才可起訴，因此，在未符合前開起訴條件之情形下，企業受國賠法第10條之限制，尚不得提起國家賠償訴訟。

準此，依國賠法第5條準用民法第128條規定時效自請求權得行使起算規定，此時民法第130條所定需於六個月內起訴之期限，自應於符合國賠法得起訴之情形時起算。從而，法務部93年6月17日法律字第0930024200號函釋[7]，即認為於請求權人收受賠償義務機關拒絕賠償理由書六個月後，始行依民法第130條規定認為時效不中斷，繼續起算時效。

---

[6] 國家賠償法第5條規定：「國家損害賠償，除依本法規定外，適用民法規定。」

[7] 要旨為：「國家賠償案件經請求權人依國家賠償法提出請求後，賠償義務機關認無賠償義務拒絕賠償者，如請求權人收受拒絕賠償理由書後六個月內未起訴者，不中斷同法第8條第1項時效期間之進行。」

3. 法院實務認為，只要機關未於三十日開始協議，人民即得起訴而立即起算請求六個月內應起訴之時效，不因賠償義務機關後續開始協議而延後六個月起算期間

　　計算時效時應注意，由於不同公務機關審理國賠案件之速度不一，於提起國賠請求後，不一定會於三十日內開始協議或作成賠償理由書，但法院實務認為，只要未於三十日開始協議，即符合上開國賠法第11條、國賠法施行細則第37條所定賠償義務機關於請求逾三十日仍未開始協議，得以起訴之情形，應立即起算六個月，即便於三十日後賠償義務機關有開始協議程序，亦無礙時效之進行[8]。故對於企業而言，只要請求後三十日內賠償義務機關並無任何動作，無論嗣後賠償義務機關是否開始進行協議，或有無作成拒絕賠償理由書、協議不成立證明書等，皆應於請求協議三十日內尚未開始協議之當日起算六個月期間內起訴，才算符合此時民法第130條所定需於請求起六個月內起訴，以中斷時效之規定，此請注意，以避免發生因國賠逾三十日開始協議，因協議中而忽略起訴致逾越時效之憾事。

---

[8] 最高法院104年度台上字第240號判決：「關於駁回上訴（即原判決駁回李陳智仁、李雋安及李皖平就一137萬300元本息之上訴）部分：按賠償義務機關自提出請求之日起逾三十日不開始協議，損害賠償請求權人即得逕行提起損害賠償之訴，無待協議程序之進行，此觀國賠法第11條第1項規定至明。李皖平及李雋安於100年2月17日提出請求後，被上訴人遲於同年4月6日始為協議（一審卷第58至59頁），依前開規定，李皖平及李雋安自同年3月20日起即得進行訴訟，並不以收受被上訴人協議不成立證明書為必要。其二人主張，伊等於101年4月11日收受被上訴人協議不成立證明書時起六個月內起訴，仍生時效中斷之效果云云，殊不足採。」同院97年度台上字第2008號判決亦同。

3

如企業收受行政機關之協議不成立證明書後，除選擇向民事法院起訴外，可否再嘗試與行政機關協議國家賠償？

張嘉眞、詹祐維

國家賠償協議程序機制，目的希望能夠簡化訴訟程序、減少訟源，對於企業而言，是能夠向賠償義務機關溝通協商避免曠日費時訴訟之重要機會，因此實務上即便賠償義務機關已經作成協議不成證明書，只要仍有機會在起訴前達成協議，法務部歷來函釋仍認為得再行協議程序，俾使爭議能圓滿解決，惟103年法務部函釋認定，再行協議僅具有和解之性質，並非重啟國家賠償協議程序，故即便協議程序仍在進行，企業仍應注意應於時效屆滿前起訴，以免逾越時效。

關鍵字：協議不成立、重啟協議、再行協議、國家賠償、和解、訴訟上和解、繼續協商、簡化訴訟程序

◎國家賠償協議程序能否再三展延或協議不成後再行協議

前已述及，於民事法院提出國家賠償請求，必須先與機關協議，否則起訴不合法且不能補正。依國家賠償法規定[1]，倘賠償義務機關經協議程序逾六十日仍未達成協議時，企業即可申請核發協議不成立證明書後依法起訴，但倘若國賠時效尚屬充裕，且事實上仍有經由協議程序解決爭議之可能性，國家賠償協議程序仍不失為重要之紛爭解決機制，故協議是否受限於法定期限，或於收受協議不成立證明書後，能否仍請求賠償義務機關再行協議？亦屬企業可能面臨之問題。

◎法務部見解

1. 國家賠償協議程序屆至六十日期限後，仍可以繼續展延或再行協議

法務部76年3月13日（76）法律字第3124號函認為，國家賠償法對於損害賠償之請求，係採協議先行主義，其立法精神在簡化訴訟程序、疏減訟源，並使權益受到侵害之人民得經由協議程序迅速獲得賠償，故即便雙方協議超過國賠法施行細則第26條規定之法定六十日期限，且已展延一次，仍得再依請求權人申請，繼續展延協議日程[2]。

---

[1] 國家賠償法第11條規定：「（第1項）賠償義務機關拒絕賠償，或自提出請求之日起逾三十日不開始協議，或自開始協議之日起逾六十日協議不成立時，請求權人得提起損害賠償之訴。但已依行政訴訟法規定，附帶請求損害賠償者，就同一原因事實，不得更行起訴。（第2項）依本法請求損害賠償時，法院得依聲請為假處分，命賠償義務機關暫先支付醫療費或喪葬費。」

[2] 詳該函釋說明二所示：「二查請求權人依國家賠償法請求賠償義務機關應即與之協議，自開始協議之日起逾六十日協議不成立，而請求權人未申請發給協議不成立證明書者，仍得請求賠償義務機關繼續協議，但以一次為限，固為國家

　　又即便雙方協議已逾六十日期限，賠償義務機關並已發給協議不成立證明書，法務部83年7月15日（83）法律決字第15078號函釋，同樣基於疏減訟源之精神，認定當確有達成協議之可能而無訴請法院解決爭執之必要時，賠償義務機關能收回協議不成立證明書，再行協議[3]。

　　基於上開函釋，針對已作成協議不成立證明書之請求，只要尚無逾越二年請求時效之顧慮，暫無訴請法院解決爭執之必要，且後續有達成協議之可能，應得嘗試據此函釋向賠償義務機關請求再行協議。

　　賠償法施行細則第26條第2項所規定。唯查國家賠償法對於損害賠償之請求，係採協議先行主義，其立法精神在簡化訴訟程序、疏減訟源，並使權益受到侵害之人民得經由協議程序迅速獲得賠償。故本件自開始協議之日起逾六十日協議不成立，而請求權人未申請發給協議不成立證明書及提起損害賠償之訴，且仍請求賠償義務機關繼續協議時，揆諸前揭說明，為貫徹國家賠償法採行協議先行主義之立法精神，賠償義務機關如認為與請求權人就未能達成協議部分，互相讓步，確有達成協議之可能而無訴請法院解決爭執之必要時，賠償義務機關自不必拘泥於國家賠償法施行細則第26條第2項規定之文字，得應其第三次申請，就前次協議中未能達成協議之部分，與請求權人繼續進行協議。」

[3]　詳該函釋所示：「二查請求權人依國家賠償法請求賠償，賠償義務機關應即與之協議，自開始協議之日起逾六十日協議不成立，而請求權人未申請發給協議不成立證明書者，仍得請求賠償義務機關繼續協議，但以一次為限，國家賠償法施行細則第26條第2項定有明文。上開規定之立法精神在簡化訴訟程序，疏減訟源，並使權益受到侵害之人民得由協議程序迅速獲得賠償（本部76年3月13法76律字第3124號函暨81年5月11日法81律字第06909號函參照）。本件賠償義務機關既已核發協議不成立證明書，則與上開規定要件不符，依國家賠償法第11條第1項前段之規定『賠償義務機關拒絕賠償，或自提出請求之日起逾三十日不開始協議，或自開始協議之日起逾六十日協議不成立時，請求權人得提起損害賠償之訴。』即請求權人得依法提起訴訟以為救濟。但基於便民及疏減訟源之目的，賠償義務機關與請求權人確有達成協議之可能而無訴請法院解決爭執之必要時，尚非不得依請求權人之請求再行協議，並收回協議不成立證明書。」

2. 近期法務部對再行協議之性質，認定為屬和解協商，已非國賠法之協議

　　法務部近年於103年8月11日法律字第10303509280號函[4]，認為賠償義務機關雖仍得再行協議或繼續展延協議期間，但該等協議應與國賠法所訂協議程序互相區隔，僅具「和解」性質等，並不適用協議程序之相關規範[5]。

　　依此見解，因後續再行之協議程序，並非國賠協議程序，則依國賠法準用民法第125條、第129條及第130條規定，賠償義務機關一旦未於三十日開始協議，或已作成拒絕賠償理由書或協議不成立證明書，均無收回之動作，故前揭各時點均屬隨時得起訴之狀態，依法應自前揭時點（保守起見，建議應以最早之時間點為準）起算六個月起訴期間以中斷時效，如未能於六個月內起訴時，其時效視為不中斷，故企業應特別注意，如有再行協議之情形，即便協議程序仍在進行，亦應遵期起訴，避免逾越時效。

---

[4] 詳該函釋要旨所示：「國家賠償法施行細則第26條及相關函釋參照，倘賠償義務機關已核發國家賠償協議不成立證明書，請求權人請求另行協議與上述規定要件雖有不符，惟基於便民及疏減訟源目的，賠償義務機關與請求權人確有達成協議可能而無訴請法院解決爭執之必要時，尚非不得依請求權人請求另行協議，而該再行協議實係和解性質。」

[5] 此限縮見解，或有再斟酌之空間，蓋依國賠法第10條第2項後段規定，依國賠法協議程序作成之協議書，得為執行名義，且國賠法施行細則亦對協議書之內容、格式等，有具體之規定。但相對於此，依民法所成立之和解契約，雙方僅具有債權性質，倘就和解內容糾紛，需再提起訴訟取得執行名義，故該等見解實有礙人民權利之保障。況且，由於賠償義務機關一旦作成拒絕賠償理由書或協議不成立證明書，依國賠法準用民法第125條、第129條及第130條規定，此時即屬隨時得起訴之狀態，依法應起算六個月中斷時間，並於六個月後重行起算時效，惟倘有協議可能似應避免紛爭擴大，實應收回拒絕賠償理由書或協議不成立證明書，以重新開啟協議程序，停止時效中斷期間之計算，以避免發生人民陷於一方面繼續協議，另一方面卻迫於時效必須起訴之矛盾狀態，較為恰當。

4

企業如取得訴願決定或行政法院判決認定行政處分違法，是否得於國家賠償訴訟憑以主張公務員有故意過失之不法行為？民事法院對於行政處分是否違法，可否另行認定？

張嘉真、詹祐維

　　國家賠償以公務員執行職務故意過失不法侵害人民權利為要件，倘人民因公務員作成之違法處分致生損害，依行政訴訟法第12條規定，民事法院即應受行政爭訟結果之拘束，故企業如取得訴願決定或行政訴訟判決認定處分違法，民事法院於國家賠償程序即應認定公務員有違法行為。又實務上，如機關已有違法行為，應推定機關公務員有故意過失，而應由機關舉證公務員無過失，是企業如取得有利之訴願決定或行政法院判決，亦得據以於國家賠償訴訟主張推定公務員之過失責任。

關鍵字：國家賠償要件、行政爭訟程序、違法行為、違法推定過失、推定故意過失、過失客觀化

◎國家賠償要件

按國家賠償法第2條第2項規定[1]，公務員職務上之行為倘符合：行使公權力、行為違法、有故意過失、特定人自由或權利所受損害與違法行為間具有相當因果關係等要件[2]，企業即得就國家積極作為或消極不作為，向國家請求賠償。

◎行政處分有無違法，民事法院應受行政爭訟結果之拘束

依行政訴訟法第12條規定[3]，民事法院裁判以行政處分違法為據者，應依行政爭訟程序確定之，是於國家賠償訴訟中，倘公務員違法行為，係以作成行政處分為之，民事法院即應以行政爭訟程序之結果判斷該處分是否違法，並據以認定公務員有無違法行為，不得再為實體審查[4]，如行政爭訟尚未結束，民事法院亦

---

[1] 國家賠償法第2條規定：「（第1項）本法所稱公務員者，謂依法令從事於公務之人員。（第2項）公務員於執行職務行使公權力時，因故意或過失不法侵害人民自由或權利者，國家應負損害賠償責任。公務員怠於執行職務，致人民自由或權利遭受損害者亦同。（第3項）前項情形，公務員有故意或重大過失時，賠償義務機關對之有求償權。」

[2] 詳司法院大法官釋字第469號解釋：「……國家賠償法第2條第2項規定……，凡公務員職務上之行為符合：行使公權力、有故意或過失、行為違法、特定人自由或權利所受損害與違法行為間具相當因果關係之要件，而非純屬天然災害或其他不可抗力所致者，被害人即得分就積極作為或消極不作為，依上開法條前段或後段請求國家賠償……。」

[3] 行政訴訟法第12條規定：「（第1項）民事或刑事訴訟之裁判，以行政處分是否無效或違法為據者，應依行政爭訟程序確定之。（第2項）前項行政爭訟程序已經開始者，於其程序確定前，民事或刑事法院應停止其審判程序。」

[4] 最高法院93年度台上字第2014號判決：「按……行政訴訟法第12條第1項、第2項分別定有明文。由是以觀，民事或刑事法院在行政爭訟程序確定前，既應停止其審判程序，足見行政處分是否無效或違法，應先由行政爭訟程序確定之。倘行政法院對於行政處分之違法性已有認定，民事或刑事法院就此即不得再為實體審查而為相左之認定。」

應停止審判[5]。換言之，如企業獲得行政法院判決或訴願決定認定行政處分違法並將之撤銷，民事法院於國家賠償訴訟，即應同樣認定公務員有違法行為，符合國家賠償要件之一。

又行政訴訟法第12條所謂「行政爭訟程序」定義，實務上除依行政訴訟法所提起之行政訴訟外，訴願程序亦包含在內[6]，因此訴願決定與法院判決對於行政處分違法與否之判斷，民事法院皆受拘束。

◎國家已為違法行為，即應推定公務員有故意過失

除上開公務員違法行為之認定外，因國家賠償採過失責任主

---

[5]　最高法院106年台上字第1156號判決：「次查……行政訴訟法第12條第1、2項定有明文。……華儲公司所受罰鍰之行政處分，是否無效或違法，攸關其得否請求該部分之賠償，則在行政爭訟程序確定前，依法自應先停止其審判程序。乃原審未適用上開行政訴訟法之規定，徒以華儲公司於該處分確定前既尚未繳納是項罰鍰，即謂其未受該部分之損害，亦有未合。」最高法院104年度台上字第142號判決並認為如提起民事訴訟前尚未提起行政爭訟，法院亦應行使闡明權：「按行政訴訟法第12條規定……故民事之裁判，如以行政處分是否無效或違法為據者，苟行政爭訟程序尚未開始，民事法院審判長即應依民事訴訟法第199條第2項規定行使闡明權，曉諭當事人就行政處分是否無效或違法，先依行政爭訟程序確定之。倘未行使闡明權，曉諭當事人得就行政處分是否無效或違法，先行依行政爭訟程序確定之，即逕行判決，所踐行之訴訟程序，已有未合。」

[6]　最高法院106年度台上字第734號判決：「……再按工程會對於採購申訴之審議判斷，視同訴願決定；審議判斷指明原採購行為違反法令者，招標機關應另為適法之處置。……民事訴訟之裁判，以行政處分是否無效或違法為據者，應依行政爭訟程序確定之。採購法第83條……第12條定有明文。本件工程會之審議判斷指明上訴人撤銷決標核屬違背法令，而撤銷上訴人維持原處分（即撤銷決標）之異議處理結果等情，為原審認定之事實。果爾，依前開說明，倘上訴人撤銷決標係公法上之行政處分行為，上開審議判斷即為確定之行政爭訟決定……原審未詳加審究，徒以民事法律行為之效力如何，本應由民事法院本於職權而認定，不受行政機關判斷所拘束，遽認上訴人所為撤銷決標仍有效存在並為合法，而為不利上訴人之判決，亦有可議。」臺灣高等法院臺中分院92年度上國易字第8號確定判決。

義，該等違法行為需公務員因故意過失所為，始得成立國家賠償法第第2條第2項之賠償責任，惟因公務員服務法第1條[7]已揭示公務員有依法律、命令執行職務之義務，且公務機關組織龐大，基於行政權作成決定過程中之內部資料之存在及完整性，人民難以掌握，是實務多數見解認為，就公務員故意過失之舉證，衡酌訴訟類型特性與待證事實之性質、當事人間能力、財力之不平等、證據偏在一方、蒐證之困難、因果關係證明之困難及法律本身之不備等因素，應採「過失客觀化」及「違法推定過失」法則，倘行政機關具有違法行為，即應推定公務員具有故意過失，而應由行政機關自行舉證公務員無故意過失[8]。

　　準此，倘企業已進行訴願決定、行政訴訟判決等行政爭訟，並取得訴願決定或法院判決認定行政處分違法，自得以之主張行政機關有違法行為，並應推定機關公務員之故意過失。惟另需注意者，若行政處分並非導致損害發生之原因，即便處分經認定屬違法，仍需積極舉證公務員所為加害行為之故意過失，例如關務署認定企業申報不實作成違法處分查扣貨物，該貨物復因關務署保管不當滅失致生損害，嗣該處分雖經撤銷，但因違法加害行為乃關務署保管不當之行為，企業仍需舉證保管不當行為公務

---

[7] 公務員服務法第1條規定：「公務員應恪守誓言，忠心努力，依法律、命令所定執行其職務。」

[8] 詳最高法院106年度台上字第947號判決：「按國家賠償法第2條第2項所定之國家賠償責任，固採過失責任主義，且得依『過失客觀化』及『違法推定過失』法則，以界定過失責任之有無。而於是項事件具體個案，衡酌訴訟類型特性與待證事實之性質、當事人間能力、財力之不平等、證據偏在一方、蒐證之困難、因果關係證明之困難及法律本身之不備等因素，得依民事訴訟法第277條但書所揭依誠實信用及公平正義原則，適當分配舉證責任。」最高法院99年度台上字第836號判決、臺灣高等法院臺中分院105年度上國易字第1號確定判決皆同意旨。

員之故意過失[9]。

[9] 詳最高法院103年度台上字第644號判決：「查系爭行政處分業經最高行政法院判決撤銷確定，乃原審所認定，惟行政處分被撤銷，與承辦之公務員是否構成職務上侵權行為，分屬兩事，究作成系爭行政處分之公務員是否有故意過失，仍應依憑證據認定，原判決未說明其認定之依據，遽以系爭行政處分既被撤銷，難謂作成系爭處分之公務員無過失，進而推論上訴人應負國家賠償責任，已有未合。」嗣後同案經更審確定之106年度台上字第2862號判決認定：「原審……以：……上訴人基於保管職責，未依其制定之工作手冊當定時查看系爭乾香菇之狀態，就已接近保存期限有發生喪失、毀損或腐敗之虞之系爭乾香菇，依緝私條例之規定交付被上訴人或相關機關保管，或予以變賣以保管價金等處置，以遂行扣押處分之持續狀態，難認依法盡適當保管扣押物之責，並因而於保管期間造成系爭乾香菇發生腐敗毀損，自有未盡保管責任之過失。……經核於法洵無違背。」

八、會計師鑑定

1

於民事爭訟程序中，倘企業請求金額計算方式較為繁雜，或涉及諸多帳冊、單據資料，為加強舉證促進法院審理，是否能請會計師出具鑑定報告作為舉證？

張嘉真、詹祐維

　　民事爭訟程序中，如舉證方式涉及之帳目或憑證較為繁雜，企業可以考慮委請會計師出具鑑定報告，依其會計專業智識經驗審閱求償相關之財務報表、簿冊、單據及契約文件後提出會計師之評估意見。實務上就涉及公司人員舞弊、侵占之求償案件、特殊契約之履約爭議、智慧財產權侵害案件或損害賠償金額計算等，常見請會計師作成鑑定報告之情形，其於訴訟結果之影響如何？本文扼要說明之。

關鍵字：會計師鑑定報告、帳冊及單據資料繁多、公司舞弊、侵占、損害賠償舉證、損害賠償計算

◎會計師鑑定報告於民事爭訟之用途

　　民事爭訟程序中，如訴訟涉及的請求金額，係由大量單據、帳冊資料加總，或請求之原因事實涉及帳目核對製作、金流複雜等情形，雖然法官依法得逐一審視相關資料自行判斷，但為利法官審理，如於訴訟中能請具專業能力之會計師，審閱該等文件並出具鑑定報告，說明會計師認定之結果，勢能大幅減少審理時間，亦視個案情形可獲加強舉證之效果，得為企業進行民事訴訟可考量的舉證選項之一。

◎實務上常見請會計師作成鑑定報告加強舉證之情形

1. 涉及公司舞弊、侵占之求償案件

　　此類型屬會計師典型業務領域，即針對企業製作之帳冊資料，事後檢核有無造假、舞弊等，或就已毀損之帳戶資料，核對相關資料還原金流，或是查核公司盈虧有無符實等，實務上例如受僱人代收款項未繳納至保費專戶[1]、侵占公寓大廈管理費[2]、查核股東會決議分配盈餘是否合法[3]、詐欺浮報股價[4]等案件，皆是請會計師製作鑑定報告作為求償舉證之重要資料。

2. 履約爭議

　　於特定契約關係中，可能會涉及大量金錢流向資料、收支資料以及債務分擔比例之計算等，因此如於履約或最終清算時發生爭議，亦可能會請會計師協助查核金流或計算兩造各應負擔之債

---

[1]　詳最高法院106年度台上字第2850號判決案。

[2]　詳最高法院101年度台上字第554號判決案。

[3]　詳最高法院95年度台上字第2501號裁定案。

[4]　詳最高法院84年度台上字第2949號判決案。

務比例及收益等，實務案例如合夥關係清算[5]、被告依約辦理開發、製作及行銷特定產品之證明[6]、公司清算之淨值分配[7]等。

3. 侵害智慧財產權案件

　　智慧財產權爭議，多半涉及長期開發過程所耗費之鉅額研發成本，以及加害者藉侵害智慧財產權所取得之商業上利益，皆係反映於訴訟雙方之公司成本及收益，故需依據各企業之帳目憑證資料證明，因此於相關訴訟中，常見請會計師鑑定研發過程之單據、成本資料等，計算著作權或營業秘密之研發程本[8]，或是審酌被告之帳冊，計算侵權者因侵害智慧財產權所獲得之利益[9]等。

4. 損害賠償請求單據之計算

　　依民法第216條第1項規定，所謂損害賠償，係指填補債權人「所受損害」及「所失利益」，實務認為，前者指現存財產因損害事實之發生而被減少，屬於積極的損害；後者則是指新財產之取得，因損害事實之發生而受妨害，屬於消極的損害[10]。關於損害範圍之認定，無論所受損害或所失利益之認定，實務上不乏委請會計師針對損害提出意見之案例，例如請會計師計算興建納骨塔之必要費用[11]、違反病房經營契約所失利益[12]、火災損害查

---

[5] 詳最高法院107年度台上字第286號判決案。

[6] 詳最高法院106年度台上字第2654號判決案。

[7] 詳最高法院103年度台上字第2033號判決案。

[8] 詳智慧財產法院102年度民營訴字第6號判決、104年民著訴字第63號案。

[9] 詳最高法院102年度台上字第943號案、智慧財產法院104年度民商訴字第27號判決案。

[10] 詳最高法院48年台上字第1934號判例。

[11] 詳最高法院106年度台上2884號判決案。

[12] 詳最高法院106年度台上字第444號判決案。

核報告[13]等，以協助於法院判定金額或計算方式，惟由於損害之認定要屬責任範圍因果關係之判斷，為法院職權審酌之核心領域，法院是否全盤採納會計師意見，仍需視個案情形而定。

---

[13]　詳臺灣高等法院105年度重上字第888號判決案。

2

企業如何依不同案件型態，委請會計師製作適當類型之鑑定報告，以加強訴訟上之主張及舉證？

張嘉真、詹祐維

　　會計領域上就會計師查核帳目、製作會計報告之方式，有一致之專門執業規範，惟民事爭訟程序案情多變，公報所規定之會計報告格式，並不一定能符合訴訟所需，且為達公報格式之要求，更需踐行許多尚非訴訟程序所要求之查核動作，而需耗費相當之時間及費用，因此，實務上除常見依固定格式製作之特殊目的查核報告、財務資訊協議程序之執行報告外，亦常見以會計師依專業自行決定查核程序製作之會計報告，作為舉證之方式，企業得視案件需求及成本考量等，選擇委託會計師製作之報告種類，以加強訴訟上之主張與舉證。

關鍵字：一般審計準則、特殊目的查核報告、財務資訊協議程序、會計鑑定報告、財務報告、鑑識會計

◎會計報告依循之審計準則

　　會計師查核帳目資料需遵循專門執業之規範程序及表達方式，此即爲一般公認審計準則，其中所含不同種類之查核方式與標準，乃由會計師分別採用後，對於財務資料是否眞實或有無符合審計準則，提供不同確信程度之表達。換言之，在公認審計準則之規範下，採用審計準則所規範方式製作之會計報告，即提供各規範方式所對應之確信程度。

　　然而，由於一般公認審計準則多係針對公司財務報表製作之查核等會計師之主要業務所設計，惟針對民事爭訟多變之鑑定需求，會計領域中尙乏國際通用之鑑定審計準則，因此實務上對於會計鑑定報告之製作，部分係使用一般審計準則中，針對特殊類型財務資料查核之準則，即「特殊目的查核報告」或「財務資訊協議程序之執行報告」；部分則是由會計師自行決定查核選用之程序，並詳列於會計報告中，以爭取法官肯認其所採評估程序之合理性，其方式與類型不一而定，需視實際情形選擇，茲分述如下。

◎會計報告類型

1. 依審計準則製作之報告

(1)特殊目的查核報告

　　所謂「特殊目的查核」報告，依財團法人會計發展研究基金會審計準則公報第28號「特殊目的查核報告」公報第2條規定[1]，

---

[1]　內容爲：「本公報所稱特殊目的查核報告，係指查核下列各款所提出之報告：1.依據其他綜合會計基礎所編製之財務報表。2.財務報表內特定項目。3.法令規定或契約約定條款之遵循。4.依法令或契約約定方式之財務表達。5.按特定形式

諸如：會計師對財務報表內特定項目、依法令或契約約定方式之財務表達、按特定形式表達之財務資訊等，進行查核所提出之報告，均屬之。

此類報告因能針對財務報表內特定財務資訊進行審核，或依法令及契約規定，提供遵循或依規定製作相關財務表達方式，得作為訴訟上會計報告使用，惟此類報告核心仍在於重複核對指定部分之財務報告內容，有無符合財務報告製作之規範等，或財務資訊表達方式有無符合契約、法令之要求等，以訴訟角度而言，偏向證明財務帳目之製作有無符法令、契約之判斷，程序較為繁複且受限於財務報表之審計準則，因此，實務上較常見於刑事爭訟程序中所運用，作為確認具會計身分之員工有無業務侵占犯罪事實[2]等情形。

(2)財務資訊協議程序之執行報告

所謂「財務資訊協議程序之執行」報告，依據財團法人會計發展研究基金會審計準則公報第34號「財務資訊協議程序之執行」之規定，係指會計師於協議程序中，專案針對特定財務資訊，以檢查、觀察、查詢、函證、計算、分析及比較等方法，獲取證據，再就其發現事實所作成之報告[3]。

由於此類報告係依委任人指定程序及提供之事實，以會計方法觀察特定事實，於程序及事實取得受限下，該報告即無法以審計原則辦理查驗，故依審計準則規定，此類報告最後必需表明：「本會計師並非依照一般公認審計準則查核，因此不對受查財務資訊整體是否允當表達提供任何程度之確信。若執行額外程序或依照一般公認審計準則查核，則可能發現其他應行報告之事實」

表達之財務資訊。6.簡明財務報表。」

[2]　例如最高法院98年度台上字第1527號判決案、最高法院98年度台上字第1527號判決案等。

[3]　詳該公報第3條、第17條、第18條、第19條規定。

等語[4]。實務上此類報告因審核程序及內容可自由指定，兼顧製作速度與工作成本，常見於民事訴訟案件，且均經法院採納部分報告內容而作出對求償者有利之判斷[5]。

2. 未依審計公報格式製作之報告

除前揭依審計準則出具之報告外，會計師亦能依其專業意見自行選擇查核方式，並出具會計評估報告，說明所欲鑑定之特定事實，此等報告內容並不受限於特定格式或查核方法。會計中與鑑識公司帳目資料有無舞弊、貪污等相關之鑑識會計，中華民國會計師公會全國聯合會曾於103年12月2日發布「鑑識會計服務實務指引」第1號「鑑識會計服務實務指引基礎架構」，惟該等基礎架構僅提供會計報告製作之指引，尚不具公認審計準則公報格式之地位。故目前於國際上未有此類報告製作之規範固定格式，需賴製作報告會計師本人之專業能力、公信力及審查程序之完整性，就欲審查之內容決定查核方式，以建立會計報告之可信度。

◎實務對於不同類型會計報告之採信程度

上開不同種類之會計報告，屬於會計領域上之區分，對法院而言仍皆屬於鑑定方法，實際需視會計師所執行之查核程序以及評估報告意見，確認是否可採[6]，因此，法院實務上並未有以何

---

[4] 詳該公報釋例一。

[5] 例如最高法院106年度台上字第2630號確定判決案、最高法院104年度台上94號確定判決案（確定判決：臺灣高等法院臺南分院104年建上更（四）字第2號確定判決）、最高法院99年度台上字第982號確定判決案。

[6] 詳最高法院79年台上字第540號判例：「法院固得就鑑定人依其特別知識經由事實觀察，加以判斷而陳述之鑑定意見，依自由心證判斷事實之真偽。然就鑑定人之鑑定意見可採與否，則應踐行調查證據之程序而後定其取捨。倘法院不問鑑定意見所由生之理由如何，據採為裁判之依據，不啻將法院採證認事之職權

種方式製作會計報告即採信或不採信之情形，企業得視案件需求會計師鑑定內容之多寡、案件審理速度或成本規劃等，與會計師研議後決定採取之會計報告類型[7]。

惟另需注意者，對於「財務資訊協議程序之執行」報告，由於會計師查核程序受限於委託人決定之內容，非依照一般公認審計準則查核，且不執行額外程序，依公報需表明「不提供任何程度之確信」等語，實務上多有相對之一方依此等聲明文句爭執類此報告不足採信者，亦有部分判決憑此認定該等報告之內容所能提供之確信不足，無法據爲判斷之基礎之情形[8]，應予注意。

又一般而言，如鑑定報告中有清楚引用使用之審計程序與方法，並敘明未依審計準則之理由，例如一般準則是針對財務報表查核製作，係因鑑定事項內容無法審計準則符合[9]，或依公司要

委諸鑑定人，與鑑定僅爲一種調查證據之方法之趣旨，殊有違背。」

[7] 例如臺灣高等法院96重上更（一）字第182號確定判決案、臺灣高等法院高雄分院96年度重上更（二）字第6號確定判決案、臺灣高等法院90年度上字第1129號確定判決案等。

[8] 例如臺灣高等法院107年度上字第717號確定判決；但亦有肯認並採爲判決基礎者：臺灣高等法院96重上更（一）字第182號確定判決、臺灣高等法院105年度重上字第542號判決（上訴三審中）等。

[9] 詳臺灣高等法院高雄分院96年度重上更（二）字第6號確定判決：「……系爭鑑定報告雖未依照一般公認之審計準則，但有引用審計程序與方法，之所以未完全引用一般公認之審計準則，係因兩造請求鑑定之事項並非就兩造之帳冊是否符合一般公認之會計原理原則爲鑑定，故不同於一般審計案件，至於一般公認之審計準則最主要是審核公司之財務報表是否符合一般公認之會計原理原則，本件鑑定目的係營運資金主要用途及帳列科目之用途，與一般公認之審計準則查核之目的不同，所以無法完全引用一般公認審計準則來查核，只能部分引用等情，已據鑑定人……陳明甚詳……足認……會計師業已確實查核系爭59張傳票之各項資金流入及支出情形……。」

求進行並無準則之適用等[10]，較容易受法院採信。

---

[10]　詳臺灣屏東地方法院94年度重訴字第4號確定判決：「另被告辯稱原告憑以請求
賠償金額之資誠會計師事務所評估報告，未按一般公認會計審計原則處理……
惟證人黃金澤即資誠會計師事務所會計師到庭證稱：一般公認審計準則查核係
製作財務報表查核時的程序，是依據公認的會計原則審議方式，而本件單純是
以與中央存保公司之協議，依該公司的要求進行，並無該準則之適用，一般財
務報表查核是看授信戶的還款情況及有無擔保品，若無還款能力就看擔保品的
價值，與本件大致相同，只是本件受限於既定之規定，而一般財務報表查核彈
性較大，如果客戶沒有還款能力時，我們會看擔保的價值，但因市場狀況會有
波動情形，所以沒有一定的算法，評估不動產價值時，會考慮時間因素，以評
估損害時點為準，本件因非審核農會財務報表，故不適用一般公認審計查核標
準，而是評估逾放款回收之價值，故依協議程序，有擔保品，就會列入評估等
語……，是以本件既非審核財務報表，當不適用一般公認審計查核標準，被告
所辯，顯不足採。」

3

企業於訴訟上可否請求法院囑託會計師鑑定特定事項？

張嘉眞、詹祐維

企業除自行委請會計師製作報告以為舉證外，亦得向法院聲請囑託會計師或會計師事務所鑑定特定事項，如採此一方式，則法院囑託會計師鑑定所需費用將納為訴訟費用，最後由敗訴之一方負擔。

關鍵字：囑託會計師鑑定

◎鑑定會計師或機關之選定

企業倘欲請會計師製作報告舉證特定事項，因會計師屬具獨立性之專門職業，一般得先請會計師作成報告後，直接提出予法院作為證明特定事實之證據方法。企業亦得選擇向法院請求囑託會計師或會計師事務所鑑定特定事項[1]，此一鑑定之費用是由聲

---

[1]　民事訴訟法第324條：「鑑定，除本目別有規定外，準用關於人證之規定。」準用同法第298條：「（第1項）聲明人證，應表明證人及訊問之事項。（第2項）證人有二人以上時，應一併聲明之。」同法第326條：「（第1項）鑑定人由受訴法院選任，並定其人數。（第2項）法院於選任鑑定人前，得命當事人陳述意

請鑑定之一方先墊付，最後轉由敗訴之一方負擔[2]。惟依民事訴訟法第326條第2項前段規定[3]，實務上法院於選任鑑定人前得命當事人陳述意見，法院一般會希望兩造協商是否合意選定同一會計師作爲鑑定人，惟如無法達成合意，實務上有向社團法人中華民國會計師公會全國聯合會請求指派會計師者，亦有依民事訴訟法第340條第1項規定，由法院委請臺灣前四大會計師事務所，即勤業眾信聯合會計師事務所、安永聯合會計師事務所、安侯建業會計師事務所、資誠聯合會計師事務所鑑定相關事項者[4]，可供參考。

◎囑託鑑定人或鑑定機關鑑定，於鑑定程序上之不同

　　法院囑託鑑定人或鑑定機關辦理鑑定，前者係由自然人辦理，後者則囑託法人或團體，因此鑑定之程序即有些許差異，其中因機關鑑定出具之報告爲機關之意見，是倘法院委請實際辦理

見：其經當事人合意指定鑑定人者，應從其合意選任之。但法院認其人選顯不適當時，不在此限。（第3項）已選任之鑑定人，法院得撤換之。」同法第340條：「（第1項）法院認爲必要時，得囑託機關、團體或商請外國機關、團體爲鑑定或審查鑑定意見。其須說明者，由該機關或團體所指定之人爲之。（第2項）本目關於鑑定人之規定，除第三百三十四條及第三百三十九條外，於前項情形準用之。」

[2] 鑑定費用依民事訴訟法第3章第2節訴訟費用之計算及徵收第77條之23第2項所定：「……法院核定之鑑定人報酬，依實支數計算。」屬於訴訟費用，依民事訴訟法第78條規定：「訴訟費用，由敗訴之當事人負擔。」

[3] 民事訴訟法第326條：「（第1項）鑑定人由受訴法院選任，並定其人數。（第2項）法院於選任鑑定人前，得命當事人陳述意見；其經當事人合意指定鑑定人者，應從其合意選任之。但法院認其人選顯不適當時，不在此限。（第3項）已選任之鑑定人，法院得撤換之。」

[4] 民事訴訟法第340條：「（第1項）法院認爲必要時，得囑託機關、團體或商請外國機關、團體爲鑑定或審查鑑定意見。其須說明者，由該機關或團體所指定之人爲之。（第2項）本目關於鑑定人之規定，除第三百三十四條及第三百三十九條外，於前項情形準用之。」

之鑑定人到庭說明或陳述意見時，該鑑定人無需具結[5]，此與單獨囑託鑑定人之規定不同，惟實務上仍不乏同樣請鑑定人具結之案例[6]。另其他相異處，則係民事訴訟法第339條鑑定證人之規定，因該等證人屬於以特別知識得知特定事實之「特定人」，具有不可替代性，例如持續治療精神疾病之醫生對於病人前後病況之鑑定等，自無從以囑託機關鑑定之方式辦理，是囑託機關鑑定時機關承辦人並不適用鑑定證人相關程序。

　　至於民事訴訟法第331條至第333條規定，鑑定人如有聲請法官迴避之相同原因，得聲請迴避拒卻鑑定人之規定，舊法因民事訴訟法第340條關於囑託機構鑑定之條文並未準用而無法聲請

---

[5] 最高法院28年滬抗字第104號判例要旨：「法院囑託公署或團體陳述鑑定意見或審查之者，毋庸踐行具結之程序，此觀民事訴訟法第334條之規定，未為同法第340條所準用，即可明瞭。」臺灣高等法院暨所屬法院107年法律座談會民事類提案第24號：「問題要旨：法院囑託鑑定機關鑑定，於鑑定不足或不明瞭之處，通知鑑定人到場說明，鑑定機關指定人員到場以言詞說明或陳述意見，是否應命具結？……審查意見：採甲說：不應命具結。補充理由如下：法院囑託機關或團體為鑑定，經該機關或團體指定人員到場說明或陳述鑑定意見者，毋庸踐行具結之程序，此觀民事訴訟法第334條規定未為同法第340條所準用即明……」

[6] 例如最高法院103年度台上字第2485號判決、最高法院105年度台上字第1058號裁定，此二案最高法院並未指明原審法院命鑑定機關之承辦人具結之效力為何，至於違法命具結之效力為何？一般認為依法無需具結，可以拒絕。違法命具結之效果，學者有介紹德國法討論，有認應以無具結之證據論斷，但也有認為具結即加強證明力之見解，學者採前說，詳姜世明，《新民事證據法論》，頁175，二版，臺北：學林文化。我國民事實務目前似未查得類此違法命具結效力之討論，刑事實務雖視不同案情有所曉諭，恐難遽予援用。

迴避[7]，惟新法於89年2月9日修改後[8]，鑑定機關如有聲請法官迴避之相同原因，現行亦得聲請迴避拒卻之[9]。

◎聲請鑑定事項應明確

由於會計師得辦理鑑定之事項相當多元，因此聲請法院囑託會計師鑑定之事項，即應明確且與待證事實有適當之連結，避免發生無法鑑定，或鑑定事項與本案待證事實無關或沒有必要之情形，徒增勞費及時間之消耗。例如：1.於有關追究企業內部舞弊、侵占等行為之訴訟，企業得先針對「加害或違反法令、契約之行為」所涉之法令、契約例示列明，再請會計師依帳目與憑證資料判斷有無舞弊、侵占，原製作之財務報告有無符合公認之財務報表製作方法、商業會計法或兩造契約所要求之規範——如被告有無依約製作財務資料或有無依約履行利益分配等；2.於智慧財產權侵害之訴訟，針對「請求賠償之範圍」，諸如研發成本、

---

[7] 57年2月1日修正之民事訴訟法第340條規定：「法院依第二百八十九條之規定，囑託機關或團體陳述鑑定意見或審查之者，準用第三百三十五條至第三百三十八條之規定，其鑑定書之說明，由該機關或團體所指定之人為之。」最高法院69年台抗字第171號裁定：「……本件臺灣桃園地方法院囑託……工業同業公會為鑑定，係依民事訴訟法第340條為之。又機關或團體依該法條為鑑定者，該機關、團體或其指定實際調查之人，均不適用民事訴訟法第331條拒絕鑑定人之規定。此觀諸該第340條僅規定準用同法第335條至第338條，而不及於第331條自明。從而抗告人聲請對上開同業公會指定實際調查人之一……拒卻鑑定，依上揭說明，難為有理由。」

[8] 修正後條文詳前揭註4。

[9] 詳最高法院98年度台上字第1079號判決：「……惟按當事人得依聲請法官迴避之原因拒卻鑑定人。聲明拒卻鑑定人，應舉其原因，向選任鑑定人之法院或法官為之；前項原因及前條第二項但書之事實，應釋明之。民事訴訟法第331條第1項、第332條分別定有明文。而關於鑑定人之規定，除第334條及第339條外，於法院囑託機關、團體或商請外國機關、團體為鑑定者，準用之，同法第340條第1、2項亦有明定。是上述有關拒卻鑑定人之規定，於法院囑託機關、團體為鑑定時，自亦在準用之列。」

所受損害費用、遭侵害權利之價值等，予以區分，並提供相關財報、單據、契約、研發記錄等資料，協助並促請會計師作成之鑑定報告，應符合鑑定事項之要求及範圍，以資作為待證事實之證明[10]。

---

[10] 實務上即不乏因鑑定事項未臻明確，致最終無法證明主張事實之案例。例如最高法院95年度台上字第4257號判決：「……判決理由之敘述均應依憑證據，且須與卷內之證據資料相適合，否則即有判決理由不備，或證據上理由矛盾之違法。原判決依憑證人（應係鑑定人）即會計師張崑銘所製作之特定科目稽核報告書及莊明山會計師查核製作之大發加油站『特殊目的查核報告書』（原審卷內查無此資料），暨張崑銘於偵查中及一審審理時之證述，認上訴人有本件違反商業會計法及業務侵占犯行。然會計師張崑銘於一審時結稱：『……查核結果傳票金額與日記帳有差異，金額有多的也有少的，我不知道不符的原因。』（見一審卷第45頁）嗣於原審亦結證稱：『我只是負責核對總分類帳為中心，核對日記帳、傳票發現不符。是依據告訴人所提出的報表來分析，並沒有核對原始憑證……只核對差異情形，其他的事我不清楚，有無侵占或是侵占多少我並不清楚』（見原審卷第97、98頁）。足證上開稽核報告書僅係帳務差異數額，而該差異數額與行為人有無侵占尚無直接關係。」

九、勞動事件法

1

勞動事件法施行後[1]，企業進行勞動事件調解時，需特別注意哪些事項？

張嘉眞、王之穎

依民事訴訟法第422條[2]及最高法院103年度台上字第2054號判決[3]意旨，調解程序中的陳述或讓步，不得做為法院裁判時判斷的依據。惟勞動事件法施行後，調解程序係由法官一人與調解委員二人共同組成「勞動調解委員會」進行調解，如調解不成立，將由該名法官續行訴訟程序，此時雙方當事人於調解期間所

---

[1] 勞動事件法已於民國107年11月9日由立法院三讀通過，本文撰寫時，司法院尚未定施行日期，僅暫定於109年初施行。

[2] 民事訴訟法第422條：「調解程序中，調解委員或法官所為之勸導及當事人所為之陳述或讓步，於調解不成立後之本案訴訟，不得採為裁判之基礎。」

[3] 最高法院103年度台上字第2054號判決要旨：「按於調解程序中，調解委員所為之勸導及當事人所為之陳述或讓步，於調解不成立後之本案訴訟，不得採為裁判之基礎，民事訴訟法第422條規定甚明。本件被上訴人縱曾於協調不成立之系爭勞資爭議協調會中，表明：大陸廠（大陸環瑋五金公司）『希望』勞方（上訴人）返公司上班等語（一審卷8頁），惟被上訴人於事實審最後言詞辯論終結時，既仍否認與上訴人間之僱傭關係存在，並表明上訴人係服務於大陸環瑋五金公司，不是臺灣環瑋公司（原審勞上更一字卷第二宗219頁正面）。似此情形，可否即認被上訴人已有催告，甚或定期七日催告上訴人應給付勞務之意思，並據以認定被上訴人受領勞務遲延之狀態，最晚至98年8月11日即告終了？已非無疑義。」

為不利於己之陳述或讓步，是否會影響該名法官對案件之心證，進而影響後續裁判之結果？對此，企業未來於勞動事件調解程序要注意哪些事項？

關鍵字：勞動事件法、勞資爭議、調解中之陳述或讓步

◎說明

1. 勞動事件法主要透過下列規範強化調解程序之作用，以有效發揮調解紛爭解決之功能

(1) 勞動調解委員會之法官應於聲請調解日起四十日內指定第一次調解期日，以三次調解終結為原則

依勞動事件法第23條第2項及第24條第1項規定，勞動事件之調解，應於聲請調解之日起，四十日內由勞動調解委員會之法官指定第一次調解期日，並以三次調解期日終結為原則，案件之相關證據及資料，至遲應於第二次期日終結前提出。觀諸其立法理由[4]，此係為符合勞動事件迅速解決之要求，並期勞動調解程序進行之正確及效率。

---

[4] 勞動事件法第23條第2項立法理由：「勞動調解委員會之法官，應儘速指定調解期日，以符合勞動事件迅速解決之要求，爰訂定第2項。」勞動事件法第24條第1項立法理由：「為解明勞資紛爭之事實及判斷可能之法律效果，勞動調解需整理雙方爭點及調查必要之證據，與一般調解多僅為單純勸諭讓步有所不同，惟為兼顧勞動事件應迅速解決之特性，自宜有一定時程之規定。除法院應依前條第2項，於勞動調解聲請之日起四十日內，指定第一次調解期日外，爰於第1項明定勞動調解程序原則上應於三次期日內成立調解或以其他方式終結。」

(2) 調解程序應行爭點整理及證據調查，並適時曉諭當事人訴訟之可能結果

依勞動事件法24條第2項及第3項規定，當事人於第一次期日即應主張事實及提出證據，除有不可歸責於己之事由，不得逾第二次期日終結時爲之。勞動調解委員會亦應儘早整理事實上、證據上及法律上爭點，並適時曉諭當事人訴訟之可能結果，並得依聲請或依職權調查事實及必要證據，依其立法理由[5]，此係爲利當事人基於對紛爭之瞭解而促成解決紛爭之合意所爲規範，也使過往在訴訟程序中才審理事證之法官，提前於調解程序即了解並掌握案情，並於調解程序即適時透露心證，向當事人曉諭訴訟之可能結果，此或可能使案件在調解階段即終結之機率大幅提升，也進而對當事人成立調解之意願產生一定之影響。

(3) 如調解不成立，將由勞動調解委員會之法官續行訴訟程序

依勞動事件法第21條第1項規定及第29條第5項規定[6]，勞動調解，由勞動法庭之法官一人及勞動調解委員二人組成勞動調解委員會行之，如調解不成立，後續之訴訟程序由勞動調解委員會之該名法官承辦，以符合勞動事件法關於在勞動調解程序已進行

---

[5] 勞動事件法第24條第2、3項立法理由：「爲提高勞動調解效能，達成於三次期日終結之目的，勞動調解程序應採言詞方式集中進行爲原則，於三次調解期日中，勞動調解委員會自第一次期日即應儘速聽取雙方陳述並爲爭點及證據之整理，盡可能實施第一次期日所得進行之證據調查，於第二次、第三次期日進行剩餘之證據調查程序。爲此，當事人於第一次期日即應主張事實及提出證據，且除有不可歸責於己之事由，不得逾第二次期日終結時爲之，爰設第2項規定。」「勞動調解委員會爲能於三次之期日內終結程序，應儘早整理事實上、證據上及法律上爭點，並適時曉諭當事人訴訟之可能結果，亦得依聲請或依職權調查事實及必要證據，並依前條第1項由勞動調解委員會之法官指揮該程序之進行，以利當事人基於對紛爭之瞭解而促成解決紛爭之合意，爰訂定第3項。」

[6] 勞動事件法第29條第5項：「依前項情形續行訴訟程序者，由參與勞動調解委員會之法官爲之。」

之基礎上續行訴訟程序之立法目的[7]。

2. 企業未來於勞動事件之調解程序，需特別注意哪些事項？

(1) 當事人需及時提出主張及證據

　　企業於勞動事件調解程序中，應注意調解程序原則上於三次調解期日終結，期間較一般訴訟程序短促，且依前開勞動事件法24條規定，當事人應於第二次期日終結前提出事實及證據，再考量調解委員會之法官即為後續訴訟程序之承審法官，建議企業應於時限內完整提出事實及證據，避免因輕忽調解程序而未及時於調解程序中說明或舉證，進而使調解委員會之法官產生不利之心證，或影響後續訴訟結果。

(2) 調解中就特定事項成立書面協議所生拘束力

　　立法者為避免當事人顧忌若將來調解不成立時，於調解程序中之勸導、不利於己之陳述或讓步將被引用為對其不利之裁判基礎，勞動事件法第30條第1項規定調解程序中，勞動調解委員或法官所為之勸導，及當事人所為不利於己之陳述或讓步，於調解不成立後之本案訴訟，不得採為裁判之基礎，惟考量促進紛爭之解決及後續訴訟之進行，同條第2項規定，當事人於勞動調解中所為陳述或讓步，若是關於訴訟標的、事實、證據或其他得處分之事項，而成立書面協議者，原則上當事人應受其拘束，惟協議後如兩造同意變更者，仍應尊重而從其約定。又如有因不可歸責於當事人之事由或依其他情形，依原協議進行訴訟顯然有失公平之情事，亦不宜強制當事人續受原協議拘束。就上開勞動事件法

---

[7]　勞動事件法第29條第5項立法理由：「依第4項續行之訴訟程序，應由參與勞動調解委員會之法官行之，俾符本法關於在勞動調解程序已進行之基礎上續行訴訟程序之立法目的，爰訂定第5項。惟續行訴訟程序之法官應注意第30條第1項關於不得採為裁判基礎之規定，附此說明。」

第30條規定[8]及其立法理由可知[9]，一旦當事人於調解中就訴訟標的、事實、證據或其他得處分之事項成立書面協議，除非經兩造同意變更，或依原協議續行訴訟有顯失公平之情形，原則上當事人於後續訴訟時應受此協議之拘束，是於調解程序中，對於是否要與對造進行書面協議？協議內容為何？對訴訟可能發生何種影響？等事項，均係日後進行調解時，企業應考量之重點，由於新法規定之調解程序較為集中、期程較為短促，建議企業應儘早備齊並提出有利事證，以促進調解進行。

(3) 企業需更加慎重看待訴訟前之調解程序

　　一般民事調解，多半係由調解委員擔任居間協調，勸諭雙方當事人互相讓步，而勞動事件法之調解程序，則係由法官指揮程序之進行，而為解明勞資紛爭之事實及判斷可能之法律效果[10]，勞動調解需整理雙方爭點及調查必要之證據，勞動調解委員會亦需適時向當事人曉諭訴訟可能的結果，此時如調解不成立而續行

---

[8]　勞動事件法第30條：「（第1項）調解程序中，勞動調解委員或法官所為之勸導，及當事人所為不利於己之陳述或讓步，於調解不成立後之本案訴訟，不得採為裁判之基礎。（第2項）前項陳述或讓步，係就訴訟標的、事實、證據或其他得處分之事項成立書面協議者，當事人應受其拘束。但經兩造同意變更，或因不可歸責於當事人之事由或依其他情形，協議顯失公平者，不在此限。」

[9]　勞動事件法第30條第1、2項立法理由：「為使雙方於調解程序中能積極考量法官、勞動調解委員所為解決紛爭之勸導，並真誠陳述及充分協商，以促成調解，避免當事人顧忌若將來調解不成立時，上述調解程序中之勸導、不利於己之陳述或讓步將被引用為對其不利之裁判基礎，爰訂定第1項。又勞動調解委員會依第28條第1項所提出之解決事件之適當方案，並非勸導，不屬本項所指不得採為裁判基礎之範圍，另得依第34條予以審酌，併此說明」、「當事人於勞動調解中所為陳述或讓步，倘係對於本案訴訟之標的、事實、證據或其他同為得處分之事項而以書面達成協議者，兩造自應受其拘束，以利紛爭之解決或後續訴訟之進行。惟協議後如兩造同意變更者，仍應尊重而從其約定。又如有因不可歸責於當事人之事由或依其他情形，依原協議進行訴訟顯然有失公平之情事，亦不宜強制當事人續受原協議拘束，爰訂定第2項」。

[10]　詳勞動事件法第24條第1項立法理由，同附註4。

訴訟程序時，於後續訴訟程序亦由參與勞動調解之法官進行審理，似無法完全排除法官心證受影響，顯見勞動事件法之調解程序確與一般調解有極大差異，非單純由雙方當事人自行決定是否讓步，達成和解共識，依勞動事件法上開規定及立法意旨，立法者期望法院於訴訟程序啓動前，即透過調解程序瞭解紛爭當事人主張之事實及證據，並兼顧勞動事件應迅速解決之特性，於較短之時間內，儘速聽取當事人之陳述、整理相關之爭點與證據，迅速作成判斷並勸諭雙方當事人以和解方式解決紛爭，可知勞動事件之調解程序，其重要程度不亞於訴訟，企業應更謹慎以待，一旦進入勞動事件程序，企業於調解程序即應儘早掌握案件事實、備齊相關證據向調解法官適時表明，以促進調解進行，而非等到調解不成立之後續訴訟程序才進行攻防或提出有利事證，或可避免於調解程序中造成調解法官對己方形成不利心證，進而負面影響後續訴訟審理結果。

2

勞動事件法施行後，對企業於勞動事件訴訟中所負之舉證責任，有何影響？

張嘉真、王之穎

於勞動事件法施行後，勞動訴訟雙方當事人間之舉證責任於部分情況下出現轉換，即原本應由原告（勞工）舉證之情形，轉換由被告（企業）負擔，對企業增加訴訟上之舉證責任。於新法下，企業究應如何準備，以因應未來勞動訴訟之新變革？

關鍵字：舉證責任轉換、推定事實、反證推翻

◎說明

1. 舉證責任之轉換

依民事訴訟法上第277條規定：「當事人主張有利於己之事實者，就其事實有舉證之責任。但法律別有規定，或依其情形顯失公平者，不在此限。」最高法院亦著有17年上字第917號判例[1]

---

[1] 最高法院17年上字第917號判例：「民事訴訟如係由原告主張權利者，應先由原告負舉證之責，若原告先不能舉證，以證實自己主張之事實為真實，則被告就其抗辯事實即令不能舉證，或其所舉證據尚有疵累，亦應駁回原告之請求。」

加以闡釋。是當事人於民事訴訟中為有利於己之主張，負有提出證據證明該主張為真實之義務，此為我國民事訴訟法所定舉證責任之基本原則。

　　於勞動事件法通過後，對企業最直接之影響，莫過於訴訟中舉證責任之轉換。有別於民事訴訟應由主張有利事實者負舉證責任之原則，勞動事件法乃明定，勞工本於勞動關係自企業所受領之給付推定為「工資」，勞工出勤紀錄之時間則推定為「工時」，若他造無法提出反證推翻[2]，即以推定之方式認定該事實為真，此為本次勞動事件法關於舉證責任轉換規定之重心所在。

(1)工資──勞工本於勞動關係自企業所受領之給付，推定為工資

　　關於企業給付予勞工如伙食津貼、夜點費、外派津貼、績效獎金……等各種名目之給付，是否屬勞動基準法第2條第3款所規定之「工資」，向來為勞動實務常見之爭議，也進一步影響個案中勞工所請求「加班費」、「資遣費」及「退休金」等數額之計算，故「工資」之認定，有其關鍵重要性。最高法院實務見解[3]以該項給付是否具「勞務對價性」及「給與經常性」作為工資之認定標準，即無論該給付之名義為何，如在制度上通常屬勞工提供勞務，並在時間上可經常性取得之對價（報酬），即具工資之性質而應納入平均工資之計算基礎。而依前揭民事訴訟法第277條舉證責任之原則，係由主張屬工資者（通常係勞工）對於該給付具有「勞務對價性」及「給與經常性」要件負舉證之責。

---

[2]　民事訴訟法第281條：「法律上推定之事實無反證者，無庸舉證。」

[3]　最高法院91年度台上字第347號判決意旨：「勞基法第2條第3款規定之工資，不僅為勞工因工作而獲得之報酬，且須經常性之給與，始足當之。勞工因工作而獲得者，如經常性給與之工資、薪金固不論，即便是按計時、計日、計月、計件以現金或實物等方式給與之獎金、津貼及其他任何名義之給與，如屬經常性者，亦均屬之。」

於勞動事件法通過後，依該法第37條規定[4]及其立法理由，立法者考量勞工就其與企業間關於工資之爭執，企業係本於計算後給付之主動地位，對於給付勞工金錢之實質內容、依據等當知悉甚詳，且企業有置備勞工工資清冊並保存一定期限之義務，故認定企業對於該項給付於實質上是否符合「勞務對價性」及「經常性之給與」而屬勞工因工作所獲得之報酬，具有較強且完整之舉證能力，故規定如勞工已證明係本於勞動關係自企業受領給付之關連性事實時，即推定該給付為勞工因工作而獲得之報酬，依民事訴訟法第281條無庸再舉證；企業如否認，可本於較強之舉證能力提出反對之證據，證明該項給付非勞務之對價（例如：恩惠性、獎勵性給付）或非經常性之給與而不屬於工資，其立法目的係為合理調整勞工所負舉證責任，謀求勞工與企業間訴訟上之實質平等[5]。此規定直接促成企業與勞工間舉證責任之轉換，並增添企業於訴訟中舉證責任之風險。

(2)工時——出勤紀錄內記載之勞工出勤時間，推定為工時

另有關「工時」之認定，實務上常見於勞工請求企業給付加班費，或企業經勞動檢查，經認定有未給付加班費遭致行政裁罰等事件，惟實際上勞工下班後，其停留於工作場所之時間，究竟係處理公務或私事，實難以舉證證明。另就部分特殊職業如客運司機、航空業等常見之「待命時間」（On Call）、「備勤時間」（於辦公場所等待候傳），或者一般企業要求勞工每週一天需提早到公司開晨間會議、下班後需完成場地清潔才能離開，亦或利用假日教育訓練等，究否屬於「工時」而應給付加班費，法律尚無明確規範，於實務上迭生爭議。

---

[4]　勞動事件法第37條：「勞工與雇主間關於工資之爭執，經證明勞工本於勞動關係自雇主所受領之給付，推定為勞工因工作而獲得之報酬。」。

[5]　勞動事件法第37條規定立法理由參照。

　　勞動事件法通過後，於該法第38條明確規定[6]，出勤紀錄內記載之勞工出勤時間，推定勞工於該時間內經雇主同意而執行職務，其立法理由認為[7]，所謂工作時間，係指勞工在企業指揮監督之下，於企業之設施內或指定之場所，提供勞務或受命等待提供勞務之時間，但不包括不受企業支配之休息時間。惟勞工就其工作時間之主張，通常僅能依出勤紀錄之記載而提出上班、下班時間之證明；而企業本於其管理勞工出勤之權利及所負出勤紀錄之備置義務，對於勞工之工作時間具有較強之證明能力。故就勞工與企業間關於工作時間之爭執，明定出勤紀錄內記載之勞工出勤時間，推定勞工於該時間內經企業同意而執行職務；企業如主張該時間內有休息時間或勞工係未經企業同意而自行於該期間內執行職務等情形，不應列入工作時間計算者，亦得提出勞動契約、工作規則或其他管理資料作為反對之證據，而推翻上述推定，以合理調整勞工所負舉證責任，謀求勞工與企業間訴訟上之實質平等。故過往應由勞工就延長「工時」之事實所負舉證責任，於勞動事件法通過後，企業與勞工間之舉證責任發生轉換，由企業就不列入工時計算之情形提出反證（例如提出勞動契約、工作規則或其他管理資料等證據），而增加企業於勞動訴訟中之舉證責任。

2. 面臨勞動事件法中舉證責任轉換之法律變動，企業應如何因應？

(1) 工資方面，企業應就所有工資給付制定明確之發放依據

　　為避免企業日後於工資爭議之勞動訴訟中，因無法舉出反證推翻而遭法院為不利之認定，建議企業應儘早檢視內部所有工資

---

[6]　勞動事件法第38條：「出勤紀錄內記載之勞工出勤時間，推定勞工於該時間內經雇主同意而執行職務。」

[7]　勞動事件法第38條規定立法理由參照。

給付制度，並依勞動基準法第23條第2項之規定[8]，置備勞工工資清冊，將發放工資、工資各項目計算方式明細、工資總額等事項記入，工資清冊並應保存五年；如係非屬工資之其他「恩惠性」給付，建議制定明確之員工申請發放恩惠性津貼之辦法，只針對符合發放資格及津貼目的之員工發給，而非制度性之按月經常性給與；如爲「獎勵性」之非經常給付，則應針對每次獎金爲雇主單方決定、雇主獎勵員工之目的乃非屬經常性之偶發獎勵予以說明及存證，以便與對價性及經常性之「工資」作區隔。另外，如企業訂有制度性之獎金計算方式，依目前法院實務見解[9]，被認爲工資之可能性提高，此請注意。

(2) 工時方面，企業應確實掌握勞工之出勤及工作紀錄

　　勞動事件法通過後，出勤紀錄內記載之勞工出勤時間，推定勞工於該時間內經企業同意而執行職務，爲避免企業日後無法反證推翻，遭致法院爲不利認定，建議企業除依勞動基準法第30條第5項及第6項[10]規定，依法備置並保存勞工出勤紀錄外，就勞工之休息時間及加班申請程序，應於兩造間勞動契約、工作規則或企業之內部管理辦法中明確規定，並由勞工簽收或確實傳達予個別勞工，且建議可透過工作紀錄制度之建立，有效掌握勞工之實際工時，以利未來在訴訟中提出該等具體事證，有效推翻勞動

---

[8]　勞動基準法第23條第2項：「雇主應置備勞工工資清冊，將發放工資、工資各項目計算方式明細、工資總額等事項記入。工資清冊應保存五年。」

[9]　最高法院105年度台上字第2274號判決意旨：「雇主依勞動契約、工作規則或團體協約之約定，對勞工提供之勞務反覆應爲之給與，乃雇主在訂立勞動契約或制定工作規則或簽立團體協約前已經評量之勞動成本，無論其名義爲何？如在制度上通常屬勞工提供勞務，並在時間上可經常性取得之對價（報酬），即具工資之性質」參照。

[10]　勞動基準法第30條第5項：「雇主應置備勞工出勤紀錄，並保存五年。」同法第6項：「前項出勤紀錄，應逐日記載勞工出勤情形至分鐘爲止。勞工向雇主申請其出勤紀錄副本或影本時，雇主不得拒絕。」

事件法就「工時」之推定。

　　另為利於企業對勞工加班制度之管理，建議企業制定明確之加班規範，如要求加班需事前送請主管核准，並同時注意工作場所之控管，對於勞工未經主管同意加班仍於下班後停留於工作場所者，應制定確實之管理機制，依管理規定，將勞工於下班時間後非屬核准加班之停留，不紀錄為勞工出勤紀錄之工作時數，俾於日後於勞動訴訟中得提出具體反證證明於推定之加班工時內，勞工實際上並非從事經核准之加班等情，以降低舉證責任倒置之風險。

(3) 結論

　　於勞動事件法通過後，凡勞工本於勞動關係自企業所受領之給付，依法推定為工資，而出勤紀錄內記載之勞工出勤時間，則推定為工時，就此等推定之事實，勞工無需舉證，此時如企業無法舉出反證推翻該等經法律推定之事實，將導致訴訟上不利之認定。故建議企業應儘早了解並熟悉勞動事件法相關規範，重行檢視人事管理措施於勞動事件法下，可能出現之舉證難題為何，建構企業內部完整適當之人事管理機制，以因應未來可能面臨之舉證風險。

3

勞動事件法施行後，勞工於確認僱傭關係存在訴訟中向法院聲請暫時繼續僱用及給付工資等保全處分，對企業有何影響？

張嘉真、王之穎

於勞動事件法施行後，如法院認為勞工有勝訴之望，得於訴訟中依勞工聲請為繼續僱用及給付薪資之定暫時狀態處分，是勞工未來於獲得勝訴判決確定前，得先行回復工作並繼續領取薪資，對企業之人事管理將造成衝擊，企業應如何因應？

關鍵字：定暫時狀態處分、保全處分、確認僱傭關係存在

◎說明

1. 勞動事件法施行後，企業於確認僱傭關係存在訴訟判決確定前，可能面臨需繼續僱用勞工並支付其原有薪資之不利益

(1) 關於定暫時狀態處分

　　有關民事程序中之定暫時狀態處分，依民事訴訟法第538條

第1項規定[1]及最高法院見解[2]，旨在維持法院爲本案終局判決前之暫時狀態，以防止發生重大損害，避免急迫危險或有其他相類情形。故一旦經法院爲定暫時狀態之處分，聲請人即可依該所定之暫時狀態暫爲實現其權利，義務人則應暫時履行其義務。

(2) 勞動事件法中，法院就確認僱傭關係存在訴訟所爲定暫時狀態處分

於勞動事件法施行前，勞工一旦認爲企業終止勞動契約不合法，往往提起確認僱傭關係存在訴訟，並請求企業應予復職及給付薪資。於此過程中，縱令勞工依民事訴訟法第538條聲請法院爲定暫時狀態處分，請求暫予復職並給付薪資，惟依該法規定，定暫時狀態處分須以防止發生重大之損害、避免急迫之危險或有其他相類之情形爲要件，始得提出聲請而獲法院准許，其門檻較高，一般欲成功獲得法院准許之機率並不高。

而於勞動事件法施行後，未來就勞工提起定暫時狀態處分保全程序將有重大不同。依勞動事件法第49條第1項規定[3]及其立法理由[4]，立法者考量勞動事件之勞工，通常有持續工作以維持生計之強烈需求，基於此項特性，於確認僱傭關係存在之訴訟進行中，如法院認勞工有相當程度之勝訴可能性（例如：雇主之終止合法性有疑義等），且雇主繼續僱用非顯有重大困難時，宜依保

---

[1] 民事訴訟法第538條第1項：「於爭執之法律關係，爲防止發生重大之損害或避免急迫之危險或有其他相類之情形而有必要時，得聲請爲定暫時狀態之處分。」

[2] 最高法院104年度台抗字第730號裁定意旨：「按定暫時狀態處分，旨在維持法院爲本案終局判決前之暫時狀態，以防止發生重大損害、避免急迫危險或有其他相類情形。」

[3] 勞動事件法第49條第1項：「勞工提起確認僱傭關係存在之訴，法院認勞工有勝訴之望，且雇主繼續僱用非顯有重大困難者，得依勞工之聲請，爲繼續僱用及給付工資之定暫時狀態處分。」

[4] 勞動事件法第49條第1項立法理由參照。

全程序為暫時權利保護。且本項為斟酌勞動關係特性所為特別規定，性質上屬民事訴訟法第538條第1項所定爭執法律關係及必要性等要件之具體化，故於具備本項所定事由時，勞工即得聲請法院命為定暫時狀態之處分，甚且，法院得為免供擔保之處分，以保護勞工之立場而言，此規定幾乎完全排除了勞工於訴訟中聲請定暫時狀態處分之障礙，只要具備本項所定事由，即勞工有相當程度之勝訴可能性，且雇主繼續僱用非顯有重大困難等情，即得於獲得勝訴判決確定前，先行回復工作並繼續領取薪資。

2. 對企業可能產生之風險及企業如何因應？

(1)勞動事件法有關定暫時狀態處分之規定可能造成企業人事管理之阻礙及營運人事成本之提高

　　上開規定對於企業之人事管理將直接造成衝擊，使企業在依法資遣或解僱勞工後，尚存有需繼續聘僱不適任、違反勞動契約或工作規則情節重大之勞工並支付其原本薪資，直至企業獲得勝訴判決確定為止之風險，且訴訟程序至判決確定恐需耗時一年以上，此將對企業之人事管理造成阻礙，並提高營運人事之成本。縱令依勞動事件法第49條第4項規定[5]，法院因勞工受本案敗訴判決確定而撤銷定暫時狀態處分之裁定時，得依雇主之聲請，在撤銷範圍內，同時命勞工返還其所受領之工資，並依聲請附加自受領時起之利息，惟依同條項但書規定，如勞工已依該暫時狀態處分提供勞務者，則不在此限。從而，於勞動訴訟進行中，一但法院准予員工保全處分之裁定，企業必需選擇究竟要容任該名勞工先復職，或拒絕其復職，惟必需繼續給付該員工薪水，二者均將

---

[5]　勞動事件法第49條第4項：「法院因勞工受本案敗訴判決確定而撤銷第一項、第二項處分之裁定時，得依雇主之聲請，在撤銷範圍內，同時命勞工返還其所受領之工資，並依聲請附加自受領時起之利息。但勞工已依第一項、第二項處分提供勞務者，不在此限。」

對企業衍生相當程度之不利益。

(2) 企業如何因應？

考量勞動事件法前揭規定可能對企業產生之風險，建議企業應更加慎重執行解僱或資遣，例如：企業內部關於判斷勞工是否能勝任之相關考評程序是否完善？企業所為之解僱及資遣是否合乎「最後手段性」之要求？勞動契約、工作規則等文件，就終止契約之相關規定是否明確？勞工是否有簽收或同意？等，並針對缺漏之處補足建構良好完善之人事管理機制，俾使企業於日後面臨勞工聲請定暫時狀態處分時，得迅速、及時提出充分且明確之事證資料，證明企業所為資遣或解僱係屬合法有據，而降低法院准許勞工聲請保全處分之機率。

另外，企業於進行資遣或解僱勞工前，建議得視情形儘量以「合意終止勞動契約」之方式為之，並應以雙方簽署之書面留存證明，一旦雙方合意終止契約，或可避免後續兩造持續爭執解僱或資遣之合法性，並降低勞動訴訟中所衍生法院准許訴訟中之員工得先復職等定暫時狀態保全處分之風險。

(3) 結論

倘勞動事件法施行後，縱令企業已終止勞動契約，惟於確認僱傭關係之訴中，訴訟中之勞工尚得透過定暫時狀態處分之聲請，有可能繼續於企業任職並獲取原有薪資，此對企業於人事制度之管理恐將造成阻礙，並可能對職場秩序之維護產生負面連鎖效應，未來於人事管理上將增加難度。故企業應致力於現有機制之檢討，加強法令遵循，更要注意資遣或解僱之慎重及最後手段性之遵守，並保存相關事證資料，以充分準備面對未來可預期之勞動訴訟之風險及挑戰。

第二篇

公私協力、促參、聯合開發與政府採購

一、公私協力（Public-Private Partnership）(PPP)

1

何謂公私協力（PPP）？

林雅芬、陳威韶

政府推動公共建設的方式，除了政府動支預算而自行興建等方法外，政府（公部門）亦得與民間投資人（私部門）合作興建，以期達成公部門、私部門及社會大眾三贏的局面，而此種合作方式概稱為公私協力（Public-Private Partnership，簡稱PPP），亦有人稱為公私夥伴。本文將介紹何謂公私協力？公私協力相關法源依據為何？公私協力之預期效益為何？以期提供企業瞭解及認識。

關鍵字：公私協力、**Public-Private Partnership**、**PPP**、獎勵民間參與交通建設條例、促進民間參與公共建設法

◎何謂公私協力

公私協力之基本精神，係因公共建設之需求，然政府（公部門）財政無法即時支應等，故藉由引進民間（私部門）資金興建，再賦予私部門一定期間之營運收益等權利，以加速達成及落

實公共建設而提供社會大眾服務等目的[1]。

　　由公私協力相關之法源依據中，例如：獎勵民間參與交通建設條例（下稱獎參條例）第1條規定：「為獎勵民間參與交通建設，提升交通服務水準，加速社會經濟發展，特制定本條例。」促進民間參與公共建設法（下稱促參法）第1條規定：「為提升公共服務水準，加速社會經濟發展，促進民間參與公共建設，特制定本法。」亦可看出與前述公私協力基本精神相同之立法目的。

◎公私協力發展歷程及相關法源依據

　　公私協力是近年來非常熱門的議題，我國推動公私協力亦已行之多年，此有下述相關資料及法源沿革可參考。

　　民國（下同）82年，行政院「國家建設六年計畫期中檢討報告」即提出民間參與公共建設之觀念及方式[2]，嗣於83年頒布獎參條例，獎勵民間參與交通建設，例如：鐵路、公路、大眾捷運系統、航空站、港埠、停車場、橋樑、隧道等、於84年，經濟部公布「開放發電業作業要點」以推動民間投資建設發電廠（即民營電廠，IPP）[3]、行政院核定「以BOT方式推動國內公共建設」以推動公共交通建設，例如：臺灣高速鐵路等、85年行政院核定「鼓勵公民營機構興建營運垃圾焚化廠推動方案」以鼓勵公民營機構投資興建並營運焚化廠、89年頒布促參法以擴大民間參與範圍，例如：衛生醫療設施、文教設施、運動設施、重

---

[1]　林嘉蓉（2013），〈推動公私夥伴關係PPP之省思〉，《當代財政》，第36期，頁72-79。

[2]　同註1。

[3]　臺灣電力股份有限公司網站，https://www.taipower.com.tw/tc/new_info/%E6%B0%91%E7%87%9F%E9%9B%BB%E5%BB%A0(IPP).aspx（最後瀏覽日：2019/7/1）。

大工商及科技設施等[4]。

　　公私協力機制，除用於推動公共建設之興建及營運等外，亦利用於政府與民間投資人辦理聯合開發，例如：77年頒布之大眾捷運法，當時第7條第1項規定：「為有效利用土地資源，促進地區發展，地方主管機關得自行開發或與私人、團體聯合開發大眾捷運系統場、站與路線之土地及毗鄰地區之土地。」並於79年訂定「大眾捷運系統土地聯合開發辦法」（現已改名為「大眾捷運系統土地開發辦法」），透過政府、投資人、地主等聯合開發捷運系統周遭之土地，而此等合作模式亦應可歸類為公私協力之態樣之一。

　　由前揭法律沿革及進程，除可明瞭提供辦理公私協力之法源依據外，更說明政府與民間以公私協力機制合作時，曾激盪出不同的火花，並透過立法、修法等方式，新增不同之合作模式、重新塑造及調整公私協力之架構，以期達成公私協力之預期效益。

◎公私協力中之公私部門角色關係

　　與傳統的政府採購等關係不同，政府與民間於公私協力中是夥伴關係，政府的目標是提升公共建設品質、減輕政府財政負擔等，投資人的目的是投資獲利、善盡企業的社會責任，因此，政府不能把投資人當傳統承包商，政府不是只有防弊，除能積極監督、適時介入外，更要從興利、創新的角度出發，亦要能充分理解投資人依法是要營運獲利的，投資人則是要積極創新，除投資獲利外，亦不忘公私協力所要達成者是公共建設之興建、以及以改善、提升公共建設品質為主要目的。

---

[4]　曾國基（2016），https://www.slideshare.net/APPPA4251/ppp-78295465（最後瀏覽日：2019/7/1）。

◎公私協力之預期效益

在政府有限人力及財力下，透過法律及政策提供民間投資人誘因，例如：一定期間的經營權等，以引導其投資並參與公共建設、公共設施之經營管理維護等，以期及早提供社會大眾更好的公共建設軟硬體設施及服務。

在此三方關係中，公私協力之合作機制若運用得當，將可產生三贏局面，對政府（公部門）而言，引進民間資金可減少自身財政負擔，並可注入民間的創新及活力，並提升公共建設品質，以促進國家經濟、振興景氣及產業發展等，對民間投資人（私部門）而言，投資並參與公共建設之經營等，除增加投資管道外，亦可履行企業之社會責任等，對社會大眾而言，可有更高品質的公共建設，因此，公私協力之預期效益，或可謂創造政府、企業及社會大眾三贏局面[5]。

直至今日，我國有諸多公共建設係以公私協力之方式辦理，例如：臺灣高速鐵路、國道電子收費系統ETC、衛生福利部雙和醫院等[6]，依財政部促參司的統計，91年至108年第2季，廣義的促參（含大眾捷運的聯合開發、都更）高達新臺幣1.6兆，108年政府釋出的可投資案件金額，亦高達新臺幣1,000億[7]，再參考桃園國際機場的整體營運，據報載，自採行公私協力模式招商政策後，非航空收入逐年成長至50%，並在104至106年間獲全球票選或評比中獲佳績[8]，顯見公私協力於國內逐漸已有成熟的

---

[5] 同註1。

[6] 衛生福利部雙和醫院網站，https://shh.tmu.edu.tw/page/history.aspx（最後瀏覽日：2019/7/1）。

[7] 財政部促參司網站，https://ppp.mof.gov.tw/PPP.Website/Mobile/index.html（最後瀏覽日：2019/8/2）。

[8] 陳荔彤，自由時報，自由評論網，國際機場公私協力，網站：https://talk.ltn.com.tw/article/paper/1154455（最後瀏覽日：2019/6/21）。

實踐經驗，企業未來可評估此等合作機制之投資可能性，積極參與公共建設及經營，以期達成前述之三贏局面。

2

常見的公私協力有哪些方式？

林雅芬、陳威韶

公私協力之方式，依係由公部門或私部門辦理興建，及係由公部門或私部門管理營運，略可區分為公辦公營、公辦民營、民辦公營及民辦民營等各類型。本篇將簡要介紹各類公私協力方式，並聚焦於促進民間參與公共建設法及大眾捷運系統聯合開發規定之各類常見公私協力方式。

關鍵字：公私協力、**Public-Private Partnership**、**PPP**、促進民間參與公共建設法、大眾捷運法、大眾捷運系統土地開發辦法

◎公私協力之方式

最廣義而言，公私協力之方式，可依公部門或私部門辦理興建（按：公辦或民辦），及係由公部門或私部門管理營運（按：公營或民營），略可區分為公辦公營、民辦公營、公辦民營、民辦民營各類型[1]。

---

[1]　程明修（2007），http://myweb.scu.edu.tw/~muenster/14%20Public-Private-

首先，於公辦公營類型下，雖然興建與營運均由公部門負責，然公部門亦可利用政府採購法等規定，與私部門簽訂契約而由私部門完成部分業務，例如：政府公開招標而由特定廠商辦理公共設施之興建。

其次，民辦公營之類型，係由私部門興建，但由公部門管理營運，而公部門通常需依其與私部門間之法律關係（例如：買賣、租賃等），支付一定之對價。

再者，公辦民營之類型，係由公部門興建，但由私部門營運。例如，於促進民間參與公共建設法（下稱促參法）第8條第1項規定：「……四、民間機構投資增建、改建及修建政府現有建設並為營運；營運期間屆滿後，營運權歸還政府。」（即Rehabilitate-Operate-Transfer，簡稱ROT）、「五、民間機構營運政府投資興建完成之建設，營運期間屆滿後，營運權歸還政府。」（即Operation-Transfer，簡稱OT）[2]，於前揭促參法之例子中，該等公共建設係由公部門興建，因此，不會有移轉所有權之階段，僅有移轉營運權之階段。

最後，於民辦民營類型，係由私部門興建及管理營運。例如：促參法第8條第1項規定：「一、民間機構投資新建並為營運；營運期間屆滿後，移轉該建設之所有權予政府。」（即Build-Operate-Transfer，簡稱BOT）、「二、民間機構投資新建完成後，政府無償取得所有權，並由該民間機構營運；營運期間屆滿後，營運權歸還政府。」（即Build-Transfer-Operate，簡稱BTO，惟係無償之BTO）、「三、民間機構投資新建完成後，政府一次或分期給付建設經費以取得所有權，並由該民間機構營運；營運期間屆滿後，營運權歸還政府。」（亦為BTO一種，係

Partnership.pdf（最後瀏覽日：2019/7/1）。

[2]　財政部推動促參司，https://ppp.mof.gov.tw/PPP.Website/AboutMe/Info1.aspx（最後瀏覽日：2019/7/1）。

有償之BTO）、「八、配合政府政策，由民間機構自行備具私有土地投資新建，擁有所有權，並自為營運或委託第三人營運。」（即Build-Own-Operate，簡稱BOO）[3]，於前揭促參法之例子中，公共建設係由私部門興建，所有權歸屬於私部門，其後依公私協力方式之不同，於不同階段移轉予公部門（例如：BOT、BTO），或不移轉予公部門（例如：BOO）。

就前述促參法規定之各種公私協力方式，實例上有下述案例可資參考：ROT之例：臺中榮總及高雄榮總之正子造影中心[4]；OT之例：國立科學教育館[5]；BOT之例：臺灣高速鐵路（此為早期的BOT案，是依「獎勵民間參與交通建設條例」辦理的）、國道電子收費系統ETC、衛生福利部雙和醫院[6]等；無償BTO之例：國立海洋生物博物館[7]；有償BTO之例：南竿三期海水淡化廠[8]；BOO之例：統一夢時代購物中心[9]。

---

[3] 財政部推動促參司，https://ppp.mof.gov.tw/PPP.Website/AboutMe/Info1.aspx（最後瀏覽日：2019/7/1）。

[4] 財政部推動促參司，https://ppp.mof.gov.tw/PPP.Website/Refers/refer/View1.aspx?fId=150（最後瀏覽日：2019/7/1）；高雄榮民總醫院，https://www.vghks.gov.tw/News_Content.aspx?n=71C67D43CEB5EF3F&sms=7BB5C7A91C2E0DFE&s=F37F24DC0667E939&r=164697014（最後瀏覽日：07/01/2019）。

[5] 沈柏延（2011），〈科教館民間營運感言及建議〉，《科教館學刊》，第1期，頁62-73。

[6] 衛生福利部雙和醫院網站，https://shh.tmu.edu.tw/page/history.aspx（最後瀏覽日：2019/7/1）。

[7] 教育部（2012），〈教育部促參辦理情形〉。

[8] 進方環保科技有限公司，http://www.gnf.com.tw/products.php?func=p_detail&p_id=1&pc_parent=6（最後瀏覽日：2019/7/1）。

[9] 黃彥棻（10/19/2010），〈針對高階主管召開IT趨勢會議 統一夢時代IT應用一擊中的〉，https://www.ithome.com.tw/node/63997（最後瀏覽日：2019/7/1）。

◎公私協力之聯合開發

　　除前述依促參法以公私協力方式興建、管理營運公共建設外，公私部門尚得依相關法規而辦理土地開發，例如：大眾捷運法第7條[10]、及依該法制訂之大眾捷運系統土地開發辦法[11]等規定之土地開發模式，即係由公部門、民間投資人及地主等協力開發大眾捷運系統路線、場、站土地及其毗鄰地區土地。

---

[10] 大眾捷運法第7條第1項規定：「為有效利用土地資源，促進地區發展，主管機關得辦理大眾捷運系統路線、場、站土地及毗鄰地區土地之開發。」

[11] 土地開發辦法第14條第1項規定：「開發用地由主管機關自行開發或公告徵求投資人合作開發之。」

二、促參

1

何謂「促進民間參與公共建設」（Private Participation in Infrastructure Projects, PPIP）？

林雅芬、李仲昀

「促進民間參與公共建設」（Private Participation in Infrastructure Projects, PPIP）即促參，具體而言，有哪些民間參與之方式可供選擇？該等方式之法源依據及內涵分別為何？本篇將以促進民間參與公共建設法為主軸介紹之。

關鍵字：促進民間參與公共建設、Private Participation in Infrastructure Projects（PPIP）、促進民間參與公共建設法、促參、BOT、BTO、ROT、OT、BOO

◎前言

促參全名是「促進民間參與公共建設」（Private Participation in Infrastructure Projects, PPIP），將過去多由政府自辦之公共建設項目，開放由民間投資興建及營運，已逐漸成為國際趨勢。透過民間資金、活力及企業經營理念等方面之引入，國際上

許多案例均顯示，民間參與公共建設對提升公共服務品質、促進社會經濟發展等層面均有相當之助益。對此，為促進民間參與公共建設，我國於民國89年2月9日制定「促進民間參與公共建設法」，公布施行至今已將近二十年。依「促進民間參與公共建設法」（以下稱促參法）規定，民間參與公共建設之方式有多樣化類型，包括大家所熟知之BOT等方式，本篇即以促參法為主軸說明。

◎相關態樣

依促參法規定，民間參與公共建設之方式有以下各種態樣[1]：

1. BOT（Bulid-Operate-Transfer），即「興建－營運－移轉」

BOT為民間參與公共建設之主要方式之一，於我國法上之依據，主要為促參法第8條第1項第1款規定，是指由民間機構投資新建並為營運，待營運期間屆滿後，再移轉該建設之所有權予政府之方式。我國採取BOT方式之民間參與公共建設案例，例如：臺北車站特定專用區交九用地開發案（開發內容為興建長途客運轉運站及相關設施等）、大鵬灣國家風景區建設案（開發內容為休閒渡假村、旅館等觀光遊憩設施）、高雄市現代化綜合體育館新建工程（開發內容為體育館及附屬空間、設施等）、名間水力發電開發案（開發內容為水力電廠、施工道路興建等）等均為適例[2]。

---

[1]　參陳明燦、張蔚宏（2005），〈我國促參法下BOT之法制分析：以公私協力觀點為基礎〉，《公平交易季刊》，第13卷第2期，頁47-49、財政部推動促參司官網公布之相關資料，網址：https://ppp.mof.gov.tw/PPP.Website/AboutMe/Info1.aspx（最後瀏覽日：2019/7/10）。

[2]　參財政部推動促參司官網公布之相關資料，網址：https://ppp.mof.gov.tw/PPP.

2. BTO（Bulid-Transfer-Operate），即「新建—移轉—營運」

　　BTO亦為一種民間參與公共建設之方式，又可區分為以下兩種：

(1) 無償BTO

　　無償BTO方式，於我國法上之依據，主要為參促參法第8條第1項第2款規定，是指由民間機構投資新建完成後，政府無償取得所有權，並由該民間機構營運，待營運期間屆滿後，將營運權歸還政府之方式。我國採取無償BTO方式之民間參與公共建設案例，例如：彰化農場委託經營臺北縣淡水鎮望高樓段762、763及758號等土地等案[3]。

(2) 有償BTO

　　有償BTO方式，於我國法上之依據主要為參促參法第8條第1項第3款規定，是指由民間機構投資新建完成後，政府一次或分期給付建設經費以取得所有權，並由該民間機構營運，待營運期間屆滿後，將營運權歸還政府之方式。我國採取有償BTO方式之民間參與公共建設案例，例如：南竿三期海水淡化廠案、澎湖西嶼750噸海水淡化廠案、桃園海水淡化廠案等[4]。

　　上開兩種BTO之方式，其主要差異在於政府取得所有權之形式不同，無償BTO為政府無償取得所有權，而有償BTO則為政府支付建設經費以取得所有權。

Website/Refers/Refer/View1.aspx?fId=22（最後瀏覽日：2019/7/10）。

[3]　參財政部推動促參司官網公布之相關資料，網址： https://ppp.mof.gov.tw/ppp.website/case/AnnounceView.aspx、https://ppp.mof.gov.tw/ppp.website/case/AnnounceView.aspx（最後瀏覽日：2019/7/10）。

[4]　參連江縣自然水廠官網，網址：http://www.water.matsu.gov.tw/2010web/news_cnt.php?id=1758（最後瀏覽日：2019/7/10）、財政部推動促參司官網公布之相關資料，網址：https://ppp.mof.gov.tw/ppp.website/DownFile.aspx?fromto=website&ReferId=oyBvDK7s4kA%3D（最後瀏覽日：2019/7/10）。

3. ROT（Rehabilitate-Operate-Transfer），即「增建、改建及修
　建－營運－移轉」

　　ROT作爲民間參與公共建設之方式，於我國法上之依據，
主要爲參促參法第8條第1項第4款規定，是指由民間機構投資增
建、改建及修建政府現有建設並爲營運，待營運期間屆滿後，將
營運權歸還政府之方式。我國採取ROT方式之民間參與公共建
設案例，例如：富源森林遊樂區案（由民間機構負責富源森林遊
樂區計畫範圍內土地、自然資源及相關設施之維護管理，並於維
護範圍內負責遊客管理及環境之基本清潔維護）、臺中榮民總醫
院正子造影中心計畫案（計畫內容爲正子造影中心之建構，由廠
商提供儀器、藥劑、專案規劃、場地裝修等）等[5]。

4. OT（Operate-Transfer），即「營運－移轉」

　　OT亦爲其中一種民間參與公共建設之方式，於我國法上之
依據，主要爲參促參法第8條第1項第5款規定，是指由民間機構
營運政府投資興建完成之建設，待營運期間屆滿後，將營運權歸
還政府之方式。我國採取OT方式之民間參與公共建設案例，例
如：國立傳統藝術中心園區營運案、桃園縣婦女館委外經營管理
案、勞工教育學苑委託經營案、臺灣大學尊賢館委託經營計畫
案、武陵農場武陵第二賓館經營案等[6]。

5. BOO（Bulid-Own-Operate），即「新建－擁有－營運」

　　BOO爲其中一種民間參與公共建設之方式，於我國法上之
依據，主要爲促參法第8條第1項第6款規定，是指配合政府政

---

[5]　財政部推動促參司官網公布之相關資料，網址：https://ppp.mof.gov.tw/PPP.
　　Website/Refers/refer/View1.aspx?fId=25（最後瀏覽日：2019/7/10）。

[6]　參財政部推動促參司官網公布之相關資料，網址：https://ppp.mof.gov.tw/PPP.
　　Website/Refers/Refer/View1.aspx?fId=23（最後瀏覽日：2019/7/10）。

策，由民間機構自行備具私有土地投資新建，擁有所有權，並自為營運或委託第三人營運之方式。我國採取BOO方式之民間參與公共建設案例，例如：桃園縣第一柴油車排煙檢測站興建及營運示範計畫、興建暨營運日月潭至九族文化村纜車系統案等[7]。

6. 其他方式

除上開幾種民間參與方式外，亦可依促參法第8條第1項第7款規定，採取其他經主管機關核定之民間參與方式，例如：BOOT（Build-Operate-Own-Transfer，其中一種為於移轉之前，民間業者擁有所有權，於營運期結束後再有償移轉予政府）、BO（Build-Operate，由民間機構負責工程的整體與細部設計，並由民間機構營運與維修）等方式[8]。有關我國民間參與公共建設依促參法第8條第1項第7款規定之案例，或可參北宜直線鐵路計畫一案[9]。

此外，尚有BT（Build-Transfer）之類型，即由民間機構負責政府計畫，完工後設施移轉予政府，政府分年償還之方式，惟依促參法第8條之立法說明：「以BT方式興辦公共建設，主要為政府遞延付款之投資方式，係屬政府採購行為，應以政府採購法規範之，不列入本法。」[10]可知BT方式非屬促參法第8條第1項第7款規定得經主管機關核定採取之民間參與方式。

---

[7] 參財政部推動促參司官網公布之相關資料，網址：https://ppp.mof.gov.tw/PPP.Website/Refers/Refer/View1.aspx?fId=24、https://ppp.mof.gov.tw/PPP.Website/Result/BOO/result1/View1.aspx（最後瀏覽日：2019/7/10）。

[8] 同註1

[9] 參行政院公共工程委員會94年5月11日工程技字第09400163530號函，資料來源見李泰宗（2015），《民間參與公共建設方式及甄審程序之研究》，頁24，輔仁大學法律學系碩士論文。

[10] 參立法院公報處（1999），《立法院公報》，第89卷第9期，頁190，臺北：立法院。

2

促進民間參與公共建設案件與傳統政府採購案件有何不同？

林雅芬、李仲昀

促參案件與傳統政府採購工程案件究有何不同？促參法與政府採購法在適用上如何區別？

關鍵字：促進民間參與公共建設法、促參、政府採購法

◎前言

我國政府採購法於民國（下同）87年制定公布，並於88年施行，針對由政府出資辦理工程、勞務及財物等採購事項之各層面統一為完整之規範。其後促進民間參與公共建設法（下稱促參法）於89年制定公布後，民間參與公共建設案件即得依促參法規定辦理。

◎政府採購與促參案件之區別

1. 由立法目的觀之

政府採購法之立法目的，除為提升採購效率、功能，其主

要是爲建立一套公平、公開之採購程序，即是以公平、公開及監督、防弊的角度爲出發，此觀政府採購法第1條規定自明：「爲建立政府採購制度，依公平、公開之採購程序，提升採購效率與功能，確保採購品質，爰制定本法。」惟促參（Private Participation in Infrastructure Projects, PPIP）則主要是爲促進民間參與公共建設，其目標係爲公共建設挹注資金、加入民間企業的創新、活力及效率，提升公共設品質，不以防弊、監督爲主，強調的是興利、公私合作的夥伴關係，此觀促參法的第1條規定自明：「爲提升公共服務水準，加速社會經濟發展，促進民間參與公共建設，特制定本法。」

2. 由主管機關觀之

政府採購法之中央主管機關爲行政院採購暨公共工程委員會，促參法之中央主管機關則爲財政部。

3. 由法律規定給予之協助及優惠觀之

如前所述，促參案件強調是促進民間的參與，爲提高民間企業參與之可能，因此，法規面給予相對的優惠及協助，例如：

(1) 籌資方面的協助

例如：促參法第29條第1項規定，由主辦機關補貼民間機構所需貸款利息或按營運績效予以補貼；依促參法第30條規定，主辦機關得洽請相關金融機構或特種基金提供貸款，以激勵民間機構參與公共建設之意願。

(2) 租稅方面的優惠

民間企業如參與重大公共建設案件，依促參法第36條至第40條等規定，有一定條件下以五年爲限免納營利事業所得稅、投資抵減應納營利事業所得稅、及免徵相關機具設備進口關稅、減免房屋稅、地價稅、契稅等，政府採購法無相關規定。

(3) 既有相關法令限制之鬆綁

促參法第8條第2項後段、第15條第1項及第3項、第16條第2項、第17條第2項、第19條第4項等規定，例如：放寬土地法第25條規定公用財產不得為任何處分或擅為收益，國有財產法第28條規定公有土地原則上不得處分、設定負擔或為超過十年期間租賃、以及民法租賃契約之期限不得逾二十年之限制，政府採購法無相關規定。

(4) 放寬民間企業發行新股及公司債之限制

依促參法第33條及第34條規定，放寬民間企業發行新股及公司債之限制，政府採購法無相關規定。

4. 從適用範圍觀之

(1) 促參法公布施行前

於促參法施行前，就開放公共建設予民間投資興建、營運等，依後來促參法可能被認定屬促參案件者，實務雖未明示釐清該等案件與一般傳統政府採購案件間之界線，行政院公共工程委員會（下稱工程會）曾於89年之函釋中認為，依政府採購法第99條規定，如無其他法律特別規定，開放民間投資興建、營運之公共建設案件有關甄選投資廠商之程序，仍應依政府採購法辦理[1]。

---

[1]　參行政院公共工程委員會民國89年1月11日工程企字第89000048號函（節錄）：「主旨：貴局擬委託民間經營（公辦民營）高雄市工商展覽中心，其適用政府採購法（以下簡稱本法）之疑義，復如說明，請查照。說明：……二、首揭委託案既經行政院原則同意採公辦民營方式辦理，依其實際辦理之情形，分述如次：（一）依本法第2條及第7條第3項之規定，機關將其管理之公有財產委託廠商營運管理，屬勞務採購，應依本法勞務採購之規定辦理。（二）依本法第99條之規定，機關辦理政府規劃或核准之交通、能源、環保、旅遊等建設，經目的事業主管機關核准開放廠商投資興建、營運者，其甄選投資廠商之程序，除其他法律另有規定者外，適用本法之規定。」

(2) 促參法公布施行後

促參法公布施行後，按促參法第2條規定，促進民間參與公共建設，依促參法之規定，促參法未規定者，適用其他有關法律之規定，行政院89年4月28日以台89交字第12117號函示：「促參法公布實施後，各主管機關辦理民間參與公共建設之作業，應依促參法辦理。」[2] 又促參法第48條明訂，依該法核准民間機構興建、營運之公共建設，不適用政府採購法之規定，明文採取促參法優先適用之原則。然而，機關辦理民間機構參與公共建設，何時應依促參法辦理，何時應依政府採購法辦理，仍可能發生疑議，就此，工程會曾陸續做成相關函釋，以建立通用性之判斷原則，例如，工程會明示，只要符合促參法第3條第1項所稱之公共建設，並依同法第8條第1項規定之民間參與方式辦理者，應適用促參法規定辦理，屬促參案件[3]。

◎依促參法核准民間機構興建、營運之公共建設，不適用政府採購法之規定

按促參法第48條規定：「依本法核准民間機構興建、營運

---

[2]　詳行政院公共工程委員會工程技字第09300234640號函說明一。

[3]　同註2函：「……機關辦理民間參與公共建設計畫之法規適用原則如下：（一）符合促參法第3條第1項所稱公共建設，並依同法第8條第1項規定之民間參與方式辦理者，適用促參法規定辦理。（二）各機關經管之公有財產委託廠商營運管理、提供廠商使用或開放廠商投資興建、營運（以下簡稱委外經營使用），須由機關支付對價或由接受服務之第三人支付對價予廠商者，除下列各款情形外，適用政府採購法（以下簡稱採購法）：1.依法令辦理出租、放租或放領者。2.適用促參法者。3.依其他法律開放廠商投資興建、營運交通、能源、環保、旅遊等建設者。（三）各機關經管之公有財產依採購法辦理委外經營使用者，應先查明確實符合國有財產法、地方公產管理法令及其他相關法令規定。（四）機關公有財產開放廠商投資興建、營運而無第（二）點第2款、第3款情形者，其甄選投資廠商之程序，依採購法第99條之規定，適用採購法。」

之公共建設，不適用政府採購法之規定。」因此，財政部促參司曾陸續函釋：「關於依促參法辦理之案件，如投資契約載明由民間機構執行案內地上物拆除工作者，該拆除工作屬公共建設投資之一部分，可依促進民間參與公共建設法第48條排除採購法之規定。」[4]「關於民間機構之合作或協力廠商如為政府採購法第103條規範之拒絕往來廠商，其仍可參與公共建設之興建、營運。」[5]「對於依促進民間參與公共建設法准民間機構興建、營運之公共建設，不適用政府採購法之規定，其民間經營團隊服務成果，非屬政府採購契約履約成果，故無法將其納入行政院公共工程委員會優良廠商名單。」[6]

---

[4]　財政部107年3月13日台財促字第10725507210號函。

[5]　財政部105年5月23日台財促字第10500590410號函。

[6]　財政部106年3月9日台財促字第10625505200號函。

3

企業參與促參案件可能獲得之優惠措施為何？

林雅芬、李仲昀

　　為吸引民間企業踴躍參與公共建設，各國在相關政策上多針對促參案件設有一定之優惠措施，以鼓勵民間企業積極投入參與公共建設。我國就參與促參案件之民間企業，依相關法規可能獲得之優惠措施為何？

關鍵字：促進民間參與公共建設法、促參、促參優惠

◎前言

　　近年來，促進民間參與公共建設已逐漸成為國際也是國內趨勢，藉由民間資金之投入，各項重大公共建設得以在稅收有限之情形下仍持續推動，除有助於紓解政府財務負擔壓力外，尚能創造眾多就業機會，活絡經濟成長，且民間創意、企業活力及管理

技術之引入，亦能帶動公共建設及公共服務品質之提升及改善。我國就參與促參案件之民間企業，依相關法規可能獲得之優惠措施爲何？

◎民間參與公共建設，依促進民間參與公共建設法（以下稱促參法）之相關優惠措施

一、一般公共建設

此處所指一般公共建設，係指促參法第3條第1項所列交通建設及共同管道、環境污染防治設施、污水下水道、自來水及水利設施、衛生醫療設施、社會及勞工福利設施、文教設施、觀光遊憩設施、電業設施及公用氣體燃料設施、運動設施、公園綠地設施、工業、商業及科技設施、新市鎮開發、農業設施、政府廳舍設施等「供公眾使用且促進公共利益之建設」。

民間企業如參與一般公共建設案件，得有以下優惠措施：

1. 既有相關法令限制之鬆綁

(1) 放寬公用財產不得爲任何處分或擅爲收益，公有土地原則上不得處分、設定負擔或爲超過十年期間租賃，以及民法租賃契約之期限不得逾二十年之限制

依土地法第25條規定[1]，公有土地非經核准原則上不得處分、設定負擔或爲超過十年期間之租賃，國有財產法第28條規定[2]，公用財產原則上亦不得爲任何處分或擅爲收益，又民法第

---

[1] 土地法第25條規定：「直轄市或縣（市）政府對於其所管公有土地，非經該管區內民意機關同意，並經行政院核准，不得處分或設定負擔或爲超過十年期間之租賃。」

[2] 國有財產法第28條規定：「主管機關或管理機關對於公用財產不得爲任何處分或擅爲收益。但其收益不違背其事業目的或原定用途者，不在此限。」

449條規定，租賃契約之期限，不得逾二十年，逾者縮短爲二十年，惟促參法第8條第2項後段、第15條第1項及第3項、第16條第3項、第17條第2項、第19條第4項等規定，則就民間參與公共建設相關之情形，特別放寬上開土地法第25條、國有財產法第28條及民法第449條等規定、以及地方政府公產管理法令之限制，以利促參案件之推動。

(2) 放寬民間企業發行新股及公司債之限制

　　我國公司法270條第1款、第247條、第249條第2款、第250條第2款等規定，就公司發行新股或公司債均設有一定之限制，促參法爲促進民間企業參與公共建設案件，特於促參法第33條規定放寬上開發行新股之限制，但如已連續虧損二年以上者，應提因應計畫，並充分揭露相關資訊，並於同法第34條規定，參與公共建設之民間企業依法辦理股票公開發行後，爲支應公共建設所需之資金，不受上開公司法相關規定之限制，得發行指定用途之公司債，但應經過證券主管機關徵詢中央目的事業主管機關同意。

2. 有關籌資方面之優惠

(1) 就計畫非自償部分，主管機關得貼補民間企業所需貸款利息或按營運績效給予補貼

　　對於民間無法自償之促參案件，如政府不適度予以協助，將不利於促參目的之達成，故相關促參案件於民間無法完全自償時，依促參法第29條第1項規定，就非自償部分，得於投資契約中訂明，由主辦機關補貼民間機構所需貸款利息或按營運績效予以補貼，以提高民間投資誘因，達到獎勵投資之目的。

(2) 主管機關得洽請金融機構或特種基金提供民間企業中長期貸款

　　爲鼓勵民間機構從事公共建設，依促參法第30條規定，主

辦機關得洽請相關金融機構或特種基金提供貸款，以激勵民間機構參與公共建設之意願。但若主辦機關提供融資保證，或依其他措施造成主辦機關承擔或有負債者，應提報各民意機關審議通過。

3. 有關土地租金之優惠

於促參案件中，公共建設所需之用地如為公有土地，依促參法第15條第1項規定，有關該公有土地之出租及設定地上權之租金，政府得依促進民間參與公共建設公有土地出租及設定地上權租金優惠辦法，給予民間企業以優惠方式計收、減收、減免或緩繳等優惠。

二、重大公共建設

此處所稱重大公共建設，指促參法第3條第2項所定「性質重要且在一定規模以上之公共建設」，而有關重大公共建設之範圍，可參「促進民間參與公共建設法之重大公共建設範圍」、「促進民間參與公共建設法之重大公共建設範圍訂定及認定原則」之規定。

民間企業如參與重大公共建設案件，除前述民間參與一般公共建設得享有之優惠外，尚有以下優惠措施：

1. 徵收私有土地徵收之協助

於促參案件中，如公共建設所需用地為私有土地者，依促參法第16條第1項前段規定，須由主辦機關或民間機構與所有權人協議以市場正常交易價格價購。惟如係為舉辦政府規劃之重大公共建設所必須使用之私有土地，依同項後段規定，價購不成時得由主辦機關依法辦理徵收該土地，再依促參法第16條第2項規

定，上開為重大公共建設而得由政府徵收之土地，如為國防、交通或水利事業因公共安全急需使用者，得不受上開協議價購程序之限制而由主辦機關逕行辦理徵收。

2. 有關租稅方面之優惠

民間企業如參與重大公共建設案件，依促參法第36條至第40條等規定，有以下之租稅優惠：

(1) 得於一定條件下以五年為限免納營利事業所得稅、

(2) 以投資重大公共建設之支出於5-20%限度內，抵減當年度應納營利事業所得稅、

(3) 免徵相關機具設備之進口關稅、減免房屋稅、地價稅、契稅，

(4) 且持有參與重大公共建設之民間機構因創立或擴充而發行之記名股票達四年以上者，得以其取得該股票之價款20%限度內，抵減當年度應納營利事業所得稅額。

三、重大交通建設

民間企業參與之公共建設如為重大交通建設，則除前述民間參與一般公共建設及重大公共建設得享有之優惠外，依促參法第31條規定，於報經金融督管理委員會之核准，亦得享有金融機構授信額度限制放寬之優惠。

4

促參案件之「可行性評估」及「先期規劃」之重要性為何？

林雅芬、王之穎

「可行性評估」及「先期規劃」為辦理促參案件之前，主辦機關必須先於內部進行之準備作業，對於潛在投資申請人而言，主辦機關之「可行性評估」及「先期規劃」內容，往往成為決定其是否投資該促參案件，以及應提出何種申請內容之重要關鍵。為協助企業瞭解何謂「可行性評估」及「先期規劃」，謹簡要介紹「可行性評估」及「先期規劃」相關規定及辦理方式並說明其重要性，以資參考。

關鍵字：先期規劃、可行性評估、申請評估

◎前言

主辦機關辦理促參案件之前，應先辦理「可行性評估」，有關「可行性評估」，係以民間參與角度，就民間參與效益、市場、技術、財務、法律、土地取得、環境影響及公聽會提出之建議或反對意見等方面，審慎評估民間投資可行性，而「先期規

劃」，則爲主辦機關依據可行性評估結果所規劃之促參案件具體內容及方式。

　　民間參與公共建設是否具有可行性，爲政府辦理促參案件之前應先檢視之重點，經確認具有可行性之案件，後續再辦理先期規劃、公告招商等程序，可確保促參計畫之品質，並避免耗費不必要之人力、時間成本。

◎可行性評估

　　主辦機關辦理促參案件之前，依促進民間參與公共建設法（以下稱促參法）第6條之1、促參法施行細則第26條規定，應先辦理「可行性評估」。主辦機關於進行可行性評估時，應依公共建設促進公共利益具體項目、內容及欲達成之目標，以民間參與角度，就民間參與效益、市場、技術、財務、法律、土地取得、環境影響及公聽會提出之建議或反對意見等方面，審愼評估民間投資可行性，撰擬可行性評估報告，並應於公共建設所在鄉鎮舉行公聽會，公聽會提出之建議或反對意見如不採納，應於可行性評估報告具體說明其理由。且主辦機關應邀請相關領域人士審查該可行性評估報告，並於辦理公告徵求民間參與前，公開於主辦機關資訊網路，期間不少於十日。

　　爲協助主辦機關及其委託之專業顧問，掌握可行性評估作業重點及作爲可行性評估報告審查參考，財政部編製「促進民間參與公共建設可行性評估作業手冊及檢核表」[1]，提供可行性評估

---

[1] 民國107年2月26日台財促字第10725505980號函：「一、旨揭手冊及檢核表係供主辦機關辦理依促進民間參與公共建設法（下稱促參法）第42條規定，由主辦機關規劃公告徵求民間參與，並採第8條第1項第1款（BOT）或第5款（OT）民間參與方式辦理案件相關作業參考，主辦機關應依促參法及相關目的事業法令規定，視促參案件特性並配合實際需要，擬具及審查個案可行性評估報告。二、旨揭手冊及檢核表公開於本部民間參與公共建設資訊網頁（http：//ppp.mof.

基本撰擬內容、注意事項及檢核重點，強化可行性評估公正客觀及提升審查周延性，協助主辦機關預先檢視及評估引進民間參與公共建設可行性，提醒主辦機關於現階段應注意審視及解決之問題。

◎先期規劃

　　促參法施行細則第52條規定，主辦機關辦理公告徵求民間參與政府規劃之公共建設前，應依可行性評估結果辦理先期規劃（但未涉及政府預算補貼者，不在此限），撰擬先期計畫書，邀請相關領域人士審查。財政部爲協助主辦機關及其委託之專業顧問，掌握先期規劃作業重點及作爲先期計畫書審查參考，編製「先期規劃作業手冊及檢核表」[2]，提供先期規劃作業撰擬內容、注意事項及檢核重點，強化先期規劃公正客觀及提升審查周延性。另外，先期計畫書應邀請相關領域人士審查，並於辦理公告徵求民間參與前，公開於主辦機關資訊網路，期間不少於十日。

---

gov.tw/），路徑爲：『參考資料』→『促參作業指引及參考文件』→『參考文件』。」

2　中華民國107年2月27日台財促字第10725506040號函：「一、旨揭手冊及檢核表係供主辦機關辦理依促進民間參與公共建設法（下稱促參法）第42條規定，由主辦機關規劃公告徵求民間參與，並採第8條第1項第1款（BOT）或第5款（OT）民間參與方式辦理案件相關作業參考，主辦機關應依促參法及相關目的事業法令規定，視促參案件特性並配合實際需要，擬具及審查個案先期計畫書。二、旨揭手冊及檢核表公開於本部民間參與公共建設資訊網頁（http：// ppp.mof.gov.tw/），路徑爲：『參考資料』→『促參作業指引及參考文件』→『參考文件』。」

◎「可行性評估」及「先期規劃」之重要性

　　以民間參與角度而言，可行性評估涉及之民間參與效益、市場／技術／財務／法律／土地取得之可行性、環境影響及公聽會意見等，均為可行性評估之必要項目，其內容通常為企業決定投資與否之重要參考。以財務可行性為例，包含但不限於營運成本及費用估算、營運收入估算等，及建立計畫財務模型，編製現金流量表（包含興建成本、營運收入、營運成本及費用）及評估融資可行性等評估項目，企業可以透過評估結果衡量是否適合參與該促參案件。

　　另就主辦機關後續辦理之「先期規劃」，所涉有關促參案件之興建規劃、營運規劃、環境影響評估、履約管理規劃等與民間機構權利義務相關之項目，亦具有相當程度之重要性。以先期規劃內容中常見之「土地規劃」項目為例，無論是土地取得與時程、用地變更、地上物拆遷補償、水土保持及相關開發審查機關有關開發規模及審查程序等，均屬主辦機關評估是否辦理促參案件，及後續進度是否受到影響之重要評估因素。再依促參法施行細則第52條規定，先期規劃乃主辦機關就促參案件擬由民間參與期間、環境影響評估與開發許可、土地取得、興建、營運、移轉、履約管理、財務計畫及風險配置等事項，審慎規劃並明定政府承諾與配合事項，是以主辦機關之立場而言，先期規劃內容乃明確表達由民間參與之各項內容及政府承諾與配合事項，亦為招商時之重要參考文件，亦屬為企業於決定是否投資，或提出何種申請內容之重要參考。

　　綜上，無論係「可行性評估」及「先期規劃」，均為主辦機關辦理促參案件前所為評估及準備之重要作業，其結果將直接影響企業參與該促參案件與否之決定，建議企業於準備申請促參案件前，就主辦機關所為「可行性評估」及「先期規劃」內容應注意審閱，以更深入了解促參案件內容，並作出更周延完善之自我評估。

5

企業投資規劃促參案件，於「議約階段」可能遇到的問題為何？如何因應？

林雅芬、王之穎

關於我國促進民間參與公共建設案件（下稱促參案件）之標準作業程序，包含計畫形成階段、可行性評估及先期規劃、招商階段、議約及簽約階段、興建期階段、營運期階段及資產移轉階段等。其中議約階段往往直接影響後續之投資契約內容，於促參案件作業程序中具有重要地位。為瞭解議約階段可能發生之問題，協助企業順利進行議約並降低後續契約爭議風險，謹簡要說明企業於議約階段之相關規定，以資參考。

關鍵字：促進民間參與公共建設法、促參、議約階段、投資契約

◎議約階段可能面臨之問題

1. 議約應注意哪些事項

(1) 議約內容原則上不得違反公告內容、招商文件

　　最優申請人經主辦機關依促進民間參與公共建設法（以下

稱促參法）所定甄審程序評定選出後，後續需與主辦機關進行投資契約之簽署，依促參法第12條規定，主辦機關與民間機構之權利義務，除該法另有規定外，依投資契約之約定；契約無約定者，適用民事法相關之規定。投資契約之訂定，應以維護公共利益及公平合理為原則；其履行，應依誠實及信用之方法。雖然主辦機關於促參案件之招商階段均會公告契約草案內容，並提供申請人釋疑之機會，惟兩造通常不會直接就契約草案內容逕行簽約，實務上，申請人順利通過甄審、經評定為最優申請人後，雙方會再就契約內容進行議約。

關於主辦機關與最優申請人議約時應注意之事項，依促參法施行細則第57條規定，主辦機關應依據徵求民間參與公告內容、招商文件、投資計畫書及綜合評審結果辦理議約，此為促參案件辦理議約之基本原則。議約內容原則上不得違反公告內容、招商文件，惟原公告及招商文件內容載明得協商變更者，依協商結果，若於公告後投資契約訂立前發生情事變更、原公告及招商文件內容不符公共利益或公平合理之原則時，當事人可例外以不同於公告內容、招商文件、投資計畫書及綜合評審結果之內容進行議約。

(2) 議約有法定期間之限制嗎

企業一旦通過甄審程序，經主辦機關評定為最優申請人後，依促參法施行細則第58條第2項第1款規定，有關議約期限，除經主辦機關認定特殊情形者外，原則上自評定最優申請人之日起至完成議約止之期間，不得超過申請期限之兩倍，且以六個月為限，又依行政院公共工程委員會工程技字第09700205900號函意旨[1]，該條所定「評定最優申請人之日」，係指綜合評審

---

[1]　行政院公共工程委員會工程技字第09700205900號函：「說明：……二、按促參法施行細則第41條之2第2項第1款規定略以：『議約期限：自評定最優申請人之日起至完成議約止之期限，……』；次按民間參與公共建設甄審委員會組織

結果經簽報、核定後書面通知申請人之日。

依此，企業如成爲促參案件之最優申請人，於收受主辦機關將簽報、核定後之綜合評審結果以書面通知企業之日起算，應於不超過申請期限兩倍之期限內（最高不得超過六個月）完成議約，若無法於該期限內完成議約，依促參法施行細則第59條第2項第3款規定，主辦機關應不予議約、簽約，爲避免影響權利，企業如經評定爲最優申請人，應遵期完成議約。

(3) 何種情況下，最優申請人可能會遭主辦機關拒絕議約？

企業經主辦機關評定爲最優申請人後，依促參法施行細則第59條第2項規定，如經認定有：1.未依公告及招商文件規定之條件提出申請、2.有詐欺、脅迫、賄賂、對重要評審項目提供不正確資料或爲不完全陳述，致影響評審之情形、3.未依通知之期限辦理補正、完成議約程序及4.未按規定時間籌辦或完成簽約手續等情況，此時主辦機關依法應不予議約及簽約，上開規範影響企業權益甚鉅，故企業於更加重視前階段程序所提文件之合法性及遵守相關期限之限制。

2. 其他建議事項

最優申請人經評定進入議約階段後，主辦機關將以招商公告、投資計畫書及協商結果爲基礎，確保議約內容之適法性，雙方並得於符合促進民間參與公共建設法、促進民間參與公共建設法施行細則等相關法令規範下，就投資契約之內容進行協商，以約定雙方當事人就促參案件之權利義務關係，投資契約可謂係促

及評審辦法第25條第1項規定：『綜合評審結果應經工作小組簽報主辦機關首長或其授權人員核定，並於核定後二週內公開於主管機關資訊網路及以書面通知申請人。』爰有關議約期限起算日，係以評定最優申請人之日起算，且所稱『評定最優申請人之日』係指綜合評審結果經簽報、核定後書面通知申請人之日。」

參案件後續執行時就當事人間之權利義務關係之基本規範，其重要性不言可喻。依此，建議企業於議約階段時，得透過具有工程、法律、財會等背景之專業人士，協助企業與主辦機關協商，並建議將當事人間之權利義務關係於契約中清楚約定，避免因契約文義不明致生後續履約爭議。

6

促參案件經評審之最優申請人，若未如期完成簽約，應如何處理？

林雅芬、王之穎

參與促參經評定為最優申請人者，應於評定規定時間內籌辦並與主辦機關完成投資契約之簽約手續，俾順利進行後續之興建及營運。惟最優申請人一旦未於規定之期間內完成簽約，法律上會有如何效果？應如何處理？均為攸關參與促參企業權利義務之重要問題，為協助企業瞭解可能發生之問題並降低後續爭議風險，本文謹就此議題介紹，以資參考。

關鍵字：最優申請人、簽約期限、籌辦期間

◎說明

依促進民間參與公共建設法（以下稱促參法）施行細則第58條第2項第2款本文規定，最優申請人自議約完成至簽訂契約期間，以一個月為原則，並得展延一個月。如最優申請人無法於期間內完成籌備並與主辦機關完成簽約，依促參法第45條第2項規定，主辦機關得訂定期限，通知最優申請人補正，如最優申請

人於期限內無法補正，主辦機關得決定依同條第3項規定，由次優申請人遞補簽約，或重新公告徵求投資人，以使該促參案件得繼續執行。

促參案件內容較為複雜，無論主辦機關或企業，均需通過招標、投標、評審階段，進入最後之甄選並決定最優申請人，過程耗時且繁複，需投入大量時間、勞力及費用等成本，揆諸促參法第45條立法理由[1]，為避免因通過甄選之申請人因故無法完成簽約即讓全部程序重來，造成重行公告申請之累，乃規範主辦機關依序評選出數位申請人，於最優申請人無法如期簽約時，除重行公告徵求投資人外，亦得由次優申請人遞補簽約。

關於前開簽約期間之認定，於實務運作上亦曾有爭議，如主辦機關依據促參法規定公告簽約期限，此時因最優申請人需先籌辦設立民間機構（例如：召開董事會、股東會及商業登記等）以進行後續簽約，惟此可能導致逾越簽約期限，最優申請人可否主張籌辦期間不計入簽約期限，而要求與主辦機關簽約？依促參法施行細則第58條第2項第2款但書規定：「前項議約及簽約期限，除有特殊情形者外，不得逾下列期限：……二、簽約期限：……但簽約前依本法第四十五條規定之籌辦及補正時間，不予計算。」該等籌辦期間不計入簽約期限；又依最高行政法院[2]見解，主辦機關雖得依職權訂定合理之議約及簽約期限，惟該等期限不得計入上述籌辦時間，乃法所明定，不容主辦機關裁量變更，該判決同時認定，最優申請人被通知為簽約對象後，始另行成立「民間機構」與主辦機關簽約，惟成立民間機構通常須經過

---

[1] 促參法第45條立法理由：「一、本條明定最優申請案件之通知、投資契約之簽訂及由次優申請案件遞補事宜。二、參照獎參條例第38條訂定。三、第2項明定經評定為最優申請案件之申請人應與主辦機關簽訂投資契約，倘最優申請案件申請人未能完成簽約手續，則賦予主辦機關決定由合格之次優申請案件申請人遞補簽約之權，以免重行公告申請之累。

[2] 最高行政法院100年度判字第1181號判決參照。

一定之程序，衡情須有相當之設立期間，故設立民間機構所需之期間，應屬促參法第45條規定之籌辦時間，同時認為，依公司法第172條、第204條等規定召集股東會、董事會等之通知最低期限，均屬最優申請人為籌設民間機構所需之合理籌辦期間，論者，此為最高行政法院透過公司法之規定具體化促參法對籌辦期間之考量與相當期間之計算，以及民間機構設立所具有合理籌辦期間之內涵[3]。

◎建議

　　由上開促參法及其施行細則等規定可知，申請人一旦經主辦機關評定為最優申請人後，如未按規定時間籌辦，並與主辦機關完成簽約手續，主辦機關得定期間通知補正。申請人無法如期補正者，主辦機關依法應不與之議約、簽約[4]，且得決定由次優申請人遞補或重新公告接受申請，影響最優申請人之權益甚鉅，建議企業於促參案件中，應更加重視前階段程序所提文件之合法性、簽約之準備及遵守相關期限之限制，俾免喪失與主辦機關締結投資契約之權益。

---

[3]　許登科，促參法明定最優申請人籌辦期間之法制意涵——最高行政法院100年度判字第1181號判決評析，月旦裁判時報，第20期，2013年4月，頁22。

[4]　促進民間參與公共建設法施行細則第59條第2項第4款：「主辦機關於選出最優申請人或次優申請人後，發現申請人有下列情形之一者，應不予議約、簽約：……四、未按規定時間籌辦或完成簽約手續。」

7

企業於促參案件之興建階段，可能會面臨哪些問題？如何因應？

林雅芬、王之穎

企業於促參案件之興建階段，可能面臨如民眾抗爭、政府承諾或協助事項之履行及不可抗力等爭議問題，為協助企業認識可能遭遇之問題，本文謹介紹實務上常見之爭議類型。

關鍵字：興建階段、民眾抗爭、政府承諾或協助、不可抗力

◎前言

主辦機關與企業完成促參案件之議約及簽約後，即進入興建階段。企業於興建階段，可能會因為政府就促參計畫之事前審查不足、土地取得困難、地方民意反彈、法令規範不健全等，衍生出諸多爭議。

◎常見爭議

1. 民眾抗爭

　　部分促參案件之公共建設類型容易發生當地民眾抗爭之問題，近年尤以涉及環境保護議題之公共建設，例如：焚化廠、垃圾掩埋場、電廠等類型之促參案件，常見於興建過程中發生當地民眾或環團抗爭等情形。基於促參案件之進行，一旦發生民眾抗爭事件，有必要加以化解及排除，惟究竟應由主辦機關或企業負責排除此障礙？如因民眾抗爭導致興建工期延誤，企業是否負違約責任？

　　目前實務上之作法，有些於先期計畫書載明[1]，或於特殊類型之公共建設促參案件中，以法規方式分配排除抗爭之風險[2]，規定因不可歸責於民間機構事由之民眾抗爭，由主辦機關予以協助排除。

　　另外，有法院見解認為[3]，若雙方訂約時即已預見民眾抗爭情事，於合約工作說明書中載明，抗爭由民間機構負擔，並合意將民眾抗爭排除在免為罰款事由之外，即由企業自行承擔是項風險，則如遇有民眾抗爭情事，就所致遲延或違約情事者，企業仍應負違約責任。因此，投資契約若約定由企業負排除抗爭責任，或未明確約定非企業責任時，建議企業於訂約前，應明確瞭解及評估契約風險，並盡可能與當地居民保持良好溝通、維持友好關係，降低抗爭事件發生之風險。

---

[1] 如促進民間參與臺東縣臺東市污水下水道系統建設之興建營運移轉（BOT）計畫先期計畫書第6.3條第4款載明：「協助排除因不可歸責於民間機構事由之民眾抗爭。」明訂由主辦機關協助排除不可歸責於民間機構事由之民眾抗爭。

[2] 鼓勵公民營機構興建營運垃圾焚化廠作業辦法第28條規定：「垃圾焚化廠興建及營運期間，主辦機關應協調民意、排除抗爭。」

[3] 臺灣高等法院高雄分院88年度上字第19號判決意旨參照。

2. 政府之承諾或協助

投資契約所訂定政府承諾或協助事項，通常為企業判斷並決定是否申請促參案件之重要因素。惟於興建過程中，相關約款應如何解釋？政府是否有承諾或協助之意思？企業於締約前應予以注意。實務上，曾有法院見解[4]以該投資契約約定之約款已涉行政權事項，因此，民間機關依該約款僅具有申請機關協助、獎勵之資格，惟不代表機關依此負有完全配合企業之義務，否則無異於將行政權透過一紙契約之約定即交由締約之私人（企業）來行使，故企業於促參案件中，就主辦機關所提供之承諾及協助，應儘量以契約明定，並注意該約款於解釋上是否有前開案例機關不負履約義務之可能，避免影響企業之權益。

3. 不可抗力與除外情事

企業於興建階段可能會遇到各種不可抗力之事故，致影響興建之進行。所謂不可抗力係指人力所不能抗拒之事由，即任何人縱加以最嚴密之注意，亦不能避免者而言[5]，例如：海嘯、水災、地震等不可預料之天災地變等屬之[6]。就不可抗力事故，並

---

[4] 臺灣高等法院98年度重上字第20號判決：「系爭契約第14條第4款係約定：『乙方（即上訴人）得就左列事項，申請甲方（即被上訴人）協助或獎勵：……四停車場營運後，向甲方申請於停車場附近半徑600公尺範圍內之道路設置計時收費停車區或劃設禁止停車區』（見原審卷一19頁），依上開文義觀之，係指上訴人具有申請被上訴人協助、獎勵之資格，至於上訴人提出申請後，仍有待被上訴人行政裁量，以決定是否予以協助或獎勵，尚難據以認定被上訴人因此負有完全配合上訴人所提申請之義務。否則，無異將地方自治機關（直轄市市政府）應有之劃設禁停區或計時收費區之行政權，透過一紙契約之約定，即交由締約之私人來行使，其理甚明。」

[5] 最高法院95年度台上字第1087號判決意旨參照。

[6] 財政部推動促參司中華民國108年3月29日台財促字第10825508370號函BOT案投資契約參考條款第23.1條（不可抗力情事）：「本契約所稱不可抗力事由，係指該事由之發生須非可歸責於雙方，亦非雙方得合理控制或縱加相當注意亦無法防止、避免或排除，且足以影響本契約一部或全部之履行者，包括但不限於：

非謂企業一律無需負違約之責，如雙方當事人已透過契約分配不可抗力之風險（例如：契約就企業之修繕義務，並未將不可抗力之天然災害所生之重大損害予以排除適用），有法院見解[7]即認為，不能逕以該不可抗力事故造成之損害，已逾企業就本案投標時可得預期應承擔之天災風險，認該企業對損害無須負修繕義務。

另外，實務上亦常見所謂「除外情事」之約定，即雙方當事人於簽署投資契約時，特別約定於該事件發生時（包括但不限於法令變更、政策變更等），其效果比照不可抗力事件[8]，此類情事可能對民間機構興建、營運或財務狀況造成不利影響，有予以

一、戰爭（無論是否宣戰）、侵略、外國敵人行為、叛亂、革命、暴動、內戰、恐怖活動。二、因核子燃料或廢棄物燃燒或爆炸所生輻射或放射線污染。三、天災，包括但不限於地震、水災、海嘯、閃電或任何自然力作用。四、不可歸責於乙方或其承包商所致罷工、勞工暴動或其他勞資糾紛，致足以影響本契約之履行。五、於施工過程中，發現依法應保護之古蹟或遺址，致對工程之進行或預訂之開始營運日產生影響者。六、用地具有環境污染情事，致影響興建者。」

[7] 最高法院106年度台上字第400號判決：「查綜觀系爭契約第8.1.6條第1項約定……似見第8.1.6條第1項(1)所定宏都公司之修繕義務，並未將不可抗力之天然災害所生之重大損害予以排除適用，……果爾，能否謂宏都公司遇不可抗力之天然災害所生之重大損害無需負第8.1.6條第1項(1)之修繕義務？自滋疑義，原審未遑究明，即以阿里山森林鐵路因莫拉克颱風造成之損害已逾宏都公司就本案投標時可得預期應承擔之天災風險，認該公司對阿里山森林鐵路之地基及邊坡流失，無須負修繕義務，進而為林務局不利之判決，已嫌速斷。」

[8] 財政部推動促參司中華民國108年3月29日台財促字第10825508370號函BOT案投資契約參考條款第23.2條（除外情事）：「本契約所稱除外情事，係指因不可歸責於雙方當事人之下列事由：一、除不可抗力外，因政府政策變更、法規變更、政府機關之行政命令、處分、作為或不作為，致對乙方之興建或營運之執行或財務狀況發生重大不利影響，且足以影響本契約之履行者。二、整體經濟狀況大幅變動，致對乙方興建或營運之執行或財務狀況發生重大不利影響，且足以影響本契約履行或經濟狀況大幅變動致案件不具自償性時。三、因不可歸責於乙方之因素，致乙方遲誤取得與興建工作相關之各項執照及許可達〇〇日以上者。四、其他性質上不屬不可抗力之除外情事。」

定義並明定其效果之必要[9]。

◎結語

　　綜上，企業於促參案件之各階段，可能面臨如民眾抗爭、政府承諾或協助事項未履行及不可抗力等爭議問題，為避免企業因遭遇上開爭議，除致生損害（例如：影響興建進度）外，亦有可能需負相關違約責任，或無從要求政府履行其承諾或協助等，企業應於締約時藉由契約條款加以列明、事先詢問、釐清相關責任，以利風險評估及契約遵循，避免產生爭議。

---

[9] 　參財政部推動促參司中華民國108年3月29日台財促字第10825508370號函BOT案投資契約參考條款第23.2條相關規定之說明。

8
企業於促參案件之營運階段,可能會面臨哪些問題?

林雅芬、王之穎

企業於促參案件之營運階段,可能面臨如權利金、營運資產風險、稅務負擔等爭議問題,為協助企業認識可能遭遇之問題,本文謹介紹實務上常見之爭議類型。

關鍵字:營運階段、權利金、營運資產風險、稅務負擔

◎前言

企業參與促參案件完成興建後,即進入營運階段。企業於營運階段,可能發生權利金調整、營運資產危險負擔及房屋稅、地價稅之減免等問題,以下謹提出幾則企業於營運階段常見之問題類型。

◎常見爭議

1. 權利金之調整

於促參案件中，主辦機關通常會向民間機構收取「權利金」，可分為開發權利金及經營權利金，其內涵包含民間機構取得公共建設興建營運權及使用收益政府資產之對價、促參案件之利潤分享、政府投資成本回收等。

實務上常見民間機構以情事變更原則，請求調整權利金，以減輕財務負擔。此係因公共建設之營運期間較長，雙方當事人締約時無法預見將來可能發生之客觀環境變化，導致公共建設之營運績效較最初預估者為低，如仍維持原本之高額權利金，可能造成民間機構財務上之負擔，是常見於投資契約中明定定期調整權利金之機制，或由雙方當事人依財政部公布之「促進民間參與公共建設案件權利金設定及調整參考原則」[1]進行調整。

民間機構依情事變更原則請求減少權利金，就情事變更之事實，及該情事變更非締約當時所得預見，及如依原定權利金為給付，將導民間機構財務負擔而顯失公平等情，民間機構應負主張及舉證之責。惟應注意，有法院見解認為，因權利金為民間機構取得委託經營權所須給付之代價，權利金數額為民間機構是否得標之競爭依據，如簽訂委託經營契約後得任意調降權利金，反將產生不公平競爭，更有圖利得標民間機構之嫌，故如民間機構於締約前已預見投資契約未來可能發生情事變更，仍決定參與投標，進而得標簽訂投資契約，取得經營權，其權利金數額多寡，顯由民間機構自行評估後所為之決定，日後正常營運產生之盈虧理當由該民間機構自負，方合事理，而駁回該案民間機構調降權

---

[1] 民國107年6月21日財政部台財促字第10725516390號函修正公布促進民間參與公共建設案件權利金設定及調整參考原則。

利金之請求[2]。

2. 營運資產風險的危險負擔

　　關於營運資產風險應由何人承擔之疑義，最常見者，即機關將公有財產交付民間機構管理使用，雙方間法律關係為何？如該公有財產具有瑕疵，該危險應由何人承擔？如該公有財產發生損害，應由何人負修繕義務？就此等疑義，有法院見解認為，機關將公有財產交付民間機構管理使用，民間機構按月支付營運權利金，兩造間契約約定民間機構受託經營對該公有財產有維護義務，或投標須知規定其應編列一定金額之修繕費等，應認機關交付公有財產後所生之瑕疵，應由民間機構負維護修復之責，至交付前之已存之固有瑕疵，依債務本旨，仍應由機關負擔方是，如有違反前述義務，則生有債務不履行之賠償責任問題[3]。

3. 地價稅及房屋稅

　　實務上就促參案件所涉公有財產提供民間機構使用收益之情形，亦衍生須否繳納地價稅及房屋稅及納稅主體等疑義：

　　依土地稅法第14條規定，已規定地價之土地，除依該法第22條規定課徵田賦者外，應課徵地價稅，房屋稅部分，依房屋稅條例第3條規定，房屋稅以附著於土地之各種房屋，及有關增加該房屋使用價值之建築物，為課徵對象，另依照促參法第39條[4]規定，屬促參法第3條第2項規定之重大公共建設範圍者，得給予適當減免。

---

[2] 臺灣高等法院100年度重上字第461號判決。

[3] 臺灣高等法院高雄分院100年度上更（一）字第3號判決參照。

[4] 促參法第39條：「參與重大公共建設之民間機構在興建或營運期間，供其直接使用之不動產應課徵之地價稅、房屋稅及取得時應課徵之契稅，得予適當減免。前項減免之期限、範圍、標準、程序及補繳，由直轄市及縣（市）政府擬訂，提請各該議會通過後，報主管機關備查。」

　　實務上常見爭議者，如促參案件所涉及之公有財產，是否仍有土地稅減免規則第7條或房屋稅條例第14條規定之免稅要件？依照財政部95年1月17日台財稅字第09504500720號函意旨，對於不動產本即符合土地稅減免規則第7條或房屋稅條例第14條規定之免稅要件，如民間機構依促參法第8條規定之方式介入使用（興建、營運），並未影響其符合原免稅條件者，則因此時並無應改予課稅之特別規定，仍應有土地稅減免規則或房屋稅條例免稅規定之適用，惟如因民間機構之介入使用，致受影響而不符合土地稅減免規則或房屋稅條例所規定之免稅要件，即應無上述免稅規定之適用，至有無前述受影響而不符上述規定之免稅要件，則應依具體個案之情形（參與公共建設之方式、不動產產權歸屬、事業之主體性質、有無委託經營關係、原持有土地使用情形及所擬適用之免稅條款等）而定。

　　促參案依法須課徵地價稅或房屋稅時，以租稅法定納稅義務人為負擔主體，主辦機關得視個案情形約定由民間機構負擔，但不影響法定納稅義務人之納稅義務。此外，就促參案稅負之相關事宜，財政部訂有「機關辦理促進民間參與公共建設案件稅負事宜參考文件」[5]可供參考。

◎結語

　　綜上，企業於營運階段，可能面臨如權利金調整、營運資產風險之危險負擔或地價稅及房屋稅等問題，為避免企業因遭遇上

---

[5]　財政部106年12月14日台財促字第10625528050號函：「主旨：檢送『機關辦理促進民間參與公共建設案件稅負事宜參考文件』（下稱本參考文件）乙份，請查照轉知所屬。說明：一、為利主辦機關依促進民間參與公共建設法辦理案件（下稱促參案），於可行性評估及先期規劃階段即注意相關稅負，減少爭議，就營業稅、地價稅、房屋稅及契約彙整相關法規、解釋函（令）及稅負宜予以提示，訂定本參考文件供參。」

開爭議，而可能需負相關違約責任，企業應於締約時藉由契約條款加以列明事先詢問、釐清相關責任，以利契約當事人遵循，避免產生爭議。

9

企業於促參案件移轉期之處理程序為何？

林雅芬、王龍寬、林誼勳

於促參案件中，民間機構於營運期限屆滿後，需將公共建設移轉予政府者，處理程序為何？依促進民間參與公共建設法施行細則第80條規定，移轉資產之資產總檢查機構、檢查方式、程序、標準、費用負擔等，均係由機關於投資契約中明訂，因此，本文將以財政部促參司所公布之108年版「BOT案投資契約參考條款」（下稱BOT參考條款）[1]，說明參與促參之企業於移轉期之相關程序及應注意事項。

關鍵字：促進民間參與公共建設法、促參、移轉期

◎營運期限屆滿時之移轉

按促進民間參與公共建設法（以下稱促參法）第54條規定，民間機構應於營運期限屆滿後移轉公共建設予政府者，應將

---

[1] 參財政部促參司公布之各類型促參案件投資契約參考條款，網址：https://ppp.mof.gov.tw/PPP.Website/Refers/Refer/View1.aspx?fId=3540（最後瀏覽日：2019年8月12日）。

現存所有之營運資產或營運權，依投資契約有償或無償移轉、歸還予主辦機關，又依促參法施行細則第80條規定，民間機構依促參法第54條規定於營運期限屆滿應移轉資產者，應於期滿前一定期限辦理資產總檢查，一定期限與資產總檢查之檢查機構、檢查方式、程序、標準及費用負擔，則應於投資契約明定之。若參考BOT參考條款之規定，相關標的及程序如下：

1. 移轉標的

依BOT參考條款第16條規定，移轉標的為民間機構所有且為繼續營運該計畫之現存所有全部營運資產[2]，至於何謂營運資產，則包含營運資產之使用或操作有關軟體或各項文件、物品及相關智慧財產權所有權文件、擔保書、契約書、使用手冊、計畫書、圖說、規格說明、技術資料等[3]；而於移轉時，民間機構應確認並移除移轉標的一切負擔及一切法律限制，並於契約期間屆滿之前，移轉予主辦機關。

2. 移轉之程序

BOT參考條款係規定，於營運期限屆滿之一定年限前（由民間機構與主辦機關議定），民間機構需經主辦機關同意，委託公正、獨立之專業機構進行促參法施行細則第80條規定之營運資產總檢查，並提交檢查報告予主辦機關，原則上委託專業機構進行資產營運總檢查之費用，由民間機構自行負擔[4]。此外，除投資契約另有約定外，移轉程序原則上不影響雙方繼續履約[5]，民間機構仍應依約針對公共建設或服務繼續進行營運等。

---

[2]　BOT參考條款第16.1.1條。

[3]　BOT參考條款第16.1.2條。

[4]　BOT參考條款第16.2.1條。

[5]　BOT參考條款第16.2.3條。

3. 有關移轉條件及計價等

依BOT參考條款規定，除雙方另有約定以外，原則上為無償移轉，但民間機構事先徵得主辦機關同意，於一定年限內所增置、重置的項目得為有償之移轉，至於有償移轉時，相關價金計算之方式，則係依該資產原始取得成本減去已使用年限相對折舊價值後未折減餘額[6]，此類條款係考量公共建設耐用年度以及重置需求所為之設計。

4. 移轉時以及移轉後之權利義務

民間機構於移轉中、移轉後，仍負有相當之義務，例如：應將以融資性租賃、動產擔保交易、租借等方式所取得移轉標的之相關權利，移轉予主辦機關或指定第三人，並應除去移轉標的有關於出租、出借或設定任何債權或物權等一切負擔[7]、擔保移轉標的無權利瑕疵且為正常使用狀況[8]、讓與因移轉標的之瑕疵對於承包商或製造商之瑕疵擔保請求權等權利[9]、與主辦機關另行協議訓練計畫以及費用分擔原則，對主辦機關或第三方之人員進行人員訓練等[10]。

◎營運期限屆滿前之移轉

如投資契約因故提前終止時，原則上移轉程序與契約屆至終止者大致相同，惟於此情形，依BOT參考條款之規定，如工程尚未完工，移轉之標的尚包含興建中之工程[11]。而就移轉後之權

---

[6]　BOT參考條款第16.3.1.、16.3.2條。

[7]　BOT參考條款第16.4.4條。

[8]　BOT參考條款第16.4.6條。

[9]　BOT參考條款第16.4.6條。

[10]　BOT參考條款第16.4.9條。

[11]　BOT參考條款第17.2.1條。

利義務而言，值得注意的是，如果係因不可抗力事件或除外情事而終止者，因為資產可能已嚴重毀損並無再興建或營運實益等，而無要求民間機構擔保資產使用狀況及移轉之必要，相關之權利義務，則由雙方協議定之，與一般投資契約屆滿終止後負擔之義務有所不同[12]。

　　以上為企業參與促參案件於移轉期所需特別留意之重點，參與促參案件之企業，宜事先進行移轉規劃並依所簽訂之投資契約為相關之安排，利於移轉期一方面繼續營運相關服務，另一方面並依投資契約之規定妥善完成移轉標的之移轉。

---

[12] BOT參考條款第17.5.3條及其說明。

10

促參法之投資契約是否有民法第514條短期權利行使期間規定之適用？

林雅芬、王龍寬、林誼勳

　　民間機構依促參法規定參與公共建設所簽訂之投資契約，其契約性質為何？定性上屬於何法律關係？促參法本身並無明文，容有不同之看法，投資契約被定性不同，將可能適用不同法律關係之規定，例如：因投資契約涉及公共建設之興建，如果投資契約之全部或部分被認為有承攬性質，機關對於廠商會有關於承攬瑕疵修補請求權、修補費用償還請求權、減少報酬請求權、損害賠償請求權、或契約解除權等權利，惟就可能有民法第514條短期權利行使期間規定之適用。

關鍵字：促參、投資契約、承攬、消滅時效

◎前言

　　民法關於承攬契約，依民法第514條規定，有短期權利行使期間之規定，例如：定作人之瑕疵修補請求權、修補費用償還請求權、減少報酬請求權、損害賠償請求權或契約解除權，均因瑕

疵發見後一年間不行使而消滅，承攬人之損害賠償請求權或契約解除權，則於其原因發生後，一年間不行使而消滅，因此，如促參法之投資契約被定性為承攬契約，會有上開短期權利行使期間應注意。關此議題，法院有正反不同見解：

◎分析

1. 肯定說

臺灣高等法院臺南分院就有關醫院依促參法規定，由民間機構興建營運醫院多功能廣場，所簽訂之委託興建BOT案合約書，法院考量該合約係主辦機關將醫院之廣場委託廠商進行建造、裝修、經營等事項，認定屬促參法第11條之投資契約，且究其性質應屬於承攬以及委任的混合契約[1]。若依此見解，就承攬工作物（例如：建築物等）部分，投資之企業或主辦機關行使權利時，將可能適用前揭民法第514條規定之短期權利行使期間。

2. 否定說

然而，亦有不少法院見解認為，促參法下之投資契約性質上並非承攬契約，並無民法第514條短期權利行使期間之適用。例如：臺灣高等法院101年度重上字第49號判決明確表示，主辦機關與民間機構所簽訂之污水處理設施建造暨操作營運BOO合約，考量該投資合約中包工作範圍包含施設施之設計、建造、安裝、運轉、操作及管理等項目，非僅限於完成一定之工作，尚有營運等事項，且得請求之報酬非於工作完成後給付，性質上並非單純承攬契約，駁回該案當事人以投資契約屬承攬契約適用民法第514條第2項短期時效行使期間之主張[2]；臺灣高等法院99年度

---

[1] 臺灣高等法院臺南分院103年度重上更（二）字第1號判決。

[2] 臺灣高等法院101年度重上字第49號判決。

重上字第750號判決，有關廠商以及主辦機關就「資源回收細分類廠」之興建營運合約書，法院認定該契約係依促參法規定所簽訂之投資契約，民間機構處理主辦機關交付之資源回收物，不僅主辦機關無須給付報酬，民間機關還需要給付權利金，性質上並非委任契約或承攬契約[3]；臺灣臺北地方法院99年度建字第379號判決，有關民間機構以及主辦機關就醫院檢驗自動化醫療設施所簽訂之合約書，法院認定係依促參法規定所簽訂之投資契約，依該合約書規定，係由民間機構無償提供合作營運標的物，以供兩造於營運期限內使用，提供檢驗診斷服務分配營收，並非屬於一方完成工作他方給付報酬之承攬契約、委任契約或其他勞務給付契約[4]。

3. 其他見解

法院除上開肯定說以及否定說之見解外，亦有法院見解，並未直接定性投資契約是否屬於承攬契約，而是直接以當事人所請求之事項直接判斷適用之規定。例如：最高法院107年度台上字第2075號判決，有關淨水設施營運興建之促參案件投資契約，法院認定，茲因當事人所請求者乃處理費，依契約約定係為按月提出申請，性質屬於定期給付之債權，應適用民法第126條規定之五年之短期時效[5]。

綜上，前揭不少判決見解，認為投資契約因其合約權利義務內容複雜廣泛，非單純一方完成工作，他方待工作完成給付報酬之承攬契約，因此，投資契約所衍生之權利，或無民法第514條短期權利行使期間之問題。惟就此問題，法院既存有正反不同之見解，建議參與促參投資之企業或是主辦機關，於執行過程中，

---

[3] 臺灣高等法院99年度重上字第750號判決。
[4] 臺灣臺北地方法院99年度建字第379號判決。
[5] 最高法院107年度台上字第2075號判決。

仍應注意此問題，權利盡可能及早行使，以免日後發生爭議時，若法院或仲裁人採不同之見解，發生權利行使期間已過之不必要爭議。

11

參與促參之民間機構違約或缺失可能面臨之問題爲何？

林雅芬、王龍寬、林誼勳

民間機構依促參法參與公共建設之興建以及營運，於何種情形可能被認爲違約？如有違約時，將有何種法律效果？與主辦機關所簽訂之投資契約效力是否受影響？於何種情形主辦機關以及主管機關將進行強制接管，應爲參與促參之企業所最關切之問題之一。

關鍵字：促進民間參與公共建設法、促參

◎違約與缺失

依促進民間參與公共建設法（以下稱促參法）第52條規定，參與公共建設之民間機構，如果有施工進度嚴重落後、工程品質重大違失、經營不善或其他重大情事發生，主辦機關依投資契約，除應通知民間機構定期改善以外，若屆期不改善或改善無效，應中止興建、營運一部或全部、或經主辦機關同意由融資機構、保證人於一定期限內暫時接管興建或營運，其後若仍持續相當期間未改善，應終止投資契約。

依促參法施行細則第67條第1項規定，上開嚴重落後係指，未於投資契約所定之期限內完成工程，或建設進行中，依客觀事實顯無法於投資契約所訂期限內完成工程者，上開工程品質重大違失係指，工程違反法令或違反投資契約之工程品質規定，或經主辦機關與民間機構雙方同意之獨立認證機構認定有損害公共品質之情形，且情節重大者，上開經營不善係指，民間機構營運期間，於公共安全、服務品質或相關管理事項上違反法令或投資契約者。

另依財政部所公布之108年版「BOT案投資契約參考條款」[1]（下稱投資契約參考條款）第21條，分別明列缺失[2]、一般違約[3]、重大違約[4]，及各該構成之事由，如發生投資契約參

---

[1] 參財政部促參司公布之各類型促參案件投資契約參考條款，網址：https://ppp.mof.gov.tw/PPP.Website/Refers/Refer/View1.aspx?fId=3540（最後瀏覽日：2019/8/12）。

[2] 投資契約參考條款第21.1條（乙方之缺失）：「除第21.3條所稱違約外，乙方之行為如有不符合本契約規定者，均屬缺失。」投資契約參考條款第21.2條（乙方缺失之處理）：「21.2.1乙方如有缺失時，甲方得要求乙方定期改善，並以書面載明下列事項，通知乙方：一、缺失具體事實。二、改善期限。三、改善後應達到之標準。四、屆期未完成改善之處理。21.2.2乙方須於期限內改善缺失，並於改善完成後通知甲方，如屆期未完成改善或改善無效，且情節重大者，甲方得以違約處理。」

[3] 投資契約參考條款第21.3.1條：「因可歸責於乙方之事由而有下列情事之一者，構成一般違約：一、乙方未遵期開始營運、違反投資計畫使用規定、就權利金或土地租金逾期○○日仍未繳付或違反相關法令。二、乙方未維持本計畫營運資產良好狀況，或未經甲方事前書面同意，對本計畫營運資產作重大變更。三、乙方未經甲方事前書面同意，擅將本計畫營運資產為轉讓、出租、設定負擔或為民事執行之標的。四、乙方有偽造、變造依本契約應提出之相關文件，經查明屬實。五、乙方或其董事、監察人、經理人有重大喪失債信或違法情事，情節重大影響營運。六、資金未依財務計畫約定時程到位。七、其他嚴重影響本計畫興建或營運且情節重大。」

[4] 投資契約參考條款第21.3.2條：「因可歸責於乙方之事由而有下列情事之一者，構成重大違約：一、未依甲方同意之投資執行計畫書、興建執行計畫或營運執行計畫辦理興建工程或工程進度嚴重落後。二、擅自中止營運一部或全部，或

考條款第21條所列之事由，主辦機關依投資契約之規定，將採取包括促參法第52條、第53條等規定之處理方式，命中止興建或營運、終止投資契約等。

上開促參法第52條規定之各相關處理方式，修正前原條文為：「……主辦機關依投資契約『得』為下列處理」，於民國104年修法後，改為：「主辦機關依投資契約『應』為下列處理」，其修法理由略以，民間機構如有違約情事發生時，促參法第52條明定主辦機關有執行履約管理措施之權限，但實務上常發生主辦機關未即時行使權利，造成計畫延宕、公共服務中斷或損害擴大等問題，因此，修正原條文課予主辦機關作為義務，是以，命民間機關改正、採取中止興建營運、以及終止契約等手段，為主辦機關之作為義務，主管機關應依法進行積極管理。

◎違約之處理

1. 中止興建、營運一部或全部

依促參法第52條規定，主辦機關應命限期改善，依促參法施行細則第68條第2項規定，主辦機關所定改善期限，應考量違約情形對於公共安全影響程度以及民間機構之改善能力。民間機構若未於期限內改善或改善無效之情形，主辦機關應依投資契約，以書面命民間機構中止其興建、營運一部或全部。民間機構被中止興建、營營運一部或全部後，依促參法施行細則第73條規定，如違約情形已改善者，主辦機關應以書面限期命民間機構

有經營不善之情事。三、乙方有破產、重整或其他重大財務困難情事，致無法繼續履約或履約顯有困難。四、擅將乙方依本契約取得之權利為轉讓、設定負擔或為民事執行之標的。五、目的事業主管機關命令解散、受法院裁定解散或未經甲方事前書面同意，股東會為解散、合併或分割之決議。六、未經甲方書面同意由陸資任乙方股東。」

繼續興建或營運，於改善期限屆至之前，民間機關如果已完成違約情形改善者，亦得主動向主辦機關提出申請繼續興建或營運。

2. 保證人、融資機構暫時接管介入權

民間機構如經主辦機關命中止興建或營運，民間機構之保證人及融資機構，基於民間機構違約對於其等債權之影響，依促參法第52條第1項第2款規定，得於主辦機關同意後自行或指定符合法令規定之其他機構，於一定期限內暫時接管公共建設，繼續辦理興建或營運，但此情形並非常態，且考量融資機構以及保證人自行或指定機構暫時接管對於公共建設興建或營運之影響，主辦機關對於是否讓融資機構、保證人暫時接管代民間機構履行投資契約具有同意權。

3. 終止契約

若主辦機關命中止興建營運之後，民間機構仍無法改善違約情形，抑或融資機構以及保證人暫時介入接管後，持續相當期間仍無法改善，另依促參法第52條第1項第3款規定，主辦機關應與民間機構終止投資契約。依促參法第52條第3項規定，民間機構以及主辦機關之投資契約如經終止結算後，原本的融資機構以及保證人，可於主辦機關同意後，自行或選擇符合法令的其他機構，與主辦機關簽訂另外的投資契約，繼續進行興建或是營運。

4. 違約金

參考投資契約參考條款第21.4.6條[5]規定，民間機構如有違約之情事，主辦機關得處以一定金額之違約金，參與公共建設興建營運之民間機構應留意此等違約處罰。

---

[5]　同註1。

5. 緊急強制接管

　　依促參法第53條規定，公共建設之興建、營運發生同法第52條所定施工進行嚴重落後、經營不善或其他重大情事發生等情形，若有「情況緊急，遲延即有損害重大公共利益或造成緊急危難之虞」之狀況，此時公共建設之中央主管機關（例如：運動設施的中央主管機關為教育部），得命民間機構停止興建或營運之一部或全部。針對強制接管，各中央目的事業主管機關係依公共建設類型之不同，頒布衛生醫療設施、經建設施公共建設、社會福利設施及營建相關公共建設、交通建設及觀光遊憩重大設施、農藝設施公共建設、運用設施、教育設施、文化設施、環境污染防治設施公共建設、勞工福利設施等接管營運辦法。以運動設施為例，教育部所公布之「民間參與運動設施接管營運辦法」，即針對運動設施接管期間相關程序以及原則（例如：交接程序、經營權以及營運權代為行使、接管費用原則營運收入支應例外由主管機關補助、接管人項主辦機關報告營運狀況、終止強制接管營運事由、終止接管營運結算以及報告義務）。

　　另依促參法施行細則第75條第4項規定，於促參法第53條施工進度落後等緊急情事經排除後，如主辦機關認定缺失確實改善，除非相關強制接管營運辦法有另外規定外，主辦機關應報請中央目的事業主管機關同意後，書面限期命原本的民間機構繼續興建營運。

12
參與促參之民間機構遭終約或接管時，可能採取之相關保全措施為何？

林雅芬、王龍寬、林誼勳

參與促參之民間機構如被認為有缺失未改善或違約之情形，主辦機關或有可能命民間機構終止興建以及營運，乃至於接管公共建設，對於民間機構影響甚鉅。如民間機構認為主辦機關對於民間機構違約或缺失之情形認定上有所違誤，可否提起相關保全處分之聲請保全自身利益？

關鍵字：促進民間參與公共建設法、保全措施、假處分、定暫時狀態處分

◎聲請假處分

依民事訴訟法第532條規定，債權人就金錢以外的請求，如欲保全「強制執行」者，得聲請假處分，依最高法院向來之見解，假處分係以保全金錢請求以外之強制執行為目的，則假處分之本案訴訟，限於基於金錢請求以外之請求所提起之給付之

訴[1]，亦即，如本案訴訟類型屬於形成之訴、確認之訴等，或不符提起假處分之要件。而民間機構依促進民間參與公共建設法(以下稱促參法)參與公共建設之興建及營運，於違約時所生之爭議，多屬投資契約是否經合法終止之爭議，所提起訴訟類型可能屬確認契約關係存在等訴訟，因此，該等案件即可能非以聲請假處分作為保全措施。

◎聲請定暫時狀態處分

1. 禁止接管

依民法第538條第1項規定，如聲請人以及相對人間有爭執之法律關係存在，為防止發生重大損失或避免急迫危險或其他相類似之情形而有定暫時狀態處分之必要，法院得依聲請人之聲請作成定暫時狀態處分，於本案訴訟判決之前，先暫時維持一定之狀態，抑或預先實現部分之給付[2]。是民間機構如果認為主辦機關終止契約、進行接管等有所疑義，或可依法聲請定暫時狀態處分，而如係爭執公法上之法律關係等（例如：接管處分是否合法），亦可依行政訴訟法之規定聲請定暫時狀態處分[3]。

---

[1] 最高法院100年度台抗字第939號裁定：「又民事訴訟法第532條規定之假處分既係以保全金錢請求以外之請求之強制執行為目的，故債權人所提起之本案訴訟，以金錢請求以外之請求之『給付之訴』為限，而依同法第533條準用第525條第1項第2款規定，債權人應於聲請假處分時表明『請求及其原因事實』，所謂請求即已在或欲在本案訴訟請求之標的，倘債權人所表明之本案請求為確認之訴，即非以金錢請求以外請求之給付之訴，自不得遽為聲請假處分。本件抗告人既於民事假處分聲請狀內表明其『請求及其原因事實』為確認股東權存在等之上開本案訴訟（原法院100年度上字第397號），有該聲請狀為憑（原法院卷2、3頁），尚非金錢請求以外請求之給付之訴，依上說明，亦非得依此規定聲請假處分。」

[2] 民事訴訟法第538條第3項：「第一項處分，得命先為一定之給付。」

[3] 行政訴訟法第298條：「公法上之權利因現狀變更，有不能實現或甚難實現之虞

關於主辦機關終止投資契約之爭議，法院曾有一案例係涉及某市依促參法規定辦理國際會議及展覽中心開發暨興建營運之公共工程案件，因民間機構未能於約定之期限完工開始營運，主辦機關依投資契約以及促參法之規定終止投資契約，進行基地移交接管，惟因民間機構否認主辦機關終止投資契約之適法性，向法院聲請定暫時狀態處分，主張主辦機關不得接管該案展覽中心所在基地，法院經審理後認為，民間機構以及主辦機關間之開發暨興建營運契約是否合法終止之爭議由法院審理中，契約關係是否存在，關乎民間機構是否可以繼續對於契約標的所在基地占有之繼續性法律關係，符合爭執法律關係之要件，至於定暫時狀態處分之必要性部分，法院則認為因系爭契約所在基地面積廣大，主辦機關接管，不論重新招標或進行其他修補工程，都會造成基地現狀之改變，縱民間機構於確認契約關係存在之本案訴訟獲得勝訴，也無從繼續履行契約以及繼續經營，對於民間機構具有重大損害，且主辦機關已發函接管基地，顯見已有急迫性，法院遂作成定暫時狀態處分，裁准民間機構供擔保後，主辦機關於本案訴訟確定前不能接管基地[4]。

然而，亦有法院見解認為，主辦機關如於契約關係爭執中，終止契約或另行招標，縱最後法院認定契約關係存在，民間機構於此期間成本損失以及對於次承包商造成之損害等，為契約終止後主辦機關是否因而負擔損害賠償責任，屬於金錢債權之問題，可以透過本案訴訟部分主張損害賠償填補損害，認為並無不

者，為保全強制執行，得聲請假處分。於爭執之公法上法律關係，為防止發生重大之損害或避免急迫之危險而有必要時，得聲請為定暫時狀態之處分。前項處分，得命先為一定之給付。行政法院為假處分裁定前，得訊問當事人、關係人或為其他必要之調查。」

[4] 相關事實以及法院認定之內容，請參考臺灣高等法院臺中分院97年度抗字第400號裁定。該案會展中心基地，最後依主辦機關相關規劃，已改建為生態公園。

可回復之損害為由，駁回民間機構定暫時狀態處分之聲請[5]。

2. 禁止重新招商

　　就已查詢範圍，法院似尚無民間機構因為終止契約爭議而成功聲請定暫時狀態處分禁止主辦機關重新招商之案例，惟於一起國內交通設施旁土地聯合開發案中[6]，因投資人以及主管機關對於投資契約書之內容有爭執，主管機關以投資人不能接受審訂條件視為放棄簽定投資契約書之權利，雙方間有一公法上之爭執，投資人向行政法院聲請定暫時狀態處分，聲請禁止主管機關由其他申請人遞補亦或重新公開徵求投資人，惟該案法院裁定認為，投資人所可能失去的僅是與主管機關簽定投資契約書之權利，可以金錢賠償回復，沒有達到重大損害等，且該案最高行政法院更考量開發案涉及都市運輸效能以及整體生活環境等，依照利益衡量原則認為無定暫時狀態之必要[7]。是參考前揭案例，於促參案件中如要聲請定暫時狀態處分禁止主辦機關重新招商，於實務上或容有相當之難度。

---

[5]　臺灣高等法院102年度抗字第1518號裁定、臺灣高等法院97年度抗字第396號裁定。
[6]　臺北高等行政法院103年度全字第105號裁定。
[7]　最高行政法院104年度裁字第220號裁定。

13

企業於促參案營運績效如經評定爲良好，是否得要求主辦機關應同意優先定約？優先定約是否屬原投資契約條件之延續？

林雅芬、王龍寬、林誼勳

依促參法第51條之1規定，如經主辦機關評定爲營運績效良好的民間機構，主辦機關得於營運期間屆滿前，優先與該經評等爲營運績效良好之民間機構定約，由該民間機構繼續營運公共建設。然而，民間機構於何條件下得享有此優先定約之請求權？主辦機關是否有義務與經評等爲營運績效良好的民間機構定約？優先定約是否屬於原來投資契約之延續，相關投資條件是否仍適用？

關鍵字：促進民間參與公共建設法、促參、優先定約

◎主辦機關就民間機構是否有優先定約權仍有裁量空間

按促參法第51條之1第1項及第2項規定：「主辦機關應於營運期間內，每年至少辦理一次營運績效評定。」「經主辦機關評定爲營運績效良好之民間機構，主辦機關得於營運期限屆滿前與

該民間機構優先定約，由其繼續營運。優先定約以一次為限，且延長期限不得逾原投資契約期限。」依該規定可知，民間機構經主辦機關評定為營運績效良好，得與主辦機關優先議約。

民間機構如符合優先定約之條件，是否即得請求主辦機關優先定約，早期主管機關函釋之見解，語意上似有不明，或有被認為如合於優先定約之條件（即經評定為營運績效良好），民間機構即可「申請」機關應與其優先定約委託其繼續營運[1]之可能。惟依財政部108年之解釋函[2]意旨，主管機關已明白揭示促參法第51條之1規定，係為主辦機關「得」於營運期限屆滿前與經評定為營運績效良好之民間機構優先定約，由其繼續營運，並非主辦機關有義務與經評定營運績效良好之廠商重新定約，主辦機關更需進一步確認公共建設是否仍有委由民間經營之必要，本於權責評估，如果仍有繼續委託民間經營之必要，則當本於職責評估新的投資條件，與民間機關重新議定新契約內容。

◎優先定約之契約非原投資契約之延續

優先定約之契約是否為原投資契約之延續，主管機關函釋[3]亦已明白揭示，優先定約並非原來投資契約之延續，性質上屬於完全新的契約，並說明針對原投資契約，民間機構以及主辦機關仍須依促參法第54條、促參法施行細則第80條之規定辦理資產總檢查作業，並完成資產移轉，至於針對優先定約之新的投資契

---

[1] 財政部民國106年2月16台財促字第10625503260號函：「……爰民間機構合於優先定約條件申請優先定約，主辦機關除應依投資契約約定辦理外，並應依上開規定辦理資產總檢查，及就繼續營運進行規劃及財務評估，研訂繼續營運之條件，以與該民間機構議定契約，尚無涉促參法第44條第1項應設甄審委員會審核公告申請案件事宜。」

[2] 財政部民國108年5月13日台財促字第10800584280號函。

[3] 同註1。

約，主辦機關依促參法施行細則第66條規定，應於與民間機構
優先定約前，就委託繼續營運進行規劃及財務評估，研訂繼續營
運之條件，以與符合優先定約條件之民間機構議定、磋商契約內
容以及相關條件，簽訂新的投資契約，並依新的投資契約相關規
定履行，始符法規。

14

促參案件爭議解決途徑為何？

林雅芬、王龍寬、林誼勳、李仲昀

促進民間參與公共建設法（下稱促參法）於民國89年公布施行至今已將近二十年，有關促參案件之爭議問題陸續浮現，當促參爭議發生時，民間企業應循何種途徑以解決爭議？於我國現行法令制度下，促參案件有哪些爭議解決之途徑可供選擇？

關鍵字：促進民間參與公共建設法、促參、異議、申訴、協調、訴訟、仲裁

我國現行法令制度下，促參案件爭議依發生階段之不同而有不同之解決途徑：

1. 締約前相關爭議解決機制

促參案件締約前之爭議，例如：招商文件內容之爭議、甄審程序違反公平性等於申請、審核及議約階段之爭議，實務見解認此部分涉及行政機關基於權力支配關係而為准駁之公權力行為，屬公法爭議，故促參案件之申請人就主辦機關於申請及審核程序中所為之解釋、處置或決定如有不服，應循行政爭訟程序解

決[1]。

　　依促參法第47條第1項、第2項規定，針對參與公共建設之申請人與主辦機關，於申請及審核程序之爭議，其中針對「異議」、「申訴」之部分，準用政府採購法處理「招標」、「審標」或「決標」爭議之規定，核其立法理由[2]，係考量政府採購法配合國際規範，就政府採購廠商甄審程序訂有具體的處理措施，故於促參法針對「申請」以及「審核」所產生之爭議，準用政府採購法有關於「招標、審標、決標」等規定處理。又關於具體準用之範圍，有實務見解認為，在促參案件申請審核程序中，與政府採購「招標、審標、決標」有性質相同或相近範圍內有其準用，因此，例如：促參案件之申請審核程序，如經法院以撤銷判決或確認判決，認定原處分機關甄審行為違法，民間機構尚可依促參法第47條準用政府採購法第85條第3項規定，向原處分機關請求償付所之支出之必要費用，包含：甄審、異議、申訴所之支出之必要費用[3]。

---

[1]　參行政院公共工程委員會工程促字第 10000292030 號函：「一、促進民間參與公共建設案件於申請、審核及議約階段係屬公法關係，是以對於主辦機關就該階段所為之處置或決定不服者，應循異議、申訴程序救濟；至簽約後始為民事關係，均先予敘明。」最高行政法院95年度判字第1239號判決維持臺北高等行政法院94年度訴字第752號判決略以：「促參法有關『申請及審核』爭議之異議及申訴程序準用政府採購法第74條規定之結果，其性質亦屬公法爭議。其中，審核評定選出最優申請人之『甄審決定』（促參法第45條第1項），係甄審委員會就民間依促參法（公法）規定申請參與特定公共建設規劃案之具體事件，作成單方之決定（評定），直接發生使特定申請人成為最優申請人（或次優申請人），並得與主辦機關簽訂投資契約之法律效果（促參法第44、45條參照），核其性質，自屬行政程序法第92條第1項規定之行政處分，並無疑問。」

[2]　促參法第47條89年2月9日修正立法理由：「……二、民間參與公共建設，其性質雖與採購不同，有鑑於政府採購法配合國際規範就政府採購案件廠商之甄審程序，訂有處理之具體措施，爰於第1項明定關於申請及審核所產生之爭議，準用政府採購法之相關規定。」

[3]　最高行政法院97年度判字第976號判決。

　　針對申請審核程序所產生爭議之處理規則，促參法第47條第2項規定授權主管機關訂定「民間參與公共建設申請及審核程序爭議處理規則」（下稱促參爭議處理規則）。依促參爭議處理規則之規定，針對參與公共建設之申請人，對於主辦機關徵求民間參與或民間自行規劃申請參與公共建設案件之申請、審核等程序，認為有違反促參法以及相關法令致侵害權利或利益者，得提起異議、申訴，如仍不服得提起行政訴訟，謹就相關程序分述如下。

(1) 異議

　　參與公共建設之申請人，如果對於主辦機關辦理由政府規劃公告徵求民間參與，或由民間自行規劃申請參與公共建設之促參案件之「申請」、「審核程序」，認為有違反促參法或相關法律，而有損害權利或利益之情形，得向主辦機關提出異議[4]。

　　就提出異議之期限，促參爭議處理規則對不同情形定有不同之規定，如係對於公告徵求民間參與文件規定提出異議者，自公告之次日起等標期之三分之二之期限內提出，對申請及甄審之過程、決定或結果提出異議者，應於主辦機關通知或公告之次日起三十日內（過程、決定或結果未經通知或公告者，為知悉或可得知悉之次日起三十日）；如係甄審結果後及簽訂投資契約前之相關決定提出異議者，應於接獲主辦機關通知或公告之次日起三十日內提出[5]。

　　主辦機關於收受廠商異議書，應於收受之次日起算二十日內為適當之處理，若處理結果涉及變更或補充公告徵求民間參與文件者，主辦機關應另行公告，並得視需要延長申請期限[6]，惟民間參與公共建設申請以及審核，除非主辦機關認為有停止必要，

---

[4] 促參爭議處理規則第2條第1項。

[5] 同註4。

[6] 促參爭議處理規則第5條第1項。

原則上不會因申請人提出異議而停止[7]。

(2)申訴

如申請人對於向主辦機關異議之處理結果不服，應於收受異議處理結果或處理期限屆滿之次日起三十日內，書面向財政部促參申訴審議會（下稱申訴會）提出申訴，財政部將聘請具有法律或促參相關知識之公正人士擔任委員進行審議[8]。

申訴程序得僅就書面進行審議，申訴會並得依職權或依申請，通知申請人、主辦機關、利害關係人進行陳述意見[9]。

預審委員進行申訴案審議時，如果認為有必要，得提報審議委員會決議後通知主辦機關暫停申請及審核，申訴會為該通知時，應考量公共利益、相關申請人之利益及其他有關情況[10]。

申訴會應作成審議判斷書，審議判斷書應指明主辦機關有無違反促參法以及相關法令，如有主辦機關應另為適法之處置[11]。

(3)行政訴訟

審議判斷之效力，視同訴願決定，如果對於審議判斷不服，則應循訴願決定之救濟途徑，於審議判斷書送達之次日二個月內，向管轄之高等行政法院提起行政訴訟[12]，如未依異議、申訴之程序提起行政救濟，或未進行異議、申訴完畢遽提起行政訴訟，法院將依行政訴訟法第107條第1項第10款之規定，以起訴不備其他要件為由駁回[13]。

---

[7]　促參爭議處理規則第6條第1項。

[8]　促參爭議處理規則第7條。

[9]　促參爭議處理規則第18條。

[10]　促參爭議處理規則第26條。

[11]　同註10。

[12]　促參爭議處理規則第30條第1項。

[13]　最高行政法院99年度判字第1024號判決。

2. 締約後之履約階段爭議解決機制

就促參案件投資契約簽訂後，民間機構與主辦機關間，因履約所生爭議，依促參法第12條第1項之規定，除促參法有其他規定外，應適用民事法相關規定，其立法理由表明投資契約屬民事契約之性質[14]，行政院公共工程委員會所公布之函釋，亦揭示簽約之民間機構以及主辦機關之關係應為民事關係[15]，實務上法院亦認為履約階段投資契約所生之爭議，依前揭促參法第12條規定，應適用民事法，屬私法之法律關係，應循民事爭議處理途徑解決，而非循行政爭訟程序解決[16]。

民事紛爭解決手段，除訴訟途徑外，尚包含調解、仲裁等，促參案件履約階段之爭議解決途徑，端視民間機構以及主辦機關間之投資契約而訂。97年以前，促進民間參與公共建設法施行細則（下稱施行細則）僅於第22條第2項規定，主辦機關與民間機構「得」組成協調委員會協調履約爭議，該條於97年修訂為「應」組成協調委員會，並於104年將該條規定移入母法，於促參法修法增訂第48條之1規定如下：「投資契約應明定組成協調委員會，以協調履約爭議；並得明定協調不成時，提付仲裁。」即投資契約中「應」規定組成協調委員會協調履約爭議，並得明定協調不成時以提付仲裁解決爭議。此外，財政部函釋亦揭示，針對於97年以前即揭施行細則第22條第2項規定修訂前所簽訂之投資契約，雖非應設置協調委員會，但於投資契約簽訂後，主辦機關以及民間機構仍得合意於投資契約中增訂組成協調委員會，或於發生履約爭議的時候，組成協調委員會協調履約爭

---

[14] 促參法第12條立法理由：「一、本條明定投資契約屬民事契約之性質，與其訂定之原則及履行之方法。」

[15] 同註1。

[16] 最高行政法院99年度裁字第2563號裁定及最高法院105年度台抗字第2號裁定，惟亦有少數不同見解如臺北高等行政法院96年度聲字第17號裁定。

議[17]。

　　又針對是否以仲裁解決爭議，法規上既然係使用「得」提付仲裁、而非「應」提付仲裁，民間機構以及主辦機關並非一定須使用仲裁解決爭議，亦可以法院訴訟解決促參案件履約爭議。另參考財政部促參司公布之各類型促參案件投資契約參考條款有關爭議處理之相關規定[18]，民間機構與主辦機關雙方間就契約爭議，先自行協商解決爭議，如協商不成，透過協調委員會協調程序處理，如協調不成，得提付仲裁，或選擇透過訴訟方式處理，視雙方間契約有關爭議處理程序之實際約定而定。

---

[17] 財政部106年11月14日台財促字第10625524720號函。

[18] 參財政部促參司公布之各類型促參案件投資契約參考條款，網址：https://ppp.mof.gov.tw/PPP.Website/Refers/Refer/View1.aspx?fId=3540（最後瀏覽日：2019/7/16）。

三、聯合開發

1

何謂聯合開發？

林雅芬、王龍寬、陳威韶

地主、建商透過合建共同開發土地、興建房屋，是臺灣常見的土地開發模式，其實政府機關有時亦會依相關法規與民間聯合開發土地，例如：隨著大眾捷運系統之興建及發展，為有效利用捷運設施毗鄰之土地資源，政府機關有時會與地主、投資人合作，辦理大眾捷運系統周圍之土地開發，而成為另一種形式之公私協力模式，本文將聚焦並介紹大眾捷運系統土地聯合開發（土地開發），供企業日後於辦理相關投資時之參考。

關鍵字：聯合開發、捷運系統土地開發、大眾捷運法、大眾捷運系統土地開發辦法

◎何謂聯合開發

臺灣社會一般常見的土地合建，由地主提供土地、建商興建建物，再依契約分配利潤，例如：依雙方投入之成本分配興建完成之建物及土地等方式，而政府有時亦會辦理或參與土地開發（一般常稱土地聯合開發，以下均以土地聯合開發稱之），例如：大眾捷運系統毗鄰之土地開發，即由政府機關依相關法規辦

理，與地主、投資人間合作開發。

申言之，依大眾捷運法第7條第1項規定：「為有效利用土地資源，促進地區發展，主管機關得辦理大眾捷運系統路線、場、站土地及其毗鄰地區土地之開發。」大眾捷運系統土地開發辦法（原名稱：大眾捷運系統土地聯合開發辦法）第3條第2款規定：「二、土地開發：係指主管機關自行開發或與投資人合作開發開發用地，以有效利用土地資源之不動產興闢事業。」可知所謂捷運聯合開發，係由主管機關自行開發，或由政府、地主提供土地，投資人提供資金及興建等，聯合開發土地、興建建物，並在聯合開發主管機關監督之下，合作進行捷運場站用地及其毗鄰土地之開發作業，此亦為另一種形式之公私協力模式。

進行捷運聯合開發之目的，係為了促成地主、投資人、政府三贏之局面。隨著捷運系統開發，毗鄰土地或因捷運設施之興建等而影響其利用，因此，為有效利用土地資源、促進地區發展，遂由政府與地主、投資人合作。對於政府而言，得因聯合開發而獲得日後大眾捷運系統之建設經費等[1]，對於地主而言，除與政府、投資人分配樓地板面積、並享有開發帶來之效益，對於投資人而言，亦可透過聯合開發案，獲取開發利潤並提升企業知名度，就此三贏之架構及目的，可參見下圖，亦可參見臺北市政府

---

[1] 大眾捷運法第7條於77年6月14日公布時之立法理由：「一、為有效利用土地資源，促進地區發展並利大眾捷運系統建設經費之取得，爰明定地方主管機關得自行開發或與私人、團體聯合開發大眾捷運系統場、站、路線之土地。二、毗鄰大眾捷運系統場站、路線之私人土地，則需依有關法律或商請該土地所有權人聯合開發。三、聯合開發如未能調整土地使用分區管制，則與聯合開發有關之建築物其使用類別將受到許多限制，爰明定第2項。四、聯合開發係公私兩利的方法，爰明定第3項，規定用地取得之方式。五、第4項明定聯合開發辦法授權由交通部會同內政部定之。」

[2] 大眾捷運法93年5月12日修正後均採協議價購，而不再與地主簽訂聯合開發契約，楊克中、蕭炎泉、石晉方（2005），〈捷運土地聯合開發作業之介紹〉，http://www.twce.org.tw/info/%E6%8A%80%E5%B8%AB%E5%A0%B1/443-3-1.

捷運工程局聯合開發處之網站說明[3]。

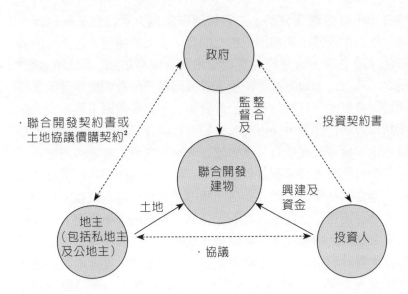

htm（最後瀏覽日：2019/7/8）。

[3]　臺北市政府捷運工程局網站，https://www.dorts.gov.taipei/News_Content.aspx?n=2
A66A485FACB0D5B&s=E5C12371AC09FE84（最後瀏覽日：2019/7/7）：「土
地聯合開發與民間的合建類似，就是透過變更都市計畫程序，由劃定為『捷運
開發區』範圍內之土地所有人提供土地，並由主管機關（臺北市政府）依程序
徵求投資人（建商）出資興建聯合開發建物，且利用土地所有人部分土地興建
捷運設施，但捷運設施所使用之空間，則不計入容積。另為鼓勵民眾參與土地
聯合開發，對其提供土地興建捷運設施，得以提高允建容積方式辦理（含捷運
土地開發獎勵與都市計畫獎勵），如此一來，土地所有人除享有原有可建樓地
板面積（即不影響其原有權益）外，還可與政府共同分享獎勵樓地板面積。亦
即土地開發為政府興建捷運系統，除一般徵收外的另一種土地取得方式，可有
效利用土地資源、促進都市發展、改善地區環境與景觀。土地所有人參與聯合
開發，其土地不必被徵收，且可分享土地有效利用及改善生活環境之效益，並
獲取開發利潤，至於投資人則經由此一投資開發案而獲取合理利潤，因此實為
三贏之作法。」

◎主要法規依據

辦理捷運聯合開發之主要法規依據，就中央法規部分，即前述之「大眾捷運法」及「大眾捷運系統土地開發辦法」。

首先，大眾捷運法第7條及第7條之1為辦理聯合開發之主要法律依據，而除授權主管機關辦理聯合開發外，更提供主管機關取得聯合開發用地之法律依據，例如：1.調整土地使用分區管制或區域土地使用管制（同法第7條第3項）；2.有償撥用、協議價購、市地重劃或區段徵收方式取得所需聯合開發用地（同法第7條第4項前段）；3.以協議價購方式，主管機關應訂定優惠辦法，與地主協議價購土地，經協議不成時，得由主管機關依法報請徵收（同法第7條第4項後段）；4.依法辦理區段徵收（同法第7條第5項）。此外，大眾捷運法第7條之1規定，則授權主管機關設置土地開發基金，以辦理前述土地聯合開發。

再者，大眾捷運系統土地開發辦法，係交通部會同內政部，依大眾捷運法第7條第7項規定制訂之法規，其規定聯合開發之規劃、申請、審查、土地取得程序、開發方式、容許使用項目、申請保證金、履約保證金、獎勵及管理監督等相關詳細程序。

在地方法規部分，如以臺北市為例，臺北市依大眾捷運法第7條第4項規定制訂「臺北市臺北都會區大眾捷運系統開發所需土地協議價購優惠辦法」，依其權限制訂「臺北市臺北都會區大眾捷運系統土地開發實施要點」、「臺北市臺北都會區大眾捷運系統市有土地參與土地開發權益分配須知」、「臺北市臺北都會區大眾捷運系統土地開發權益轉換原則」等，以落實大眾捷運法及大眾捷運系統土地開發辦法等規定，其他市亦有類似之法規，例如：「新北市大眾捷運系統開發所需土地協議價購優惠辦法」、「臺中市政府辦理臺中都會區大眾捷運系統土地開發實施要點」、「臺中都會區大眾捷運系統開發所需土地協議價購優惠辦法」等。

2
聯合開發之作業程序為何？

林雅芬、王龍寬、陳威韶

　　捷運聯合開發，係由主管機關自行開發，或由地主提供土地，投資人提供資金及興建聯合開發建物，並在主管機關監督之下，合作進行捷運場站用地及其毗鄰土地之開發作業，此為公私協力模式之一種，而正因其為三方關係之公私協力模式，其作業程序相對複雜，本文將介紹此種公私協力模式之作業程序。

關鍵字：聯合開發、捷運系統土地開發、作業程序、大眾捷運法、大眾捷運系統土地開發辦法、臺北市臺北都會區大眾捷運系統土地開發實施要點

◎捷運聯合開發之作業程序

　　由大眾捷運系統土地開發辦法（下稱捷運土開辦法）章節：「第二章：土地開發之規劃及容許使用項目」、「第三章：土地取得程序、開發方式及投資人甄選程序」、「第四章：申請投資表件及審查程序」、「第五章：監督、管理及處分」，以及以臺北市為例，臺北市臺北都會區大眾捷運系統土地開發實施要點（下稱臺北市捷運土開要點）第6條第1項規定：「土地開發

之主要作業程序如下：（一）開發用地之擬定及核定。（二）與土地所有人協議價購。（三）簽訂價購協議書。（四）本府核定土地開發相關事項。（五）甄選土地開發投資人。（六）簽訂土地開發投資契約書。（七）管理土地開發合約。（八）監督土地開發建物之營運管理。（九）連通申請案件之處理。」可知捷運土地開發（一般常稱土地聯合開發，以下均以土地聯合開發稱之）作業程序有諸多內容，惟可統整為「規劃及都市計畫」、「開發用地取得」、「投資人評選及投資契約」、「開發監督及協調」、「使用管理」等幾大項主要作業內容[1]。

◎規劃及都市計畫

此階段目的係完整評估並擬定開發用地，依區域計畫法或都市計畫法等規定，調整土地使用分區管制或區域土地使用管制，就此有以下法規可資參照。

按捷運土開辦法第6條規定：「辦理土地之開發時，執行機構應擬定開發範圍，報請主管機關核定實施。」而執行機構於擬定時，應考量諸多因素，例如：1.須與捷運工程完工通車營運時程配合；2.面積規模是否達開發效益；3.對鄰近土地利用之影響；4.當地都市計畫及發展情形；5.其他相關因素等（臺北市捷運土開要點第7條第1項規定參考），於擬定後，須報請主管機關核定（按：如為臺北捷運，其主管機關為臺北市政府），如有需要，主管機關亦得申請調整土地使用分區管制或區域土地使用管制等（大眾捷運法第7條第3項）。

於各開發用地興建前，主管機關應將用地範圍、土地使用

---

[1] 楊克中、蕭炎泉、石晉方（2005），〈捷運土地聯合開發作業之介紹〉，http://www.twce.org.tw/info/%E6%8A%80%E5%B8%AB%E5%A0%B1/443-3-1.htm（最後瀏覽日：2019/7/8）。

分區管制規定構想、建物設計指導原則、開發時程及其他土地開發事項公告並刊登政府公報，以供大眾檢視（捷運土開辦法第7條）。

◎開發用地取得

於完成規劃及都市計畫等後，主管機關須依相關法規取得開發用地之所有權。

就開發用地取得方式，大眾捷運法第7條已揭櫫：1.有償撥用、協議價購、市地重劃或區段徵收方式取得所需開發用地（同法第7條第4項前段）；2.以協議價購方式，由主管機關與地主協議價購土地，於協議不成時，得由主管機關依法報請徵收（同法第7條第5項）；3.依法辦理區段徵收（同法第7條第6項）等方式。

其中，與地主協議價購部分，主管機關應訂定優惠辦法（大眾捷運法第7條第4項後段），就此，例如：臺北市訂有「臺北市臺北都會區大眾捷運系統開發所需土地協議價購優惠辦法」、新北市訂有：「新北市大眾捷運系統開發所需土地協議價購優惠辦法」等可資參考。

◎投資人評選及投資契約

此階段係選定投資人，並與投資人簽訂投資契約書，以約定機關、地主與投資人間之權益。

就投資人之甄選作業程序，有捷運土開辦法第14條至第20條可資參照，謹簡要說明如下：1.政府機關得公告徵求投資人合作開發（捷運土開辦法第14條第1項）；2.投資人須於期限內提交甄選文件，例如：申請書、開發建議書，其內容包含建築計畫、開發時程計畫、營運管理計畫、申請人與主管機關、土地所

有人合作條件、分收比例及其他相關權利義務文件等（捷運土開辦法第15條及第16條）；3.執行機關將會同有關機關就申請資料完成審查或評選，並報主管機關核定土地開發計畫（捷運土開辦法第17條）；4.通知申請人依審定條件於書面通知到達三十日內簽訂投資契約書並繳納履約保證金等（捷運土開辦法第18條及第19條）。

關於投資人、地主間之合作條件、分收比例等，如以臺北市政府捷運工程局執行之捷運聯合開發案為例，原則上將以鑑價方式認定土地成本及建物成本，進而計算分收比例，再依此比例分配經鑑價之建物總價值，及協商選定樓層區位與分配土地持分等（臺北市捷運土開要點第13條、第14條，及臺北市臺北都會區大眾捷運系統市有土地參與土地開發權益分配須知相關規定等），或依該比例持股或共同持有建物及土地（臺北市捷運土開要點第15條）。如政府機關亦有提供土地進行捷運聯合開發，其亦具有地主身分而得與投資人、其他地主依上述程序進行權益分配。

◎開發監督及協調

投資人興建聯合開發建物，主辦機關於過程中將扮演監督興建之角色。較須注意者，如捷運設施與聯合開發建物為共構設計，則尚須留意捷運系統與聯合開發之界面及處理方式[2]。

◎使用管理

此階段係聯合開發建物興建完成，且依完成權益分配等程序後，聯合開發建物應如何使用管理之作業程序。

---

[2]　同註1。

　　按捷運土開辦法第21條第1項及第2項規定：「建物全部或部分出租、設定地上權或以其他方式交由投資人統一經營者，投資人應於申請投資案核定後，檢具其所訂營運管理章程報經執行機構核轉主管機關核定，建物產權登記前併同營運人與執行機構簽訂營運契約書，依本辦法規定受執行機構之監督與管理。」「建物非屬統一經營者，投資人得參照公寓大廈規約範本研訂管理規約，並納入與捷運有關之特別約定事項，報經執行機構核轉主管機關核定後請照、興建。」可知使用管理方式有二，一為各區分所有權人自行使用管理，另一為投資人統一經營管理。

　　區分所有權人自行使用管理模式，即於完成權益分配程序、所有權登記等程序後，由各區分所有權人自行使用或租售其專有部分，統一經營管理模式，則係於完成權益分配程序、所有權登記等程序後，由投資人就聯合開發建物依營運契約書之約定統一經營或招商，並受執行機構之監督與管理，而地主、投資人將依約定分配營利所得收益。

　　可資注意者，依捷運土開辦法第21條第3項規定，區分所有權人不得以會議決議排除第1項營運管理章程及營運契約之規定，及第2項管理規約之特別約定事項，專有部分有讓售等處分行為時，應於移轉契約中明定，須繼受原區分所有權人依公寓大廈管理條例及該條之規範。

3

聯合開發案之原土地所有權人可否優先申請投資？原土地所有權人之其他可能優惠為何？

林雅芬、王龍寬、洪凱倫

現行大眾捷運系統土地開發辦法，就主管機關與私人辦理之聯合開發已修正刪除土地所有權人得優先申請投資之條文，則於現行法下，土地所有權人如擬參與聯合開發，是否仍有優先申請投資開發之可能？此外，同意協議價購之原土地所有權人是否尚有其他優惠？

關鍵字：聯合開發、捷運系統土地開發、大眾捷運系統土地開發辦法、投資人甄選、優先投資、大眾捷運系統開發所需土地協議價購優惠辦法

◎問題源起

大眾捷運系統土地開發辦法（下稱土開辦法）第14條修正前之原規定如下：

「以前二條方式取得用地或開發用地全為公有時，開發方

式由主管機關自行決定，其餘開發用地之投資人甄選順序如下：一、土地所有人。二、公告徵求其他私人、團體。」依該規定，開發用地投資人之甄選有優先順序，第一順位為土地所有權人，即原土地所有權人有優先申請投資開發之權利。

惟上開土開辦法第14條第1項規定於99年1月15日修正為：「開發用地由主管機關自行開發或公告徵求投資人合作開發之。」刪除了投資人甄選順序之規定，原土地所有權人無法依該辦法取得優先投資權。

在此情形下，原土地所有權人是否即無機會優先投資？主管機關是否可於其他法令，例如：土地協議價購優惠辦法規定原土地所有權人之優先投資權？如有規定，是否違反現行土開辦法之規定？

◎分析

參諸大眾捷運法第7條第1項於93年5月12日之修法理由說明[1]，大眾捷運法第7條改為以機關主導開發之原因，僅係以簡化開發流程及縮短開發時程為考量，並載明[2]：「對土地所有人之權益，則納入第4項授權訂定之『優惠辦法』中予以兼顧。……得依『優惠辦法』條件優先辦理之……」，可知優惠辦法係依大眾捷運法第7條第4項授權，而特別針對「協議價購及其優惠」程序予以明確規定，即將土地所有人之權益納入優惠辦法以兼顧之，並未限制人民參與開發之方式。

再者，參諸大眾捷運法第7條第4項規定之立法理由說明：

---

[1] 立法院公報第93卷第23期院會記錄第65頁，大眾捷運法第7條第1項於93年5月12日之修法理由說明：「為簡化開發流程及縮短時程，修正大眾捷運系統土地開發由主管機關依有償撥用、協定價購、市地重劃或區段徵收方式全部取得，並變更為公有土地，以主導辦理開發事宜。」

[2] 同前註第69頁。

「應強化協議購買之誘因，避免徵收引發民怨」[3]，可知大眾捷運法第7條第4項其立法目的，在於提供誘因避免徵收，因此要求主管機關應訂立協議價購之優惠辦法，該授權規定並未限制優惠辦法給予原土地所有權人優惠之方式。是以，主管機關據此授權訂定優惠辦法，以法規命令賦予原土地所有權人優先申請投資開發之權利，應非無據。

此外，由於優惠辦法及土開辦法均為大眾捷運法授權訂定之辦法，法律位階相同，各有其適用標的，再按前揭修正之土開辦法第14條第1項及第2項規定可知，修正後之土開辦法亦未逕予禁止地主參與開發，在公告徵求投資人合作開發之情形，其甄選文件亦係報請主管機關核定後辦理，可知修正後之土開辦法仍保留一定之職權行使空間予主管機關，因此，主管機關如擬以有給原土地所有權人優先投資權之優惠辦法審核及辦理甄選投資人之程序，給予地主優先申請投資開發之優惠方式，並以此作為誘因以避免徵收，與土開辦法亦無扞格。

以臺北市訂立之「臺北市臺北都會區大眾捷運系統開發所需土地協議價購優惠辦法」為例，該優惠辦法提供原土地所有權人之優惠方式，其中之一即在一定之條件下，由原土地所有權人取得優先申請投資開發之權利，此可參照該優惠辦法第10條第1項規定：「開發用地屬單一土地所有權人，且依第五條第一項第一款[4]規定辦理者，本府得准許其優先申請投資開發。」就此，新

---

[3]　參立法院第三屆第三會期第十三次會議議案關係文書。

[4]　臺北市臺北都會區大眾捷運系統開發所需土地協議價購優惠辦法第5條第1項第1款：「原土地所有權人依第三條第四項規定提出申請者，依下列規定辦理：一、申請抵付協議價購土地款者，按其原有土地協議價購之金額，占開發基地依市價計算總金額之比例，乘以該基地開發完成本府取得之公有不動產價值，作為其應抵付權值；並依照本府所議定之各樓層區位價格，由原土地所有權人選定樓層、區位。土地上有建築物者，則將其建築物所坐落土地之抵付權值加總後，再將各樓層分配權值予以加計後重新分算比例，乘以建築物所坐落土地

北市、桃園市及臺中市依大眾捷運法第7條第4項規定訂立之各優惠辦法，亦均訂有類似之優惠方式規定[5]，提供原土地所有權人在一定之條件下，得取得優先申請投資開發之權利。

◎同意協議價購之原土地所有權人可能獲得之其他優惠

依大眾捷運法第7條第4項規定，大眾捷運系統開發所需之土地，得依協議價購方式取得之，且依協議價購方式辦理者，主管機關應針對協議價購及其優惠條件訂定優惠辦法，因此，同意協議價購之原土地所有權人，除於符合一定條件下，可能獲得前述優先申請投資開發之權利外，以臺北市訂立之「臺北市臺北都會區大眾捷運系統開發所需土地協議價購優惠辦法」（下稱優惠辦法）為例，尚可能獲得之其他優惠茲分述如下：

1. 得申請以該基地開發完成主管機關取得之公有不動產抵付協議價購土地款

同意協議價購之原土地所有權人，依優惠辦法第3條第4項[6]

之抵付權值總額，各樓層分配權值之加計原則如下：（一）商業區建築物之一樓依法營業使用者，加計其權值一倍。（二）商業區建築物之一樓作住宅使用或住宅區建築物之一樓依法營業使用者，加計其權值○·五倍。（三）住宅區建築物之一樓作住宅使用者，加計其權值○·二倍。」

[5] 新北市大眾捷運系統開發所需土地協議價購優惠辦法第12條第1項：「開發用地為單一土地所有權人，並申請抵付優惠者，本府得准許其優先申請投資開發。」；桃園市大眾捷運系統開發所需土地協議價購優惠辦法第9條第1項：「開發用地於協議價購前屬單一土地所有權人，且依第三條第三項第一款規定辦理者，本府得准許其優先申請投資開發。」；臺中市臺中都會區大眾捷運系統開發所需土地協議價購優惠辦法第11條第1項：「開發用地屬單一土地所有人，且依第四條第一項第一款規定辦理者，本府得准許其優先申請投資開發。」

[6] 臺北市臺北都會區大眾捷運系統開發所需土地協議價購優惠辦法第3條第4項：「同意協議價購之原土地所有權人，符合下列條件之一者，得申請以該基地開發完成本府取得之公有不動產抵付協議價購土地款；或領取協議價購土地款，

規定，如符合土地上無建築改良物（含違章建築），或土地上有建築改良物（含違章建築），但於主管機關通知期限拆遷，且該建築改良物所有權人自願放棄安置或其他代替安置之補償措施者，即得申請以該基地開發完成主管機關取得之公有不動產抵付協議價購土地款。

　　另依優惠辦法第5條第1項第1款[7]規定，原土地所有權人依同法第3條第4項規定提出申請以公有不動產抵付協議價購土地款者，按其原有土地協議價購之金額，占開發基地依市價計算總金額之比例，乘以該基地開發完成臺北市政府取得之公有不動產價值，作為其應抵付權值，並依照主管機關所議定之各樓層區位價格，由原土地所有權人選定樓層、區位，土地上有建築物者，則將其建築物所坐落土地之抵付權值加總後，再將各樓層分配權值依同條款規定予以加計後重新分算比例，乘以建築物所坐落土地之抵付權值總額。一般而言，日後取得抵付權值較先領取協議價購土地款為有利。

　　對此，新北市、桃園市及臺中市訂立之優惠辦法，亦均訂有類似之優惠方式規定[8]。

申請優先承購、承租該基地開發完成本府取得之公有不動產：一、土地上無建築改良物（含違章建築）。二、土地上有建築改良物（含違章建築），於捷運局通知期限拆遷，且該建築改良物所有權人自願放棄安置或其他代替安置之補償措施。」

[7] 同註4。

[8] 新北市大眾捷運系統開發所需土地協議價購優惠辦法第4條第1項第1款：「同意協議價購之原土地所有權人，其土地上無建築改良物及違章建築（以下簡稱建築物）者；或土地上有建築物，其所有權人於本府通知期限內拆遷，且自願放棄補償救濟自治條例第六條第三項、第十二條第四項之房屋補助費及其他本府安置或替代安置之補償、救濟者，得申請下列優惠：一、未領取協議價購土地款者，以該基地開發完成後之市有不動產抵付協議價購土地款（以下簡稱抵付優惠）。」；桃園市大眾捷運系統開發所需土地協議價購優惠辦法第3條第3項第1款：「同意協議價購之原土地所有權人，其土地上無建築改良物，或有建築改良物於本府通知期限內自動拆遷，且該建築改良物所有權人自願放棄安置或

2. 領取協議價購土地款者，得申請優先承購、承租該基地開發完成臺北市政府取得之公有不動產

　　同意協議價購之原土地所有權人，如符合土地上無建築改良物（含違章建築），或土地上有建築改良物（含違章建築），但於主管機關通知期限拆遷，且該建築改良物所有權人自願放棄安置或其他代替安置之補償措施者，即便係依前揭優惠辦法第3條第4項[9]規定選擇領取協議價購土地款，仍得申請優先承購或承租臺北市政府取得之公有不動產[10]。

其他代替安置之補償措施者，得申請下列優惠：一、以該基地開發後之公有不動產抵付協議價購土地款。」；臺中市臺中都會區大眾捷運系統開發所需土地協議價購優惠辦法第4條第1項第1款：「土地所有人於本府通知期限內自動拆遷協議價購土地上建築改良物者，得申請下列優惠：一、土地所有人未領取協議價購土地款者，本府得以取得該基地開發後之公有不動產抵付協議價購土地款。」

[9]　同註6。

[10]　臺北市臺北都會區大眾捷運系統開發所需土地協議價購優惠辦法第9條：「基地開發完成本府取得之公有不動產，應先行抵付協議價購土地款後，始得辦理申請優先承購、承租。依本辦法或其他法規規定申請抵付協議價購土地款、優先承購或承租者，對於樓層、區位選擇相同時，以抽籤方式決定之。依前項規定抽籤未抽中者，得選擇尚未被選配及申請之樓層、區位。」

　　對此，新北市、桃園市及臺中市訂立之優惠辦法，亦均訂有類似之優惠方式規定[11]。

---

[11] 新北市大眾捷運系統開發所需土地協議價購優惠辦法第4條第1項第2款：「同意協議價購之原土地所有權人，其土地上無建築改良物及違章建築（以下簡稱建築物）者；或土地上有建築物，其所有權人於本府通知期限內拆遷，且自願放棄補償救濟自治條例第六條第三項、第十二條第四項之房屋補助費及其他本府安置或替代安置之補償、救濟者，得申請下列優惠：……二、領取協議價購土地款者，得優先承購、承租該基地開發完成後之市有不動產（以下簡稱購租優惠）。」；桃園市大眾捷運系統開發所需土地協議價購優惠辦法第3條第3項第2款：「同意協議價購之原土地所有權人，其土地上無建築改良物，或有建築改良物於本府通知期限內自動拆遷，且該建築改良物所有權人自願放棄安置或其他代替安置之補償措施者，得申請下列優惠：……二、土地所有權人領取協議價購土地款，得優先承購或承租該基地開發後之公有不動產。」；臺中市臺中都會區大眾捷運系統開發所需土地協議價購優惠辦法第4條第1項第2款：「土地所有人於本府通知期限內自動拆遷協議價購土地上建築改良物者，得申請下列優惠：……二、土地所有人領取協議價購土地款者得優先承購、承租該基地開發後之公有不動產。」

4

企業如擬以投資人身分參與聯合開發，應如何申請？投資聯合開發之流程為何？

林雅芬、王龍寬、陳威韶

捷運聯合開發之作業流程，有「規劃及都市計畫」、「開發用地取得」、「投資人評選及投資契約」、「開發監督及協調」及「使用管理」等階段，本文將聚焦於投資人評選階段，企業如擬以投資人身分參與聯合開發，應如何申請等問題。

關鍵字：聯合開發、捷運系統土地開發大眾捷運系統土地開發辦法、臺北市臺北都會區大眾捷運系統土地開發實施要點、捷運土地開發投資甄選暨權益分配標準作業程序、臺北市政府甄選臺北都會區大眾捷運系統土地開發投資人須知範本

◎申請投資聯合開發之流程

1. 公告徵求投資人

按大眾捷運系統土地開發辦法（下稱捷運土開辦法）第14條第1項規定：「開發用地由主管機關自行開發或公告徵求投資

人合作開發之。」可知捷運土地開發可由主管機關自行開發，或公告徵求投資人合作開發，本篇將聚焦說明主管機關如何公告徵求投資人、投資人參與甄選過程及相關內容。

首先，執行機構（例如：於臺北市即臺北市政府捷運工程局）先行準備甄選投資人之相關文件，並報請主管機關（例如：於臺北市即臺北市政府）核定（捷運土開辦法第14條第2項）。

2. 投資人申請

其次，申請人即投資人須於主管機關徵求投資人之公告期滿後一個月內，準備相關甄選文件（申請書、申請人登記證明文件、財力證明文件或開發資金來源證明文件及類似開發業績證明文件等），及申請保證金，向主管機關提出申請（捷運土開辦法第15條）。

再者，申請人即投資人應於公告期滿後四個月內，提出開發建議書二份，其內容須包括，例如：「開發項目、內容與用途」、「建築計畫」、「開發時程計畫」、「營運管理計畫」、「申請人與主管機關、土地所有人合作條件、分收比例及其他相關權利義務文件」等，若逾上開期限未提出，視為撤回申請（捷運土開辦法第16條第1項）。

3. 審查程序

執行機構審查前述申請人之文件時，如有須補正事項，執行機構將通知申請人補正，逾期不補正或補正不全，視為放棄申請（捷運土開辦法第17條第1項）；值得注意者，如有二位以上之申請人，甄選程序除須斟酌各申請人之開發能力及開發建議書外，以開發內容對於都市發展之貢獻程度、及其中提供主管機關獲益較高者為優先考慮因素（捷運土開辦法第16條第3項）。

4. 簽約程序

於完成審查及評選等程序後，取得投資權之申請人，將依執行機構通知依審查條件於書面通知三十日之期限內簽訂投資契約書，並繳交預估投資總金額3%之履約保證金（捷運土開辦法第18條），履約保證金之繳納方式，亦列於土地開發辦法第19條規定中。值得注意者，不同意主管機關審查條件或未於期限內簽訂投資契約書，並繳交履約保證金者，視同放棄投資權，執行機構得由其他申請案件依序擇優遞補或重行公開徵求投資人（捷運土開辦法第18條）。

◎以臺北市政府捷運工程局之相關規範為例

臺北市政府為辦理前揭捷運土開辦法，制訂「臺北市臺北都會區大眾捷運系統土地開發實施要點」（民國100年9月30日修正，下同）（下稱臺北市捷運土開實施要點），並制訂辦理投資人甄選之標準作業流程（SOP）[1]。

依臺北市捷運土開實施要點第12條規定：「甄選土地開發投資人之作業程序如下：（一）符合優惠辦法第十條規定之原單一土地所有人，應於本府通知期限內向本府書面表達投資意願。逾期視為放棄優先投資申請。申請人應提送文件之相關證明或程式有欠缺者，依本府書面通知期限內補正。（二）前述土地所有人提出投資申請書並經審查通過後，依本府書面通知函內期限購買甄選文件。應提送文件依甄選須知規定得予補正者，依本府書面通知期限內補正[2]。（三）無優惠辦法第十條規定之適用者，

---

[1]　臺北市政府網站，〈捷運土地開發投資甄選暨權益分配標準作業程序〉，https://www.laws.taipei.gov.tw/lawsystem/wfSOP_Content.aspx?SOP_NO=P15000011（最後瀏覽日：2019/7/9）。

[2]　關於捷運聯合開發用地之地主是否有優先申請投資之權利，詳本書另外之專章

即公告徵求投資人。（四）甄選投資人作業依『臺北市政府甄選臺北都會區大眾捷運系統土地開發投資人須知』及相關規定辦理。（五）甄選結果由捷運局簽報本府核定。（六）簽訂公有地徵求投資人合作之土地開發投資契約書。」可知該等實施要點係具體化前述捷運土開辦法，並清楚說明臺北市辦理捷運土開辦法之執行步驟與流程等，謹再補充說明如下。

首先，上開實施要點所指「臺北市政府甄選臺北都會區大眾捷運系統土地開發投資人須知」，如同辦理政府採購時之投標須知，執行機關將於公告徵求投資人前，準備適合該聯合開發案之投資人須知，並經主管機關核定後（臺北市捷運土開實施要點第11條），提供予擬申請之投資人，而臺北市政府亦有公布該須知之範本於其網站[3]。

其次，如捷運土開辦法規定之流程，於申請人購買甄選文件、繳交保證金、提交申請文件後，臺北市政府捷運工程局將受理申請案，但如申請家數或申請文件不符合，將通知申請人領回；如家數及文件符合，則辦理資格審查，審查內容為該等申請人，是否符合甄選須知所訂「基本資格」、「開發能力資格」及「財務能力資格」等，如有資格不符且非投資契約書必要之點，臺北市政府捷運工程局得要求申請人限期補正；如資格符合，則進行後續之評選作業。

又依臺北都會區大眾捷運系統土地開發投資申請案件審查及評選作業要點，於評選作業階段（按：針對申請人提供之申請文件，例如：「開發建議書」），將由臺北市政府捷運工程局函請相關機關提供初審意見並成立評選委員會，嗣由該委員會召開評

討論。

[3]　臺北市政府網站，〈臺北市政府甄選臺北都會區大眾捷運系統土地開發投資人須知範本〉，https://www.dorts.gov.taipei/News_Content.aspx?n=7A53A061295AF AF8&s=5A1EFA20D6ABC640（最後瀏覽日：2019/7/9）。

選會議，以評選合格申請案，評選分數達一定分數以上者，爲合格申請人，最後再進行價格評比，以合作條件及分收比例爲最重要之評分項目（按：不得低於甄選須知所訂土地所有權人最低分配比率），並於臺北市政府捷運工程局簽報臺北市政府核定後，取得優先投資之權利，而該申請人須依通知於期限內簽訂投資契約書。

最後，就「土地開發投資契約書」，臺北市政府亦有公布範本於其網站中[4]，而當甄選結果經主管機關臺北市政府核定，確定投資者後，將依個案制訂土地開發投資契約書，並辦理後續簽約程序，而於簽約完成後，即開始辦理興建聯合開發建物、權益分配等程序。

---

[4]　臺北市政府網站，〈臺北都會區大眾捷運系統土地開發投資契約書範本〉，https://www.dorts.gov.taipei/News_Content.aspx?n=7A53A061295AFAF8&s=5A1EFA20D6ABC640（最後瀏覽日：2019/7/9）。

5

企業參與聯合開發投資之權利與義務為何？

林雅芬、王龍寬、陳威韶

聯合開發於完成投資人之甄選，並簽署土地開發投資契約書等程序後，投資人即須依契約及相關法律規定辦理捷運土地開發案，本篇將說明投資人參與聯合開發之相關權利及義務，以供企業日後參與相關投資時之參考。

關鍵字：聯合開發、捷運系統土地開發、大眾捷運系統土地開發辦法、臺北市臺北都會區大眾捷運系統土地開發實施要點、土地開發契約書

◎投資人之權利及義務

聯合開發於完成投資人甄選程序，投資人繳交履約保證金並簽訂土地開發投資契約書等後，投資人即須執行捷運土地開發案，而依相關法律規定，投資人有下列之權利及義務。

1. 就投資人之義務部分：

按大眾捷運系統土地開發辦法（下稱捷運土開辦法）第20條第1項規定：「投資人應自簽訂投資契約書之日起六個月內，

依建築法令規定申請建造執照。」可知投資人必須於期限內依法申請建造執照,如建造執照內容變更,須先經執行機構(例如:於臺北捷運係臺北市政府捷運工程局)之同意後,再依相關建築法令辦理變更。

再者,如聯合開發建物交由投資人統一管理,投資人應於申請投資案核定後,檢具營運管理章程並報經執行單位核轉主管機關核定,並於建物產權登記前併同營運人與執行機構簽訂營運契約書;如建物非由投資人統一經營,投資人須研擬管理規約,並報經執行機關核轉主管機關核定(捷運土開辦法第21條)。

又如依土地開發計畫所需設置之公共設施建築及維護費用,由投資人負擔或視合作條件依協議比例分攤(捷運土開辦法第22條),而如投資人營運聯合開發建物而有未盡管理及養護責任、不服從執行機構之監督與管理、擅自增修改建地下商場等工程附屬設施、不依主管機關核備之營運管理章程使用開發設施,執行機構應通知限期改善,逾期不改善者,執行機構得報經主管機關核准後終止契約(捷運土開辦法第25條)。

又如為臺北市政府主管之捷運土地開發案,依「臺北市臺北都會區大眾捷運系統土地開發實施要點」(下稱臺北市捷運土開要點)第16條規定,投資人負有依市府核定之土地開發計畫內容完成設計,經市府同意後申請建造執照,並出資興建建物及完成交屋予市府等義務。

2. 就投資人權利部分:

就容積部分,無償提供捷運設施所需空間及其應持分土地所有權之投資人,得申請獎勵容積(捷運土開辦法第29條)。

就稅捐部分,如依捷運土開辦法申請投資之案件,其符合獎勵投資法令等規定,得申請減免稅捐(捷運土開辦法第26條)。

就技術支援部分,如土地開發計畫核准後,執行機關得協調相關單位提供技術協助及配合興建計畫等(捷運土開辦法第27

條）。

　　就貸款部分，主管機關亦得協助投資人辦理優惠或長期貸款，以辦理土地開發案件（捷運土開辦法第28條）。

◎土地開發投資契約書之權利及義務

　　辦理投資人甄選程序時，投資人應提出開發建議書作爲評選之依據，其內容包含諸多投資人、地主及政府機關間權利義務之建議（例如：投資人承諾之權益分配比例等），而該等內容均將於審定後納入土地開發投資契約書中，成爲契約條款之一部，日後投資人簽署土地開發投資契約書時，亦將受到開發建議書及審定條件所載之權利義務所拘束。

　　如以臺北市政府之捷運土地開發案爲例，依其公布於網站之土地開發契約書範本可知，投資人之權利義務即包含前述法令之規定，及依個案性質不同而設計之契約權利義務[1]，因此，投資人可能因個案性質不同，而有除前述法律規定外之權利及義務，惟投資人是否確有該等契約權利義務，仍依最終簽訂之契約書內容爲準。

---

[1]　臺北市政府網站，〈臺北都會區大眾捷運系統土地開發投資契約書範本〉，https://www.dorts.gov.taipei/News_Content.aspx?n=7A53A061295AFAF8&s=5A1EFA20D6ABC640（最後瀏覽日：2019/7/9）。

6

企業參與聯合開發適用之權益轉換與權益分配原則爲何？

林雅芬、王龍寬、陳威韶

企業投資、參與捷運聯合開發案，如何分配開發案之權益，及能分配多少權益等，應爲企業最關心的議題之一，因爲權益分配程序關係著企業投資是否能回收合理之利潤，權益分配之原則，涉及地主、投資人等間之契約條款，實際上如何分配權益，仍以相關法令及契約規定爲準，本文將說明權利變換、權益分配之原則，以供企業日後參與捷運聯合開發時參考。

關鍵字：權益轉換程序、土地開發投資契約、臺北市臺北都會區
　　　　大眾捷運系統土地開發權益轉換原則、權益分配

◎以臺北捷運爲例

大眾捷運法及大眾捷運系統土地開發辦法，並未直接規定機關、投資人、地主應如何辦理權益分配程序，惟各主管機關於辦理捷運聯合開發案時，大多制訂相關規定等以規範之，本篇將以臺北捷運爲例，說明其土地開發投資契約書（範本）、相關標準

作業流程（SOP）及相關規定等。

　　關於權益分配，原則上可參考「臺北市臺北都會區大眾捷運系統土地開發權益轉換原則」（下稱土開權益轉換原則），依該原則三、（二）規定：「權益轉換：指開發案內開發用地之土地所有權人、主管機關或投資人，提供土地、行政資源或資金，參與或投資開發案，於該項開發案完成後，按其開發前權利價值及提供資金比例，分配開發完成後建築物及其土地之應有部分。」可知原則上係評估地主、主管機關、投資人三方對於捷運聯合土地開發案之貢獻程度，並依此協商分配完成之聯合開發建物或其他土地等。

◎臺北市捷運聯合開發案之權益轉換作業程序

　　按臺北都會區大眾捷運系統土地開發投資契約書（範本）（下稱土開投資契約書）第七條（一）規定：「本開發案權益轉換作業應依臺北市臺北都會區大眾捷運系統土地開發權益轉換原則辦理。（如附件○）」[1]，可知土開權益轉換原則為土開投資契約書之附件，如投資人簽訂投資契約書，其應受土開權益轉換原則之拘束，而臺北市政府捷運工程局亦據以制定權益轉換之標準作業程序[2]。

　　首先，投資人於甄選投資人階段，於其開發建議書等文件中：「承諾本開發案土地所有權人最低分配比率為○%、投資稅管費用率為○%、期待利潤率為○%」，而該等比率將約定於

---

[1]　臺北市政府網站，〈臺北都會區大眾捷運系統土地開發投資契約書範本〉（107.08版），https://www.dorts.gov.taipei/News_Content.aspx?n=7A53A061295AFAF8&s=5A1EFA20D6ABC640（最後瀏覽日：2019/7/9）。

[2]　臺北市政府網站，〈捷運土地開發投資甄選暨權益分配標準作業程序〉，https://www.laws.taipei.gov.tw/lawsystem/wfSOP_Content.aspx?SOP_NO=P15000011（最後瀏覽日：2019/7/9）。

土開投資契約書中[3]，投資人將受該契約條款即其承諾比率之拘束。

其次，投資人應以建造執照領得日為調查分析與評估價格之鑑價基準日，並於鑑價基準日起六個月內，提送開發大樓總權值評估報告、建築相關施工圖說、建築物裝修表、建材設備說明書、工程預算書含工程總表、詳細表、單價分析表、樓層區位價格建議表、權益轉換建議書（最少須包含開發成本分析、權益分配建議及區位選擇建議）等文件資料及電腦檔[4]。

而臺北市政府捷運工程局於收受投資人提供之前述資料後，將評估開發大樓總權值、鑑定建物興建成本等之程序。其將依地政局推薦名單委託不動產估價師，及於工務局推薦名單中委託營建管理廠商，以鑑價基準日即投資人領得建造執照日為價格日期，委託估價師、營建管理廠商評估開發大樓總價值（含區位產權價值、建物興建成本等）。待估價及鑑定作業完成後，臺北市政府捷運工程局將以該結果、投資人提送之權益轉換建議書等，擬定權益協商方案，並提報有關機關審議[5]。

於審議完成後，臺北市政府捷運工程局將以審議結果與投資人協商「土地所有權人及投資人之權益分配比率」、「委託建造費用」等權益分配條件，且該土地所有權人之權益分配比率不得低於投資人於土開投資契約書承諾之最低比率。如投資人與臺北市政府捷運工程局無法達成協議，其應依土地權益轉換原則進行代為協調等程序，如仍無法完成協議，雙方得合意交付仲裁或提起訴訟程序[6]。

---

[3]　臺北都會區大眾捷運系統土地開發投資契約書範本第七條（二）。
[4]　臺北都會區大眾捷運系統土地開發投資契約書範本第七條（三），土開權益轉換原則五、八至十三等規定。
[5]　土開權益轉換原則七、十等規定。
[6]　臺北都會區大眾捷運系統土地開發投資契約書範本第七條（六），土開權益轉換原則二十四至二十九等規定，有更詳細之說明。

　　於完成協商後，將先由私地主進行區位選擇作業（按：即選屋作業程序），後再由投資人與臺北市政府協商區位。待區位選定後，由投資人製作權益轉換協議書（按：內容包括權益分配比例、委託建造費用、各樓層及車位之價格、區位選取結果等），以作爲日後完成聯合開發建物後，驗屋及產權登記之參考基準[7]。

　　最後，於完工、申請使用執照後，如臺北市政府分回之公有不動產，其建物權狀所載產權面積，與權益轉換協議書之內容不同時，將以現金支付方式辦理找補程序，惟視情形重行辦理鑑價及權益協商程序等[8]。

---

[7]　臺北都會區大眾捷運系統土地開發投資契約書範本第七條（五）、土開權益轉換原則二十一至二十三等規定詳細之區位選擇作業程序，而同原則三十三規定驗屋作業程序等。

[8]　土開權益轉換原則三十四規定。

7

聯合開發投資契約，與一般企業間之投資契約性質有何差異？

林雅芬、王龍寬、陳威韶

捷運系統土地開發投資契約書，係由投資人與捷運系統主管機關（如臺北市政府）簽訂之契約書，而此契約關係與一般企業間之私法契約是否相同？抑或因一方當事人為政府機關而非私法關係？又是否因一方當事人為政府機關，而受其他法律規定之限制？本文將說明該投資契約書之性質及與公私協力模式相關法律規定之關係。

關鍵字：大眾捷運系統土地開發投資契約書、行政契約、契約定性、政府採購法、促進民間參與公共建設法

◎大眾捷運系統土地開發投資契約書（下稱土開投資契約）是否為行政契約

關於當事人分別為政府機關及私人之契約，依其性質區別屬公法契約或私法契約，我國就民事訴訟及行政訴訟，分別由不同性質之法院審理（按：即普通法院或行政法院），係採二元訴訟制度，且我國對公法爭議及私法爭議亦有不同之實體法及程序法

規定，目的係確保人民權利，並保障其權利將獲公平審判及適當救濟，此有司法院大法官釋字第466號及第533號解釋理由書可資參照。

關於土開投資契約之定性，有不同見解存在：

持土開投資契約與一般企業間、私法關係下之投資契約無異者，持下列論點：1.各機關發布之土開投資契約範本，例如：臺北市政府捷運工程局於其網站公布之土地投資契約書（範本）第七條（六）及第十八條（五）分別規定：「甲方或土地所有權人與乙方就權益協商事項……仍無法達成協議時甲乙雙方得於協調會後六十日內經雙方書面合意交付仲裁或民事訴訟，並依仲裁或訴訟結果辦理。」[1]「雙方對本契約發生爭議，不論該爭議是否交付仲裁、訴訟或其他解決方式，未經甲方書面同意，乙方不得停止本開發大樓之建造工程。若發生訴訟時，雙方合意以臺灣臺北地方法院為第一審管轄法院。」可知該契約認定其屬私法契約，應由普通法院審理；2.臺灣臺北地方法院98年度仲訴字第8號判決：「……系爭仲裁判斷之當事人既為捷運工程局與被告，揆諸首揭規定，應是捷運工程局方有權提起撤銷仲裁判斷之訴，本件由原告提起之，即屬當事人不適格。」認為經仲裁之土開投資契約書爭議，可提起撤銷仲裁程序，可知法院似已肯認該等爭議屬私法爭議[2]。

惟有不少實務見解認為，土開投資契約之性質為行政契約：

按最高行政法院107年度判字第528號判決：「本件聯開契約係被上訴人依大眾捷運法及該法授權訂定之大眾捷運系統土地

[1] 臺北市政府網站，〈臺北都會區大眾捷運系統土地開發投資契約書範本〉，https://www.dorts.gov.taipei/News_Content.aspx?n=7A53A061295AFAF8&s=5A1EFA20D6ABC640（最後瀏覽日：2019/7/9）。

[2] 陳清秀（2013），〈捷運土地開發之甄選及投資契約法律關係之探討（上）〉，《月旦法學雜誌》，第222期，頁90-92。

開發辦法（下稱土地開發辦法）之規定與上訴人所簽訂；係為履行公共任務之手段，該等契約內容受大眾捷運法及土地開發辦法所規範，依訂約整體目的、約定之給付內容與效力綜合判斷屬行政契約。」該判決認為土開投資契約係為履行公共任務、受公法性質之法律規範，且依訂立契約之整體目的、給付內容及效力綜合判斷，應屬行政契約，就此觀點，尚有最高行政法院106年度判字第458號判決[3]、最高行政法院104年度判字第704號判決[4]等近期判決可資參照。至於土開投資契約約定紛爭解決方式為仲裁、民事訴訟等程序，仍不影響法院依職權判斷契約性質為行政契約，就此有臺北高等行政法院96年度聲字第17號裁定可資參考[5]。

---

[3] 最高行政法院106年度判字第458號判決：「準此，大眾捷運系統路線、場、站土地及其毗鄰地區土地之開發，由主管機關公告徵求投資人合作開發，申請土地開發者除應甄選文件備具申請書、身分證明、財力證明等文件，且應提出開發建議書，由執行機構會同有關機關就上述申請資料完成審查或評選，並報主管機關核定土地開發計畫後，進入簽約程序。又開發用地如由行政主體與私人締結聯合開發投資契約，因其據以執行之大眾捷運法、土地開發辦法均為公法法規，且約定內容亦涉及行政機關公權力之發動，則就契約標的及契約整體目的綜合判斷，應定性為行政契約。」

[4] 最高行政法院104年度判字第704號判決：「原審為原判決關於該部分時，業已斟酌全辯論意旨及調查證據之結果，依論理及經驗法則判斷事實，且就兩造簽訂之系爭聯合開發契約是被上訴人依前揭大眾捷運法及聯合開發辦法之授權，與上訴人訂定，作為履行公共任務之手段，其契約內容受大眾捷運法及聯合開發辦法所規範，依訂約整體目的、約定之給付內容與效力綜合判斷，系爭聯合開發契約係屬行政契約，業已詳述其得心證之理由及法律意見，且就上訴人所主張之論點何以不足採，分別予以指駁甚明，本院核無不合。」

[5] 臺北高等行政法院96年度聲字第17號裁定：「使契約當事人一方享有優勢之地位，系爭契約具有行政契約之性質，締約雙方如對契約內容發生爭議，屬於公法上爭訟事件。雖然系爭契約第3章第1條壹、三記載『本契約係一私法契約……如有紛爭，將依本契約所規定之爭議處理方式解決……』；第12章第3條壹記載：『就關於本契約或因本契約所生之任何爭議，如無法依前2條之規定達成協議時，雙方同意僅得以仲裁方式解決之……』。但關於系爭契約之法律性質，應依契約標的、目的及其契約整體內容加以判斷，並不受當事人主觀意思

◎若土開投資契約屬行政契約，其應適用行政程序法等相關規定

　　如土開投資契約屬行政契約，則應適用行政程序法第三章「行政契約」等規定。

　　例如：行政程序法第137條第1項規定締結雙務契約之要件：「行政機關與人民締結行政契約，互負給付義務者，應符合下列各款之規定：一、契約中應約定人民給付之特定用途。二、人民之給付有助於行政機關執行其職務。三、人民之給付與行政機關之給付應相當，並具有正當合理之關聯。」同法第138條規定，行政機關為決定行政契約當事人而辦理甄選等程序時之正當程序[6]，同法第145條第1項、第146條第1項及第147條第1項規定，行政契約雙方當事人，於特定情形下得調整契約之法律依據[7]，如於行政程序法就行政契約規定不足之處，則準用民法相關規定[8]。因此，自上述之法律規定可知，如土開投資契約定

影響。因此，尚不能以契約內上開條款約定，即認系爭契約為私法契約，應先敘明。」

[6]　行政程序法第138條：「行政契約當事人之一方為人民，依法應以甄選或其他競爭方式決定該當事人時，行政機關應事先公告應具之資格及決定之程序。決定前，並應予參與競爭者表示意見之機會。」

[7]　行政程序法第145條第1項：「行政契約當事人之一方為人民者，其締約後，因締約機關所屬公法人之其他機關於契約關係外行使公權力，致相對人履行契約義務時，顯增費用或受其他不可預期之損失者，相對人得向締約機關請求補償其損失。但公權力之行使與契約之履行無直接必要之關聯者，不在此限。」第146條第1項：「行政契約當事人之一方為人民者，行政機關為防止或除去對公益之重大危害，得於必要範圍內調整契約內容或終止契約。」第147條第1項：「行政契約締結後，因有情事重大變更，非當時所得預料，而依原約定顯失公平者，當事人之一方得請求他方適當調整契約內容。如不能調整，得終止契約。」

[8]　行政程序法第149條規定：「行政契約，本法未規定者，準用民法相關之規定。」

性爲行政契約，其與一般企業間之私法契約應適用民法等規定不同。

◎「政府採購法」及「促進民間參與公共建設法」是否適用於捷運聯合開發案件

捷運聯合開發案，如非主管機關完全自行開發，則係一種公私協力模式，由地主提供土地，投資人提供資金及興建聯合開發建物，並在聯合開發主管機關監督之下，合作進行捷運場站用地及其毗鄰土地之開發作業。

捷運聯合開發此一公私協力模式依法並不適用促進民間參與公共建設法：

按最高行政法院105年度判字第373號判決：「另觀諸促參法之重大公共建設範圍訂定及認定原則第4點規定，促參法之適用前提須爲該法第3條第1項所列之公共建設，並合於同法第8條第1項所定之民間參與公共建設之方式始足當之，行政院公共工程委員會98年工程促字第09800117590號函，亦同此旨。上訴人主張本件有促參法之適用，亦有誤會。……原判決引用促參法第3條第1項、第8條第1項等規定說明促參法之適用條件並依其重大公共建設範圍訂定及認定原則第4點規定，及參酌行政院公共工程委員會98年工程促字第09800117590號函，說明系爭開發案並無促參法之適用，並無中華工程公司所稱理由矛盾之情形。」依該最高行政法院見解，捷運聯合開發案並非促進民間參與公共建設法第3條第1項所列公共建設，且非以同法第8條第1項規定之合作方式進行，因此不適用該法規定，就此，亦有最高行政法院106年度判字第458號判決可資參考[9]。

---

[9]　最高行政法院106年度判字第458號判決：「況促參法之適用，其前提須爲該法第3條第1項所列之公共建設，並合於同法第8條第1項所定之6種民間參與公共建

　　此外，亦有實務見解表示，捷運聯合開發案並不適用政府採購法之規定，惟就甄選投資人之爭議，得類推適用政府採購法爭議處理途徑[10]，而臺北市政府於辦理甄選投資人之程序時，亦參照政府採購法委託專業服務顧問，以評估聯合開發案之產品規劃、設計方案、財務分析等，並準備甄選投資人之相關文件，且甄選投資人之評選委員會，其外聘專家學者之人數及出席人數亦參考「臺北市政府異質採購評選或審查作業補充規定一覽表」有關巨額以上之相關規定辦理[11]，可知雖然捷運聯合開發案雖不適用政府採購法，但行政機關於辦理捷運聯合開發案時，仍有參考政府採購法相關規定之情形。

設之方式始足當之。此觀諸促參法之重大公共建設範圍訂定及認定原則第4點：『各中央目的事業主管機關應依附件（分工表）及前點所定原則，並符合促參法第8條所定之建設方式，擬定及修正重大公共建設範圍。』之規定自明。至於本院104年度裁字第220號裁定僅援引促參法施行細則第22條第1項第2款、第3款及第41條之1規定內容，說明主辦機關與民間投資機構依促參法第11條規定簽訂投資契約時，其議約應遵守之原則及准許例外之情形，然並未就系爭開發案是否有促參法之適用為認定。是上訴人主張系爭開發案性質為促參法第3條第1項第1款、第11款之『交通建設』與『重大商業設施』，故系爭開發案除有大眾捷運法之適用外，於大眾捷運法所未規定之事項，仍應適用促參法，本院104年度裁字第220號裁定亦同此見解，是上訴人與被上訴人商議投資契約書之基礎審定條件，依系爭投資須知九、（三）及促參法施行細則第41條之1之規定，當受系爭投資須知、招商文件、投資計畫書及審查結論所拘束云云，亦不足採。」

[10] 最高行政法院100年度判字第1091號判決：「上訴人就被上訴人98年4月10日函提起本件撤銷訴訟，經原審本於職權調查證據後，認被上訴人固認被上訴人98年4月10日函並非行政處分，惟本件兩造有關聯合開發投資之優先投資爭議，得類推適用政府採購法爭議處理途徑。」

[11] 臺北市政府網站，〈捷運土地開發投資甄選暨權益分配標準作業程序〉，https://www.laws.taipei.gov.tw/lawsystem/wfSOP_Content.aspx?SOP_NO=P15000011（最後瀏覽日：2019/7/9）。

8

大法官解釋釋字第743號解釋對目前及未來捷運聯合開發案之影響爲何？

林雅芬、王龍寬、洪凱倫

　　大法官解釋釋字第743號解釋，基於法律保留原則，主管機關為公用或公益之目的而徵收人民土地後，如續將原屬人民之土地移轉予第三人，易使徵收權力遭濫用及使人產生圖利特定第三人之疑慮，是以，在法律尚未明確規定以前，主管機關不應將徵收取得之土地移轉予第三人[1]，此則大法官解釋公布後，對於目前及未來聯合開發案之影響為何？

關鍵字：聯合開發、捷運系統土地開發、釋字第743號解釋、大
　　　　衆捷運法、徵收

◎關於釋字第743號解釋

　　依司法院大法官會議民國（下同）105年12月30日公布之釋

---

[1] 詳大法官解釋釋字第743號解釋理由書。

字第743號解釋文[2]意旨，主管機關依大眾捷運法第6條[3]規定按相關法律所徵收大眾捷運系統需用之土地，不得用於同一計畫中依同法第7條第1項[4]規定核定辦理之聯合開發，且應有法律明確規定得將之移轉予第三人所有，主管機關始得爲之。

　　細繹大法官釋字第743號解釋理由書之內容，該解釋所涉之聯合開發案，主管機關係於80年1月17日、80年12月11日及81年4月15日即向內政部申請徵收土地，嗣經內政部分別於80年1月24日、80年12月18日及81年4月21日等函覆准予徵收，惟該案聯合開發用地之都市計畫細部計畫係於88年3月25日始發布實施，主管機關於同年4月核定聯合開發計畫書，在此之前該案聯合開發之內容無從確定，因此，大法官釋字第743號解釋認爲，自難認主辦機關前係以聯合開發用地所需，依當時大眾捷運法第7條第3項[5]：「…協議不成者，得徵收之」之規定辦理徵收。

　　大法官釋字第743號解釋理由書並指出，大眾捷運法第6條與第7條二者之立法目的，因是否涉及商業利益分享及風險分擔而有所不同，因此，主管機關以大眾捷運法第6條按相關法律徵收之人民土地，既係爲興建捷運系統之特定目的所徵收，主管機關自不得將之用於大眾捷運法第7條第1項所規定之聯合開發而爲經濟利用，故除另有法律明確規定外，自亦無由主管機關將該徵收之土地所有權再移轉予第三人之餘地。

---

[2]　大法官解釋釋字第743號解釋：「主管機關依中華民國七十七年七月一日制定公布之大眾捷運法第六條，按相關法律所徵收大眾捷運系統需用之土地，不得用於同一計畫中依同法第七條第一項規定辦理之聯合開發。依大眾捷運法第六條徵收之土地，應有法律明確規定得將之移轉予第三人所有，主管機關始得爲之，以符憲法保障人民財產權之意旨。」

[3]　大眾捷運法第6條規定：「大眾捷運系統需用之土地，得依法徵收或撥用之。」

[4]　大眾捷運法第7條第1項規定：「爲有效利用土地資源，促進地區發展，主管機關得辦理大眾捷運系統路線、場、站土地及其毗鄰地區土地之開發。」

[5]　修法前（民國77年7月1日）大眾捷運法第7條第3項規定：「聯合開發用地得以市地重制或區段徵收方式取得。協議不成者，得徵收之。」

◎釋字第743號解釋對於目前及未來聯合開發案之影響

　　若聯合開發案之開發基地係依大眾捷運法第7條第4項規定[6]辦理，於價購協議不成後，始進行徵收者，即與釋字第743號解釋所涉案例情形不同，將不受釋字第743號解釋之影響。

　　若開發基地係引用到大眾捷運法第6條規定辦理徵收取得者，就目前刻正進行中之聯合開發案而言，釋字第743號解釋文第二段明揭：「依大眾捷運法第六條徵收之土地，應有法律明確規定得將之移轉予第三人所有，主管機關始得為之，以符憲法保障人民財產權之意旨。」限制在法律未明文規定之情形下，主管機關不得將依大眾捷運法第6條徵收之土地，移轉其所有權予第三人，因此，就所有權部分，在目前大眾捷運法等相關法律尚未配合修法前，即有受釋字第743號解釋拘束而不得移轉予第三人之可能；惟就此，或可再進一步辨明，案件徵收當時引用之全部法條依據，在部分案例中，徵收當時引用之法條，除依據大眾捷運法第6條規定外，亦同時引用同法第7條規定（即聯合開發用地之協議價購及徵收），在該等案例中，作為聯合開發用地之部分，若可清楚辨明主管機關於辦理徵收前，確實已依大眾捷運法第7條有關聯合開發用地之協議價購及徵收程序辦理，該等案例或不應受釋字第743號解釋之影響。此外，釋字第743號解釋，似未排除主管機關得採用設定地上權之方式作為替代方案，以確保目前已進行至一定程度之開發案，得在不違反釋字第743號解釋意旨之前提下繼續進行。

　　從而，於釋字第743號解釋公布後，或可預見未來投資人參

---

[6]　大眾捷運法第7條第4項規定：「大眾捷運系統路線、場、站及其毗鄰地區辦理開發所需之土地，得依有償撥用、協議價購、市地重劃或區段徵收方式取得之；其依協議價購方式辦理者，主管機關應訂定優惠辦法，經協議不成者，得由主管機關依法報請徵收。」

與聯合開發，必將更審愼注意及評估所使用土地之徵收依據爲何，以及後續土地所有權移轉之限制。

四、政府採購

1

何謂政府採購、政府採購法之適用範圍為何？

林雅芬、陳誌泓、陳威韶

所謂「採購」，常見於日常生活中，例如：企業辦理採購，以購買最新型的機器等，而政府機關亦時常辦理採購以取得所需資源，惟政府機關為公部門，與私部門辦理採購或有不同，本篇將介紹何謂政府採購，並說明政府機關辦理採購之法源依據——政府採購法及其適用範圍等。

關鍵字：政府採購、政府採購法

◎何謂政府採購

採購，係一種以金錢換取資源的法律行為，在日常生活、公司營運等頻繁運用。至於政府機關為獲得從事行政行為所需之資源，亦需辦理採購。

然而，政府機關代表公部門，掌握公權力而得分配、使用透過財政稅收等獲得的資源，此與公司企業、個人等私部門不同，因此，政府利用該等資源辦理採購之程序、標準、目的等，自應有一套公平、透明的完善機制加以規範。

　　首先，由於政府採購之市場經濟規模龐大，因此，必須制訂相關法規，明文規範政府機關辦理採購之程序，並建立公平之競爭制度，以避免程序混亂、浪費國家稅收、甚或圖利特定廠商，再者，政府機關辦理採購，其目的係實現國家政策，與私部門為獲得更多利潤等目的未必相同，最後，政府機關運用自人民徵收之稅賦等資源辦理採購，自應受人民監督，因此，政府機關辦理採購之標準、受檢視之程度，自與私人、企業等私部門不同[1]。

◎政府採購法及其適用範圍

　　政府採購與私部門之採購不盡相同，自有制定相關法規據以規範之必要，因此，我國於民國87年制定並公布政府採購法，該法第1條規定：「為建立政府採購制度，依公平、公開之採購程序，提升採購效率與功能，確保採購品質，爰制定本法。」即明白揭示政府採購法擬達成公平、公開等之立法目的。

　　就政府採購法適用之範圍，可區分成「採購主體」及「採購客體」二層面觀察：

　　若由採購主體觀察，政府採購法之適用範圍可分為四種類型。第一種係政府機關等自行辦理採購，就此規定於政府採購法第3條[2]；第二種，政府機關補助辦理採購者，就此規定於政府採購法第4條[3]，例如：法人接受政府機關補助而採購，且補助金

---

[1] 林家祺（2016），〈政府採購之概述〉，《政府採購法》，三版，頁1-3，臺北：新學林。

[2] 政府採購法第3條規定：「政府機關、公立學校、公營事業（以下簡稱機關）辦理採購，依本法之規定；本法未規定者，適用其他法律之規定。」

[3] 政府採購法第4條規定：「法人或團體接受機關補助辦理採購，其補助金額占採購金額半數以上，且補助金額在公告金額以上者，適用本法之規定，並應受該機關之監督。藝文採購不適用前項規定，但應受補助機關之監督；其辦理原則、適用範圍及監督管理辦法，由文化部定之。」

額在公告金額以上並占採購金額半數以上；第三種，政府機關委託法人等辦理採購者，就此規定於政府採購法第5條[4]；第四種，洽由其他政府機關代辦採購者，就此規定於政府採購法第40條[5]，上述幾種類型，均須適用政府採購法之規定。

　　若由採購客體觀察，政府採購法之適用範圍可分為三種類型，按政府採購法第2條規定：「本法所稱採購，指工程之定作、財物之買受、定製、承租及勞務之委任或僱傭等。」再依同法第7條[6]規定，區分為「工程採購」、「財務採購」及「勞務採購」，惟如具有二種性質以上而難以區分時，按其性質所占預算金額比率最高者歸屬之。

　　另依政府採購法第104條至第106條[7]規定，部分採購係不適

---

[4] 政府採購法第5條規定：「機關採購得委託法人或團體代辦。前項採購適用本法之規定，該法人或團體並受委託機關之監督。」

[5] 政府採購法第40條規定：「機關之採購，得洽由其他具有專業能力之機關代辦。上級機關對於未具有專業採購能力之機關，得命其洽由其他具有專業能力之機關代辦採購。」

[6] 政府採購法第7條規定：「本法所稱工程，指在地面上下新建、增建、改建、修建、拆除構造物與其所屬設備及改變自然環境之行為，包括建築、土木、水利、環境、交通、機械、電氣、化工及其他經主管機關認定之工程。本法所稱財物，指各種物品（生鮮農漁產品除外）、材料、設備、機具與其他動產、不動產、權利及其他經主管機關認定之財物。本法所稱勞務，指專業服務、技術服務、資訊服務、研究發展、營運管理、維修、訓練、勞力及其他經主管機關認定之勞務。採購兼有工程、財物、勞務二種以上性質，難以認定其歸屬者，按其性質所占預算金額比率最高者歸屬之。」

[7] 政府採購法第104條規定：「軍事機關之採購，應依本法之規定辦理。但武器、彈藥、作戰物資或與國家安全或國防目的有關之採購，而有下列情形者，不在此限。一、因應國家面臨戰爭、戰備動員或發生戰爭者，得不適用本法之規定。二、機密或極機密之採購，得不適用第二十七條、第四十五條及第六十一條之規定。三、確因時效緊急，有危及重大戰備任務之虞者，得不適用第二十六條、第二十八條及第三十六條之規定。四、以議價方式辦理之採購，得不適用第二十六條第三項本文之規定。前項採購之適用範圍及其處理辦法，由主管機關會同國防部定之，並送立法院審議。」同法第105條規定：「機關辦理下列採購，得不適用本法招標、決標之規定。一、國家遇有戰爭、天然災害、

用政府採購法，例如：當國家遇有戰爭、天然災害等而需緊急處置之採購事項，得例外不適用政府採購法。此外，由民間參與公共建設時，若係依促進民間參與公共建設法（下稱促參法）核准者，促參法第48條明文規定：「依本法核准民間機構興建、營運之公共建設，不適用政府採購法之規定。」即該類型案件不適用政府採購法，而應依促參法相關規定辦理。

瘟疫或財政經濟上有重大變故，需緊急處置之採購事項。二、人民之生命、身體、健康、財產遭遇緊急危難，需緊急處置之採購事項。三、公務機關間財物或勞務之取得，經雙方直屬上級機關核准者。四、依條約或協定向國際組織、外國政府或其授權機構辦理之採購，其招標、決標另有特別規定者。前項之採購，有另定處理辦法予以規範之必要者，其辦法由主管機關定之。」同法第106條規定：「駐國外機構辦理或受託辦理之採購，因應駐在地國情或實地作業限制，且不違背我國締結之條約或協定者，得不適用下列各款規定。但第二款至第四款之事項，應於招標文件中明定其處理方式。一、第二十七條刊登政府採購公報。二、第三十條押標金及保證金。三、第五十三條第一項及第五十四條第一項優先減價及比減價格規定。四、第六章異議及申訴。前項採購屬查核金額以上者，事後應敘明原由，檢附相關文件送上級機關備查。」

2

政府採購之招標方式為何？

林雅芬、陳誌泓、陳威韶

政府採購法規定之招標方法有三：公開招標、選擇性招標、限制性招標，政府機關依法如何選擇招標方式？本文將介紹各該招標方式及相關狀況。

關鍵字：政府採購法、中央機關未達公告金額採購招標辦法、招標方式、公開招標、選擇性招標、限制性招標、公告金額

◎政府採購法規定之招標方式

按政府採購法第18條第1項規定：「採購之招標方式，分為公開招標、選擇性招標及限制性招標。」可知政府採購法所定招標方式有三：

1. 公開招標：以公告方式，邀請不特定廠商投標（政府採購法第18條第2項）；

2. 選擇性招標：以公告方式，預先依一定資格條件辦理廠商資格審查後，再邀請符合資格之廠商投標（政府採購法第18條第3項）；

3. 限制性招標：指不經公告程序，邀請特定之二家以上廠

商比價，或僅邀請一家廠商議價（政府採購法第18條第4項）。

◎政府機關依法選擇適當之招標方式

首先，應先區分「達公告金額之採購」及「未達公告金額之採購」二類，而所謂公告金額，依行政院公共工程委員會民國88年4月2日工程企字第8804490號函[1]，不論工程採購、財物採購或勞務採購，公告金額均為新臺幣100萬元。

因此，如未達前述公告金額之採購招標方式，依政府採購法第23條規定，在中央由主管機關定之，在地方由直轄市或縣（市）政府定之，惟如地方未定相關規定者者，則比照中央規定辦理，基此，行政院公共工程員會訂有「中央機關未達公告金額採購招標辦法」，即規範中央政府機關於辦理未達前述公告金額採購時，應如何選擇招標方式[2]。此外，如未達公告金額之採購，惟其金額逾公告金額十分之一者（按：即逾新臺幣10萬元而未達新臺幣100萬元者），除符合政府採購法第22條第1項各款情形得以限制性招標辦理者外，仍應公開取得三家以上廠商之書面報價或企劃書（政府採購法第49條及其立法理由參照），

---

[1] 行政院公共工程委員會民國88年4月2日工程企字第8804490號函，行政院公共工程委員會函訂定政府採購法中查核金額、公告金額及小額採購金額。

[2] 依中央機關未達公告金額採購招標辦法第2條規定：「未達公告金額採購之招標，其金額逾公告金額十分之一者，得以下列方式之一辦理：一、符合本法第二十二條第一項第一款至第十五款所定情形之一者，得採限制性招標。二、符合本法第二十二條第一項第十六款所定情形，經需求、使用或承辦採購單位就個案敘明邀請指定廠商比價或議價之適當理由，簽報機關首長或其授權人員核准者，得採限制性招標，免報經主管機關認定。三、依本法第四十九條之規定，將公開徵求廠商提供書面報價或企劃書之公告，公開於主管機關之資訊網路或刊登於政府採購公報，以取得三家以上廠商之書面報價或企劃書，擇符合需要者辦理比價或議價。」可知該辦法原則上係需分政府採購法第22條第1項各款所定情形，以及同法第49條所定情形，而為不同辦理方式之規定。

以避免圖利特定廠商。又如金額未逾公告金額十分之一者（按：即屬新臺幣10萬元以下者），得不經公告程序，廠商免提供報價或企劃書，逕洽廠商採購（中央機關未達公告金額採購招標辦法第5條），又縱屬公告金額十分之一（即新臺幣10萬元）以下之採購，廠商如有政府採購法第103條第1項所定刊登政府採購公報之情形，仍不得作為決標對象[3]。

　　就達前述公告金額之採購，則依政府採購法第19條至第22條規定辦理，簡言之：1.原則上，應採行公開招標（政府採購法第19條）；2.如為政府採購法第20條所定五種情形，得例外採行選擇性招標，包括：經常性採購等、投標文件審查，須費時長久始能完成者、廠商準備投標需高額費用者、廠商資格條件複雜者、研究發展事項（政府採購法第20條規定）；3.如為政府採購法第22條第1項所定十六種情形，得例外採行限制性招標，例如：政府經公開招標、選擇性招標辦理，卻無廠商投標或無合格標，且招標內容及條件未重大變更等情形（詳見政府採購法第22條規定）[4]。

---

[3] 行政院公共工程委員會民國（下同）105年12月9日工程企字第10500280811號函。

[4] 政府採購法第22條第1項規定：「機關辦理公告金額以上之採購，符合下列情形之一者，得採限制性招標：一、以公開招標、選擇性招標或依第九款至第十一款公告程序辦理結果，無廠商投標或無合格標，且以原定招標內容及條件未經重大改變者。二、屬專屬權利、獨家製造或供應、藝術品、秘密諮詢，無其他合適之替代標的者。三、遇有不可預見之緊急事故，致無法以公開或選擇性招標程序適時辦理，且確有必要者。四、原有採購之後續維修、零配件供應、更換或擴充，因相容或互通性之需要，必須向原供應廠商採購者。五、屬原型或首次製造、供應之標的，以研究發展、實驗或開發性質辦理者。六、在原招標目的範圍內，因未能預見之情形，必須追加契約以外之工程，如另行招標，確有產生重大不便及技術或經濟上困難之虞，非洽原訂約廠商辦理，不能達契約之目的，且未逾原主契約金額百分之五十者。七、原有採購之後續擴充，且已於原招標公告及招標文件敘明擴充之期間、金額或數量者。八、在集中交易或公開競價市場採購財物。九、委託專業服務、技術服務、資訊服務或社會福利

　　此外，政府機關雖依政府採購法第22條第1項等規定辦理限制性招標，依同法第18條規定，應不經公告程序，但爲增加競爭機制，政府機關仍得以公告程序徵求供應廠商，並邀請比價或議價[5]。

◎政府機關以統包或廠商共同投標方式辦理招標

　　依政府採購法第24條第1項及第2項規定：「機關基於效率及品質之要求，得以統包辦理招標。」「前項所稱統包，指將工程或財物採購中之設計與施工、供應、安裝或一定期間之維修等併於同一採購契約辦理招標。」就此，行政院公共工程委員會訂有「統包實施辦法」。又政府採購法第25條第1項及第2項規定：「機關得視個別採購之特性，於招標文件中規定允許一定家數內之廠商共同投標。」「第一項所稱共同投標，指二家以上之

服務，經公開客觀評選爲優勝者。十、辦理設計競賽，經公開客觀評選爲優勝者。十一、因業務需要，指定地區採購房地產，經依所需條件公開徵求勘選認定適合需要者。十二、購買身心障礙者、原住民或受刑人個人、身心障礙福利機構或團體、政府立案之原住民團體、監獄工場、慈善機構及庇護工場所提供之非營利產品或勞務。十三、委託在專業領域具領先地位之自然人或經公告審查優勝之學術或非營利機構進行科技、技術引進、行政或學術研究發展。十四、邀請或委託具專業素養、特質或經公告審查優勝之文化、藝術專業人士、機構或團體表演或參與文藝活動或提供文化創意服務。十五、公營事業爲商業性轉售或用於製造產品、提供服務以供轉售目的所爲之採購，基於轉售對象、製程或供應源之特性或實際需要，不適宜以公開招標或選擇性招標方式辦理者。十六、其他經主管機關認定者。」

[5]　行政院公共工程委員會民國90年3月1日（90）工程企字第90007222號函：「主旨：機關依政府採購法第22條第1項第2款、第3款、第4款、第5款或第12款規定採限制性招標辦理時，爲增加競爭機制，得以公告程序徵求供應廠商，作爲邀請比價或議價之用，請查照並轉知所屬（轄）機關。……【註】：政府採購法部分條文於91年2月6日奉總統華總一義字第09100025610令修正公布，本函主旨所述得以公告徵求供應廠商之政府採購法第22條第1項之款次，配合修正爲第22條第1項第1款至第5款、第12款至第16款。」

廠商共同具名投標，並於得標後共同具名簽約，連帶負履行採購契約之責，以承攬工程或提供財物、勞務之行為。」就此，行政院公共工程委員會訂有「共同投標辦法」，以具體規範共同投標及相關應遵循事項，值得參考。

3

何謂轉包、分包？機關如未於招標文件標示主要部分或應由得標廠商自行履行部分，如何認定廠商履約過程是否轉包？

林雅芬、陳誌泓、陳威韶

當政府機關完成招標、決標等程序並簽約後，得標廠商即確定，若得標廠商未自行履約全部或一部，另交由其他廠商履行，即可能違反契約、政府採購法等相關規定，而衍生後續與政府機關間之履約爭議，本篇將介紹何謂轉包、分包，如政府機關未於招標文件標示主要部分等，將如何認定廠商是否已轉包？等相關問題。

關鍵字：政府採購法、轉包、分包

◎轉包、分包

於招標、決標等程序完成後，政府機關將與廠商簽訂契約，而該廠商依約原則上應自行履行契約義務，此觀政府採購法第65條第1項及第3項規定可資參照詳言之，依該規定，如契約為工程契約、勞務契約，廠商應自行履行，不得轉包，而如為財

物契約，且需經一定履約過程，非以現成財物供應者，亦屬之。

至於所謂轉包，政府採購法第65條第2項規定係指將契約中，應由廠商自行履行之「全部」或「主要部分」，轉由其他廠商代為履行，至於得標廠商與轉包廠商間之內部關係為何，則不在審查是否構成「轉包」之範圍內，且一旦構成「全部」轉包，即無再審查轉包部分是否構成「主要部分」之問題[1]，且不以受轉包之廠商已實際履行契約之全部或主要部分為必要[2]。又所謂「主要部分」，依政府採購法施行細則第87條規定有二種情形：1.招標文件標示為主要部分者；2.招標文件標示或其他法規規定應由得標廠商自行履行之部分。

如得標廠商將契約全部或主要部分轉包由其他廠商代為履行，政府機關得解除契約、終止契約或沒收保證金，並請求相關損害賠償，對象及於得標廠商、轉包廠商及再轉包廠商（詳政府採購法第66條），得標廠商並將被刊登為不良廠商於政府採購公報等（詳政府採購法第101條第1項第11款），因此，企業於履行政府採購相關契約時，應特予留意。

所謂分包，係指「非轉包」而將契約「部分」分由其他廠

---

[1]　最高行政法院107年度判字第746號判決：「依政府採購法第65條第2項規定意旨，凡將原契約中應自行履行之全部，由其他廠商代為履行，即構成同條第1項所稱之『轉包』，至於得標廠商與代為履行之其他廠商間內部關係為何，以及代為履行之廠商究係單一廠商或多數廠商，則均非所問。是原判決既係認定上訴人將系爭契約所約定之白米運輸、載卸等履約標的，『全部』轉包他人代為履行，自無再予論述轉包部分是否構成系爭契約重要部分之必要。」

[2]　行政院公共工程委員會民國103年1月6日工程企字第10200456540號函：「本法第65條第1項有關得標廠商不得轉包之規定，包括得標廠商不得將契約之全部或主要部分以約定而轉包予其他廠商之情形，不以受轉包之廠商已實際履行契約之全部或主要部分為必要；至於是否依本法第101條第1項第11款規定進行通知程序，以得標廠商有無該款『2.違反第65條之規定轉包者』之事實認定之，不因契約終止而有不同。」臺北高等行政法院101年度訴字第1404號判決亦持相同見解。

商代為履行，換言之，分包僅得將契約之「部分」且「非主要部分」交由其他廠商履行。又依政府採購法第67條規定，為保障分包廠商權益，得標廠商得為分包，若分包報備於採購機關，並經得標廠商就分包部分定權利質權予分包廠商者，民法第513條之抵押權及第816條因添附而生之請求權，及於得標廠商對於機關之價金或報酬請求權，然須特予留意者，就此情形，得標廠商與分包廠商連帶負擔瑕疵擔保之責任，得標廠商及分包廠商均不得以分包為由而拒絕。此外，依政府採購法第103條第1項規定，刊登於政府採購公報之廠商於拒絕往來期間內，不得做為分包商，機關辦理採購，亦須注意分包廠商不得有政府採購法第103條第1項所規定不得作為決標對象或分包廠商情形[3]。

◎如政府機關未於招標文件標示主要部分等，如何認定轉包行為

於實務上，常見政府機關並未於招標文件標示主要部分，亦未於契約中標示廠商應自行履約等條款，此時除法律規定應自行履約之情形外，將衍生如何認定前開政府採購法第65條第2項規定之「主要部分」，並進一步認定是否已轉包之法律爭議。

就上開爭議，政府採購法主管機關行政院公共工程委員會曾有函釋認為，如投標文件未記載主要部分或未要求廠商自行履約，且法律並無特別規定時，則應判斷廠商是否將契約「全部」轉由其他廠商履行[4]。然而，最高行政法院102年度判字第379號判決則認為，在招標文件未標明主要部分時，如依據契約及法令解釋應由廠商自行履行之部分，亦屬主要部分，否則工程採購之招標文件如未標示主要部分，即謂該工程得全數轉包而不受政

---

[3]　行政院公共工程委員會民國103年9月3日工程企字第10300241010號函。

[4]　行政院公共工程委員會民國89年3月23日（89）工程企字第89006979號函。

府採購法第65條之限制，顯與政府採購法之立法意旨不符[5]。

此外，也因為政府採購法第65條第2項所定之「主要部分」確實屬不確定法律概念，最高行政法院105年度判字第660號判決亦認為，招標機關應依據立法本旨，將不確定關係具體化適用於特定事實關係，該判決認定，招標廠商如將原契約之全部，或將其主要部分（招標文件標示為主要部分者，或招標文件標示或依其他法規規定應由得標廠商自行履行之部分）之全部，交由其他廠商代為履行者，可謂為轉包，惟如僅將招標文件標示為主要部分者之一部分，交由其他廠商代為履行，是否構成轉包，則應視其與主要部分之其他成分是否具不可分性而構成契約之重要部分，有變相借牌、賺取差價或其他影響工程品質之虞而定[6]。

---

[5]　最高行政法院102年度判字第379號判決：「所謂『主要部分』，除招標文件標示為主要部分者外，凡招標文件標示或應由得標廠商自行履行之部分，亦屬主要部分，尚不以標示於招標公告為必要，否則工程採購之招標文件如未標示主要部分，即謂該工程得全數轉包而不受政府採購法第65條之限制，顯與政府採購法之立法意旨不符。……解釋意思表示固不應拘泥契約所用文字而應探求當事人真意，然若契約文字已表達當事人真意，無須別試探求者，即不得反捨契約文字而更為曲解（最高法院17年上字第1118號判例意旨參照）。……經查，被上訴人辦理系爭工程之採購案，於99年3月5日決標於上訴人，並於同年月10日簽訂系爭契約，總價2,965萬元。而上訴人於99年3月5日決標日即將『滿月圓自然中心新建工程』與訴外人東宜公司簽訂承攬契約，由東宜公司負責施作，並給付訂金230萬元予東宜公司等情，為原判決所是認，復為兩造所不爭。原判決已論明依系爭契約第2條廠商應給付之標的及工作事項『滿月圓自然中心新建工程』之約定及建築法第8條規定可知，系爭契約之主要部分，至少應為滿月圓自然中心建築物本體新建工程……」，另最高行政法院98年度判字第453號判決亦持相同見解。

[6]　最高行政法院105年度判字第660號判決：「次按政府採購法第65條第1項、第2項雖規定，得標廠商應自行履行工程、勞務契約，不得轉包（即將原契約中應自行履行之全部或其主要部分，由其他廠商代為履行）。惟所謂『主要部分』乃不確定法律概念，在涵攝事實關係時，可能發生多種不同意義，但其中只有一種正確而符合立法之本旨，故行政機關將抽象之不確定法律概念經由解釋而具體化適用於特定事實關係時，自應探求立法本旨。揆諸政府採購法第65條立法理由載明『工程、勞務採購，為避免廠商變相之借牌，應禁止得標廠商轉

　　爲免爭議，建議各機關應視案件性質及實際需要，於招標文件明確標示屬於主要部分之項目，或標示應由得標廠商自行履行之部分[7]，此外，亦建議企業身爲得標廠商於履約時，如有分包必要，亦應仔細確認得標契約之主要部分爲何，且避免將主要部分交與他人代履行，以免觸法。

包，爰於第1項明定不得轉包。』可知，將原契約之全部，或將其主要部分（招標文件標示爲主要部分者，或招標文件標示或依其他法規規定應由得標廠商自行履行之部分）之全部，交由其他廠商代爲履行者，可謂爲轉包，固無疑義。惟如僅將招標文件標示爲主要部分者之一部分，交由其他廠商代爲履行，是否構成轉包，則應視其與主要部分之其他成分是否具不可分性而構成契約之重要部分，有變相借牌、賺取差價或其他影響工程品質之虞而定。」

[7]　行政院公共工程委員會民國91年4月24日（91）工程企字第91016404號函。

4

企業參與政府採購爲求謹愼，應如何避免涉及「圍標」之嫌或與他廠商間「異常關聯」？

林雅芬、陳誌泓、陳威韶

政府採購法爲確保投標廠商間公平競爭、提升採購效率與功能，確保採購品質等目的，因此有相關規定禁止並處罰投標廠商以不正行爲等方式而獲得標案，例如：政府採購法第87條第1項規定之圍標行爲、同法第50條第1項第5款規定之異常關聯等，本篇將說明該等規定之可能態樣，避免企業於投標時誤觸相關規定。

關鍵字：政府採購法、圍標、重大異常關聯

◎圍標之相關規定及態樣

所謂「圍標」，係指多數具競爭關係之廠商，於投標前即共同協議，合意僅由其中一家廠商投標，其他廠商不參與投標或參與投標但不爲價格之競爭，造成形式上有多數廠商參與投標，實

質上爲假性競爭[1]，又例如：圍標廠商利用政府採購法第87條第1項[2]所列之以強暴、脅迫、藥劑或催眠術等強制手段，逼迫其他廠商不爲投標、違反本意投標、或得標後放棄得標等行爲，亦屬之。爲避免該等圍標之不正行爲影響政府採購法第1條規定之立法目的，破壞公平公開之採購程序等，政府採購法第87條等設有相關刑事罰則之規定。

　　除了刑事罰則之外，依政府採購法第101條第1項第6款規定，如廠商犯政府採購法第87條之罪，經一審法院判決有罪，機關應將該廠商刊登於政府採購公報，該等廠商於一定期間內將不得參加投標或作爲決標對象或分包廠商，並可能有政府採購法第31條及第50條規定之沒收押標金[3]、其所投標不予開標、撤銷決標、終止契約或解除契約，並負損失賠償責任等問題[4]。

　　就此，行政院公共工程委員會於民國（下同）105年4月修正並公布「政府採購錯誤行爲態樣」[5]，揭櫫上開涉及圍標等不正情事之指標，例如：1.不肖人士蒐集領標廠商名稱；2.領標投標期間於機關門口有不明人士徘徊；3.繳納押標金之票據連號、所繳納之票據雖不連號卻由同一家銀行開具、押標金退還後流入

---

[1]　最高行政法院103年度判字第463號判決。

[2]　政府採購法第87條第1項規定：「意圖使廠商不爲投標、違反其本意投標，或使得標廠商放棄得標、得標後轉包或分包，而施強暴、脅迫、藥劑或催眠術者，處一年以上七年以下有期徒刑，得併科新臺幣三百萬元以下罰金。」

[3]　行政院公共工程委員會民國89年1月19日（89）工程企字第89000318號函：「如貴會發現該三家廠商有本法第48條第1項第2款或第50條第1項第3款至5款情形之一，或其人員涉有犯本法第87條之罪者，茲依本法第31條第2項第8款規定，認定該等廠商有影響採購公正之違反法令行爲，其押標金亦應不發還或追繳。」

[4]　行政院公共工程委員會民國88年10月16日（88）工程企字第8815348號函：「得標廠商如經事後查證犯本法第87條至第92條之罪者，機關應依本法第50條第2項規定，撤銷決標、終止契約或解除契約，並得追償損失；另應依本法第101條至103條規定處置。」

[5]　行政院公共工程委員會網站，http://plan3.pcc.gov.tw/gplet/mixac.asp?num=3461（最後瀏覽日：2019/7/5）。

同一戶頭、投標文件由同一處郵局寄出、掛號信連號、投標文件筆跡雷同、投標文件內容雷同；4.以不具經驗之新手出席減價會議；5.代表不同廠商出席會議之人員為同一廠商之人員；6.偽造外國廠商簽名；7.變造外國廠商文件；8.不同投標廠商提出由同一廠商具名之文件，例如：授權各該不同廠商對同一案件投標、部分投標廠商未繳押標金；9.廠商標封內為空白文件、無關文件或空無一物；10.明顯不符合資格條件之廠商參與投標；11.廠商間相互約束活動之行為，例如：彼此協議投標價格、限制交易地區、分配工程、提高標價造成廢標、不為投標、不越區競標、訂定違規制裁手段、為獲得分包機會而陪標；12.廠商間彼此製造競爭假象，誤導招標機關而取得交易機會。

　　因此，企業參與投標時，為求謹慎及避免誤觸相關罰則，應避免前述之各類嫌疑行為態樣。

◎重大異常關聯之相關規定及態樣

　　按政府採購法第50條第1項第5款規定：「投標廠商有下列情形之一，經機關於開標前發現者，其所投之標應不予開標；於開標後發現者，應不決標予該廠商：⋯⋯五、不同投標廠商間之投標文件內容有重大異常關聯。」該規定即為重大異常關聯之禁止規定，目的在於防止假性競爭行為，影響投標公正（91年2月6日增訂時之立法理由參照），且依同條第2項規定，如有上開情形，即便已決標或簽約，機關應撤銷決標、終止契約或解除契約，並得追償損失，而如經主管機關認定有影響採購公正之違反法令行為，依同法第31條第2項第7款規定，投標廠商繳納之押標金，將不予發還，而未依招標文件繳納或已發還之招標金，將予追繳[6]。

---

[6] 關於政府採購法第31條第2項第7款規定之「其他經主管機關認定有影響採購公

　　所謂「重大異常關聯」之態樣，行政院公共工程委員會曾作成相關函釋：「一、投標文件內容由同一人或同一廠商繕寫或備具者。二、押標金由同一人或同一廠商繳納或申請退還者。三、投標標封或通知機關信函號碼連號，顯係同一人或同一廠商所為者。四、廠商地址、電話號碼、傳真機號碼、聯絡人或電子郵件網址相同者。五、其他顯係同一人或同一廠商所為之情形者。」[7]

　　又如投標廠商之關係企業亦參與同一採購案投標，如非屬前述五種重大異常關聯之態樣，即非政府採購法第50條第1項第5款所謂投標文件內容有重大異常關聯，亦不生同法第31條第2項規定之沒收或追繳押標金之問題[8]，具關係企業關係之廠商投標，不會即該當政府採購法第48條所謂「足以影響採購企業之違法或不當行為」，且即便關係企業持股比例達100%，判斷方式亦同[9]。

　　此外，如廠商投標文件所載負責人為同一人[10]、廠商押標金為同一銀行同一戶頭開出且為連號[11]，亦屬政府採購法第50條第1項第5款規定重大異常關聯之態樣。

正之違反法令行為者」態樣，行政院公共工程委員會業已說明如民國104年7月17日工程企字第10400225210號函：「一、有政府採購法第48條第1項第2款之『足以影響採購公正之違法行為者』情形。二、有政府採購法第50條第1項第3款至第5款、第7款情形之一。三、容許他人借用本人名義或證件參加投標。四、廠商或其代表人、代理人、受僱人或其他從業人員有政府採購法第87條各項構成要件事實之一。五、廠商或其代表人、代理人、受僱人或其他從業人員，就有關招標、審標、決標事項，對公務員行求、期約或交付賄賂或其他不正利益。」

[7]　行政院公共工程委員會民國91年11月27日工程企字第09100516820號函。
[8]　行政院公共工程委員會民國98年6月25日工程企字第09800280080號函。
[9]　行政院公共工程委員會民國98年1月19日工程企字第09800007980號函。
[10]　行政院公共工程委員會民國105年3月21日工程企字第10500080180號函。
[11]　行政院公共工程委員會民國92年11月6日工程企字第09200438750號函。

　　當然，即便有上述嫌疑態樣，尚不代表已觸犯政府採購法第50條第1項第5款等規定，因為招標機關仍應負擔查證責任，視個案事實及相關事證認定，於查證確認後，始依前述相關規定辦理[12]，然而為求謹慎、避免相關法律風險，企業於投標時，仍須留意並避免有前述之嫌疑態樣。

---

[12] 行政院公共工程委員會民國94年7月14日工程企字第09400253870號函、民國107年1月30日工程企字第10700031930號函。

5

廠商與機關間履約之爭議處理方式為何？
何謂「先調後仲」？

林雅芬、陳誌泓、陳威韶

於政府採購案件中，廠商與機關間可能發生諸多法律爭議，而其爭議處理方式會依案件進度、案件性質等因素而有不同之選擇，本篇將聚焦說明廠商與機關間履約爭議處理方式，並說明政府採購法第85條之1規定之「先調後仲」等紛爭處理機制，以供企業於參與政府採購案件時，判斷如何處理相關爭議之參考。

關鍵字：政府採購法、履約爭議、先調後仲、調解、訴訟、仲裁

◎關於政府採購廠商與機關間之履約爭議

政府機關辦理採購，其與廠商間之法律爭議，係私法爭議或公法爭議或有不同見解，然而依實務通說之見解係採「雙階理論」，即關於招標、審標、決標爭議之審議判斷，係政府機關執行公權力之行為，如有不服，得依政府採購法之異議、申訴（依政府採購法第83條規定，申訴之審議判斷視同訴願決定）、行

政訴訟法等公法規定尋求救濟；如為簽約後之履約、驗收等履約爭議，屬私法爭議，則依民事訴訟向法院提起訴訟，或依政府採購法規定之其他救濟方式（例如：調解、仲裁）處理[1]。本篇將聚焦於後者，即機關與廠商間之履約爭議，並說明可能之紛爭處理機制。

◎政府採購法第85條之1規定之「先調後仲」

機關與廠商間之履約爭議性質為私法爭議，機關或廠商自得依民事訴訟法等相關規定，向法院提起訴訟，由法院作成判決以解決紛爭，惟除此之外，依政府採購法第85條之1第1項規定：「機關與廠商因履約爭議未能達成協議者，得以下列方式之一處理：一、向採購申訴審議委員會申請調解。二、向仲裁機構提付仲裁。」可知機關或廠商如遇履約爭議，尚得以申請調解或提付仲裁（提付仲裁，雙方應有仲裁協議、或符合下述政府採購法第85條之1第2項規定之要件）等方式解決紛爭。

上開政府採購法第85條之1第1項規定係於民國（下同）91年2月6日新增，惟當時僅於同法條第2項規定：「前項調解屬廠商申請者，機關不得拒絕。」[2]亦即機關不得拒絕廠商申請之調

---

[1] 最高行政法院97年5月份第1次庭長法官聯席會議（二）決議（05/01/2008）、臺灣高等法院暨所屬法院95年法律座談會民事類提案第14號研討結果（12/13/2006）及最高行政法院104年度裁字第1345號裁定。

[2] 查「調解屬廠商申請者，機關不得拒絕」此一規定，原係規定於87年5月27日公布之政府採購法第69條第1項：「機關與廠商因履約爭議未能達成協議者，得向採購申訴審議委員會申請調解；其屬廠商申請者，機關不得拒絕。採購申訴審議委員會辦理前項調解之程序及其效力，準用民事訴訟法有關調解之規定。」惟於91年修法時，移至第85條之1第2項，此有該年修法之立法理由第2項及第4項可稽：「……二、第69條之調解與第六章之異議申訴，同為本法之爭議解決機制，應同置於第六章，故將本條及新增訂之調解條文列於第85條之後，第86條之前。……四、原條文第1項末段修正移列為第2項，並作文字修正。」

解，惟並未規定機關不得拒絕廠商提起之仲裁，茲因採購申訴審議委員會如已提出調解建議、或於當事人不能合意但已甚接近，而斟酌一切情形，以職權提出調解方案，最後卻因機關不同意該等建議或方案，而導致調解不成立時，一旦機關又拒絕廠商提付仲裁，此時廠商原則上，僅得向法院提起訴訟，以解決紛爭，惟訴訟有上訴制度等，一般而言，獲得確定判決之時間較仲裁程序長，對於需求孔急之廠商而言，或有緩不濟急之疑慮[3]，因此，政府採購法於96年7月4日修訂第85條之1第2項規定為：「前項調解屬廠商申請者，機關不得拒絕；工程採購經採購申訴審議委員會提出調解建議或調解方案，因機關不同意致調解不成立者，廠商提付仲裁，機關不得拒絕。」確立機關於特定情形不得拒絕仲裁，而此即一般所謂之先調（解）後仲（裁）制度（下稱「先調後仲制度」）。

　　此外實務上，採購申訴審議委員會往往僅於機關與廠商達成相當共識時，始提出調解建議或方案，如雙方主張始終無法趨向一致，委員會或不會作成建議或調解方案，而直接宣告調解不成立，此時，因為欠缺調解建議或調解方案，廠商亦無法依前揭政府採購法第85條之1第2項規定提付仲裁。因此，105年1月6日，政府採購法第85條之1第2項前段再度修正為現行條文如下：「前項調解屬廠商申請者，機關不得拒絕。工程及技術服務採購之調解，採購申訴審議委員會應提出調解建議或調解方案；其因機關不同意致調解不成立者，廠商提付仲裁，機關不得拒絕。」其立法理由為：「第2項明定採購申訴審議委員會應提出調解建議或調解方案，以發揮調解之功能；另先調解後仲裁之規定，考量技術服務常與工程之設計、監造及專案管理事項有關，為儘速處理技術服務案件所衍生之履約爭議，爰增訂技術服務採購亦適

---

[3]　萬國法律事務所（2009），〈工程爭議之解決途徑——強制仲裁制度〉，《工程法律探索》，頁243-246，臺北：元照。

用本項規定。」可知此次修正目的仍係為儘速解決履約爭議，並有二大重點：1.擴大先調後仲之適用範圍，從原先僅限於工程採購，擴大至技術服務；2.增加採購申訴審議委員會作成調解建議或調解方案之義務。

由於政府採購法第85條之1第2項修正，強化先調後仲之制度，對於廠商及機關間之履約爭議解決途徑有顯著影響，原則上，廠商除選擇訴訟途徑外，亦得選擇該規定之調解或仲裁，機關不得拒絕調解，於工程採購及技術服務之履約爭議調解時，明定採購申訴審議委員會應作成調解建議或調解方案之義務，機關不同意致調解不成立者，廠商提付仲裁，機關不得拒絕仲裁，使此等採購衍生之履約爭議，將更可能利用仲裁程序處理，以期企業面臨政府採購爭議時，可以避免至法院進行需時較長之訴訟程序。

針對上開政府採購法第85條之1第2項規定，若企業進行工程會之調解，建議企業應秉持誠意進行履約爭議調解，並於調解中儘量依法主張及提出事證，勿抱持輕忽調解，或將事證保留到仲裁或訴訟時再提出，蓋以，充分提出事證，不但可促使有利於企業之調解成立，迅速獲得救濟，亦同時可避免因事證不足，致調解委員作出之調解建議或調解方案較不利於企業，造成不符合先調後仲要件（需因機關不同意調解建議始可仲裁，如只有廠商不同意建議，致調解不成立，除非雙方另外有仲裁協議，否則廠商仍不得提付仲裁）之結果，企業仍無法循時間、程序較經濟之仲裁程序解決政府採購爭議。

6

廠商於何種情形會被認定為不良廠商、刊登政府採購公報？法律效果為何？如何救濟？

林雅芬、陳誌泓、劉穎嫻

為杜絕不良廠商之違法、違約行為，避免危害機關，並建立廠商間之良性競爭環境等，政府採購法明定廠商有違法或重大違約等情形時，依政府採購法第101條及第103條等規定，機關應認定其為不良廠商，並刊登於政府採購公報，如機關認定錯誤，廠商之權益將有嚴重影響。廠商於何種情形會被認定為不良廠商？如被認定為不良廠商，法律效果為何？廠商被刊登政府採購公報停權事件又應如何救濟？

關鍵字：政府採購、不良廠商、刊登政府採購公報

◎民國108年政府採購法修正不良廠商之相關規定

政府採購法修正部分條文於民國（下同）108年5月22日公布施行。新法之修正重點之一，即為不良廠商之相關規定。舉例言之，關於認定廠商為不良廠商之要件，新法於第101條第1項

第4款修正為：「四、以虛偽不實之文件投標、訂約或履約，情節重大者」、第9款修正為：「九、驗收後不履行保固責任，情節重大者」、及第12款修正為：「十二、因可歸責於廠商之事由，致解除或終止契約，情節重大者」，均增訂「情節重大」要件，並增訂第15款：「對採購有關人員行求、期約或交付不正利益者」；值得注意者，本次修法增訂第101條第4項規定，定明機關認定上開所謂「情節重大」應考量之因素，包括應考量機關所受損害之輕重、廠商可歸責之程度、廠商之實際補救或賠償措施等情形，可降低機關審酌時無所適從或標準不一的問題，相較於舊法，新法更符合比例原則之要求。

此外，新法亦修正第103條第1項各款就停權期間之規定，於廠商具政府採購法第101條第1項第7款至第12款重大違約事由時，改採累計加重停權期間之方式，亦即，廠商第一次被刊登公報，停權三個月，第二次被刊登公報，停權半年，第三次被刊登公報，停權一年，以兼顧法安定性及廠商權益。

◎何種情形會被認定為不良廠商？被認定為不良廠商的法律效果

依政府採購法第101條第1項各款規定，如廠商或經機關通知履行連帶保證責任之連帶保證廠商[1]有以下違法或重大違約之情形，將被認定為不良廠商，而刊登於政府採購公報：1.廠商容許他人借用本人名義或證件參加投標；2.廠商借用或冒用他人名義或證件投標；3.廠商擅自減省工料，情節重大；4.廠商以虛偽不實之文件投標、訂約或履約，情節重大；5.廠商於受停業處分

---

[1]　依政府採購法第101條第2項規定：「廠商之履約連帶保證廠商經機關通知履行連帶保證責任者，適用前項規定。」是以，如廠商之履約連帶保證廠商業經機關通知履行連帶保證責任，且有政府採購法第101條第1項各款情形之一者，該履約連帶保證廠商也會被認定為不良廠商。

期間仍參加投標；6.廠商犯政府採購法第87條圍標罪、第88條綁標罪、第89條洩密罪、第90條強制罪、第91條強制洩密罪及第92條廠商連帶處罰等相關規定，經第一審為有罪判決[2]；7.廠商於得標後無正當理由而不訂約；8.查驗或驗收不合格，情節重大；9.廠商於驗收後不履行保固責任，情節重大；10.因可歸責於廠商之事由，致延誤履約期限，情節重大；11.廠商違反政府採購法第65條不得轉包之規定為轉包；12.因可歸責於廠商之事由，致解除或終止契約，情節重大；13.破產程序中之廠商；14.廠商歧視性別、原住民、身心障礙或弱勢團體人士[3]，情節重大；15.廠商對採購有關人員行求、期約或交付不正利益。值得注意者，上開第10款：「因可歸責於廠商之事由，致延誤履約期限，情節重大」，就延誤履約期限而情節重大之判斷標準，依政府採購法施行細則第111條規定，機關得於招標文件載明其情形，未載明者，於巨額工程採購，指履約進度落後10%以上，於其他採購，指履約進度落後20%以上，且日數達十日以上，同時百分比之計算，應符合下列規定：1.屬尚未完成履約而進度落後已達上開百分比者，機關應先通知廠商限期改善，屆期未改善者，如機關訂有履約進度計算方式，其通知限期改善當日及期限末日之履約進度落後百分比，分別以各該日實際進度與機關核定之預定進度百分比之差值計算，如機關未訂有履約進度計算方式，依逾期日數計算之；2.屬已完成履約而逾履約期限，或逾最後履約期限尚未完成履約者，依逾期日數計算之。

　　如廠商被認定為不良廠商，且經機關刊登於政府採購公

---

[2] 依政府採購法施行細則第110條規定：「廠商有本法第一百零一條第一項第六款之情形，經判決無罪確定者，自判決確定之日起，得參加投標及作為決標對象或分包廠商。」

[3] 就弱勢團體人士之定義，依政府採購法施行細則第112條規定：「本法第一百零一條第一項第十四款所稱弱勢團體人士，指身心障礙者或其他經主管機關認定者。」

報，依政府採購法第103條第1項各款規定，將於刊登之次日起發生停權之效果，亦即，廠商於一定期間內將不得參加任何政府機關採購案之投標及作爲決標對象，亦不得作爲分包廠商，即使廠商已經參加投標，而於開標前遭到停權，依政府採購法第50條第1項第6款規定，其所投之標不予開標，縱於開標後發現，亦不得決標予該廠商。

◎廠商被刊登政府採購公報停權事件應如何救濟

　　依政府採購法第102條第1項、第2項及第4項規定，如廠商對於機關認定其爲不良廠商之通知不服，應於法定期限內向機關提出異議或申訴，並準用政府採購法第六章之爭議處理規定。如廠商對申訴審議判斷結果仍不服時，得循行政訴訟途徑提起救濟。具體而言，實務見解認爲機關依政府採購法第101條認定不良廠商所爲之通知屬行政處分[4]，且依政府採購法第102條第4項準用第83條規定，申訴審議判斷視同訴願決定，廠商得提起行政訴訟救濟，若於原處分已執行完畢、欠缺權利保護要件而無法撤銷時，或可依行政訴訟法第6條規定，請求確認機關之通知爲違法之行政處分[5]。

---

[4]　參照最高行政法院93年2月份庭長法官聯席會議（二）意旨：「……通知廠商將列爲不良廠商於政府採購公報部分，則係行政機關依採購法第101條規定所爲處分，屬公法事件，受訴法院應爲實體判決。」

[5]　最高行政法院96年度判字第932號判決：「……又原審以被上訴人已依政府採購法第102條第3項規定，函請工程會將上訴人名稱及相關情形刊登於政府採購公報，並依同法第103條第1項規定，自91年11月22日起至92年11月22日止予以停權一年，該項刊登公報之效果，僅造成上訴人於該期間不得參加政府機關辦理投標或作爲決標對象或分包廠商，而限制其營業範圍而已，上開期間過後，即無此營業之限制。被上訴人前揭處分既已於92年11月22日執行完畢，且無回復之可能，上訴人所提起本件撤銷訴訟，無權利保護之實益，應予駁回。查原處分已執行完畢，於符合行政訴訟法第6條規定情形，審判長應依職權闡明可轉

◎政府機關通知廠商刊登政府採購公報，是否有時效之問題

　　值得注意者，政府機關發現廠商有政府採購法第101條第1項各款情形，通知廠商刊登政府採購公報，是否有時效之問題，依最高行政法院101年度6月份第1次庭長法官聯席會議決議，上開政府採購法第101條第1項各款情形，依同法第102條第3項規定刊登政府採購公報，即生同法第103條第1項所規定於一定期間內之停權效果，屬不利之行政處分，其中第3款、第7款至第12款事由，雖屬違反契約義務之行為，惟既與公法上不利處分相連結，即被賦予公法上之意涵，與第1款、第2款、第4款至第6款及第15款為參與政府採購程序施用不正當手段，及其中第14款為違反禁止歧視之原則相同，均係違反行政法上義務之行為，予以不利處分，具有裁罰性，自屬行政罰，應適用行政罰法第27條第1項所定三年裁處權時效，裁罰權因三年期間之經過而消滅，至於第13款「破產程序中之廠商」事由，乃因特定事實予以管制之考量，無違反義務之行為，其不利處分並無裁罰性，應類推適用行政罰裁處之三年時效期間。此外，行政罰之裁處權時效之起算，依行政罰法第27條第2項規定，自違反行政法上義務之行為終了時起算，但行為之結果發生在後，自該結果發生時起算，依最高行政法院103年度6月份第1次庭長法官聯席會議決議，若廠商偽造投標文件，參與採購行為，使公平採購程序受到破壞，係該當以當時政府採購法第101條第1項第4款情形，此破壞公平採購程序狀態係於開標時發生，故其適用行政罰法第27條第1項所定之三年裁處權時效，除經機關於開標前發現不予開標之情形外，應自開標時起算。

換提起確認訴訟，惟原審審判長未予闡明，以所提撤銷訴訟，無權利保護之實益，應予駁回，於法亦有未合。上訴意旨指摘原審判決違背法令，尚非無據，爰將原審判決廢棄，發回原審法院查明另為適法之判決。」

7

政府採購案件尚未辦理招標前即請廠商先行施作，是否有圖利罪問題？

林雅芬、王龍寬、劉穎嫻

依貪污治罪條例第6條第1項第4款或刑法第131條規定，公務員對於主管或監督之事務，明知違背法令而直接或間接圖自己或其他私人不法利益，因而獲得利益者，構成圖利罪。就依政府採購法辦理採購之案件，如公務員於尚未辦理招標前即請廠商先行施作，是否有可能構成圖利罪？

關鍵字：政府採購法、圖利

◎前言

按貪污治罪條例第6條第1項第4款規定：「有下列行為之一，處五年以上有期徒刑，得併科新臺幣三千萬元以下罰金：……四、對於主管或監督之事務，明知違背法律、法律授權之法規命令、職權命令、自治條例、自治規則、委辦規則或其他對多數不特定人民就一般事項所作對外發生法律效果之規定，直接或間接圖自己或其他私人不法利益，因而獲得利益者。」又刑法第131條規定：「公務員對於主管或監督之事務，明知違背法

令,直接或間接圖自己或其他私人不法利益,因而獲得利益者,處一年以上七年以下有期徒刑,得併科一百萬元以下罰金。」依貪污治罪條例第6條第1項第4款或刑法第131條規定,公務員對於主管或監督之事務,明知違背法令而直接或間接圖自己或其他私人不法利益,因而獲得利益者,構成圖利罪,就依政府採購法辦理採購之案件,如公務員於尚未辦理招標前即請廠商先行施作,是否有可能構成圖利罪?

◎如尚未辦理招標前即請廠商先行施作,且協助該廠商順利得標,可能構成圖利罪

以最高法院102年台上字第1483號刑事判決及100年度台上字第5899號判決[1]所涉案件事實為例,該二案被告就其等依職權辦理之勞務採購案,於未依政府採購法公告公開徵求廠商前,先行指示廠商進行規劃,更於辦理開標及決標前,即請廠商進駐場地監工或施工,於採購案開標時,更掩飾廠商已進場施作之事實,使審查委員誤認廠商僅是錯列時程表,讓廠商順利標得採購案。

就上開二案件,法院認為該二案被告前揭行為已違反政府採購法所定招標、決標、履約管理及驗收之採購流程,同時也違反政府採購法第6條[2]不得對廠商為差別待遇之規定,屬違背法律而直接圖利廠商,並使廠商順利標得採購案領得工程款,因而獲得不法利益,自應構成圖利罪[3]。

---

[1]　具體案件事實可參照各該案件臺灣高等法院高雄分院101年度上訴字第838號刑事判決、臺灣高等法院高雄分院99年度上訴字第651號刑事判決。

[2]　政府採購法第6條第1項規定:「機關辦理採購,應以維護公共利益及公平合理為原則,對廠商不得為無正當理由之差別待遇。」

[3]　例如:臺灣高等法院高雄分院101年度上訴字第838號刑事判決:「按依政府採購法各章節之規定,辦理採購之流程依序為招標、決標、履約管理及驗收,另

◎尚未辦理招標前雖請廠商先行施作，但未逕行發包予該廠商，縱該廠商嗣後順利得標，不當然構成圖利罪

以臺灣高等法院高雄分院97年度上訴字第768號刑事判決之案件事實為例，該案被告於承辦勞務採購事務時，未依內部勞務採購作業管理要點規定，於依據採購程序辦理發包前，即邀請廠商進場施工，此後隨即辦理招標程序，嗣後並由該廠商得標。

針對此一案例，法院認為需究明洽請廠商「先行進場施工」是否即等同內定「發包」廠商，才能判斷行為人主觀上是否具有圖利罪之直接故意，換言之，縱使先行施工廠商和得標廠商相同，亦未必代表行為人係逕行發包予特定廠商，仍必須探究發包過程是否由廠商間為公平競爭投標，才能確定行為人是否圖利，透過證據調查，法院判斷該案被告是因為船體工廠船段較原訂計畫提早出場，在不及辦理公開招標作業之情形下，才決定請廠商先行進場施工，再辦理公開招標作業，且如進場施工廠商與得標廠商不同時，得按點工方式計算已施作之勞務給付，縱使此作法不符合其內部勞務採購作業管理要點之規定，亦不能以此推

機關辦理採購，應以維護公共利益及公平合理為原則，對廠商不得為無正當理由之差別待遇，為政府採購法第6條所明定。另案被告洪○○竟夥同被告張○○共同以前述事先告知並指示先行施作，及函請臺北航空站同意廠商先行進駐施工、邀集○○劇團、○○協會成員參與協調會之方式，協助○○劇團、○○協會得於如附表所示採購案正式公告之前即預作施工準備，並於該採購案開標、決標之前即先進場施作，再由被告張○○於投標當天，掩飾該二廠商事先進駐施工之事實，使審查委員誤認○○劇團僅是錯列時程表，並未實際進場施工而予以核分通過，事後並准許○○劇團檢附決標前之統一發票請領採購款項，而使○○劇團及○○協會獲得不法利益，顯係共同對於主管之事務，明知違反政府採購法所定採購流程及該法第6條之規定，而直接圖利○○劇團、○○協會標得如附表所示之採購案，並領得工程款項，而獲得不法利益。」

論行爲人主觀上具有圖利罪之直接故意，故不構成圖利罪[4]。

---

[4] 臺灣高等法院高雄分院97年度上訴字第768號刑事判決：「……系爭工程前階段之船體工廠於92年3月18日提早出場，較原訂同年4月11日出場，提早達21日，值此情形，倘嚴格遵守簽請改爲『公開招標』之作業程序，則最快需20天後，得標廠商始得派遣技術人員提供勞務，此觀諸系爭工程於92年3月20日上網公告，4月7日截標，於4月8日開標之過程自明。惟若以洽請廠商先行進場施工，先爭取時效，再同時辦理招標，則得節省至少20日之工作天，但恐有面臨違反採購作業管理要點之疑慮。此爲被告壬○○等人面臨突發事故之決策與執行，所考量之重要課題，於論述渠等主觀上有無圖私人不法利益之爭點上，自有深論之必要。……惟此尚難即謂，被告壬○○等人係以此方式逕行發包予特定廠商，仍應審視渠等之因應措施，是否有正當性之基礎，及發包過程是否經由公平之市場機制，經由廠商間競爭投標（理由詳後述）等情憑斷。……均足認被告壬○○所辯如進場施工廠商與得標廠商不同時，得按點工方式計算已施作之勞務給付一詞，洵屬有據。……按貪污治罪條例第6條第1項第4款圖利罪『明知違背法令』之構成要件，該所謂『明知』，係指須具圖利而違背法令之直接故意，即主觀上有違背法令以積極圖取不法利益之意思，客觀上並將該犯意表現於行爲而言（最高法院92年度台上字第3126號判決參照）。被告壬○○、甲○○及庚○○面臨船體工廠船段較原訂計畫提早出場，不及辦理公開招標作業之情形下，基於公司營運原則及目標，決定及執行先行進場施工，再辦理公開招標作業；另一方面，並無積極證據證明渠等曾對證人張簡石柱指定由何廠商承攬，已如前述，參照前揭說明，實難認渠等具有圖取特定廠商不法利益之直接故意。」

8

何謂共同遲延（Concurrent Delay）？政府採購之工程承攬如遇此問題，應如何處理？

林雅芬、陳誌泓、林誼勳

工程如發生可歸責於定作人、承攬人之事由，導致工期延長，將可能構成所謂共同遲延（concurrent delay），於此情形，因雙方均有可歸責之事由，針對工期延長以及所產生之相關費用如何進行合理分配，非屬無疑，政府採購之工程承攬亦可能遭遇此問題，本文將就此為相關之介紹。

關鍵字：共同遲延（Concurrent Delay）、風險分配

◎何謂共同遲延

參考我國實務見解，所謂共同遲延係指工程之遲延完工，因同時發生可歸責於定作人及承攬人之情事導致工程發生遲延[1]，

---

[1] 臺灣高等法院105年度上易字第958號判決、臺灣臺北地方法院105年度建字第435號判決。

且係定作人及承攬人均有可歸責之原因時，與單純可歸責於定作人之情事導致者，或單純可歸責於承攬人之情事導致者，抑或單純因不可歸責於雙方之情事導致者不同，不論是在責任釐清之層次，又或者在釐清責任後，如何在法律效果之層次，基於公平原則，認定需合理展延之工期、合理補償廠商即承攬人衍生之相關費用（例如：展延工期管理費、時間關聯成本等），洵屬工程案件有趣但現實上不易解決之課題。

◎共同遲延之可能處理原則

1. FIDIC條款

國際諮詢工程師聯合會（the International Federation of Consulting Engineers，以下簡稱FIDIC）西元1999年所公布制定之標準合約範本「施工合約條件」（Conditions of Contract for Construction for Building and Engineering Works Designed by the Employer）（Red book，常簡稱為紅皮書），原未就共同遲延為直接明確之規定，然而，FIDIC於西元2017年所公布之新版紅皮書中，即於第8.5條增訂：「如果因定作人應負責事項造成遲延，與承包商應負責事項造成遲延同時發生，應依照特定條款中所定之規則及程序，對於承包商請求展延工期之權利進行評估（如無敘及，則適當考慮所有相關情況）。」（原文：If a delay caused by a matter which is the Employer's responsibility is concurrent with a delay caused by a matter which is the Contractor's responsibility, the Contractor's entitlement to EOT shall be assessed in accordance with the rules and procedures stated in the Special Provisions[2] (if not stated, as appropriate taking due regard

---

[2] FIDIC 2017版紅皮書第1.1.175條規定：「"Special Provisions" means the documents

of all relevant circumstance)），針對共同遲延爲明確之定義，然並未針對展延工期、相關費用等爭議提出具體之處理方案。

此外，FIDIC紅皮書指引（guidance）也提及，FIDIC係考量目前尚無任何國際普遍採用之標準或規則可據以處理前揭展延工期以及費用的問題，因此撰寫2017版的條款[3]，但針對展延工期以及相關費用之處理方式以及原則，仍需由契約當事人具體事先約定於特定條款，且另一方面，FIDIC紅皮書指引中亦提及，針對共同遲延問題，英國工程法律學會（Society of Construction Law）有提出「工程遲延及干擾處理準則原則」（Delay and Disruption Protocol，下稱遲延處理準則原則），可供參考。此外，FIDIC強烈建議業主於制訂上開處理共同遲延之特定條款時，諮詢熟悉契約準據法領域內工程管理、遲延分析及工期展延判斷之專家[4]。

(if any), entitled special provisions which constitutes Part B of the Particular Conditions.」

[3] FIDIC Conditions of Contract for Construction for Building and Engineering Works Designed by the Employer –Guidance for the Preparation of Particular Conditions "The final paragraph of this Sub-Clause provides that the rules and procedures for assessing the Contractor's entitlement to an EOT where there is concurrency between delays attributable to both Parties shall be stated in the Special Provisions. This provision has been drafted by FIDIC in this manner because there is on standard set of rules/ procedures in use internationally (though, for example the approach given in the Delay and Disruption Protocol published by the Society of Construction Law (UK)….".

[4] FIDIC Conditions of Contract for Construction for Building and Engineering Works Designed by the Employer –Guidance for the Preparation of Particular Conditions "In preparing the Special Provisions, therefore, it is strongly recommended that the Employer be advised by a professional with extensive experience in construction programming, analysis of delays and assessment of extension of time in the context of the governing law of the Contract".

2. 國外學會建議準則──英國工程法律學會

英國工程法律學會（Society of Construction Law）所公布之遲延處理準則原則第10點[5]、第14點[6]揭示，當承包商與業主共同遲延時，除非承包商可以明確舉證證明因共同遲延所增加的費用中，哪些是業主遲延造成且可與承包商造成的部分獨立區分，否則承包商不得請求經濟補償，只能請求展延工期。

3. 我國法相關規定、採購契約範本及法院見解

(1) 我國法可能有關之規定

在我國法律規定部分，依據民法第231條第2項本文規定：「前項債務人，在遲延中，對於因不可抗力而生之損害，亦應負責。」於承包商遲延的情況下，若同時發生不可抗力之事件導致遲延時，承包商仍不免責任。

此外，依據我國民法第217條第1項規定：「損害之發生或

---

[5] Society of Construction Law Delay and Disruption Protocol Article 10 "10. Concurrent delay - effect on entitlement to EOT True concurrent delay is the occurrence of two or more delay events at the same time, Employer Risk Event, the other a Contractor Risk Event, and the effects of which are felt at the same time. For concurrent delay to exist, each of the Employer Risk Event and the Contractor Risk Event must be an effective cause of Delay to Completion (i.e. the delays must both affect the critical path). Where Contractor Delay to Completion occurs or has an effect concurrently with Employer Delay to Completion, the Contractor's concurrent delay should not reduce any EOT due.".

[6] Society of Construction Law Delay and Disruption Protocol Article 14 "14. Concurrent delay - effect on entitlement to compensation for prolongation Where Employer Delay to Completion and Contractor Delay to Completion concurrent and, as a result of that delay the Contractor incurs additional costs, then the Contractor should only recover compensation if it is able to separate the additional costs caused by the Employer Delay from those caused by the Contractor Delay. If it would have incurred the additional costs in any event as a result of Contractor Delay the Contractor will not be entitled to recover those additional costs.".

擴大，被害人與有過失者，法院得減輕賠償金額，或免除之。」因承包商之行為導致遲延後，業主再介入使遲延損害擴大時，承包商得主張業主與有過失，減輕其損害賠償責任（例如：酌減逾期違約金），反之，因業主之行為導致遲延後，承包商再介入使遲延損害擴大時，業主得主張承包商與有過失，減輕其經濟補償之金額。

(2) 採購契約範本部分

行政院公共工程委員會（下稱工程會）工程採購契約範本（民國108年7月25日版），僅針對：1.發生「非可歸責於廠商」之事由（例如：發生不可抗力事故等），導致履約成本增加或需要展延工期之情形，設計廠商得申請展延工期、不計算逾期違約金，或請求機關負擔所增加必要費用之相關規定[7]；以及2.如

---

[7] 工程會108年7月25日工程採購契約範本（下稱工程採購契約範本）第4條、（八）：「契約履約期間，有下列情形之一（且非可歸責於廠商），致增加廠商履約成本者，廠商為完成契約標的所需增加之必要費用，由機關負擔。但屬第13條第7款情形、廠商逾期履約，或發生保險契約承保範圍之事故所致損失（害）之自負額部分，由廠商負擔：1.戰爭、封鎖、革命、叛亂、內亂、暴動或動員。2.民眾非理性之聚眾抗爭。3.核子反應、核子輻射或放射性污染。4.善盡管理責任之廠商不可預見且無法合理防範之自然力作用（例如：但不限於山崩、地震、海嘯等）。5.機關要求全部或部分暫停執行（停工）。6.機關提供之地質鑽探或地質資料，與實際情形有重大差異。7.因機關使用或佔用本工程任何部分，但契約另有規定者不在此限。8.其他可歸責於機關之情形。」第7條、（三）：「工程延期：1.履約期限內，有下列情形之一（且非可歸責於廠商），致影響進度網圖要徑作業之進行，而需展延工期者，廠商應於事故發生或消滅後＿日內（由機關於招標時載明；未載明者，為7日）通知機關，並於＿日內（由機關於招標時載明；未載明者，為45日）檢具事證，以書面向機關申請展延工期。機關得審酌其情形後，以書面同意延長履約期限，不計算逾期違約金。其事由未逾半日者，以半日計；逾半日未達1日者，以1日計。(1)發生第17條第5款不可抗力或不可歸責契約當事人之事故。(2)因天候影響無法施工。(3)機關要求全部或部分停工。(4)因辦理變更設計或增加工程數量或項目。(5)機關應辦事項未及時辦妥。(6)由機關自辦或機關之其他廠商之延誤而影響履約進度者。(7)機關提供之地質鑽探或地質資料，與實際情形有重大差異。(8)因傳染

有「可歸責於機關」之事由導致工程部分或全部暫停施工之情形，設計廠商得申請延長履約期限，機關應負擔增加之必要費用（管理費）等規定[8]。然而，就如工期延長如同時具有可歸責於機關、廠商之因素時，應如何處理展延工期以及衍生相關費用應如何分擔之問題，則未直接設計規定處理。

(3) 法院相關見解

　　法院相關實務見解中，就關於共同遲延之問題，於臺灣高等法院88年度重上字第4號判決[9]曾有討論，該判決認為共同遲延係

病或政府之行爲，致發生不可預見之人員或貨物之短缺。(9)因機關使用或佔用本工程任何部分，但契約另有規定者，不在此限。(10)其他非可歸責於廠商之情形，經機關認定者。」

[8] 工程採購契約範本第21條、（十）：「因可歸責於機關之情形，機關通知廠商部分或全部暫停執行（停工）：1.致廠商未能依時履約者，廠商得依第7條第3款規定，申請延長履約期限；因此而增加之必要費用（例如但不限於管理費），由機關負擔。」

[9] 臺灣高等法院88年度重上字第4號判決：「（四）本院囑託國立中央大學營建管理研究所教授姚乃嘉鑑定，其意見如後（鑑定報告書第17、18頁，補充意見書第6、7頁）：一般工程施工之遲延原因，可歸納爲(1)不可歸責於雙方之遲延，例如選舉、颱風、地震、政令變更。(2)可歸責於業主之遲延，例如變更設計、審圖遲延。(3)可歸責於雙方之遲延（共同遲延）：在相同一段時間內，業主與承商同時在不同作業上發生遲延情況。(4)可歸責於承商之遲延，例如承商施工能力不足、管理不善、財務困難等。除合約對工期之展延有規定外，只要是不可歸責於承包商之事由，皆可合理展延工期，亦即合理展延天數爲上開(1)、(2)及(3)中屬於業主應負責之天數之總和。」「（五）本院囑託姚乃嘉教授鑑定，其意見如後（鑑定報告書第17、18頁，補充意見書第6、7頁）：（略）5.施工日報表顯示較上訴人自83年10月6日起進度落後，而吊裝微波鐵塔前必須完成結構體，然其遲至84年9月16日（第768.5日曆天）結構體鋼骨材料始全部進場（蓋施工日報表記載「100%」處位於『主要進場材料』欄位下，且未說明鋼骨吊裝或焊接完成百分之百，另該日之後尚有第五節焊接、小樑吊裝、屋突柱吊裝等與鋼骨相關之工作，故該日應爲鋼骨材料進場百分之百，而非完成鋼骨工程），較微波鐵塔預定施工之第675日曆天，遲延93.5天。故被上訴人（註：承包商）在上訴人（註：業主）遲延變更設計期間，亦有遲延施作結構體之事實，亦即兩造同時在不同作業項目上，對工期造成遲延影響，視爲『共同遲延』。再

指可歸責於雙方之遲延（共同遲延），在相同一段時間內，業主與承商同時在不同作業上發生遲延情況，該判決採用鑑定人之見解，認定共同遲延發生時，承包商得就業主應負責之天數主張展延工期，惟該判決判斷共同遲延業主是否應負責時，最後係以業主或承包商對於遲延之影響程度何者較為嚴重者，全部歸屬於一方負責，為其判斷標準，並非比例劃分業主及承包商各自應負責之天數。

此外，近期於107年判決之臺灣臺北地方法院105年度建字第435號判決，就共同遲延發生時之損失風險分配，提及四種可能之處理方式：

第一種方法，係由承攬人及定作人各自負擔工期及衍生成本之風險，易言之，承攬人得獲得工期之展延，以免除逾期竣工賠償，定作人則不須賠償承攬人因展延工期所增加之時間等成本損失。

第二種方法，係由承攬人承擔所有風險，亦即承攬人不得請求展延工期，並應賠償定作人因逾期竣工所生之損失，定作人亦不須賠償承攬人所增加之時間等成本損失。

第三種方法，係按定作人於共同遲延事件之過失比例分配風險，亦即承攬人得請求定作人於應負擔之比例期間展延工期，並免除該部分逾期竣工賠償，定作人則須賠償承攬人，定作人應負擔之比例期間之時間成本損失。

第四種方法，由承攬人及定作人中，過失影響較大之一方，負擔全部之風險，易言之，即承攬人過失影響較大時，不得請求展延工期，並應賠償定作人因逾期竣工之損失，定作人亦不

查，因被上訴人未完成結構體，即尚未具備吊裝微波鐵塔之條件，縱使上訴人之前完成變更設計，被上訴人仍無法施作微波鐵塔，故被上訴人遲延完成結構體之期間，影響時程較為嚴重，此期間應歸責於被上訴人。反之，被上訴人完成結構體，若上訴人未完成變更設計，則上訴人之遲延影響時程較為嚴重，此期間應歸責於上訴人，而應展延總工期。」

須賠償承攬人所增加之時間等成本損失；反之，如定作人過失影響較大時，承攬人得請求展延工期，免除逾期竣工賠償責任，定作人並應賠償承攬人展延工期費用。

　　然該案判決最後考量當事人間之契約條款，認為該契約規定之精神，如果發生不可歸責於承包商之原因造成工期延誤，承包商可以請求展延工期，但不得請求展延工期費用，法院據此推論，如果是共同遲延的狀況，前述第三種及第四種之方法與該案所涉契約精神不符，至於第二種方法則對承攬人而言顯非公平，故認定應採前述第一種方法，即承攬人得獲得展延工期，以免除逾期竣工賠償，定作人則不須賠償承攬人因展延工期所增加之時間等成本損失為處理方屬合理。

◎結語

　　共同遲延之概念，於我國實務見解簡略定義為可歸責於定作人、承攬人之因素共同造成之工期延長，然更細緻、類型化之定義，仍待法院判決陸續發展。而就共同遲延相關費用、展延工期天數之處理原則，我國實務已揭示如前述之可能處理原則供參考，然前述處理原則應採何者為宜，本文認為仍受到當事人間契約條款之影響，宜事先於契約中先行評估並預先規劃，以合理分配相關風險為佳。

9

施工廠商獲准展延工期時，監造廠商得否一併請求衍生費用？

林雅芬、王龍寬、劉穎嫻

於公共工程承攬契約中，因故需展延工期之情形在所多見，常常非雙方於簽約時即能預見。如政府機關核准施工廠商展延工期，除監造服務契約已有監造廠商得請求補償衍生費用之約定外，監造廠商是否得請求因工期展延所衍生之監造服務費用？

關鍵字：展延工期、監造服務費用、機關委託技術服務廠商評選及計費辦法、情事變更原則

◎監造廠商是否得依機關委託技術服務廠商評選及計費辦法請求衍生之監造費用

按機關委託技術服務廠商評選及計費辦法（下稱計費辦法）第31條第1項第2款、第2項及第3項分別規定：「服務費用有下列情形之一者，應予另加：……二、超出技術服務契約或工程契約規定施工期限所需增加之監造、專案管理及相關費用。」「前項各款另加之費用，得按服務成本加公費法計算或與廠商另行議定。」「第一項各款另加之費用，以不可歸責於廠商之事

由，且經機關審查同意者為限。」監造廠商可否以上開規定請求工程工期展延所增加之監造費用，就此，有最高法院見解認為，政府採購法及計費辦法之性質僅是行政機關辦理採購時應遵守之內部監督規範，除非已經兩造合意納為服務契約之一部分，不然即無拘束兩造之效力[1]，依此見解，如監造廠商擬依計費辦法第31條第1項第2款規定請求因工期展延所增加之監造、專案管理及相關費用，必須監造廠商和機關簽訂監造服務契約時已明文約定應適用計費辦法為前提，易言之，如監造服務契約並無將計費辦法列為契約文件之一部分，監造廠商或難逕依計費辦法第31條第1項第2款規定請求。

　　此外，即使服務契約約定應適用計費辦法，亦須注意所適用之計費辦法，原則上以兩造簽訂監造服務契約時之版本為據，舉例而言，民國（下同）91年12月11日版本之計費辦法第19條第1項規定：「第十七條服務費用有下列情形之一者，『得』予另加。但以不可歸責於廠商之事由者為限。……二、超出契約規定施工期限所需增加之監造及相關費用。」此後該條於99年1月15日改列至第31條第1項並修正為：「服務費用有下列情形之一者，『應』予另加：……二、超出技術服務契約或工程契約規定

---

[1] 最高法院101年度台上字第1579號判決：「按政府採購法係為建立政府採購制度，依公平、公開之採購程序，提升採購效率與功能，確保採購品質而制定，屬政府機關、公立學校、公營事業或受政府機關補助一定金額之法人或團體辦理採購時所應遵守之內部監督規範，此觀同法第1條、第3條、第4條規定自明，其依該法授權而制定之相關辦法，亦同。至上開機關或團體立於私法主體地位從事私經濟行為而與他人所訂立之私法契約，其間權利義務關係，應依雙方意思表示合致之內容為斷。倘上開內部監督規範之內容，未經雙方意思表示合致，並以之作為契約之一部，即難認該內部規定得以拘束契約雙方當事人……並參酌中央法規標準法第五條第二款規定，關於人民之權利義務者，應以法律定之，足見機關委託技術服務廠商評選及計費辦法之性質乃行政機關內部監督之規範，除非已經兩造合意作為服務契約之一部，依上說明，自無拘束兩造之效力。」

施工期限所需增加之監造、專案管理及相關費用。」兩者規範強度明顯不同。易言之，如監造契約適用之計費辦法為91年版本，將產生行政機關或有選擇得否給予另加費用之判斷餘地，監造廠商將較難據此請求衍生費用。

◎監造廠商是否得依民法第227條之2情事變更原則請求衍生之監造費用

此外，監造廠商尚可能依民法情事變更原則之規定為請求，按民法第227條之2第1項規定：「契約成立後，情事變更，非當時所得預料，而依其原有效果顯失公平者，當事人得聲請法院增、減其給付或變更其他原有之效果。」依最高法院見解，如監造廠商擬依民法第227條之2規定主張情事變更原則，以請求增加給付，應舉證證明該情事變更是否為契約成立當時所不得預料，以及有無顯失公平情事等事項[2]，據此，監造廠商需舉證證明展延工期之原因事實於兩造訂約時並無法預料、服務契約內尚未就監造廠商何時得主張展延工期增加費用之全部情形約定處理方式，以及如機關不給付衍生費用將顯失公平等，始能據以請求衍生費用。

再以最高法院108年度台上字第658號判決[3]為例，針對該案

---

[2] 最高法院91年度台上字第2273號判決：「按契約成立後，情事變更非當時所得預料，而依其原有效果顯失公平者，當事人得聲請法院為增加其給付之判決，固為民法第227條之1第1項所明定，惟主張情事變更而請求增加給付之當事人，除應就情事變更之事實為主張及舉證外，尚應就該情事變更是否為契約成立當時所得預料，及有無顯失公平情事等事項，負主張及舉證之責，初不能以時隔久遠而當然推認已顯失公平。且有無情事變更法則之適用，即依原有效果是否顯失公平，要屬事實問題，事實審法院應有裁量之權。」

[3] 最高法院108年度台上字第658號判決：「次按因情事變更，增加給付之法理，於適用時，應斟酌當事人因情事變更，一方所受之損失，他方所得之利益及其他實際情形，以定其增加給付之適當數額。查系爭契約成立後，系爭工程因工

工程因各種原因而展延工期兩百三十天，法院認為，應非機關與監造廠商兩造締約時所得預見，若依契約原有效果顯失公平，即有適用民法第227條之2之空間。

程用地徵收遭苗栗縣竹南鎮大埔地區農民抗議，99年間為配合行政院『劃地還農』專案讓售政策之執行及部分工程用地經規劃為『2011臺灣燈會在苗栗』之燈會停車場使用，影響施工，經被上訴人同意展延工期230日，『劃地還農』政策之執行及工程用地規劃燈會停車場使用，非兩造於簽約時所得預見，為原審認定之事實。則上訴人依系爭契約原有效果如顯失公平，依民法第227條之2第1項之規定，似非不得聲請法院增加給付或變更其他原有之效果……上訴人提出工程監工日誌檔案光碟，主張：伊於展延期間皆須派遣人力長期駐留工地執行監造業務，無法任意更動人數或拒絕執行，監造業務之執行以監造人力為基礎，與剩餘工程進度無關，伊於該展延期間投入人力，費用大幅增加等語（見一審卷一第152、192頁、卷二第43頁、原審卷第119至123頁），並聲請鑑定以證明伊於展延期間提供服務費用增加及可得請求報酬之數額等項，攸關本件依原有效果是否顯失公平及上訴人得否依民法第227條之2第1項規定聲請法院增加給付之判斷，核屬重要之攻擊方法……。」

10

機關終止承攬契約之理由不成立時，契約是否仍存在？廠商是否得據此對機關請求損害賠償？賠償範圍爲何？

林雅芬、王龍寬、劉穎嫻

於承攬性質之政府採購契約履行中，機關或有可能主張終止契約，若機關終止承攬契約之理由不成立，契約是否仍然存在？或受民法第511條規定之影響，應認爲轉換爲定作人之任意終止，契約因此終止？廠商是否得據此對機關請求損害賠償？得請求之損害賠償範圍爲何？

關鍵字：承攬契約、終止、民法第511條、損害賠償

◎機關終止承攬契約之理由不成立時，契約是否仍存在

按民法第511條規定：「工作未完成前，定作人得隨時終止契約。但應賠償承攬人因契約終止而生之損害。」依上開規定可知，定作人原則上得隨時終止契約，此爲定作人之任意終止權，因此，於屬承攬契約之政府採購契約履約中，可能產生以下爭議，當機關即定作人主張終止契約，但終止契約之理由被法院認

定不成立時，此時契約仍存在？或是因爲有上開民法第511條規定之定作人任意終止權，可能被轉換爲定作人之任意終止，契約因此終止？

上開爭議，參照最高法院98年度台上第1897號判決[1]及最高法院93年度台上字第2599號判決[2]見解，法院認爲即使機關主張終止承攬契約之理由不成立，因機關之眞意在於終止契約，故此時構成定作人之任意終止，契約關係自機關主張終止之時起，向後失其效力；惟亦有判決採不同見解者，例如：最高法院105年度台上字第820號判決，認爲若定作人行使契約終止權不合於法律規定，此時應不生契約終止之效果，無法逕自轉換爲定作人之任意終止，該判決並進一步說明：「按定作人行使契約終止權與任意終止承攬契約，雖均足使契約向後失其效力，惟對於契約終止後之當事人所負責任明顯不同。前者倘係可歸責於承攬人，定作人尚可對之主張債務不履行賠償責任，後者依民法第511條規定，應由定作人賠償承攬人因契約終止而生之損害。故定作人於工作未完成前，行使契約終止權不合於法律規定者，應僅不生契約終止之效果，無從逕轉換爲民法第511條所稱之定作

---

[1] 最高法院98年度台上第1897號判決：「惟查工作未完成前，定作人得隨時終止契約，但應賠償承攬人因契約終止而生之損害，民法第511條規定甚明。故定作人終止承攬契約之理由，縱非事實，亦於契約終止之效力不生影響。原審既認被上訴人於95年12月8日向上訴人爲終止系爭承攬契約之意思表示，則不論其理由爲何，系爭承攬契約均於斯時終止，上訴人倘因契約終止受有損害，非不得請求被上訴人賠償。乃原審竟謂被上訴人於上訴人未遲延時，以上訴人遲延爲由所爲終止之意思表示，不生終止之效力，進而爲上訴人敗訴之判決，自有可議。」

[2] 最高法院93年度台上字第2599號判決：「按工作未完成前，定作人得隨時終止契約，爲民法第511條前段所明定，故定作人終止契約所附理由，縱非事實，對契約終止之效力亦無影響。上訴人北市新工處於其解約函記載解除合約即係終止合約之意（原審重上字二卷63頁），由此文義以觀，倘其眞意係在終止契約，依上說明，縱該解約函所謂之解除（終止）契約事由爲原審所不採，系爭五項工程合約亦告終止。」

人任意終止契約之意思表示。」

◎廠商是否可能對機關請求損害賠償？賠償範圍為何？

　　於機關任意終止承攬契約之情形，廠商得依契約所約定之任意終止條款[3]及前揭民法第511條規定，主張機關應給付損害賠償。基此，前開機關主張終止契約理由不成立之案例，若採轉換為定作人任意終止之見解，則後續即會進一步引發廠商依民法第511條規定等向機關請求損害賠償之問題。

　　至於廠商得對機關請求之損害賠償範圍，參照最高法院92年度台上字第738號判決[4]及最高法院92年度台上字第337號判決[5]之見解，廠商得請求機關賠償因契約任意終止而生之損害，範圍包括廠商已依約完成工作部分之報酬、已進場之材料設備費用及賠償因終止所受之其他損害（包含積極損害及消極損害），又依最高法院72年度台上字第247號判決[6]意旨，廠商尚得請求機關賠

---

[3] 例如：採購契約要項第66條：「契約因政策變更，廠商依契約繼續履行反而不符公共利益者，機關得報經上級機關核准，終止或解除部分或全部契約。但應補償廠商因此所生之損失。」

[4] 最高法院92年度台上字第738號判決：「承攬人承攬工作之目的，在取得報酬。民法第511條規定工作未完成前，定作人得隨時終止契約，但應賠償承攬人因契約終止而生之損害。因在終止前，原承攬契約既仍屬有效，是此項定作人應賠償因契約終止而生之損害，自應包括承攬人已完成工作部分之報酬及其就未完成部分應可取得之利益。」

[5] 最高法院92年度台上字第337號判決：「定作人於工作未完成前，任意終止契約者，依民法第511條之規定，應賠償承攬人因契約終止而生之損害。上訴人承攬被上訴人發包之系爭工程後依約施工，今因不可歸責於上訴人之事由，由被上訴人行使任意終止權，則因終止契約所生之不利益，應由被上訴人承擔，始符公平原則，且不違背上開規定之法意。是以上訴人依約已完成之工程及已進場之材料縱對被上訴人無利益，被上訴人仍應核實給價，庶免無可歸責事由之上訴人因此而受不測之損害。」

[6] 最高法院72年度台上字第247號判決：「次查承攬人依民法第511條規定，得請求定作人賠償之損害，係包括因定作人隨時終止契約而生之積極損害及消極損

償未完成工作部分應可取得之利益（即所失利益），亦即未完成之工作所應得之報酬扣除因免為給付所得之利益。若契約尚有約定違約金等，廠商亦得一併請求。

此外，如廠商無法完全證明確切之損害數額時，依民事訴訟法第222條第2項規定：「當事人已證明受有損害而不能證明其數額或證明顯有重大困難者，法院應審酌一切情況，依所得心證定其數額。」及最高法院86年度台上字第1181號判決[7]意旨，法院仍應斟酌一切情況，依所得心證定損害賠償數額，不得以其數額未能證明而駁回廠商之請求。

害而言。故承攬人就未完成之工作所應得之報酬扣除因免為給付所得之利益，是為契約終止所失利益，固應於民法第514條第2項所定一年期間內請求賠償，茲上訴人所請求者為被上訴人之土地因上訴人之施工而增加之利益，應予返還。」

[7]　最高法院86年度台上字第1181號判決：「惟當事人已證明受有損害而不能證明損害之數額時，法院應斟酌損害之原因及其他一切情事，作自由心證定其數額，不得以其數額未能證明，即駁回其請求。本件上訴人係一營利法人，其承攬工程當以營利為目的，雖未能證明所主張因承攬本件工程之利潤若干，法院尚非不得斟酌其損害之原因或其他情事，如財政部頒之同業利潤標準（所得稅法第79條），或送請有關機關鑑定工程施工之成本等，以為酌定其因終止契約未能獲取之利潤損失。乃原審一面認定被上訴人終止兩造之承攬契約，依民法第511條規定，應賠償上訴人因終止契約所受之損害，一面又以上訴人未能舉證證明其承攬本件工程有五成之利潤，及上訴人陳述其為圖兩造間爾後長期合作關係，甚至有虧本施工之情形，即為上訴人不利之判斷，自欠允洽。」

11

政府採購之工程承攬案件，企業依據情事變更原則請求增加款項給付，是否有請求時間限制？企業有何應注意事項？

林雅芬、陳誌泓

民法第227條之2情事變更原則，旨在規範契約成立後有於訂約當時不可預料之情事發生時，經由法院裁量以公平分配契約當事人間之風險及不可預見之損失，其權利性質為形成權。民法並未規定當事人依據情事變更原則行使該形成權之除斥期間，則於政府採購或工程承攬案件，企業如依據情事變更原則請求增加給付各種款項，是否有請求時間限制？在何種情況下會被認定無法請求？企業有何應注意事項？

關鍵字：情事變更原則、形成權、除斥期間、形成之訴

◎前言

按民法第227條之2第1項規定：「契約成立後，情事變更，非當時所得預料，而依其原有效果顯失公平者，當事人得聲請法院增、減其給付或變更其他原有之效果。」該條規定旨在規範契

約成立後，有於訂約當時不可預料之情事發生時，經由法院裁量以公平分配契約當事人間之風險及不可預見之損失[1]，其權利性質為形成權[2]。

◎如果原給付業已罹於時效者，是否仍得依據情事變更原則請求增加給付

關此，有最高法院判決認為（下稱見解一），當事人依據情事變更原則為增加給付之請求時，係就原來給付為量之增加，其性質仍為原給付之一部分，故於原給付已罹於時效消滅時，增加之給付亦隨之罹於時效消滅。據此，如果原給付已罹於時效時，若經提出時效抗辯，依據情事變更原則請求增加之給付，亦同時罹於時效而消滅，無法請求增加給付，例如：最高法院99年度台再字第40號判決：「因條文明定『增、減其給付』，即就原來給付為量之增加，並無變更原來給付所依據之權利性質。是判斷增加給付請求之消滅時效期間時，仍應依原來給付之性質定之。本件兩造所訂立之系爭合約，係以由再審原告承攬再審被告定作之系爭工程為合約內容，性質為承攬契約，依民法第127條第7款之規定，再審原告之承攬報酬請求權，因二年間不行使而消滅。查再審被告應自94年5月23日起負給付遲延責任，而再審

---

[1] 最高法院106年度台上字第2969號判決：「按契約成立後，為法律效果發生原因之法律要件風險發生及變動範圍，並非客觀情事之常態發展，且已逾兩造當事人訂約時所認知之基礎或環境，顯難有預見之可能性時，如仍貫徹原定之法律效果，顯失公平者，仍應許當事人依情事變更原則調整契約之效力，由法院依客觀之公平標準，審酌一方因情事變更所受之損失，他方因情事變更所得之利益，及其他實際情形，公平裁量定增減給付之適當數額。」

[2] 民國102年11月13日臺灣高等法院暨所屬法院102年法律座談會民事類提案第4號審查意見（二）：「民法第227條之2規定『得聲請法院增減其給付』，顯係以法律明定應在審判上行使形成權，自應認係形成之訴。則形成權僅有除斥期間，無適用請求權消滅時效之餘地。」

原告係於96年11月20日提起本件訴訟，為前訴訟程序第二審確定之事實，則再審原告請求再審被告就原屬承攬性質之報酬為增加給付，已逾該請求權可行使之二年期間，再審被告並為時效完成之抗辯而拒絕給付，於法洵屬有據。」[3]

　　然而，亦有最高法院判決認為（下稱見解二），因當事人依據情事變更原則在法院所提訴訟為形成之訴，須待法院判決確定後，新增加給付之請求權始發生，則其請求權之消滅時效期間，應自法院為該增加給付判決確定日起算，始符該形成判決所生形成力之原意，據此，縱使原給付已經罹於時效，因新增加給付之請求權，需於法院新增加給付判決確定後發生始發生，於此之前並無時效問題，故當事人之一方仍得依據情事變更原則請求。例如：最高法院101年度台上字第1045號判決：「當事人依民法第227條之2情事變更原則之規定，請求法院增加給付者，乃為形成之訴，須待法院為增加給付判決確定後，其就新增加給付之請求權始告確定發生，在此之前其所為相關給付之請求，僅屬對於他方當事人為變更契約內容之要約，尚無因此即認其已有請求權可得行使；而當事人據此規定為增加給付之請求，即就原來給付為量之增加，並無變更原來給付所依據之權利性質，則其請求權之消滅時效期間，仍依原來給付之性質定之，應自法院為該增加給付判決確定日起算，始符該形成判決所生形成力之原意。」[4]

　　此外，近年另有最高法院見解認為（下稱見解三），雖然當事人依據情事變更原則在法院所提訴訟為形成之訴，須待法院為增加給付判決確定後，新增加給付之請求權始告確定發生並起算時效，惟此可能致使契約當事人長久處於可能遭受法院判命增

---

[3]　最高法院102年度台上字第122號判決及99年度台上字第843號判決亦持相同見解。

[4]　最高法院97年度台上字第1547號判決及100年度台上字第1344號判決均持相同見解。

減給付之不確定狀態，因此，民法第227條之2第1項所規定之情事變更原則，雖民法未設除斥期間，但仍應依各契約之性質，參考債法就該契約權利行使之相關規定決定除斥期間，並應以該權利完全成立時為除斥期間起算始點，例如：最高法院106年度台上字第4號判決：「惟按當事人依民法第227條之2情事變更原則規定，請求法院增加給付者，乃形成之訴。該形成權之除斥期間，法律雖無明文，然審酌本條係為衡平而設，且規定於債編通則，解釋上，自應依各契約之性質，參考債法就該契約權利行使之相關規定定之。而關於承攬契約之各項權利，立法上咸以從速行使為宜，除民法第127條第7款規定承攬人之報酬因二年間不行使而消滅外，同法第514條就定作人、承攬人之各項權利（包括請求權及形成權）行使之期間，均以一年為限。職是，承攬人基於承攬契約，依情事變更原則請求增加給付，亦宜從速為之，否則徒滋糾紛。關於除斥期間之起算，則應以該權利完全成立時為始點。至於權利何時完全成立，則應依個案情節，妥適認定。又法院為增加給付之形成判決確定後，其就新增加給付之請求權始告確定發生，該請求權之時效始能起算。故當事人提起上開形成之訴及給付之訴，是否逾除斥期間或請求權消滅時效期間，自應分別認定各該權利完全成立、得行使時之始點及期間以為判斷。」[5]據此，最高法院106年度台上字第2716號判決即認為，依據民法第128條第7款規定，承攬契約之請求權消滅時效既為二年，依據承攬契約請求權主張情事變更之除斥期間，則應以二年為宜[6]。從而，政府採購或工程承攬案件，若企業依情事變更

---

[5]　最高法院104年度台上字第1911號判決亦採相同見解。

[6]　最高法院106年度台上字第2716號判決：「按當事人依民法第227條之2情事變更原則之規定，請求法院增加給付者，乃為形成之訴，當事人行使該形成權之除斥期間，雖法無明定，然此規定究為例外救濟之制度，契約當事人長久處於可能遭受法院判命增加給付之不確定狀態，顯非所宜，審酌本條係為衡平而設，且規定於債編通則，解釋上，自應依各契約之性質，參考債法就該契約權利行

原則請求，如自情事變更請求權完全成立（例如：追加工程之情形，於兩造當事人結算底定時）未超過二年之除斥期間，則當事人之一方仍得依據情事變更原則請求，反之，如超過二年之除斥期間時，則無從再據情事變更原則請求。

◎企業有何應注意事項

如前所述，既有實務見解認爲當事人依據情事變更原則請求時，仍應視原請求是否罹於時效（即見解一），或是近年見解認爲仍有除斥期間問題，以茲認定請求者得否請求（見解三），則企業不論是參與政府採購、工程承攬或其他契約，於預計依據情事變更原則爲請求時，建議仍應審愼注意原請求之消滅時效爲何？原請求是否有罹於時效問題？情事變更何時結束？因情事變更而增加之給付何時確定？等問題，並及早行使情事變更請求權爲宜。

使之相關規定定之。而關於承攬契約之各項權利，立法上咸以從速行使爲宜，除民法第127條第7款規定承攬人之報酬因二年間不行使而消滅外，同法第514條就定作人、承攬人之各項權利（包括請求權及形成權）行使之期間，均以一年爲限。職是，承攬人基於承攬契約，依情事變更原則請求增加給付，亦宜從速爲之。參酌原報酬請求權之時效期間爲二年，承攬人請求增加給付，其性質與原報酬無異，其除斥期間應以二年爲宜。又該項權利之行使，既以契約成立後，情事變更，非當時所得預料，依其原有效果顯失公平爲要件，則關於除斥期間之起算，自應以該權利完全成立時爲始點。」同院108年度台上字第931號裁定持相同見解。

第三篇

競業禁止約定之許容及其界限

前言

　　想要瞭解法律，不能不看案例。透過案例事實，才能更精確理解法律的意涵。

　　有鑑於以往的法律書籍都偏向於釋義，對於不是精研該領域的人而言，看過之後或許仍難以領略其義。所以，我們試圖透過實務案例的介紹，希望讀者讀完案例與我們的簡單分析後，對於相關的法律規定以及法官適用法律的具體考量，能有一些基本認識。

　　此外，法律規範既然是爲了解決現實中的社會問題而存在，則隨著社會需求的生滅變化，法律規範可能會被制訂、廢除或修正。瞭解法院在具體案例中爲解決現實社會問題所表示的見解，對於掌握將該等法院見解予以消化整理後的立法將如何被解釋適用，應該是有益的。

　　本書第三編及第四編主要在討論公司與（離職）員工之間有關競業禁止、侵害營業秘密以及背信的爭議。所選用的判決案例，雖然不能稱爲經典，但大都是現實生活中常見，甚至是公司或多或少都會遭遇到的情況。這些案例之選介，對於公司思考相關或類似問題時，相信當具有指南的作用，而有助於公司之管理。另外，法院爲解決這些案例中的現實社會問題所表示的見解，有些已反應在立法院於104年11月24日三讀通過的勞動基準法部分條文增修案，而瞭解法院過去在這些案例所表示的見解，將有助於我們預測法院將來在類似案例將如何解釋適用新法律。當然，就處理具體紛爭而言，以下篇章所提供的知識尙屬不足，故建請相關當事人仍應洽請專家協助，方能周延解決紛爭。

　　以下篇章得以完成，必須謝謝白友桂律師、吳典倫律師、陳一銘律師、唐玉盈律師、曾毓君律師、郭曉丰律師、江嘉瑜律師、黃新爲律師及江宜蓉秘書。他們平常公務就極爲繁忙，爲了撰寫及編輯本書，更是勞心勞力，備極辛苦。萬分感謝！

劉豐州合夥律師
陳鵬光合夥律師
07.18.2019

1

員工於在職期間從事競業行為，該員工應負何種責任？如有簽署競業禁止條款，該條款是否有效？

陳一銘

員工於在職期間是否一概不得從事與雇主有競業關係之事務？此於雇主訂有工作規則或雙方之僱傭契約訂有競業禁止條款時，原則上較無疑義，但若欠缺此類規定及約定時，是否意味員工即可為競業行為？又若有此類規定及約定時，員工可否主張該等限制或禁止，範圍過苛而屬無效？再者，若員工於在職期間違法從事競業行為，雇主又可以主張何等權利？

關鍵字：僱傭關係、委任關係、忠實義務、定型化契約、工作規則

◎在職期間競業禁止之依據

一般雇主多會於工作規則，或勞雇雙方所簽署之僱傭契約訂定競業禁止條款，明確約定禁止或限制競業之範圍及態樣，以減少爭議發生。但若無此類規定及約定時，並不意味員工即不負任

何競業禁止義務。員工基於勞雇關係，除須向雇主提供勞務外，還負有忠實及注意義務，實務上，最高法院曾指出，員工有忠於其職責的義務，於僱用期間非得僱用人之允許，不得為自己或第三人辦理同類之營業事務[1]，臺灣高等法院另有判決以注意義務作為競業禁止之依據[2]。此外，員工若屬委任關係下之經理人，依公司法第32條本文規定，其不得兼任其他營利事業之經理人，並不得自營或為他人經營同類之業務；或依民法第562條規定，非得其商號之允許，不得為自己或第三人經營與其所辦理之同類事業，亦不得為同類事業公司無限責任之股東；且如上述，經理人對雇主基於其委任關係，亦負有忠實義務，故亦可自此推導出經理人之競業禁止義務。因此，在雇主與員工間沒有明文規定及約定競業禁止義務時，此時基於員工之忠實義務或相關法令之規定，員工在一定範圍內仍負有競業禁止義務。

至於在雇主與員工間有明確規定或約定競業禁止時，其常見的規範內容如：(1)「乙方於在職期間內，不得經營與甲方類似或有關之事業，亦不得兼任甲方以外之相關職務」；(2)「乙方於在職期間內，非經甲方事前書面同意，不得為自己或他人名義經營或投資與甲方業務相同或類似之事業，亦不得擔任與甲方業務相同或類似之公司、商號之受僱人、受任人、承攬人、合夥人或顧問」；(3)「乙方於在職期間內，在未取得甲方書面同意前，不得直接或間接以任何方式從事任何與甲方業務相同或類似之交易、業務／營業或職業」；或(4)「乙方保證乙方及關係人未經甲方同意，不經營或出資與甲方類似或職務上有關之事業，亦不得兼任甲方以外之相關職務」等。

---

[1]　最高法院94年度台上字第1688號民事判決。

[2]　臺灣高等法院105年度重上字第926號民事判決。

◎競業禁止條款之審查標準

在雇主與員工間有明確規定或約定競業禁止時，如遇員工從事競業行為，其合法與否有相對較為明確之判斷標準。但若無相關規定及約定時，解釋上，員工固然在一定範圍內有競業禁止義務，但要如何判斷員工的行為已違反該義務？除經理人可依上開公司法第32條本文及民法第562條規定進行檢驗外，就屬於僱傭（或勞動）關係之一般員工的情形，曾有法院指出，基於員工之忠實義務，其於在職期間，不得為自己或第三人辦理同類之營業事務，否則同業競爭之結果，勢必有利自己或第三人，而損害雇主[3]；員工不得於在職期間從事或兼職與雇主相同或類似之業務工作，以免危害雇主事業之競爭力[4]。上開判決見解固已指出競業禁止的一定範圍，可供參照，但在欠缺具體明文規範的情形下，從忠實義務推導出來的競業禁止義務，仍是一個抽象的原則，尚待視個案具體情形加以判斷。例如，有判決指出，競業禁止乃雇主為避免員工於任職期間所獲得其營業上之秘密或與其商業利益有關之隱密資訊，遭員工以不當方式揭露在外，造成雇主利益受損，故個案中認定員工的行為是否違反競業禁止義務時，應一併審酌雇主有無上開受保護之利益[5]。

又雇主與員工間有明確規定或約定競業禁止時，員工能否主張其限制或禁止範圍過於嚴苛？有臺灣高等法院判決指出，憲法第15條規定，人民之生存權、工作權及財產權應予保障，但人民之工作權並非一種絕對之權利，憲法第23條亦可參照，故員工對雇主既有忠實義務，為免員工因知悉雇主營業資料而作不公平之競爭，雙方約定於在職期間，未得雇主允許，員工不得為自

---

[3] 臺灣高等法院94年度重上字第215號民事判決。
[4] 臺灣高等法院106年度重勞上字第39號民事判決。
[5] 臺灣高等法院103年度重勞上字第24號民事判決。

己或第三人辦理同類之營業事務，並無不可[6]。最高法院進一步指出，競業禁止約款係雇主為保護其商業機密、營業利益或維持其競爭優勢，與受僱人約定於在職期間或離職後之一定期間、區域內，不得受僱或經營與其相同或類似之業務，此類約款須具必要性，且所限制之範圍未逾越合理程度而非過當者，當事人受其拘束[7]。換言之，最高法院一方面肯認競業禁止條款之必要性，但另方面認為其限制或禁止之範圍必須「未逾越合理程度而非過當」。另由於競業禁止條款經常為定型化契約條款，故實務上曾有法院依據民法第247條之1，以其約定內容是否顯失公平，認定其效力如何[8]。從而，雇主雖可就競業禁止為規定或約定，但其限制或禁止之範圍是否合理、必要，仍須接受司法機關之審查。

◎在職期間違反競業禁止義務之效果

承前所述，當雇主與員工間有明確規定或約定競業禁止時，通常也會明訂違反時之效果。例如：於工作規則中明訂一定程度之處分，或於僱傭契約中約定給付違約金。但若無預先約定違反之法律效果時，雇主或可能依雙方之契約關係，主張債務不履行，請求損害賠償（例如：受有客戶流失、交易獲益減少之損害）。最高法院亦曾指出：在現代多元及工商發達之社會，所謂背於善良風俗不僅指行為違反倫理道德、社會習俗及價值意識，並包括以悖離於經濟競爭秩序與商業倫理之不正當行為，惡性榨取他方努力之成果在內。如員工於企業經營或商業活動中，利用

---

[6] 臺灣高等法院94年重上字第215號民事判決。

[7] 最高法院104年度台上字第1589號民事判決。

[8] 臺灣高等法院106年度勞上易字第118號民事判決、臺灣高等法院107年度勞上易字第72號民事判決。

職務上機會取得企業的資源，合謀與該企業爲不正當之營業競爭，致使企業流失其原有的客戶，而遭受損害者，亦屬違反善良風俗[9]。又如員工違反競業禁止義務，其行爲被認爲係以背於善良風俗之方法，加損害於雇主者，則雇主得依民法第184條第1項後段請求損害賠償[10]。

又如員工爲經理人時，倘其違反公司法第32條或民法第562條之競業禁止規定時，其競業行爲並非當然無效，而是雇主得依民法第563條之規定，請求該經理人將其因競業行爲所得之利益，歸給雇主[11]。

此外，爲避免雇主的損害擴大，雇主亦可能於訴訟前或訴訟中聲請假處分，禁止員工繼續從事競業行爲，或爲避免員工脫產及促使員工遵守競業禁止義務，而對該員工依法採取假扣押行動。

---

[9]　最高法院106年度台上字第1693號民事判決。

[10]　有關損害賠償之計算方法，可參酌上開最高法院發回後所作成之二審判決，即臺灣高等法院臺中分院107年度重勞上更一字第1號民事判決。

[11]　最高法院81年台上字第1453號民事判例、最高法院96年度台上字第923號民事判決、臺灣高等法院105年度上易字第684號民事判決。

2

雇主與員工有離職後禁止競業之約定，若該員工於離職後從事競業行為，此時該員工應否負擔違約責任？若是，其應負何種責任？

陳一銘

　　一般而言，雇主與員工簽訂離職後競業禁止條款時，均會直接約定員工違約時之法律效果。倘該競業禁止條款限制範圍過於浮濫時，則可能有是否過度侵犯工作權之問題，該條款之效力將如何？應如何進行審查？即成觀察重點。我國法院以往已透過實務判決，累積形成一定審查標準，嗣勞動基準法（下稱勞基法）於民國（下同）104年12月16日增訂第9條之1時，更將審查標準明文化。

關鍵字：離職後競業禁止、三標準說、四標準說、五標準說、勞動基準法第9條之1

◎離職後競業禁止之意義

所謂「競業禁止」，依勞動部之定義，係指「事業單位為保護其商業機密、營業利益或維持其競爭優勢，要求特定人與其約定在在職期間或離職後之一定期間、區域內，不得受僱或經營與其相同或類似之業務工作」而言[1]。因員工對雇主所負之保密及競業禁止義務，於雙方勞動關係終結後即告終止，故倘雇主欲繼續保護其營業利益或競爭優勢，則必須與員工另行約定競業禁止義務等，實務上常見雇主以工作規則[2]或勞動契約限制勞工離職後之就業自由，要求員工於離職後一定期間內不得從事與雇主相同或類似之工作，違者則應賠償一定之違約金。但對離職員工而言，此約定係拋棄權利或限制其權利行使，故其限制之時間、地區、範圍及方式，在社會一般觀念及商業習慣上，必須合理適當且不危及該員工之經濟生存能力[3]。

◎過去實務判決所提出之檢驗標準

針對上開離職後競業禁止之約定，最高法院最早係於75年度台上字第2446號民事判決，首次肯定離職後競業禁止約款之合法性；隨後再於83年度台上字第1865號民事判決，提出「合理性」原則，對競業禁止約款進行有效性之審查。嗣後在上開基礎下，實務上陸續發展出所謂「五標準說」、「四標準說」及

---

[1] 勞動部勞動關係司（2017），《簽訂競業禁止參考手冊》，頁2，網頁：勞動部網站，https://www.mol.gov.tw/media/3810714/簽訂競業禁止參考手冊.pdf9（最後瀏覽日：107年5月27日）。

[2] 有關雇主得否以工作規則課以員工離職後競業禁止義務之討論，可參酌邱駿彥（2013），〈離職後競業禁止特約之限制〉，《月旦法學雜誌》，頁34-37。

[3] 最高法院103年度台上字第793號民事判決。

「三標準說」，作為審查離職後競業禁止條款有效性之標準[4]。

所謂「五標準說」係指離職後競業禁止條款之有效必須符合如下五判斷標準：(1)企業或雇主有依競業禁止特約保護之利益存在，亦即雇主的固有知識和營業秘密有保護之必要；(2)勞工或員工在原雇主或公司之職務及地位，足可獲悉雇主之營業秘密；(3)限制勞工就業之對象、期間、區域、職業活動之範圍，不超逾合理之範疇；(4)有填補勞工因競業禁止之損害之代價措施；且(5)離職後員工之競業行為有顯著背信性或顯著的違反誠信原則[5]。

所謂「四標準說」係指離職後競業禁止條款之有效必須符合如下四判斷標準：(1)員工在原雇主之職位，足可獲悉雇主之營業秘密；(2)該條款足以保護雇主之正當利益；(3)該條款禁止之期間、區域、職業活動之範圍，不超逾合理之範疇，未對員工之生存造成困難；且(4)對員工因不從事競業行為所受損害有合理補償[6]。

所謂「三標準說」則係指離職後競業禁止條款之有效必須符合如下三判斷標準：(1)員工在原雇主之職位，足可獲悉雇主之營業秘密；(2)該條款足以保護雇主之正當營業利益；且(3)該條款禁止之期間、區域、職業活動之範圍，不超逾合理之範疇，未對員工之生存造成困難[7]。

---

[4] 另最高法院103年度台上字第793號民事判決指出，離職後員工之競業行為是否具有顯著背信或違反誠信原則，應係該員工離職後之行為是否應負賠償責任之要件，而非競業禁止條款是否有效之要件，蓋若將其納為有效要件，則雇主與原工雙方所簽訂之競業禁止條款是否有效，將處於不確定狀態，而需至勞工離職後始可加以判斷，將嚴重戕害法之安定性。

[5] 臺灣臺北地方法院85年度勞訴字第78號民事判決。

[6] 臺灣臺北地方法院87年度勞訴字第90號民事判決。

[7] 臺灣臺北地方法院88年度勞簡上字第14號民事判決。

◎勞基法於104年12月16日增訂第9條之1

　　針對如何審查離職後競業禁止條款之有效性，因司法實務業已累積相當判決先例可循，故立法院綜合上開審查標準，於104年12月16日修正勞基法時，增訂第9條之1第1項規定：「未符合下列規定者，雇主不得與勞工為離職後競業禁止之約定：一、雇主有應受保護之正當營業利益。二、勞工擔任之職位或職務，能接觸或使用雇主之營業秘密。三、競業禁止之期間、區域、職業活動之範圍及就業對象，未逾合理範疇。四、雇主對勞工因不從事競業行為所受損失有合理補償。」第2項：「前項第四款所定合理補償，不包括勞工於工作期間所受領之給付。」第3項：「違反第一項各款規定之一者，其約定無效。」及第4項：「離職後競業禁止之期間，最長不得逾二年。逾二年者，縮短為二年。」使勞資雙方有所遵循，減少爭議發生。

◎限制過嚴，約定可能淪為無效

　　離職後競業禁止之約定，乃雇主為免員工於任職期間所獲得其營業上之秘密或與其商業利益有關之隱密資訊，遭受員工以不當方式揭露在外，造成雇主利益受損，而與員工約定在其離職後一定期間內，不得利用於原雇主服務期間所知悉之技術或業務資訊為競業之行為[8]。惟因該約定牽涉憲法第15條等保障人民之工作權、生存權等基本人權，故其限制仍應合理且適當，方可認屬有效；反之，若限制過苛，已逾合理範圍，即有遭認定為一部或全部無效之可能。

---

[8]　臺灣高等法院106年度勞上字第26號民事判決。

◎違約之法律責任

　　雇主與員工約定離職後競業禁止條款，通常多會約定違約之責任，一般均係約定給付違約金，故如該條款有效，則該員工違約時即應給付違約金。但若該條款漏未約定違約之效果時，此時或可依一般債務不履行之法律關係請求損害賠償（或許亦可能有人會依民法第184條第1項，主張該競業行違背善良風俗並請求損害賠償[9]）。雇主之求償必須證明其受有損害及損害金額之多寡，例如：實務上曾有法院將競業者因其競業行為所獲取之訂單金額，作為原雇主的所失利益，並乘以同業利潤淨利率，計算原雇主之損害[10]。

---

[9]　最高法院106年度台上字第1693號民事判決。
[10]　臺灣高等法院臺中分院107年度重勞上更一字第1號民事判決。

3

關於雇主與員工簽訂之離職後競業禁止條款，勞動基準法第9條之1第1項第1款所定雇主「應受保護之正當營業利益」如何認定？

陳一銘

關於離職後競業禁止條款是否有效，從過去實務判決所提出五標準說、四標準說及三標準說，到104年12月16日增訂勞基法第9條之1，皆以雇主是否具有應受保護之正當營業利益作為審查基準之一，故有探究其內涵之必要。

關鍵字：正當營業利益、最低服務年限、惡性競爭、營業秘密、
　　　　惡性挖角

◎「應受保護之正當營業利益」之意涵

勞基法第9條之1第1項第1款規定：「未符合下列規定者，雇主不得與勞工為離職後競業禁止之約定：一、雇主有應受保護之正當營業利益……」，可知雇主與員工約定離職後競業禁止條款時，雇主必須具備「應受保護之正當營業利益」。過去實務判

決曾認定，**此時應以有無洩漏企業經營或生產技術上之秘密，或影響其固定客戶或供應商之虞爲斷**，而不能僅是單純爲避免造成競爭，或避免員工搶走其未來客戶，甚或僅爲使員工較不易離職等目的；且若該行業並無所謂固定客戶，抑或雇主僅爲確保其對員工投注之職業訓練或教育費用得以回收，原則上亦非值得保護之正當利益，蓋以：已有服務年限相關約款，可確保職業訓練或教育費用之投入所帶給雇主之競爭上優勢及上述成本之回收[1]。

◎避免惡性競爭？

實務上曾有認爲，競業禁止約定所保護之法益，非僅限於營業秘密，尚包括惡性競爭的避免[2]。

◎非營業秘密，但屬對雇主構成企業經營或生產技術上之秘密，或足以影響其固定客戶或供應商之具有商業競爭價值的秘密？

另有認爲，競業禁止條款所規範者，並非員工惡意洩漏或竊取雇主正當利益，而係爲規範該員工在競業禁止約款所限制之營業範圍內，該員工爲對新雇主提供勞務及達成新雇主所要求之工作表現時，可能洩漏前雇主之營業秘密、其他機密或搶奪固定客源，且此洩漏會對前雇主造成企業競爭上之不利益，故雇主可保護之正當利益，包括營業秘密法第2條規定之營業秘密及其他可

---

[1] 臺灣高等法院98年度上易字第616號民事判決、臺灣高等法院100年度勞上易字第52號民事判決、臺灣高等法院100年度勞上易字第51號民事判決、臺灣臺北地方法院105年度北勞簡字第107號民事判決、臺灣新竹地方法院106年度勞訴字第43號民事判決、臺灣新竹地方法院105年度勞訴字第2號民事判決、臺灣臺北地方法院105年度北勞簡字第107號民事判決。臺灣新竹地方法院106年度勞訴字第43號民事判決、臺灣新竹地方法院105年度勞訴字第2號民事判決。

[2] 最高法院93年度台上字第1633號民事判決。

保護之正當利益，而後者包括對該雇主構成企業經營或生產技術上之秘密，或影響其固定客戶或供應商之虞之具有商業競爭價值秘密[3]。

◎減免雇主受不法之損害，或者防止競爭同業之惡性挖角？

亦有判決認為，競業禁止應與時俱進，故判斷有無禁止競業之必要，**應就個案事實加以認定**，並於該案中認定，競業禁止約款係雇主為避免員工不當使用或揭露其在任職期間取得之營業秘密或隱密性資訊，為競爭之同業服務，造成不公平競爭，故為**減免雇主受不法之損害，或者防止競爭同業之惡性挖角**，而有保護雇主法律利益之必要性[4]。

◎以往司法實務與現行勞基法對「應受保護之正當營業利益」之界定有無不同？

綜上所述，所謂應受保護之正當利益，在以往之實務判決中，其解釋在具體個案事實中容或有差異，但顯然並未僅限於營業秘密一項。然因勞基法第9條之1第1項第1款規定，離職後競業禁止條款必須雇主有應受保護之正當營業利益，並於第2款提示「營業秘密」，故以往受肯認之「營業秘密」以外應受保護之正當利益，是否從此均一律認定不符勞基法第9條之1規定？抑或就此部分仍回歸修法前實務所揭示之標準，進行合理性審查？仍有待繼續觀察司法實務之後續發展。

---

[3] 臺灣高等法院101年度勞上字第62號民事判決、臺灣臺北地方法院107年度北勞簡字第68號民事判決。

[4] 智慧財產法院107年度民營上字第2號民事判決。

◎欠缺應受保護之正當營業利益之效果

　　雇主在無可保護正當利益之情況下，其與員工所爲離職後競業禁止約定，既有使員工拋棄權利或限制其權利行使之情事，則該競業禁止條款可能被認爲無效（參照勞基法第9條之1第3項）。

4

就雇主與員工簽訂之離職後競業禁止條款，如員工於職務中不會接觸到雇主之營業秘密，但其所接觸之資訊卻會影響雇主應受保護之正當營業利益時，其效力如何？

陳一銘

勞基法於104年12月16日增訂第9條之1規定，員工擔任之職位或職務能接觸或使用雇主的營業秘密時，雇主始得與員工約定離職後競業禁止條款。惟若員工所獲悉之資訊，雖非營業秘密，但對雇主有應受保護之正當利益時，應如何處理？有進一步研究說明之必要。

關鍵字：營業秘密、應受保護之正當營業利益、秘密性、經濟性、合理保密措施、工商秘密

◎營業秘密的定義

依104年12月16日所增訂之勞基法第9條之1規定：「未符合

下列規定者，雇主不得與勞工為離職後競業禁止之約定：⋯⋯
二、勞工擔任之職位或職務，能接觸或使用雇主之營業秘密」，
可知僅在員工擔任之職位或職務能夠接觸或使用雇主的營業秘密
時，雇主才可以與員工簽訂競業禁止條款。

　　所謂「營業秘密」，依營業秘密第2條規定，係指：「方
法、技術、製程、配方、程式、設計或其他可用於生產、銷售或
經營之資訊，而符合左列要件者：一、非一般涉及該類資訊之人
所知者。二、因其秘密性而具有實際或潛在之經濟價值者。三、
所有人已採取合理之保密措施者。」可知是否構成營業秘密有一
定的要件，必須通過「秘密性」、「經濟性」及「所有人已採取
合理保密措施」三要件的檢驗，並非員工於在職期間所持有或知
悉的一切資訊都是營業秘密。

◎非營業秘密之資訊是否有保護必要？

　　其他非屬營業秘密的資訊，文義上雖不符合上開勞動基準
法第9條之1規定，但是否一定都對雇主欠缺保護之正當營業利
益？司法實務上，智慧財產法院106年度刑智上訴字第42號刑事
判決曾指出，刑法第317條之「工商秘密」與營業秘密法的「營
業秘密」內涵應有所不同，因工商秘密罪在保護工、商秘密事
項，則該資訊僅須所有人可用於產出其經濟利益，且所有人主觀
上不欲他人知悉該資訊並將之當作秘密加以保護，客觀上使依法
令或依契約持有該資訊者能知悉此為所有人之工商秘密，且實際
上所有人之保密作為已使得該等資訊確實是個尚未對外公開的資
訊，即該當刑法第317條之工商秘密[1]。

---

[1]　智慧財產法院106年度刑智上訴字第42號刑事判決：「育榮公司工程管制表是
　　為了管理承攬工程、供全體員工瞭解狀況而製作，此業據證人賴力瑋證述明確
　　（見原審卷第157頁），觀之被告傳給張和振的工程管制表上，載有育榮公司工

　　對於持有上述工商秘密的員工，倘其與雇主間有離職後競業禁止約定，該約定是否會因違反上開勞基法第9條之1而無效？過去司法實務上並未將競業禁止之保護範圍限定於營業秘密，反而將雇主應受保護之正當營業利益的範圍，擴及所謂「雇主構成企業經營或生產技術上之秘密，或影響其固定客戶或供應商之虞之具有商業競爭價值秘密，但非屬營業秘密法第2條規定之營業秘密範圍」[2]或「隱密性資訊」[3]等。則勞基法第9條之1公布施行後，過去實務見解是否仍有沿用之空間，實有待觀察。

　　再者，雖然勞基法第9條之1不適用於其公布施行前所簽立

程的『案名』、『營運處』、『聯絡人』、『工程地點』等經過整理的資訊，該等資訊除可使育榮公司員工充分掌握工程狀況，有助於育榮公司各項工程順利進行外，若遭競爭對手知悉，恐會對育榮公司潛在承攬機會造成影響，顯見該工程管制表自屬育榮公司得用以產出經濟利益之資訊。再者，育榮公司之公司行政管理規章及新進人員守則已明確約定公司同仁應盡忠職守並確保業務上一切機密……不僅是被告及育榮公司員工黃松坤，就連公司外部人員張和振，亦均可認知到工程管制表是育榮公司不欲給外人知悉之資訊…該工程管制表既然是為了管理承攬工程、供『全體』員工瞭解狀況而製作，且育榮公司員工最多僅有13人（見原審卷第158頁），以其公司規模及工程管制表之功用，育榮公司實無須、也無必要將該管制表以分層加密之方式管制公司內部得接觸該資訊之人，此外，該管制表僅為A4文件大小（見他卷第5至7頁），縱使貼在公司公文櫃上，但若非特別靠近觀看，實無法輕易得知其內容，且衡諸常情，外人進入育榮公司，正常情況下不會特別去搜尋、查看育榮公司之文件，即使有廠商或外部人員進入育榮公司曾觀看過該文件，但育榮公司既非公眾得任意出入之場所，以該工程管制表存放的方式，被外部人員知悉者仍屬少數…可知育榮公司承攬哪些工程，他人無法透過一般方式得知，是管制表自屬非公開之資訊。準此，育榮公司之上開作為，客觀上已使該工程管制表確實未公開，且被告主觀上亦可認知該等資訊為育榮公司之秘密，自堪認本案之工程管制表屬於育榮公司具有經濟價值且不欲為他人知悉之未對外公開的工商秘密，又張和振雖為育榮公司下包，但其僅承包管制表內的部分工程，未曾知悉工程管制表之內容，是被告將之洩漏給張和振，自屬洩漏育榮公司之工商秘密。」

[2] 臺灣高等法院101年度勞上字第62號民事判決、臺灣臺北地方法院107年度北勞簡字第68號民事判決。

[3] 智慧財產法院107年度民營上字第2號民事判決。

之離職後競業禁止條款，但實務判決多指出，審酌此類約款時，
「仍得依民法第1條規定，以上開規範意旨為法理」，透過民法
第247條之1，判斷其有效性[4]。不過，目前法院實務上，針對該
等修法前簽訂之競業禁止條款，似乎並未因修法的關係，即將營
業秘密以外的資訊排除在雇主利益之保護範圍外。例如：智慧財
產法院106年度民營上字第1號民事判決基於雇主利益之保護必
要，將保護範圍定於「營業秘密」及「隱密性資訊」、「相關之
技術資訊」，而認該案所涉之競業禁止約定有合法正當性。

---

[4]　臺灣高等法院106年度勞上字第26號民事判決、臺灣高等法院106年度上字第327
　　號民事判決。

5

雇主與員工簽訂離職後競業禁止條款，應如何認定其禁止競業之期間、區域、職業活動之範圍及就業對象，未逾合理範疇？

白友桂

依據勞基法第9條之1，雇主與勞工所為競業禁止約定，其競業禁止之期間、區域、職業活動之範圍及就業對象不得逾合理範疇，則其所稱合理範疇應如何認定？有無相關規定或判斷標準可資參考？我國法院又係如何認定？

關鍵字：競業禁止、競業禁止期間、競業禁止區域、競業禁止活動範圍

◎勞基法對於競業禁止約定之限制

現代企業為保護其生產技術、流程、產品配方、客戶資料等其利益來源之重要資產，多會與員工簽訂離職後競業禁止約款，或有其存在之必要。但競業禁止約款也可能產生不利勞工之弊端，或限制勞工職涯發展，或影響勞工生計。因此，我國司法實務見解向來嘗試平衡二者，認為競業競止約款並非一概有效或

無效，而會從約定之條款內容、勞工之工作性質等多方面進行審查。根據司法實務多年以來逐案累積之判斷標準及主管機關之函釋[1]，立法院乃於104年修正通過勞基法，增訂第9條之1，針對離職後之競業禁止約定，明文規範其應符合一定之要件，包括其所約定之競業禁止期間、區域、職業活動之範圍及就業對象，不能逾越合理範疇。

　　勞基法雖然將法院及主管機關函釋累積的判斷標準予以明文化，但是競業禁止期間多久為合理？如何限制競業禁止區域才算合理？怎麼樣才算合理地限制職業活動？仍然沒有清楚的標準。以下即依據行政機關之解釋，或法院之見解，說明上述合理範疇在實務上如何認定。

◎關於離職後的競業禁止期間，約定多久屬合理範疇？

　　勞基法施行細則第7條之2第1項第1款明訂：「競業禁止之期間，不得逾越雇主欲保護之營業秘密或技術資訊之生命週期，且最長不得逾二年。」根據該規定，競業禁止期間之合理範疇，必須配合原雇主與離職員工為競業禁止約定所欲保護的商業資產生命週期，此與勞基法第9條之1第1項第1款有關雇主須有「值得保護之利益」之規定相呼應。而所謂最長不得逾2年，依據勞基法第9條之1第4項規定：「離職後競業禁止之期間，最長不得逾二年。逾二年者，縮短為二年。」非指原則上2年屬合理範疇。因此，法院審查時，仍會針對具體個案事實來認定所約定之禁止期限是否合理，例如：曾有法院判決認定，房屋仲介業限制離職員工離職後1年內不得在原雇主營業區域內經營或受僱於其

他類似行業，限制期間過長[2]；在勞基法增訂第9條之1前，亦有法院判決認定，托兒業約定離職員工於離職後1年內不得在原雇主營業地點周圍半徑1公里範圍內經營或受僱於其他類似行業擔任教學或業務人員，尚屬合理[3]。

◎如何限制競業禁止區域始屬合理？

依據勞基法施行細則第7條之2第1項第2款明訂：「競業禁止之區域，應以原雇主實際營業活動之範圍為限。」，且勞動部106年4月12日勞動關2字第1060125770號函說明三釋示：「競業禁止區域包含境內及境外，即不以原雇主所在之區域為限，若有實質競爭行為，損害原雇主商業利益，在境外亦應包含在內，至於是否合理，應由法院斟酌具體個案實質認定，以因應國際經貿之現況。」，可知競業禁止之區域不是以原雇主營業場所所在地為限，而是可以涵蓋原雇主有實際進行營業活動之區域，且不以國內為限，至於限制之區域範圍是否合理，仍由法院依具體個案判斷。實務上，法院亦有判決見解認為，因員工原擔任的職務是一般房仲經紀人，也非幹部，職位不高，無從得知營業秘密，即使離職後再從事相同行業，亦不致對原雇主之營業有所妨礙或有何不正競爭，故雖然限制的範圍是原雇主營業場所相同之行政區即桃園市桃園區，仍已逾合理範圍[4]。

---

[2] 臺灣高等法院107年勞上易字第138號民事判決。
[3] 臺灣高等法院95年勞上易字第122號民事判決。
[4] 同註2。

◎對離職員工轉職的職業活動、新工作的公司或領域得做何等限制，較不致被認為超過合理範疇？

依據勞基法施行細則第7條之2第1項第3款及第4款明訂：「三、競業禁止之職業活動範圍，應具體明確，且與勞工原職業活動範圍相同或類似。四、競業禁止之就業對象，應具體明確，並以與原雇主之營業活動相同或類似，且有競爭關係者為限。」合理範疇之判斷標準為是否與勞工原職業活動範圍之營業活動相同或類似。

另外，依據勞動部106年4月12日勞動關2字第1060125770號函說明二：「實務上，競爭對象以惡意挖角進行不當競爭，例如以設立不同營業項目之公司為方式，僱用有接觸原雇主營業秘密之勞工，或將挖角後之勞工佯裝約定與原職業活動完全無關之職務等，原雇主之員工雖形式上從事無關聯之職業活動，但其若實際上從事原有職業活動之工作及洩漏營業秘密，由法院斟酌具體個案實質認定該離職後競業禁止條款之效力，**以保護原雇主正當利益。**」而在勞基法第9條之1增訂前，我國法院曾有判決認為，所禁止員工從事行為之內容及範圍包括不得直接或間接與雇主之客戶接觸，且不得投資或從事與雇主具有主要競爭關係事業體相近之工作或業務，其並未禁絕員工從事其他任何職業，以其期限、內容而言，尚無危及離職員工之經濟生存能力，應符合社會一般觀念[5]。綜合上開主管機關函以及法院判決可知，離職員工生存權之保障與雇主營業合理正當利益間如何謀求平衡，或將影響合理範疇之認定。

---

[5]　臺灣高等法院95年度勞上字第82號民事判決。

6

以禁止競業約款限制勞工之職業活動及就業對象，尚不得逾合理範疇，則合理之限制範圍，究竟是限於員工離職後所從事的新職務內容與原業務有關？或是指新任職之單位是否有從事該業務？或是兼指二者？

白友桂

勞基法第9條之1第1項第3款規定，競業禁止約款所限制勞工職業活動及就業對象不得逾合理之範疇，茲所謂合理範疇如何界定？是僅能限制新職務不能與原業務有關？或是可限制為只要新任職之單位，與原雇主有競業關係，不論員工新職務內容與原業務是否有關，員工均不得任職？

關鍵字：競業禁止、職業活動、就業對象

◎離職後競業禁止約定所得限制之職業活動範圍

關於離職後競業禁止約定所得限制離職員工將來職業活動之合理範圍，依據勞基法第9條之1第1項第3款規定：「三、競業禁止之期間、區域、職業活動之範圍及就業對象，未逾合理範疇。」以及勞基法施行細則第7條之2第1項第3款及第4款規定：「三、競業禁止之職業活動範圍，應具體明確，且與勞工原職業活動範圍相同或類似。四、競業禁止之就業對象，應具體明確，並以與原雇主之營業活動相同或類似，且有競爭關係者爲限。」必須同時滿足(1)和勞工原來所從事之職業內容相同或類似，以及(2)與原雇主的營業內容相同或類似，且有競爭關係等兩個條件。

◎由勞動部的函釋來看如何認定競業禁止範圍的合理範疇

值得注意者，關於是否(1)和勞工原來所從事之職業內容相同或類似，或是否(2)與原雇主的營業內容相同或類似，且有競爭關係，究竟應採實質標準或形式標準？勞動部於106年4月12日勞動關2字第1060125770號函說明二釋示：「實務上，競爭對象以惡意挖角進行不當競爭，例如以設立不同營業項目之公司爲方式，僱用有接觸原雇主營業秘密之勞工，或將挖角後之勞工佯裝約定與原職業活動完全無關之職務等，原雇主之員工雖形式上從事無關聯之職業活動，但其若實際上從事原有職業活動之工作及洩漏營業秘密，由法院斟酌具體個案實質認定該離職後競業禁止條款之效力，**以保護原雇主正當利益。**」乃採實質認定標準，假如勞工的新雇主與原雇主有競業關係，雖然勞工表面或形式上從事的是和原職業活動無關的職務，但是如果實際上仍是從事原有職業活動的工作，還是可以就個案具體的實際情況認定，不受勞工新工作的職務名稱或任職單位名稱的拘束。

◎法院判決見解

在臺灣高等法院93年勞上字第55號民事判決所涉案例中，離職員工和原雇主間有競業禁止約定，員工承諾在僱傭契約消滅後1年內不爲自己或他人之利益，直接或間接從事任何與原雇主營業項目相同之工作，法院審查事實後，認爲離職員工任職於原雇主時，從事某特殊項目的研發，離職後任職的新雇主，也在相關領域進行開發，離職員工在新雇主也是從事相同領域的研發工作，因此，即使新舊雇主公司營業登記的項目不同，但實際營業的項目以及離職員工新的職務活動，和原雇主的營業活動以及該員工在原雇主所進行的職務活動相同且有競爭關係，並認爲競業禁止約定足以或能夠保護原雇主之正當營業利益，且未逾合理之範疇，不會對離職員工之經濟生存造成困難，而爲合法有效之約定[1]。

---

[1] 臺灣高等法院93年勞上字第55號民事判決：「按憲法第15條規定，人民之生存權、工作權及財產權應予保障，乃在宣示國家對人民應有工作權之保障，然人民之工作權並非不得限制之絕對權利，此觀憲法第23條規定自明。次按受僱人有忠於其職責之義務，於僱用期間非得僱用人之允許，固不得爲自己或第三人辦理同類之營業事務，惟爲免受僱人因知悉前僱用人之營業資料而作不公平之競爭，雙方得事先約定於受僱人離職後，在特定期間內不得從事與僱用人相同或類似之行業，以免有不公平之競爭，若此競業禁止之約定期間、內容爲合理時，與憲法工作權之保障並不牴觸（最高法院94年度台上字第1688號、86年度台上字第48號、81年度台上字第1899號、81年度台上字第989號、75年度台上字第2446號裁判要旨參照）。……而系爭競業禁止條款足以或能夠保護雇主之正當營業利益，且未逾合理之範疇，致對被上訴人之經濟生存造成困難，揆諸前揭說明，系爭競業禁止條款並未違反憲法保障人民工作權、生存權之精神，亦無民法第72條違背公序良俗情事，洵屬合法有效。」

7

勞基法規定雇主與員工簽訂離職後競業禁止條款時，雇主須提供合理之補償措施，否則約定為無效，則雇主應提供何種補償措施方屬合理？

白友桂

　　勞基法第9條之1第1項第4款規定，雇主與勞工為離職後競業禁止約定時，應對勞工因不得從事競業行為所受之損失給予合理的補償，同條第2項並規定，雇主對離職員工競業禁止之代償給付，不能是勞工於工作期間所受領之給付，則何謂合理補償？雇主能否於競業禁止條款中，約定以員工在職期間之一定薪資、獎金、紅利或股票，充作補償措施？其是否屬勞基法第9條之1第2項所稱之「勞工於工作期間所受領之給付」？

關鍵字：代償措施、合理補償、工作期間所受領之給付

◎勞基法增訂第9條之1前，我國法院有關離職後競業禁止約款對於員工給予合理補償之標準

勞基法第9條之1增訂前，法院多數判決見解是依民法第247條之1規定審查競業禁止約款有無合理代價給付之約定，以判斷該約款是否爲合法有效。因爲代價措施之目的是在補償員工於競業禁止期間之犧牲損失，所以法院判斷補償合理性的標準，會審酌其與離職員工可能遭受的損失，是否保持適當比例，不得過低，至少應使受僱者能維持正常一般之生活水準[1]。而所謂正常一般生活水準，也不只是能否維持基本生計，而是參考勞工未離職前原來的生活水準[2]。

◎勞基法增訂第9條之1後，同法施行細則就所謂合理補償之規定

勞基法第9條之1第1項第4款規定，雇主與勞工爲離職後競

---

[1] 臺灣高等法院102年度勞上字第53號民事判決：「至於補償之額度應與競業禁止限制之範圍，亦即勞工因而所可能遭受的損失，保持適當比例，至少應使受僱者維持正常一般之生活水準，始足相當。」

[2] 例如臺灣高等法院102年度勞上字第104號民事判決：「次按競業禁止約款主要在限制員工於離職後不能以其專長與主要技能從事相同或類似於原雇主之工作，若以非專長另覓新職，亦無法獲有至少相等於原有工資之報酬，故原雇主所給予之補償措施，係在彌補員工於競業禁止期間之犧牲損失。被上訴人抗辯其配偶於100年間之年收入爲39萬4,411元，有101年度綜合所得稅結算申報所得資料參考清單可憑（原審卷二第21頁），平均每月收入3萬2,868元，加計被上訴人之代償金平均每月3萬4,347元，每月全家收入6萬7,215元。而新北市100年、101年之每人每年平均消費支出約22萬元，平均每月1萬8,333元。被上訴人全家每月收入經按家中人數扣除每人平均消費支出後，所餘用以支付貸款、子女教育費等開銷之金額，遠低於被上訴人在上訴人公司任職期間之生活水平。上訴人主張代償數額是否合理，應以該數額是否足使維持合理生活爲斷，且被上訴人於競業禁止期間入出境頻繁，可見其生活不虞匱乏云云，並不可取。」

業禁止約定時，應對勞工因不得從事競業行為所受之損失給予合理的補償，同條第2項並規定，雇主對離職員工競業禁止之代價給付，不能是勞工於工作期間所受領之給付，則何謂合理補償？同法施行細則第7條之3第1項規定，合理補償必須綜合考量：(1)每月補償金額不低於員工離職時一個月平均工資百分之五十；(2)補償金額足以維持員工離職後競業禁止期間之生活所需；(3)補償金額與員工遵守競業禁止之期間、區域、職業活動範圍及就業對象之範疇所受損失相當；及(4)其他與判斷補償基準合理性有關之事項。

◎雇主能否於競業禁止條款中，約定以員工在職期間之一定薪資、獎金、紅利或股票，充作補償措施？

　　勞基法第9條之1增訂以前，有法院判決認為，對員工離職後競業禁止的補償，是補償禁止期間所受之損害，如果於在職期間先給付，基於契約自由，也未嘗不可，但是既然是離職後競業禁止的對價，就必須和在職期間所領取的報酬、薪資或福利有具體明確的區隔，必須足以分辨是在薪資及福利以外，雇主額外針對離職後禁止從事競業所另為之加給，才能夠算是有給予合理補償；如果是員工在職期間以其他名目所為之給付，或是沒有寫明在競業禁止約定中，於員工離職後才比附為競業禁止之補償，不能認為原雇主有對員工之離職後競業禁止期間提供代價措施[34]。

---

[3]　高雄臺灣高等法院高雄分院104年度重上字第152號民事判決：「員工離職後競業約款代價措施既為補償員工因競業禁止之損害（即離職後競業禁止期間所受工資差額損害）而設，其性質應認屬離職後競業禁止之對價，而應與員工在職期間原即得領取工作報酬為具體區隔。倘屬在職期間給與之代價措施，除應由雇主於給付時即為明確標示其屬代價給與（即不能先以其他名目之給付，嗣後再比附為競業禁止損害之代價）外，並應係於員工在職期間原約定得領取薪資及福利以外，雇主所另再為加給，始得認屬員工離職後競業約款代價措施。」

[4]　臺灣臺北地方法院107年勞訴字第121號民事判決：「況按員工離職後競業約款

換言之，若雇主與員工間之競業禁止約定，清楚記載何等給付屬離職後競業禁止期間之補償，則即使該等給付是在員工在職期間即已受領，法院仍可能認定原雇主已提供競業禁止之合理補償，故雇主得於競業禁止條款中，約定以員工在職期間之一定薪資、獎金、紅利或股票，充作離職後競業禁止之合理補償措施[5]。

　　但是修法後之勞基法第9條之1第2項規定，雇主對離職員工競業禁止之代償給付，不能是員工於工作期間所受領之給付。此外，同法施行細則第7條之3第2項規定：「前項合理補償，應約定離職後一次預爲給付或按月給付」，將競業禁止之合理補償限制在「離職後」一次給付或按月給付。從而，法院是否還可能維持認定，雇主得於競業禁止條款中，約定以員工在職期間之一定

　　代償措施係爲補償員工因競業禁止之損害而設，其性質應認屬離職後競業禁止之對價，而應與員工在職期間原即得領取工作報酬具具體區隔，是應係於員工在職期間原約定得領取薪資及福利以外，雇主所另再爲加給，始得認屬員工離職後競業約款代償措施，而兩造於102年1月1日簽訂之『入股分紅契約書』，並非離職後競業約款代償措施。」

[5] 臺灣高等法院102年度勞上字第53號民事判決：「2.系爭約定書第5.4條約定：『爲合理補償本人履行競業禁止義務，鴻海將支付競業禁止補償費，如競業禁止之補償費未達法律或勞動主管機關所頒布之法定補償標準，則以法定補償標準爲準。但本人同意鴻海得選擇免除支付競業禁止補償費之一部或全部而以書面豁免第5.2條所述義務之一部或全部』；第1.7條約定『"競業禁止補償費"係指於鴻海服務期間所受領之所有獎金（年終獎金及績效獎金）及員工分紅股票（股票價值以離職日之市價或淨值較高者計算）之半數（百分之五十）』等語（見原審卷一24頁正背面、26頁背面、27頁），是『競業禁止補償費』係指於上訴人公司服務期間內所受領之所有獎金（年終獎金及績效獎金）及員工分紅股票（股票價值以離職日之市價或淨值較高者計算）之百分之五十。3.被上訴人抗辯獎金、紅利、股票係其依勞動契約提供勞務所獲得之工資，並非競業禁止代償云云，查固然雇主依勞基法第29條規定，對全年工作並無過失之勞工，有給付獎金或紅利之義務。又員工分紅制度之設計目的，係在網羅、吸引優秀人才任職及激勵員工工作表現。但雇主在給付獎金、紅利、股票時，除兼顧上開目的外，如與員工特別約定，將一半之獎金、紅利、股票作爲競業禁止之代償，此應非法律所不許，尚難認其屬於無效。」

薪資、獎金、紅利或股票，充作離職後競業禁止之合理補償措施
乙節，頗值觀察。

8

若員工與雇主間所簽訂之競業禁止條款未約定補償措施或補償金額不足，雇主可否主動補足代償措施，主張該約款為有效？又雇主可否於法院認定補償金額不合理作成判決後，補足法院認定之合理代償措施，要求員工遵守競業禁止義務？

白友桂、江嘉瑜

勞基法第9條之1第1項第4款規定雇主與勞工為離職後競業禁止之約定時，雇主須就勞工不從事競業行為所受之損失，給予合理補償，如果未約定，或補償不合理，則同條第3項規定競業禁止之約定為無效。倘若雇主與員工間之離職後競業禁止條款並未約定代償措施者，雇主可否於嗣後主動補足代償措施，主張競業禁止條款為有效？若競業禁止約定除補償之合理性以外，其他部分均符合勞基法第9條之1規定之要件，則雇主可否於法院判決後，補足法院認定之合理金額，要求員工遵守競業禁止義務？

關鍵字：藍鉛筆原則、代償措施、合理補償

◎藍鉛筆原則

　　傳統上英美作者會以藍色鉛筆來標註其文件修正之處。而在英美法系中藍鉛筆原則（Blue Pencil Rule）之機能，則是當法院發現合約中有無效或無法執行之條款時，決定該合約究應全部無效，抑或僅剔除該無效或無法執行部分，而讓合約其餘部分繼續有效。如果法院決定採取藍鉛筆原則，拿起藍鉛筆，則法院可大筆一揮，將該無效或無法執行之部分除去，而讓合約之其他部分繼續有效。

◎若競業禁止約款並未約定補償，或補償金額不合理者，是否有藍鉛筆原則之適用？競業禁止約款是否全部無效？

　　於勞基法第9條之1增訂前，就競業禁止約款有部分約定對勞工有失公平而有違反民法第247條之1規定之無效事由時，我國法院曾援引美國法之「藍鉛筆原則」，就合理及不合理的條款可輕易由法院予以區隔時，認定合理部分的約款為有效，不合理部分的約款則無效，再依民法第111條規定：「法律行為之一部分無效者，全部皆為無效。但除去該部分亦可成立者，則其他部分，仍為有效。」認定將無效部分自競業禁止條款中除去，不影響其他部分的有效性[1]。

　　但是，若競業禁止約款之不合理部分是競業禁止期間的補償金額，以致於該部分之約定有民法第247條之1之無效事由者，有法院判決認為：如果將不合理之補償金額約定自競業禁止條款中剔除，將會變成在競業禁止期間沒有代價措施之不合理情形，故無法只排除不合理部分，留存合理有效部分，所以沒有藍鉛筆

---

[1]　智慧財產法院103年度民營訴字第2號民事判決。

原則之適用，競業禁止約定全部爲無效[2]。

◎雇主可否於法院判決前補足代償措施，主張該約款爲有效？

　　以下先介紹勞基法第9條之1增訂前之二個法院判決見解[3]。

　　第一個案例[4]是受僱於A公司之製造處處長甲曾於97年簽訂競業限制協議書，約定其離職後2年內，不得至與A公司生產同類產品或經營同類業務等具有競爭關係之公司擔任相關職務，同時約定有補償金及違約金[5]。A公司主張甲於104年9月4日離職後至其他與A公司生產同類產品之公司任職，違反兩造間之競業禁止約定。法院在本件認定，A公司有值得保護之利益，惟該公司支付之補償金係按甲離職前1年的月平均工資15%即2萬3,597元計算，甲違約時卻須支付高達354萬5,808元之違約金，故該競業禁止條款顯然是單方加重甲之違約責任，雖有補償措施，也只是每月支付平均月薪15%，與甲離職前6個月平均月薪顯不相當，難謂A公司給予合理補償，競業禁止條款應屬無效。

　　值得注意者，A公司主張，兩造間競業禁止約款已有補償金約定，而其已將甲離職前1年月平均工資50%，清償提存2年之競業補償金，應符合合理補償云云，惟法院仍認爲A公司給付之補償金至多僅爲原薪資50%，與甲離職後至其他公司任職之月薪

---

[2]　智慧財產法院105年度民營訴字第5號民事判決。

[3]　該案例均係於勞基法第9條之1規定增訂前即發生競業禁止行爲，該條規定增訂後尚未出現類似案例。

[4]　臺灣高等法院106年度勞上字第38號民事判決。

[5]　補償金部分：約定以員工離職時，若法令對競業補償金已明文規定且公布施行時，從其規定；若否，則以員工離職後原本可任職之競爭公司薪資扣除因受競業限制而任職他公司薪資之差額爲競業補償金；若上開計算方式有爭議，則按員工離職前1年的月平均工資的15%支付補償金。違約金部分：如員工違反競業禁止協議時，則應賠償離職前6個月平均月薪總額24倍之違約金。

（相當於其離職前月薪）相較，仍非公平合理適當。至於補償金額如果合理適當，法院是否就會認為競業禁止條款有效，尚無法由此判決判斷。

　　第二個案例[6]是受僱於B公司之電子事業部副總經理乙，曾於90年簽訂有競業禁止條款之智慧財產權暨保密協議書，約定乙於離職2年內，於國內不得以自己名義或經其控制之第三人名義經營與公司業務相同或類似之事業，並不得受僱、受任於與B公司業務相同或類似之事業，違約須給付懲罰性違約金及損害賠償。B公司主張乙於103年10月13日離職後，任職業務相同之其他公司，已違反競業禁止條款。就補償金部分，B公司主張，其已催告乙受領競業禁止2年期間可能受到之薪資報酬損害314萬4,000元，因乙未受領而辦理提存云云。法院在本件認為，兩造間之競業禁止約款並無補償約定，B公司主張之補償數額並非經兩造協議而來，且乙並未同意，因此不發生合法協議競業禁止之效力。

　　僱主得否於法院判決前主動補足代償措施，主張競業禁止約款有效？如依上開案例之法院見解，首先須檢視是否經員工同意，即補償金額須經兩造協議，若未經員工同意，縱令僱主主動補償之金額相當於員工離職時薪資全額，法院亦可能不肯認發生合法之競業禁止協議效力（如案例二）。再者，在約定有代償措施之競業禁止條款的情形，仍須檢視補償金額是否公平合理適當，若補償金額由離職時薪資之15%提高至50%，即相當於修法後之勞基法施行細則第7條之3第1款規定之最低標準，法院仍可能視個案情形（例如：新工作機會之薪資）認為不符合合理補償之標準，競業禁止條款為無效。

　　勞基法增訂第9條之1後，該條已經明文規定欠缺合理代償

---

[6]　臺灣高等法院104年度重勞上字第50號民事判決（上訴最高法院審理中，最後查詢日：108年6月5日）。

措施的競業禁止約定爲無效，故上開法院判決見解是否仍可援
用，有待觀察。

◎雇主可否於法院判決後補足法院認定之合理金額，要求員工遵守競業禁止義務？

　　競業禁止之訴訟，通常是原雇主認爲離職員工違反競業禁
止約定，要求員工賠償違約金，並禁止離職員工再繼續任職或從
事有競爭關係之工作。因此，原雇主作爲原告以訴請求之事項，
通常不會是要求法院確認合理之補償金額爲多少，反而是離職員
工作爲被告會以補償金額不合理爲抗辯，主張競業禁止約定爲無
效。若依前述我國法院認爲競業禁止條款沒有約定補償金或補償
金不合理，並無藍鉛筆原則之適用，競業禁止條款全部爲無效之
過去判決見解，則一旦法院肯認離職員工之主張，認爲補償金額
不合理，則競業禁止約定將被認定全部無效，原雇主之請求將被
駁回，雇主無從直接依法院判決理由所載法院所認定之合理補償
金額（如有），於給付離職員工後，要求員工遵守競業禁止義
務。

　　而增訂之勞基法第9條之1第3項規定，競業禁止約定未給予
離職員工合理代償措施時，該約定爲無效。依此文義，此部分似
未改變修法前之判決見解。因此，一旦法院認定補償金額不合
理，則競業禁止約款較可能被認爲依勞基法第9條之1第3項規定
歸於無效，循此以論，雇主大概更難以於其依法院判決補足法院
認定之合理金額（如有）予員工後，要求員工應遵守競業禁止義
務。

9

雇主與員工簽訂離職後競業禁止條款，若未約定補償措施或補償不合理，員工可否請求雇主補足合理補償？

曾毓君

　　依勞基法第9條之1第1項第4款規定，雇主與勞工間約定離職後競業禁止條款時，須給予勞工合理補償。又依勞基法施行細則第7條之3規定，該合理補償數額至少為勞工離職時月平均工資百分之五十。從而，如競業禁止約款中未設有合理補償或其補償不合理者，勞工是否得本於上開規定，請求雇主給付合理補償，而不主張競業禁止條款無效，即有探討必要。

關鍵字：合理補償、代償措施、補償金請求權、補償金之補正

◎何謂合理補償

　　一般認為，代償措施之設計，乃係填補離職員工因受競業禁止約定之拘束而承受工作權上之不利益所為之補償。針對如何判斷補償是否合理，過去實務見解係以個案認定，例如：臺灣高等

法院106年度勞上字第26號判決[1]係按過去薪資比例爲合理性判斷之認定標準，而臺灣高等法院102年度勞上字第104號民事判決則係依是否足以維持日常生活之水平及與過去薪資比例等爲綜合判斷[2]。惟勞動部訂定之勞基法施行細則業已對此訂出相對明確之判斷基準，即勞基法施行細則第7條之3規定：雇主合理補償數額不得低於勞工離職時月平均工資百分之五十，且須足以維持勞工離職後競業禁止期間之生活所需，及與勞工遵守競業禁止之期間、區域、職業活動範圍及就業對象之範疇所受損失相當，並

---

[1] 臺灣高等法院106年度勞上字第26號民事判決：「上開代償措施約款，非但以被上訴人有待業期間爲給付條件，且其約定給付之數額亦僅爲相當於基本工資（按被上訴人離職時之基本工資爲20,008元），不及於被上訴人離職時月薪資50%，顯見上訴人在被上訴人離職時，僅一昧要求離職後之被上訴人仍應爲上訴人盡保障營業利益之義務，並未就被上訴人因履行競業禁止義務所可能受到之損失爲適當補償，雙方在義務之履行上顯然失衡，實難認上開代償措施係屬合理補償。」

[2] 臺灣高等法院102年度勞上字第104號民事判決：「……依上訴人所主張其給付被上訴人離職後二年競業禁止期間之代償金額82萬4,350元計算，一年爲41萬2,175元，平均每月爲3萬4,347元，約占被上訴人任職上訴人公司期間月薪（即14萬140元）之24.5%，若再加計獎金及紅利等薪資，則其所占比例更低，顯不合理。（乙）次按競業禁止約款主要在限制員工於離職後不能以其專長與主要技能從事相同或類似於原雇主之工作，若以非專長另覓新職，亦無法獲有至少相等於原有工資之報酬，故原雇主所給予之補償措施，係在彌補員工於競業禁止期間之犧牲損失。被上訴人抗辯其配偶於100年間之年收入爲39萬4,411元，有101年度綜合所得稅結算申報所得資料參考清單可憑（原審卷二第21頁），平均每月收入3萬2,868元，加計被上訴人之代償金平均每月3萬4,347元，每月全家收入6萬7,215元。而新北市100年、101年之每人每年平均消費支出約22萬元，平均每月1萬8,333元。被上訴人全家每月收入經按家中人數扣除每人平均消費支出後，所餘用以支付貸款、子女教育費等開銷之金額，遠低於被上訴人在上訴人公司任職期間之生活水平。……（丙）基上，系爭契約第9條競業禁止代償措施約定，對被上訴人顯失公平，依民法第247條之1規定，應認該約款爲無效。此外，上訴人復未能提出其他證據佐證其已爲被上訴人離職後競業禁止補償措施，被上訴人抗辯上訴人未就被上訴人離職後系爭競業禁止條款提供代償措施等語，堪予採信。（三）系爭契約有關競業禁止條款，既因未具備『需有填補員工因競業禁止之損害之代償措施』之有效要件而無效，已如上述。」

以綜合判斷爲原則。

　　所謂月平均工資，依勞基法第2條第4款規定，乃計算事由發生之當日前六個月內所得工資總額除以該期間之總日數所得之金額，亦即，勞工離職前六個月實領薪資之平均；而所謂「生活所需」，法院實務見解則可能按職位、各縣市平均每人每月消費支出等不同因素，依具體個案判斷是否足以維持員工所需之生活費用，例如：臺灣高等法院102年度勞上字第53號民事判決[3]認爲，專業經理依約所領取之補償金每月約爲15萬1,371元爲合理；另就工程師依約領取之每月約爲2萬156元之補償，法院則參照當時（101年7月1日）勞工每月基本工資1萬9,273元作爲判

---

[3] 臺灣高等法院102年度勞上字第53號民事判決：「五、兩造不爭執之事實（見原審卷二54頁背面至55頁）：⋯⋯（五）黃大偉離職前係擔任NWInG網絡連接產品事業群之專案經理，⋯⋯。（六）曹世峰於任職期間，爲⋯⋯等相關重要零組件專案工程師，⋯⋯。⋯⋯至於補償之額度應與競業禁止限制之範圍，亦即勞工因而所可能遭受的損失，保持適當比例，至少應使受僱者維持正常一般之生活水準，始足相當。2.系爭約定書第5.4條約定：『爲合理補償本人履行競業禁止義務，鴻海將支付競業禁止補償費，如競業禁止之補償費未達法律或勞動主管機關所頒布之法定補償標準，則以法定補償標準爲準。但本人同意鴻海得選擇免除支付競業禁止補償費之一部或全部而以書面豁免第5.2條所述義務之一部或全部』；第1.7條約定『「競業禁止補償費」係指於鴻海服務期間所受領之所有獎金（年終獎金及績效獎金）及員工分紅股票（股票價值以離職日之市價或淨值較高者計算）之半數（百分之五十）』等語（見原審卷一24頁正背面、26頁背面、27頁），是『競業禁止補償費』係指於上訴人公司服務期間內所受領之所有獎金（年終獎金及績效獎金）及員工分紅股票（股票價值以離職日之市價或淨值較高者計算）之百分之五十。3.查黃大偉95年至99年爲止，其年終獎金、績效獎金、股票折現現金之和，如附表所示，依序爲468,000元、1,740,000元、15,956,500元，計爲18,164,500元，其半數爲9,082,250元，平均一年爲1,816,450元，每月約爲151,371元。是上訴人主張此一金額已足以維持黃大偉一般生活所需一節，即屬有據。⋯⋯4.查曹世峰96年至99年爲止，其年終獎金、績效獎金、股票折算現金之和，如附表所示，依序爲288,000元、402,0,00元、1,245,000元，計爲1,935,000元，其半數爲967,500元，平均一年爲241,875元，每月約爲20,156元，爰審酌此金額並未低於101年7月1日起之勞工每月基本工資19,273元，是上訴人主張此一代價係合於兩造約定一節，亦屬可信。⋯⋯」

斷基礎，亦認為屬於合理。亦有判決依行政院主計處公告之各縣市平均每人每月消費支出金額，認定雇主所給予之補償金額與員工遵守競業禁止之期間、區域、職業活動範圍及就業對象之範疇所受損失有所失衡而無效（臺灣臺南地方法院106年度勞訴字第71號民事判決[4]參照）。

◎未約定補償措施或補償不合理之競業禁止條款效力

　　過去實務見解就代償措施是否為離職後競業禁止約款之合法性要件，見解不同，有認為代償措施為離職後競業禁止約款的合法性要件，例如：最高法院103年度台上字第793號[5]、臺灣高等法院103年度勞上字第78號、102年度勞上字第9號、102年度勞上字第104號及臺灣高等法院臺中分院103年度上字第70號等民事判決；有認為代償措施並非必要條件，例如：最高法院103年度台上字第1984號[6]、臺灣高等院102年度上易字第190號、101

---

[4] 臺灣臺南地方法院106年度勞訴字第71號民事判決：「又原告雖於2年競業禁止期間，給予被告每月按離職前薪資百分之50計算即16,000元之代償金，依行政院主計處家庭收支調查表所載，臺南市105年度平均每人每月消費支出為18,782元，則原告所給予之補償金額，約僅能勉予維持被告日常生活基本所需，相較於被告因系爭競業禁止條款應遵守競業禁止之期間、區域、職業活動範圍及就業對象之範疇所受損失，亦難謂相當。則被告主張系爭競業禁止條款違反勞動基準法第9條之1第1項第2、3、4款，依同條第3項規定，應認為該條款無效，即屬有據。」

[5] 最高法院103年度台上字第793號民事判決：「代償措施係因現今社會日益講究專業分工，雇主當時以其締約優勢，使弱勢員工同意簽訂競業條款，卻毋庸在勞工任職中或離職後給予任何補償，迫使勞工接受離職後不從事競業之義務，無法繼續以其主要專業技能從事離職前之相關工作，結果可能為弱勢勞工僅能以非專長或第二專長另覓新職，對勞工生存權、工作權之保障有所不足，無疑係對離職勞工之懲罰，而與當今勞動契約法上保障弱勢勞工之思潮相違。」

[6] 最高法院103年度台上字第1984號民事判決：「按競業禁止約款，乃事業單位為保護其商業機密、營業利益或維持其競爭優勢，要求特定人與其約定於在職期間或離職後之一定期間、區域內，不得受僱或經營與其相同或類似之業務工

年度上字第440號及100年度重勞上字第11號等民事判決。前者主要著眼於額外課予離職員工負擔競業禁止義務，施加予離職員工工作權上之不利益，應以提供補償措施之方式，維繫企業與離職員工間之權益平衡；後者則著重於契約自由原則，若競業禁止約定具必要性且所限制範圍並未逾越合理程度者，該約定應爲有效，不一定須具備補償措施。

惟勞基法第9條之1第4款業已明文規定合理補償措施爲離職後競業禁止約款有效性審查之必要條件，故如離職後競業禁止約款未約定補償措施或補償措施不合理者，該競業禁止條款有遭法院認爲全部或一部無效之可能。

◎員工是否有依勞基法第9條之1請求雇主給付合理補償之請求權？

關此，臺灣高等法院105年度重勞上字第54號判決曾表示見解，該案案情背景爲：上訴人甲（即原告）主張，其於102年1月23日起至105年1月22日止，擔任被上訴人A公司（即被告，下稱A公司）之總經理，負責管理商場營運事務，A公司與甲訂有競業禁止條款，約定甲於委任契約[7]終止後二年內，未經A公司事先書面同意，不得至同業就業，甲離職後於競業禁止期間，依上開約款徵求A公司書面同意其至A公司之競爭同業所經營之百貨商場工作，惟遭A公司拒絕，甲認爲A公司既以上開競業禁止條款限制其工作權，即應給予補償，爰依勞基法第9條之1第1項

作。基於契約自由原則，此項約款倘具必要性，且所限制之範圍未逾越合理程度而非過當，當事人即應受該約定之拘束。」

[7] 該案兩造間所簽訂契約名爲委任契約，且於契約第11條訂有於契約期間內不適用勞基法等相關勞工法令之規定，惟由於甲於該案主張兩造間契約性質屬勞動契約，並依勞基法第9條之1規定爲請求，故該案法院仍有就勞基法第9條之1第1款第4款規定作出解釋。

第4款規定或其法理或上開競業禁止條款之附隨義務，請求A公司給付合理補償金。

　　該案法院認為，員工甲依勞基法第9條之1第4款規定，固可主張未約定合理補償之競業禁止行為乃無效，無須遵守，但尚難據此認為員工甲可就未約定補償之競業禁止條款，逕向雇主A公司請求補償，且亦無從依據該規定得出員工甲可就無約定補償之競業禁止條款向雇主A公司請求補償之法理。再者，該案法院認為，上開競業禁止條款並非兩造間委任契約之契約原素或要素義務，性質上屬附隨義務之一種，惟兩造並未於契約約定A公司應於競業禁止期間給付甲補償金，則難認A公司負有給付補償金之附隨義務，該案法院並援引最高法院100年度台上字第2號判決[8]意旨，認為當事人一造對於他造違反附隨義務，如致構成不完全給付者，固可請求損害賠償，但因其義務並非契約構成要素，不得逕以訴獨立請求他造履行附隨義務，從而認為甲以訴獨立請求A公司履行所謂給付補償金之附隨義務，亦無理由。

　　除上開高等法院判決見解外，臺灣新竹地方法院亦曾以106年度勞訴字第65號判決表達類似見解，該案法院認為，該案所涉及之競業禁止約定，因欠缺合理補償約定而屬無效，故離職勞工即不得援引上開無效之競業禁止約定，請求雇主給予其在職時

---

[8] 最高法院100年度台上字第2號民事判決：「契約成立生效後，債務人除負有給付義務（包括主給付義務與從給付義務）外，尚有附隨義務。所謂附隨義務，乃為履行給付義務或保護債權人人身或財產上利益，於契約發展過程基於誠信原則而生之義務，包括協力及告知義務以輔助實現債權人之給付利益。倘債務人未盡此項義務，應負民法第227條第1項不完全給付債務不履行之責任。又附隨義務性質上屬於非構成契約原素或要素之義務，如有違反，債權人原則上固僅得請求損害賠償，然倘為與給付目的相關之附隨義務之違反，而足以影響契約目的之達成，使債權人無法實現其訂立契約之利益，則與違反主給付義務對債權人所造成之結果，在本質上並無差異（皆使當事人締結契約之目的無法達成），自亦應賦予債權人契約解除權，以確保債權人利益得以獲得完全之滿足，俾維護契約應有之規範功能與秩序。」

最後一個月本薪12倍之金錢賠償。此外，該案法院亦明揭，勞基法第9條之1係規範離職後競業禁止約定條款之有效要件，苟不符合該條第1項4款之規定，依同條第3項之規定，離職後競業禁止約定條款即屬無效，勞工雖可不受離職後競業禁止約定之拘束，但亦非謂其因此取得向雇主請求合理補償之權利。

　　綜上所述，若依現行司法實務見解，勞基法第9條之1第1項各款規定係作為判斷離職後競業禁止約款是否合法之標準，員工固得援引相關規定主張離職後競業禁止約款為無效，但尚難據此主張員工可就未約定補償之競業禁止條款，逕向雇主請求補償。

10

雇主可否主動表示終止離職後競業禁止條款，免除員工之競業禁止義務？

曾毓君

在現行法下，雇主與勞工間約定離職後競業禁止條款時，須給予勞工合理補償，且所約定之離職後競業禁止期間不得超過兩年，又合理補償應約定離職後一次預為給付或按月給付，實務上不乏出現在競業禁止條款履行一段期間後，雇主單方希望終止競業禁止限制，以免除補償金支付之義務，則法院實務上是否允許雇主提前終止？

關鍵字：合理補償、代償措施、雇主片面終止離職後競業禁止條款

依據勞基法第9條之1及勞基法施行細則第7條之1，勞雇雙方約定之離職後競業禁止期間不得超過2年，且雇主應給予合理補償，又該補償數額除應符合勞基法施行細則第7條之1第1項所定之綜合判斷標準外，亦應於離職後一次預為給付或按月給付。此意謂著雇主如要維持離職後競業禁止約款之效力，可能必須在未受有勞工任何勞務給付之情況下，持續最多兩年不間斷地給予

競業禁止之補償。因此,實務上可想見,在競業禁止條款履行一段期間後,雇主單方希望終止競業禁止限制,以免除補償金支付之義務,避免給付補償之經濟上負擔。本文以下即就法院判決就此所為見解提出說明。

以臺灣臺北地方法院102年度勞訴字第175號民事判決為例,該案所涉及之離職後競業禁止約款為:「2-2甲方(即雇主,該案原告)得要求乙方(即勞工,該案被告)於離職後二年內,除經甲方事先書面同意外,不得以任何方式,不論直接或間接,或以自己、代理人、顧問、合夥人等方式,為其他國內外之相關同業提供任何形式之服務」、「2-3甲方(即雇主,該案原告)同意於前款競業禁止期間,按月給付乙方(即勞工,該案被告)薪資作為補償。」由上開約款可知,如經雇主書面同意,即可免除離職員工履行競業禁止約定之義務,故該案雇主得決定是否要求離職員工履行競業禁止約定之義務,並據以給付離職員工補償金。上開約款經該案法院肯認其效力。

此外,類此約定雇主得單方決定是否競業之離職後競業禁止約款,法院判決實務上不乏認定其合法有效者。例如:於勞基法第9條之1規定增訂前,即有法院認為,「……5.4(競業禁止補償費):為合理補償本人履行競業禁止之義務,公司將支付競業禁止補償費。如競業禁止之補償費未達法律或勞動主管機關所頒布之法定補償標準,則以法定補償標準為準。但本人同意公司得選擇免除支付競業禁止補償費之一部或全部而以書面豁免第5.2條所述義務之一部或全部。」之離職後競業禁止約定為有效[1],且依法院實務見解,於離職後競業禁止約款中,以「經雇主同意」為要件,作為免除員工競業禁止義務之例外約定,似亦非不

---

[1]　智慧財產法院103年度民營訴字第2號民事判決。臺灣高等法院102年度勞上字第53號民事判決亦同此見解。

可[2]。

　　如離職員工已依約履行其競業禁止義務，則雇主能否於競業禁止期間，提前免除離職員工之競業禁止義務？就此，臺灣臺北地方法院102年度勞訴字第175號民事判決亦予以肯認之。該案案件背景為，A公司（即該案雇主）於甲（即該案員工）102年3月31日離職前，已先通知甲應履行為期1年之競業禁止約定，並依約給付甲競業禁止補償金，惟A公司嗣於102年4月2日在其所開立並送達予甲之離職證明函中記載：「台端未被要求實施競業禁止，惟仍須恪遵在職期間所簽訂之有關機密保密與勤務成果等約定之義務，如有違反將依法要求履行合約」，免除甲履行競業禁止約定之義務，甲亦已返還A公司給付之補償金。嗣後A公司以錯誤為由，於102年5月15日寄發存證信函要求甲履行競業禁止之義務，並訴請法院禁止甲於競業禁止期間至他競爭同業公司工作。該案法院駁回A公司之請求，其判決理由認為，A公司開立上開離職證明，業已免除甲履行競業禁止約定之義務（至於A公司以錯誤為由主張撤銷該意思表示乙節，為法院所不採，因該部分之判斷與本議題無涉，故本文不予深究）。

　　綜上所述，如依現行法院實務，於離職後競業禁止約款為有效之前提下（亦即符合勞基法第9條之1第1項各款合法性要件者），若勞雇雙方業已於離職後競業禁止約款中明文約定，雇主得單方決定離職員工是否競業或提前免除其競業禁止義務，似非不可承認其效力。但如離職後競業禁止約款中未明文約定雇主得片面決定競業與否或提前終止時，則由於欠缺法院判決對此作成有關見解，或仍留待司法實務判決之累積。

---

[2]　臺灣高等法院臺中分院104年度上易字第551號民事判決及臺灣臺中地方法院106年度簡上字第438號判決等。

11

員工可否主動向雇主給付違反競業禁止義務之違約金，或免除雇主之補償義務，而主張其不再負有競業禁止義務？

曾毓君

依勞基法第9條之1第1項第4款規定，雇主與勞工間約定離職後競業禁止條款時，須給予勞工合理補償。且實務上，離職後競業禁止條款通常訂有違約金，以作為勞工違約時對雇主之定額賠償或對勞工之強制罰。從而，勞工得否本於離職後競業禁止條款，主動給付違約金或免除雇主合理補償之給付義務，而主張其不再負競業禁止之義務，實值探究。

關鍵字：合理補償、代價措施、違約金、免除責任、免除債務

◎違約金之定性與類型

所謂違約金，係由契約當事人約定，作為債務人債務不履行時應對債權人所為之給付（民法第250條第1項參照）。我國司法實務見解多以私法自治與契約自由原則為由，認為只要不違反強制禁止規定及公序良俗者，契約當事人得自由決定是否於契約

中約定違約金條款以及違約金之數額，契約當事人並均受此約款之拘束。

　　違約金可分為損害賠償總額預定性違約金及懲罰性違約金，其效力各自不同[1]。所謂損害賠償總額預定性違約金，係以契約所訂違約金作為債務人債務不履行時所生損害之賠償總額。契約當事人若約定損害賠償總額預定性違約金者，一旦債務人發生債務不履行之情事，債權人即可不證明其實際所受損害之金額，逕依契約所訂金額請求債務人賠償，免除舉證證明損害額之責任，就債權人而言，該等違約金條款得以有效減少其求償成本，降低求償困難度；惟債權人即便承受超過約定金額之損害或損失，亦不得再行請求損害賠償（最高法院55年度台上字第1338號民事判決意旨[2]參照）。而所謂懲罰性違約金，則係以強制債務人履行債務為目的所約定之違約金，其目的係針對債務人違約行為之懲罰，故只要債務人出現約定之違約行為，不問債權人是否受有損害，均得依約請求給付，且如債權人實際上另受有損害，亦得再行請求實際損害金額之賠償。

---

[1]　最高法院86年度台上字第1620號民事判決：「違約金有賠償性違約金及懲罰性違約金，其效力各自不同。前者以違約金作為債務不履行所生損害之賠償總額。後者以強制債務之履行為目的，確保債權效力所定之強制罰，於債務不履行時，債權人除得請求支付違約金外，並得請求履行債務，或不履行之損害賠償。當事人約定之違約金究屬何者，應依當事人之意思定之。如無從依當事人之意思認定違約金之種類，則依民法第250條第2項規定，視為賠償性違約金。」

[2]　最高法院55年度台上字第1338號民事判決：「買賣契約已有違約金之約定，如其約定係以強制債務之履行為目的，則債權人於債務人不履行債務時，除得請求支付違約金外，並得請求不履行之損害賠償。如係以預定債務不履行之損害賠償為目的，則其約定之違約金既為損害賠償之總額，除有過高情形法院得予酌減外，要無以其過低而予酌加之依據。」

◎員工可否主動向雇主給付違反競業禁止義務之違約金，據以主張其不再負有競業禁止義務

關於此一議題，並未查得法院實務對此作出見解。惟如依照最高法院86年度台上字第1620號判決明揭：懲罰性違約金係以強制債務之履行為目的，確保債權效力所定之強制罰，於債務不履行時，債權人除得請求支付違約金外，並得請求履行債務，或不履行之損害賠償等旨，解釋上可能被認為，在雙方訂有懲罰性違約金之情況下，債務人違約時除應支付該懲罰性違約金外，其餘因離職後競業禁止約定應負之一切責任，並不受影響，則此時員工或仍負有競業禁止義務。

針對雙方就競業禁止義務之違反係約定損害賠償總額預定性違約金者，是否可能與懲罰性違約金之判斷結果有所不同？關此，參照最高法院85年度台上字第175號判決，該案所涉及之案件背景事實雖非勞雇爭議事件，惟法院認為，損害賠償總額預定性違約金，僅是兩造當事人於訂約時，就因債務不履行所生之損害賠償總額預為預定，並非預先免除債務人之故意或重大過失責任，故縱使債務人於該案違約上有重大過失，亦無免除其應盡之義務，而僅是賠償金額以約定違約金額為限。故從上開最高法院見解觀之，可能被認為，如勞雇雙方約定的是損害賠償總額預定性違約金時，員工似亦非當然得以其已給付該違約金為由，主張其不再負有競業禁止義務。

◎員工得否免除雇主給付代償措施之義務，而主張其不再負競業禁止責任

此一議題或可參考臺灣高等法院臺中分院97年度勞上易字第1號判決，該案大致背景事實為勞工甲與A公司訂有員工聘僱保密暨競業禁止合約，依該合約第5條第3項約定，甲於離職後2

年內不得受僱於與A公司相同或類似產品業務之公司或事業，嗣因甲於競業禁止期間違反上開約款，故A公司訴請給付違約金。甲於訴訟中抗辯，其離職時，離職申請書及服務證明書上並未註明受有競業禁止之限制，且其亦未自A公司取得補償金，故不受上開競業禁止約款之拘束。就甲上開抗辯，該案法院認為，A公司訂有競業禁止補償辦法，且依上開員工聘僱保密暨競業禁止合約第5條第3項約定，甲得依該競業禁止補償辦法向A公司請求補償，且是否有競業禁止之約定，為契約行為，並非單方可自行決定，故關於兩造間是否存在競業禁止之權利義務關係，仍應視雙方所訂之員工聘僱保密暨競業禁止合約之內容定之。依上開法院見解，或可能被認為，競業禁止約款之訂定、變更或終止，除有特別約定外，均須經雙方意思表示合致始得為之，故員工似未能片面免除僱主之補償責任而主張自己不受競業禁止約款之契約拘束。

　　關於員工得否免除僱主給付代償措施之義務，而主張其不再負競業禁止責任乙節，因非上開判決之主要爭點，且此議題或涉及代償措施之對價性為何？等爭點，故法院就此議題最後將採何種見解，或仍待觀察。

12
法院若認定雇主與員工所簽訂之離職後競業禁止條款，有部分限制並不合理，此時雇主可否主張該條款依民法第111條但書，於一定範圍內仍為有效？

曾毓君

　　勞基法第9條之1第3項規定：「違反第一項各款規定之一者，其約定無效」，則在雙方約定競業禁止之期間、區域、職業活動之範圍及就業對象，經法院判斷逾越合理範疇時，是否有由法院調整認定內容的空間？又未符合第9條之1第1項規定之競業禁止約款，是否即應適用民法第111條本文規定，認為其全部約定內容均屬無效？或有民法第111條但書規定之適用，認為競業禁止條款部分內容在法院認定合理之範圍內乃有效？即有待探究。

關鍵字：離職後競業禁止條款、一部無效、全部無效、勞基法第
　　　　9條之1第3項、民法第111條、藍鉛筆原則、效力可分性

◎民法上一部無效之法律行為的效力

依民法第111條規定：「法律行為之一部分無效者，全部皆為無效。但除去該部分亦可成立者，則其他部分，仍為有效。」又依最高法院75年度台上字第1261號民事判決明揭：「民法第111條但書之規定，非謂凡遇給付可分之場合，均有其適用。尚須綜合法律行為全部之旨趣，當事人訂約時之真意、交易之習慣、其他具體情事，並本於誠信原則予以斟酌後，認為使其他部分發生效力，並不違反雙方當事人之目的者，始足當之。」可知法律行為一部為無效時，原則上全部皆為無效，唯有在例外之情況下，經審酌當事人之真意、交易習慣及締約目的等個案具體事實後，始得發生一部無效、其餘有效之法律效果。

◎競業禁止約款部分有效之容許性

競業禁止約款之限制時間、區域、行為是否合理等將隨個案情形有所不同，美國多數州法院對於不合理競業禁止約款容許法院採取藍鉛筆原則，亦即，承認競業禁止約款具有可分性（severability），縱使約款部分內容經法院認定無效，其餘部分仍屬有效，而得由法院承認其效力後予以執行，使競業禁止約款於合理限度之範圍內繼續存在。惟我國法院實務對於競業禁止約款得否藉由民法第111條但書規定加以修改，似有正反兩面意見。

1. 法院肯認競業禁止約款有民法第111條但書規定之適用者

最高法院83年度台上字第1865號民事判決肯認，事實審法院就該案所涉切結書關於競業禁止之請求有無逾越合理範圍予以論斷，認定該案競業禁止約款所訂超過2年合理期間之部分為無

效，而離職後2年內部分為有效之判斷為合法[1]。

　　此外，最高法院94年度台上字第1688號判決更進一步認為，該案事實審法院以該案所涉競業禁止條款未明訂競業禁止之地域，範圍過大，且種類限制亦過廣為由，認定該競業禁止約款為全部無效之判斷，尚值商榷，故而將原判決廢棄發回[2]。

---

[1]　最高法院83年度台上字第1865號民事判決：「原審依審理之結果，以：……切結書第三項係禁止上訴人將任職被上訴人公司習得之技能用於彈波之生產等，此非單純之營業秘密之禁止洩漏，亦含有競業之禁止。我國法律固未禁止為競業禁止之約定，惟須於合理限度內，亦即在相當期間或地域內限制其競業，始認為有效。切結書第三項並無時間及地域限制，雖逾合理限度，惟被上訴人在第一審係請求禁止上訴人於81年5月11日以前為同業競業，亦即離職後二年內禁止競業，於原審改為請求自判決確定時起二年內禁止，限制期間仍為二年，應認兩造間之禁止競業約定為離職時起二年內，始為合理範圍，而為有效。……至原判決所稱切結書第三項，並非單純之營業秘密之禁止洩漏，亦含有競業之禁止，而競業之禁止，在合理限度內為有效，超越合理限度範圍則無效，認切結書第三項約定於上訴人離職時起二年內部分為有效，超過部分為無效，乃將被上訴人請求上訴人在判決確定起二年內不得生產彈波機器及生產彈波（即擴張之訴）部分予以駁回，係就切結書第三項關於競業禁止之請求有無逾越合理範圍予以論斷。原判決就切結書第二、三項約定之範圍及內容之不同，分別為被上訴人對上訴人請求准、駁與否之依據，並無判決理由矛盾之情形。上訴論旨，徒執上開情詞，並就原審取捨證據、認定事實之職權行使，及依職權解釋契約，指摘原判決關於其敗訴部分為不當，求予廢棄，非有理由。」

[2]　最高法院94年度台上字第1688號民事判決：「按受僱人有忠於其職責之義務，於僱用期間非得僱用人之允許，固不得為自己或第三人辦理同類之營業事務，惟為免受僱人因知悉前僱用人之營業資料而作不公平之競爭，雙方得事先約定於受僱人離職後，在特定期間內不得從事與僱用人相同或類似之行業，以免有不公平之競爭，若此競業禁止之約定期間、內容為合理時，與憲法工作權之保障無違。查本件上訴人恐其員工即被上訴人離職後洩漏其商業上秘密、或與上訴人為不公平之競爭，乃要求員工書立切結書，約定於離職後一年內，不得從事未獲上訴人公司同意授權之娛樂視訊系統（如車輛娛樂視訊）等相關工作或使用上述相關資訊，如有違反，應給付懲罰性違約金。此項競業禁止之約定，附有一年期間不得從事特定工作上之限制，雖未明定限制之地域，但既出於被上訴人之同意，於合理限度內，即在相當期間或地域內限制其競業，與憲法保障人民工作權之精神並不違背，亦未違反其他強制規定，且與公共秩序無關，其約定應屬有效。原審謂系爭保密切結書既未明定競業禁止之地域，其範圍顯

　　相對近期的法院見解，則可以智慧財產法院103年度民營訴字第2號判決爲例[3]，法院雖認爲該案所涉及之競業禁止約款[4]係雇主預先擬定且對於集團內各領域員工所簽立之約定，對簽約員工確有限制過廣之情，惟其考量如將離職後競業禁止條款認爲全部無效，不符合現代科技業之經營型態，亦不符合當事人締約之眞意，且參考外國立法例，即美國法之藍鉛筆原則（Blue pencil principle）及德國聯邦勞工法院亦採納該原則之判決見解，認爲離職後競業禁止約款適用民法第111條但書規定，符合該約定效力判斷上之適用趨勢，進而認定該案勞雇雙方雖訂有上開限制過廣之競業禁止約款，惟該案雇主於訴訟中僅請求禁止該案勞工於

然過大，種類之限制亦顯然過廣；競業禁止約定之時期、地域及種類三者一併加以限制，且限制之條件顯然過廣，已超逾合理之範圍，該約定爲無效云云，即有可議。」

[3]　該案法院在判斷競業禁止約款之合法性時，勞基法第9條之1雖尚未完成立法，但法院於判決理由中業已說明，該修法草案揭示離職後競業禁止要件（即現行法第9條之1規定），而得爲法理上之參考，故該案判決在勞基法第9條之1增訂後或仍有研究價值。

[4]　該案所涉及之離職後競業禁止約款爲：「5.2（競業禁止範圍）：本人同意自離職日起貳年內不直接或間接在A公司所在國家及地區從事任何與A公司業務（含計畫中業務）或其業務有關之事務相競爭之行爲，包括但不限於提升、協助、改善A公司競爭者競爭力，爲A公司競爭者服務或提供勞務，接觸、拜訪A公司客戶（含交易洽商中之客戶）、向A公司客戶銷售與A公司產品相同或相似之產品、或向A公司競爭者銷售或授權與某A公司產品、技術相同或相似之產品、技術或智慧財產權。5.3（競業禁止區域）：本條所述競業禁止之區域，包括臺灣、大陸、香港、日本、新加坡、馬來西亞、美國、加拿大、英國、愛爾蘭、捷克、匈牙利及其他A公司或其關係企業營業所在地區或國家。5.4（競業禁止補償費）：爲合理補償本人履行競業禁止之義務，A公司將支付競業禁止補償費。如競業禁止之補償費未達法律或勞動主管機關所頒布之法定補償標準，則以法定補償標準爲準。但本人同意A公司得選擇免除支付競業禁止補償費之一部或全部而以書面豁免第5.2條所述義務之一部或全部。5.5（競業禁止違約責任）：如本人違反本條規定，本人應負賠償責任，並於A公司指定期限內將5.4條之補償及違約所得返還予公司，並願以上述金額總額的30%計算支付違約罰金。」

離職後2年內從事或經營與電連接器或線纜產品等（即該案勞工原任職職務之工作內容範圍）競爭相同或類似行業，故而肯認該競業禁止約款具有拘束勞雇雙方之效力[5]。該案勞工雖主張，離職後競業禁止條款一旦被認定逾越合理範圍，應屬無效，縱雇主嗣後單方限縮競業禁止範圍，亦無從被任何事後補救措施所治癒而回復其拘束力，惟上開主張為法院所不採。

2. 法院持否定見解者

以臺灣高等法院106年度勞上字第38號民事判決為例，法院認為該案所涉及之離職後競業禁止約定就「勞工受領離職補償金」、「勞工給付違約賠償金」、「勞工不得從事競業行為」間具有不可分性，無從獨立存在，否則違反當事人之締約目的，進而認為上開離職後競業禁止約定無民法第111條但書規定之適用[6]。

---

[5] 類此意旨者，尚有臺灣高等法院102年度勞上字第53號民事判決，該案判決見解亦為最高法院所認同（最高法院103年度台上字第2215號裁定參照）。

[6] 臺灣高等法院106年度勞上字第38號民事判決：「查系爭協議第1條約定被上訴人於離職2年內，不得至台光等5家公司，或生產與上訴人任一同類產品或經營同類業務等具有競爭關係之公司擔任相關職務，如有違反，依系爭協議第5條約定應賠償上訴人離職前6個月平均月薪總額之24倍，作為違約金；又上訴人於本件亦係主張被上訴人於離職2年內，不得至『台光等5家公司』，或『生產與上訴人任一同類產品或經營同類業務等具有競爭關係之公司』擔任相關職務，而非僅請求被上訴人於離職2年內，不得至『台光等5家公司』任職；且前開約定就『被上訴人受領離職補償金』、『被上訴人給付違約賠償金』、『被上訴人不得從事競業行為』間具有不可分性，無從獨立存在；況有關上訴人於離職2年內不得至『台光等5家公司』，或至『生產與上訴人任一同類產品或經營同類業務等具有競爭關係之公司』擔任相關職務，既均因違反勞動基準法與憲法之規定而無效，已如前述，則『不得前往台光等5家公司』部分之契約內容，難謂係合理範圍之契約內容，應仍係無效，否則顯然違反當事人之目的。故上訴人主張縱認系爭協議有部分逾越合理範圍，依民法第111條規定，除去該無效部分，就合理範圍內即不得前往台光等5家公司部分之契約內容，仍屬有效云云，亦不可採。」

　　關於離職後競業禁止約款不適用民法第111條但書規定，且法院無從以修改離職後競業禁止條款內容使其成為有效之理由，或可參酌臺灣桃園地方法院100年度訴字第815號民事判決與其上訴審之臺灣高等法院101年度上字第138號民事判決[7]所揭示見解。該案地方法院認為，不修改離職後競業禁止條款使其有效的作法，係為約束雇主於制訂條款時即應謹慎考慮實際必要之程度，避免雇主心存僥倖，漫天擴張限制範圍，再留待法院刪改，或視員工事後行為是否恰巧落入法院認為應禁止之範圍內而允許雇主之請求，同時亦避免因法院之過度介入而導致當事人須受其事實上從未合意之契約條款所拘束[8]。而該案高等法院雖亦認同法院不應依民法第111條但書規定修改競業禁止條文，惟其理由則認為，該案所涉之競業禁止條款[9]之限制地域、對象、範圍顯然過廣，且其限制過當之原因包含該條款本身就競爭行為、方式及態樣之定義過廣所致，並非刪除部分文字即可治癒該瑕疵。

　　綜上所述，我國司法實務見解關於離職後競業禁止約款是否

---

[7]　臺灣高等法院101年度上字第138號民事判決雖嗣遭最高法院以103年度台上字第1984號判決廢棄，惟最高法院之廢棄理由係因認為系爭競業禁止條款或未必逾合理、必要之範圍而無效，而有研求之餘地，因最高法院認為系爭競業禁止條款或為有效，故並未就原判決關於競業禁止條款之效力不可分性之判斷表示意見，故原判決關於此一爭點所為之法律見解或仍有研究之價值。

[8]　臺灣臺北地方法院99年度勞訴字第4號民事判決亦同此意旨。

[9]　該案所涉及之競業禁止約款為：「立切結書人（按：即員工）於任職B公司期間或因任何原因離職後兩年內，絕不會以直接或間接方式（無論是以所有人、合夥人、顧問、員工或其他任何）為自己或他人從事或貢獻立切結書人之知識於任何在產品、製程、儀器、服務、開發上與B公司相同、相類似或相競爭之工作或行為（下稱競業工作）。惟若本人能提供B公司一份明確且有力之書面證明（包含立切結書人及立切結書人新雇主之保證）保證立切結書人在執行此類工作或行為之職務時，確實不至透露、參考或利用任何機密資料，且經B公司出具書面證明同意者，則不在此限。在受僱B公司期間及在離職後2年內，立切結書人絕不會直接或間接引介或試圖引介B公司之員工，使其受僱或加入立切結書人為員工、所有人、合夥人或顧問而涉及競業工作之公司行號。」

有民法第111條但書規定之適用，似無定論。持正面意見者主要是認為，修改有助於維持離職後競業禁止條款的有效，使該約款仍得以繼續履行，或符合當事人眞意；抱持反對立場之意見主要是認為，法院介入將無異提供雇主竭力擴張限制範圍之誘因，難以達成匡正契約過度向締約地位優勢一方傾斜之目的（臺灣桃園地方法院100年度訴字第815號民事判決參照）；而二者意見不同之原因之一，或在於涉及個案當事人約定競業禁止條款之眞意的解釋。由於我國勞基法第9條之1第1款第3款明定「競業禁止之期間、區域、職業活動之範圍及就業對象，未逾合理範疇。」為離職後競業禁止約款之合法性要件，且依同條第3項規定，違反第1項各款規定之一者，其約定無效，則在修法後，如何適用民法第111條規定？包括個案中當事人約定之眞意如何影響其解釋適用？等節，或可持續觀察實務見解之未來動向。

13

雇主若與員工約定，違反離職後競業禁止義務時，必須給付違約金，則員工是否得依民法第252條請求法院酌減其數額？若可，法院係依據哪些標準，判斷金額酌減？

曾毓君

實務上，勞雇雙方於勞動契約中約定違約金條款者並不少見，且不乏約定違反離職後競業禁止條款者，員工即應賠償所約定之違約金，而法院判決實務上，如認定離職後競業禁止條款為有效，亦多肯認違約金條款之效力，此時，員工多依民法第252條規定請求法院酌減違約金數額，則法院係參酌何等因素酌減金額，即有研求之餘地。

關鍵字：離職後競業禁止、違約金、損害賠償總額預定性違約金、懲罰性違約金、違約金過高酌減

◎違約金是否過高之斟酌因素

依民法第250條第2項規定，違約金約定原則上屬損害賠償總額預定性違約金，僅於當事人有明示特約時，始屬懲罰性違約金[1]。又不論是懲罰性違約金，或是損害賠償總額預定性違約金，其性質上均屬於違約金，故均得適用民法所定違約金酌減之規定（最高法院106年度台上字第2453號民事判決意旨參照）。

一般認為，約定有違約金者，當發生債務不履行情事時，債權人不待舉證證明其所受損害之數額多寡，即得按約定之違約金，請求債務人支付。而約定之違約金額過高者，法院得減至相當之數額，為民法第252條所明定，此規定乃係賦與法院得依兩造所提出之事證資料，斟酌社會經濟狀況並平衡兩造利益而為妥適裁量、判斷之權限。

實務上，有判決見解認為，法院在酌減違約金時，若屬損害賠償總額預定性違約金者，應以當事人實際所受損害為主要之酌量標準；若屬懲罰性之違約金，則除應依一般客觀事實、社會經濟狀況酌定外，亦應參酌當事人所受損害情形，始符違約罰之目的（最高法院91年度台上字第666號判決意旨參照）。

◎違反離職後競業禁止約款所生之違約金是否有民法第252條違約金酌減規定之適用

司法實務上，大多肯認違反離職後競業禁止約定之違約金，應有民法第252條違約金酌減規定之適用（詳如後述分析），且最高法院亦有以事實審法院未就違約金過高酌減部分進行審理，而將高等法院判決廢棄發回之前例（最高法院99年度

---

[1]　關於違約金之性質與分類，可參考本書第三篇問題11之說明。

台上字第599號民事判決[2]）。惟亦有法院在具體個案中，經審酌員工違約情節重大、造成雇主損失嚴重、業界行情等節後，認定違約金並無過高情事，而未予酌減之案例[3]。

◎違反離職後競業禁止約款之違約金的酌減因素

由於離職後競業禁止約款之違約金與其他契約約定違約金並無二致，關於違約金酌減因素之上開法院見解亦均有適用，惟在具體個案上，法院係如何進行違約金酌減之作業，以本文目前查得裁判情形為例，在離職後競業禁止約款經認定為有效之前提下，法院就離職後競業禁止約款之違約金的酌減因素，大致可統整如下：

---

[2]　最高法院99年度台上字第599號民事判決：「惟於受僱人違反競業禁止約款而應支付違約金時，該違約金本應推定為損害賠償額之預定。此項約定是否相當，法院即應依一般客觀事實、社會經濟狀況及當事人所受損害、利益等情，依職權為衡酌，無待債務人（受僱人）之訴請核減，此觀民法第252條規定自明。……況上訴人之薪資每月4萬餘元，為原審所認定之事實。則系爭競業禁止之約定苟屬有效，上訴人於違反此約定時，除應返還被上訴人給付之獎金、紅利外，尚應賠償相當於紅利105萬元，即等同於上訴人24個月月薪（上訴人等於白作2年工）之違約金，是否相當而無顯失公平之處？原審胥未依職權為審酌，所為不利於上訴人之判決，依上說明，亦非允洽。」

[3]　臺灣臺北地方法院94年度勞簡上字第23號民事判決、臺灣臺北地方法院98年度重勞訴字第11號民事判決、臺灣桃園地方法院92年度訴字第701號民事判決、臺灣高等法院臺中分院104年度上易字第551號民事判決及臺灣臺北地方法院90年度勞訴字第47號民事判決。上開判決審酌因素雖未盡相同，但大多係考量違約情節重大、違約金數額符合業界行情、維護違約金條款之締約目的等，結論上認為無酌減違約金之必要。

離職後競業禁止條款之定性	判決字號	法院就違約金予以酌減之斟酌因素
損害賠償總額預定性違約金	臺灣高等法院臺中分院98年度勞上易字第15號民事判決	勞工工作性質對雇主營業之影響、勞工薪資、勞工於競業期間所獲利益、勞工違約程度等
	臺灣高等法院107年度勞上易字第72號民事判決	雇主未能證明其受影響之營業利益、勞工原任職薪資、勞工違反競業禁止之期間及其違約情形、勞雇雙方之社會經濟地位
	臺灣臺中地方法院95年度簡上字第60號民事判決	雇主受損害之情形、勞工違反競業禁止行為之程度及當前社會經濟狀況
	臺灣板橋地方法院101年度勞簡上字第12號民事判決	雇主受損害之情形、勞工違約情形、勞工於競業期間任職職務性質、所需資歷、薪資、勞工原任職薪資及當前社會經濟情況
	臺灣高等法院臺中分院98年度勞上易字第37號民事判決	雇主未能證明其受影響之營業利益、勞工違反競業禁止之期間、所獲利益及其違約情形
	臺灣高雄地方法院93年度訴字第2370號民事判決	勞工原任職薪資、年資、勞工違反競業禁止之期間、所獲利益及其違約情形
	臺灣高等法院臺中分院97年度勞上易字第1號民事判決	勞工原任職薪資、年資、代償金額及勞工違約所獲利益
	臺灣板橋地方法院92年度重訴字第565號民事判決	勞工原任職職位、年資、勞工違約程度、代償金額與違約金約定比例失衡

離職後競業禁止條款之定性	判決字號	法院就違約金予以酌減之斟酌因素
懲罰性違約金	臺灣高等法院臺南分院97年度上易字第125號民事判決	雇主未能證明其損害數額、勞工原任職職位、年資及薪資、勞工於競業期間所獲薪資、勞工違反競業禁止之期間及其違約情形等
	臺灣臺中地方法院101年度勞訴字第22號民事判決、智慧財產法院104年度民營訴字第8號民事判決	勞工原任職年資及薪資、違約金占勞工原薪資比例、勞工違反競業禁止之期間及其違約情形等
	臺灣高等法院臺中分院97年度上字第315號民事判決	違約金是否過高，應以填補勞工之代償措施為主要認定依據，並以勞工原任職職位及其於競爭同業之職位作為違約情節重大與否之判斷依據
	臺灣桃園地方法院103年度重勞訴字第8號民事判決	勞工原任職所得、職位及雇主所受損害
	臺灣板橋地方法院95年度勞訴字第51號民事判決	雇主未給予代償措施[4]、勞工違反競業禁止之期間及其所獲利益
	臺灣高等法院高雄分院93年度上易字第277號民事判決	勞工原任職薪資、代償金額、對雇主營業之影響

---

[4]　在增訂勞基法第9條之1規定以前，法院曾有見解認為雇主是否給予代償措施係屬於違約金酌減因素，而非競業禁止條款之合法性要件。

離職後競業禁止條款之定性	判決字號	法院就違約金予以酌減之斟酌因素
	臺灣臺中地方法院94年度訴字第358號民事判決、同院94年度訴字第2740號民事判決	勞工原任職職位、薪資、勞工競業行為並未具有顯著背信性或顯著違反誠信原則之情事
	臺灣臺中地方法院102年度勞訴字第11號民事判決	雇主未給予代償措施、勞工原任職薪資及年資、競爭同業規模、對雇主營業之影響、勞工違約程度
	臺灣高等法院92年度勞上易字第126號民事判決、臺灣高等法院高雄分院98年度上易字第126號民事判決、臺灣臺中地方法院99年度勞訴字第14號民事判決、臺灣臺中地方法院102年度上易字第190號民事判決、臺灣臺北地方法院94年度北勞簡字第115號簡易民事判決、臺灣士林地方法院101年度士勞簡字第15號民事簡易判決、臺灣臺北地方法院100年度勞簡上字第30號民事判決	雇主未給予代償措施、雇主未提出實質之損失、勞工原任職年資及薪資、勞工違約程度

離職後競業禁止條款之定性	判決字號	法院就違約金予以酌減之斟酌因素
	臺灣桃園地方法院96年度桃勞簡字第32號民事判決	勞工原任職薪資及年資、勞工惡意違約之情節、雇主所提供之勞動條件（紅利、獎金等福利）及培訓之花費、雇主因勞工違反競業禁止約款所受損害以及懲罰性違約金約定之目的本即含有懲罰惡意違約一造當事人之意涵
	臺灣臺中地方法院99年度中勞簡字第46號民事判決、同院95年度中勞簡字第14號民事判決	雇主未給予代償措施、勞工原任職職務、年資、雇主因勞工違反競業禁止約款所受損害
	智慧財產法院106年度民營上字第1號民事判決、智慧財產法院98年度民著訴字第14號民事判決	雇主未給予代償措施、勞工原任職職務及年資、勞工違約程度
	臺灣臺中地方法院98年度訴字第2822號民事判決	雇主營業規模、勞工原任職職務、薪資及年資
	智慧財產法院107年度民營上字第2號民事判決	雇主未給予代償措施、勞工原任職職務、薪資及年資、勞工違約程度、當前社會經濟狀況、雇主所受損害及勞工於競業期間所獲利益

離職後競業禁止條款之定性	判決字號	法院就違約金予以酌減之斟酌因素
	臺灣高等法院94年度勞上字第40號民事判決、臺灣高等法院高雄分院98年度上字第72號民事判決	雇主未給予代償措施、勞工原任職薪資及年資、勞工違約程度、勞工於競業期間所獲利益
	臺灣臺北地方法院100年度勞訴字第252號民事判決、臺灣高等法院100年度重勞上字第11號民事判決	勞工原任職薪資及年資、勞工於競業期間任職職務性質、勞工違約程度
	臺灣高等法院臺中分院95年度重上字第44號民事判決	勞工原任職職位、薪資及年資、勞工於競業期間所獲利益、勞工違約程度
	臺灣新竹地方法院104年度勞訴字第15號民事判決	勞工原任職職位、工作內容、薪資及年資、勞工違約程度、勞工於競業期間所獲利益、勞工社會經濟情況及勞雇雙方洽談之和解方案等
	臺灣高等法院101年度勞上字第89號、93年度勞上字第55號及99年度勞上易字第15號民事判決	勞工原任職薪資及年資、代償金額、勞工違約程度、對雇主營業之影響、勞雇雙方社會經濟情況
	臺灣士林地方法院民事判決97年度勞訴字第15號	勞工違反競業禁止之期間及其違約情形、對雇主營業之影響、勞工原任職薪資及年資、雇主所提供之勞動條件（紅利、獎金等福利）及培訓之花費以及定型化契約對勞工之不利情形等

離職後競業禁止條款之定性	判決字號	法院就違約金予以酌減之斟酌因素
	臺灣桃園地方法院97年度壢簡字第715號民事簡易判決	勞工原任職薪資及年資、雇主所提供之勞動條件（紅利、獎金等福利）及培訓之花費、對雇主營業之影響、勞工違約程度等
	臺灣新北地方法院三重簡易庭101年度重勞簡字第26號民事簡易判決	勞工原任職年資、對雇主營業之影響、勞雇雙方社會經濟情況

　　總結而言，由上表可知，依司法實務見解，就離職後競業禁止條款之違約金酌減因素，法院大多審酌：(1)勞工原任職職位、薪資及年資、(2)對雇主營業之影響、(3)勞工違反競業禁止之期間、(4)勞工獲利情形、(5)勞工違約情節輕重（例如：是否有顯著背信性或顯著違反誠信原則之情事等）及(6)勞雇雙方之社會經濟地位等為判斷。

14

勞基法第9條之1對於該條立法前所簽訂之離職後競業禁止條款有無適用？

江嘉瑜

勞基法第9條之1係於104年12月16日增訂，如該條增訂前，當事人已約定離職後競業禁止，則究竟有無該條之適用？此種情形是否因法律不溯及既往原則而不適用？

關鍵字：離職後競業禁止、合理補償

◎勞動部函釋

關於離職後競業禁止條款之有效性，於勞基法第9條之1規定增訂前，有實務見解基於契約自由原則，認為如此類約款具必要性，且其限制範圍未逾越合理程度者，乃屬有效[1]。勞基法第9條之1規定基本上係立法者將我國過往法院判決及主管機關函釋

---

[1] 最高法院103年度台上字第1984號民事判決：「按競業禁止約款，乃事業單位為保護其商業機密、營業利益或維持其競爭優勢，要求特定人與其約定於在職期間或離職後之一定期間、區域內，不得受僱或經營與其相同或類似之業務工作。基於契約自由原則，此項約款倘具必要性，且所限制之範圍未逾越合理程度而非過當，當事人即應受該約定之拘束。」

加以整理，形成對於離職後競業禁止條款之審查認定基準，提供勞資雙方得以遵循之競業禁止條款的具體規範。

　　不過，勞基法並未明文規定第9條之1得溯及既往，適用於該條施行前之離職後競業禁止約款，故於該條增訂前（即104年12月16日前）勞資雙方所簽訂之離職後競業禁止條款之有效性標準，是否有該條之適用，勞動部105年5月19日勞動關2字第1050125641號函揭示：「二、查勞動基準法第9條之1及第15條之1增修條文於104年12月16日經總統公布施行，明確離職後競業禁止及最低服務年限約定之必要性及合理性判斷原則，以供勞資雙方遵循。**勞資雙方若於上開增修條文施行前，已約定離職後競業禁止條款（以下簡稱競業條款），但勞動契約於新法施行後終止而有競業條款生效之情事者，自有新法之適用；反之，若於新法施行前勞資雙方已約定且因勞動契約終止而有競業條款生效之情事者，雖有法律不溯及既往原則之適用，惟尚須由法院判斷其有效姓及合理性，並非當然無效。**……」，換言之，勞動部認為，若勞動契約終止而有競業條款生效之情事係於勞基法第9條之1規定施行後，則適用新法；反之，若勞動契約終止而有競業條款生效之情事係於勞基法第9條之1規定施行前，則由法院判斷其有效性及合理性。

◎法院見解

　　關於勞基法第9條之1規定增訂前已約定之競業禁止條款，司法實務見解並未特別區分勞動契約之終止或競業禁止條款生效之時點而有不同解釋，多透過下列方法，將勞基法第9條之1明定標準納入認定競業禁止條款有效性之依據：

　　（一）將勞基法第9條之1規定作為民法第1條規定之法理，

判斷有無民法第247條之1規定顯失公平之情事[2]，甚至認為若未具備該條要件，則競業禁止條款有背於公共秩序或善良風俗，依民法第72條應屬無效[3]。

（二）直接援引勞基法第9條之1規定判斷競業禁止條款是否有效[4]。

（三）參酌有相似標準之行政院勞工委員會（改制為勞動部）於89年8月21日台89勞資二字第0036255號函釋，判斷有無民法第247條之1規定顯失公平之情事[5]。

---

[2]　臺灣高等法院106年度勞上字第26號民事判決：「又『未符合下列規定者，雇主不得與勞工為離職後競業禁止之約定：……』、『本法第9條之1第1項第4款所定之合理補償，應就下列事項綜合考量：……』，此為104年12月16日後增訂之勞動基準法第9條之1第1項至第3項、勞動基準法施行細則第7條之3第1項所明定，上開規範雖係於兩造系爭契約簽訂後始行增訂，然本院仍得依民法第1條規定，以上開規範意旨為法理，作為審究系爭契約中有關離職後競業禁止約定是否顯失公平之解釋、認定依據。」類似意旨裁判尚有臺灣高等法院106年度上字第327號民事判決、臺灣高等法院107年度勞上字第68號民事判決、臺灣高等法院105年度勞上字第105號民事判決、臺灣高等法院104年度勞上字第124號民事判決、臺灣高等法院臺中分院106年度重上字第201號民事判決。

[3]　臺灣高等法院106年度上字第327號民事判決：「依104年12月16日新增之勞動基準法第9條之1第1至3項明定：……。而本條規定雖無溯及既往之效力，惟倘若當事人間早於本條規定施行前即已約定競業禁止條款，仍得將勞動基準法第9條之1作為法理判斷其競業禁止條款之效力及有無必要性，如未具備上開要件，該競業禁止條款應認有背於公共秩序或善良風俗，依民法第72條應屬無效，倘屬當事人一方預定用於同類契約之條款而訂定之契約，亦應認該約定使他方當事人拋棄權利或限制其行使權利者，按其情形顯失公平，依民法第247條之1第3款規定該部分約定無效。」

[4]　臺灣高等法院106年度勞上字第45號民事判決：「另勞動基準法第9條之1有關競業禁止規定，雖係在本件被上訴人於104年8月31日離職後之104年12月16日所增訂，無溯及既往之適用，惟參酌上開法文之增訂，乃係參考晚近實務相關判決意旨之明文化，且為保障勞工離職之自由權，兼顧各行業特性之差異，並平衡勞僱雙方之權益，非不得援引為本件競業禁止條款有效性之判斷標準。」類似意旨尚有臺灣高等法院105年度重勞上字第24號民事判決（上訴最高法院審理中尚未確定，最後查詢日：108年6月5日）。

[5]　臺灣高等法院106年度勞上字第38號民事判決：「雖勞動基準法第9條之1有關

　　（四）參酌有相似標準之「勞資雙方簽訂離職後競業禁止條款參考原則」[6]，判斷有無民法第247條之1規定顯失公平之情事[7]。

競業禁止規定，係在本件被上訴人於104年9月4日離職後之104年12月16日所增訂，無溯及既往之適用，但競業禁止有無民法第247條之1所定顯失公平之情事，仍可參酌有相似標準之行政院勞工委員會（改制爲勞動部）於89年8月21日台89勞資二字第0036255號函釋，即應衡量：（一）企業或雇主須有依競業禁止特約保護之利益存在，（二）勞工在原雇主之事業應有一定之職務或地位，（三）對勞工就業之對象、時間、區域或職業活動範圍，應有合理之範疇，（四）應有補償勞工因競業禁止損失之措施，（五）離職勞工之競業行爲，是否具有背信或違反誠信原則之事實，做爲衡量、判斷之基準。」類似意旨尚有臺灣高等法院105年度勞上易字第50號民事判決。

[6] 勞資雙方簽訂離職後競業禁止條款參考原則第5條及第6條分別規定：「雇主符合下列情形時，始得與勞工簽訂離職後競業禁止條款：（一）事業單位有應受法律保護之營業秘密或智慧財產權等利益。（二）勞工所擔任之職務或職位，得接觸或使用事業單位之營業秘密或所欲保護之優勢技術，而非通用技術。」「雇主與勞工簽訂離職後競業禁止條款時，應符合下列規定：（一）離職後競業禁止之期間、區域、職務內容及就業對象，不得逾合理範圍：1.所訂離職後競業禁止之期間，應以保護之必要性爲限，最長不得逾二年。2.所訂離職後競業禁止之區域，應有明確範圍，並應以事業單位之營業範圍爲限，且不得構成勞工工作權利之不公平障礙。3.所訂競業禁止之職務內容及就業對象，應具體明確，並以與該事業單位相同或類似且有競爭關係者爲限。（二）離職後競業禁止之補償措施，應具合理性：1.雇主對於勞工離職後因遵守離職後競業禁止條款約定，可能遭受工作上之不利益，應給予合理之補償。於離職後競業禁止期間內，每月補償金額，不得低於勞工離職時月平均工資百分之五十，並應約定一次預爲給付或按月給付，以維持勞工離職後競業禁止期間之生活。未約定補償措施者，離職後競業禁止條款無效。2.雇主於勞工在職期間所給予之一切給付，不得作爲或取代前目之補償。」因勞基法第9條之1規定公布施行後，上開原則已於105年1月14日不再援用。

[7] 臺灣高等法院106年度上易字第622號民事判決：「爲免此類約款是否合理適當不明確，立法機關參酌學說、實務相關見解，訂定勞動基準法第9條之1，明定勞工離職後競業禁止約款，應符合『雇主有應受保護之正當營業利益』、『勞工擔任之職位或職務，能接觸或使用雇主之營業秘密』、『競業禁止之期間、區域、職業活動之範圍及就業對象，未逾合理範疇』、『雇主對於勞工因不從事競業行爲所受損失有合理補償』等要件，此與主管機關於該規定公布施行前，

（五）依民法第247條之1規定判斷有無顯失公平之情事[8]。

另外，勞基法第9條之1規定是針對有勞基法適用之僱傭性質契約所為規範，而就委任性質之契約，法院亦肯認採取相同要件判斷競業禁止條款之效力[9]。

綜上所述，就勞基法第9條之1增訂前所約定之競業禁止條款，實務上有判決肯認得援引與其相同之標準判斷其有效性，其要件可整理如下：(1)必要性：雇主有依競業禁止特約保護之利益存在，確有知識、營業秘密保護之必要。(2)秘密性：員工之職務或職位得以接觸營業秘密。(3)合理性：明確限制員工就業之對象、期間、區域、職業活動之範圍，且屬適當合理。(4)代償性：採取填補員工因競業禁止所生損害之代償措施[10]。

頒布之『勞資雙方簽訂離職後競業禁止條款參考原則』，標準相同。」（上訴最高法院審理中尚未確定，最後查詢日：108年6月5日），類似意旨尚有臺灣高等法院臺中分院107年度上字第256號民事判決。

[8]　臺灣高等法院105年度勞上字第55號民事判決：「系爭保密及競業禁止契約之簽立當時，104年12月16日新修正之勞動基準法第9條之1競業禁止條款亦尚未修訂，但仍無礙於依民法第247條之1規定予以檢視契約第14條內容是否有顯失公平而該部分無效之情」類似意旨尚有臺灣高等法院104年度重勞上字第54號民事判決。

[9]　臺灣高等法院106年度上字第327號民事判決、臺灣高等法院106年度上易字第622號民事判決（上訴最高法院審理中尚未確定，最後查詢日：108年6月5日）。

[10]　臺灣高等法院106年度勞上字第45號民事判決、臺灣高等法院105年度重勞上字第24號民事判決、臺灣高等法院臺中分院107年度上字第256號民事判決、臺灣高等法院臺中分院106年度重上字第201號民事判決、臺灣高等法院臺中分院106年度勞上易字第8號民事判決、臺灣高等法院臺中分院105年度重勞上字第3號民事判決。

15

不適用勞基法之高階經理人與雇主簽訂離職後競業禁止條款時，如何認定該條款是否有效？是否得參照勞基法第9條之1處理？

江嘉瑜

勞工與雇主簽訂離職後競業禁止條款，固可依勞基法第9條之1定其效力，惟不適用勞基法之高階經理人與雇主簽訂離職後競業禁止條款時，是否亦可依該條定其效力？

關鍵字：離職後競業禁止、經理人、委任契約

◎法院多數見解——不論契約性質，判斷競業禁止條款有效與否之要件相同

關於經理人等之競業禁止義務，於公司法第32條及民法第562條均有明文規定，為保護雇主或公司利益，除上述法律明定情形外，雇主與經理人間可能特別約定離職後之競業禁止條款，惟該等條款之效力如何，現行法尚無明文規範。

過往司法實務並未特別區分企業與高階經理人等簽訂契約之

性質，而就離職後競業禁止約款之有效性標準，認為應斟酌雇主之財產權（營業秘密與經營自由）與員工之工作權（於一定期間內不為特定作為或不從事特定工作之行為）二者間之權衡，而於具體個案中加以判斷[1]。審酌因素包括：(1)企業或雇主須有值得保護之正當利益存在；(2)員工之職務及地位是否知悉企業或雇主正當利益及知悉程度；(3)限制就業之對象、期間、區域、職業活動之範圍，須不超過合理之範疇；(4)代償措施之有無；及(5)競業行為是否具有背信或違反誠信原則等事實[2]。至於是否必

---

[1] 臺灣高等法院101年度勞上字第45號民事判決。

[2] 臺灣高等法院100年度勞上易字第122號民事判決：「又競業禁止條款訂定之目的，係在限制員工離職後轉業之自由，以防止員工於離職後於一定期間轉至原雇主之競爭對手任職，並利用過去服務期間所知悉之技術等機密為同業服務，而打擊原雇主，亦即為避免該離職受僱人為能在其新職依約提供勞務及達成現任僱用人要求之工作表現，而不得不使用其在前僱用人任職處所知悉之資訊，致有洩漏前僱用人之營業秘密、其他機密或搶奪固定客源之虞，對前僱用人造成企業競爭上之不利益而設。惟約定受僱人於離職後不得從事一定職業之競業禁止約款，係在限制受僱人職業選擇權利之行使，並因此使受僱人不得取得符合其個人技能之勞務對價及限制其個人技術之維持與提升，影響受僱人之人格與經濟利益，對該離職之受僱人言，自屬拋棄權利或限制其行使權利。故競業禁止約款若以附合契約方式訂定，則該競業禁止約款是否有效，即應審酌是否該當民法第247條之1規定顯失公平之情形。審酌競業禁止條款上開訂定之目的及上開條款對該離職受僱人造成之上開不利益，於審查競業禁止條款是否有違反民法第247條之1規定之顯失公平，其審酌之要素應包括：（一）企業或雇主需有依競業禁止特約保護之利益存在。（二）依離職員工之職務及地位是否知悉僱用人上開正當利益及知悉程度。（三）限制離職員工就業之對象、期間、區域、職業活動之範圍，需不超過合理之範疇。（四）代償措施之有無。（五）離職員工之競業行為，是否具有背信或違反誠信原則等事實。而所謂『雇主可保護之正當利益』，係指僱用人花費勞力、時間或費用所取得具機密性非公開且有利於企業競爭之機密資訊，該資訊之所有人有機會取得優於不知或不使用該資訊競爭對手之利益。」類似意旨尚有臺灣高等法院101年度勞上字第89號民事判決、臺灣高等法院101年度勞上字第45號民事判決、臺灣高等法院臺中分院103年度上字第408號民事判決，上開判決之案情所簽訂之契約明文約定為「委任契約」或職位屬總經理等高階經理人，兩造及法院均未特別主張或認定其契約性質係屬委任契約抑或僱傭契約。

須約定有補償（代償）措施，亦有實務見解認爲其雖屬衡量因素之一，但並非作爲離職後競業禁止約款效力之審查要件[3]。

　　勞基法增訂第9條之1後，有法院見解明確揭示，離職後競業禁止條款之有效與否不因契約性質而有不同判斷標準，縱令屬委任契約性質，亦採取與勞基法第9條之1規定相同之要件，判斷競業禁止條款之效力[4]。

---

[3]　臺灣高等法院101年度勞上字第45號民事判決：「惟契約『競業禁止』之約定，現行法令並無禁止之規定，而兩造就系爭競業禁止條款之約定，是否有補償措施（代償措施），僅係法院判決衡量的要素之一，尚非作爲系爭競業禁止條款效力之審查要件，即法院衡量時並非單以競業禁止是否有補償措施爲唯一之判斷標準。」

[4]　臺灣高等法院106年度上字第327號民事判決：「兩造間之系爭契約不論其性質屬僱傭契約抑或委任契約，系爭競業條款之效力均應依上開要件判斷，並無不同，而系爭競業條款爲103年2月18日訂立，員工服務志願書亦係103年3月間簽立，斯時勞動基準法第9條之1尚未增訂，且該規定並無溯及既往之效力，本件並無該規定之適用，然得將其作爲法理判斷系爭競業條款之效力及有無必要性。又綜觀系爭契約、系爭競業條款及員工服務志願書，全無約定上訴人對被上訴人因不從事競業行爲所受損失有合理補償，換言之，並無任何填補被上訴人因競業禁止所受損害之代償措施，限制期間復長達1年甚或2年，單憑此項即足認系爭競業禁止條款及員工服務志願書第6條違反公序良俗，難謂符合必要性。況營業秘密，係指方法、技術、製程、配方、程式、設計或其他可用於生產、銷售或經營之資訊，而符合一、非一般涉及該類資訊之人所知者；二、因其秘密性而具有實際或潛在之經濟價值者；三、所有人已採取合理之保密措施者，營業秘密法第2條定有明文。……上訴人雖主張被上訴人因身居其餐飲事業群之要職，對內對於其餐飲事業之營運方式及內容諸如餐廳內部動線、人員配置、原物料來源及產品配方技術等營業上機密瞭如指掌，對外代表其與各工程廠商、食品上游廠商簽訂承攬及買賣契約，並因參與議價過程而獲取其相關之營業機密云云，然上訴人並未舉證證明其何種營運方式、何項餐廳內部動線、人員配置、原物料來源、產品配方技術抑或何份契約係屬營業秘密，且因其秘密性而具有實際或潛在之經濟價值，復未證明其已採取合理之保密措施，尚難認被上訴人因擔任之職位或職務，而能接觸或使用上訴人之營業秘密。又系爭競業條款就競業禁止限制之地區、範圍，均無任何約定，其地區、範圍亦屬過廣，實難謂所限制之範圍未逾越合理程度，並具必要性，揆諸上開說明，系爭競業條款及員工服務志願書第6條不論是否係屬當事人一方預定用於同類契約之

◎法院少數見解——否定勞基法第9條之1規定之適用

　　若高階經理人與公司簽訂委任契約，並約定離職後競業禁止者，亦有法院見解否定其有勞基法第9條之1規定之適用，甚至否定於勞基法第9條之1規定增訂前之最高法院判決或行政院函釋見解之適用[5]。另有法院雖否定勞基法第9條之1規定之適用，

條款而訂定之契約，仍應認有背於公序良俗，依民法第72條規定自屬無效。」類似意旨尚有臺灣高等法院106年度上易字第622號民事判決（上訴最高法院審理中尚未確定，最後查詢日：108年6月5日）、臺灣高等法院107年度上字第283號民事判決。

[5]　臺灣高等法院105年度重勞上字第54號民事判決：「1.按雇主對勞工因不從事競業行為所受損失有合理補償者，不得與勞工為離職後競業禁止之約定，違反該款規定者，其約定無效，勞基法第9條之1第1項第4款、第2項分別定有明文。是雇主與勞工間約定競業禁止行為須給付予勞工合理補償，否則競業行為約定無效，勞工依勞基法第9條之1第4款規定，固可主張未約定合理補償之競業禁止行為無效，無須遵守，但尚難據此認勞工可就未約定補償之競業禁止條款，逕向雇主請求補償，此觀之前開規定甚明。**本件被上訴人原係由上訴人擔任總經理，負責處理系爭商場之營運，性質上屬委任契約，並非勞動契約，已難認有勞基法第9條之1規定之適用**；縱依上訴人主張認兩造間之契約性質屬勞動契約，然勞基法第9條之1規定亦非勞工得據而對雇主請求給付補償之依據，業如前述，則上訴人主張伊得依勞基法第9條之1規定，請求被上訴人給付競業禁止期間之合理補償云云，於法不合，難認有據。2.上訴人主張縱無勞基法第9條之1規定之直接適用，伊亦得依 基法第9條之1規定之法理請求被上訴人補償等語，並舉最高法院99年台上字第599號、103年度台上字第793號判決及行政院勞工管理委員會89年台勞資2字第36255號函（本院卷第75頁反面）及104年10月5日勞資雙方簽定離職後競業禁止條款參考原則（下稱競業禁止參考原則）為其論述參考依據。惟雇主違反勞基法第9條之1第1項各款規定，所約定之競業禁止條款無效，該規定並未賦予勞工得就未附補償約定之競業禁止條款請求雇主補償，已如上述，顯難據該規定得出勞工可就無約定補償之競業禁止條款向雇主請求補償之法理，上訴人此部分主張，尚難採信。而前開最高法院判決、行政院勞委會函釋意見，均在勞基法第9條之1規定修訂前所為，已難供作解釋該條法理之依據；且前開判決、函釋意見僅就競業禁止條款之生效要件，表示其法律意見，而競業禁止參考原則則係就各生效要件之具體內容而制訂原則俾供遵循，均與勞工於競業禁止條款未約定補償時，得否不使競業禁止條款無效而請

惟認為仍須視雙方當事人所約定之競業禁止約款是否屬定型化契約，如屬之，則應檢視其有無民法第247條之1規定顯失公平而無效之情形，其間審酌因素則包括：企業法律利益之保護必要、受任人擔任之職務、競業限制之內容及競業禁止補償等[6]。

求雇主補償無關，自難據此推認勞工可依勞基法第9條之1規定之法理，逕請求雇主補償。故而，上訴人執上開競業禁止條款效力要件之法律意見或主管機關訂立之原則，主張伊得依系爭勞基法第9條之1之法理，請求被上訴人給付補償云云，亦屬無據。」惟此件案情係總經理請求公司給付競業禁止期間之合理補償，法院明確否認得以勞基法第9條之1規定或其他類似意旨之最高法院判決或行政院函釋作為得請求雇主給付補償之依據。此件上訴至最高法院審理中，尚未確定（最後查詢日：108年6月5日）。

[6] 智慧財產法院106年度民營上字第1號民事判決（上訴最高法院審理中，最後查詢日：108年6月5日）。

16

對於違反競業禁止條款之（前）員工，雇主能否向法院聲請假處分，禁止其為競業行為，或向法院聲請假扣押，凍結其資產？

江嘉瑜

當員工違反競業禁止條款時，雇主得依雙方間約定及法律規定，起訴請求員工不得為競業行為，甚或給付賠償金。惟訴訟耗費時間及勞力，為避免損害擴大及確保權利實現，雇主得否透過聲請定暫時狀態假處分禁止員工為競業行為，或聲請假扣押凍結員工資產？值得進一步探究。

關鍵字：定暫時狀態處分、假扣押

◎定暫時狀態處分

依民事訴訟法第538條第1項規定，於爭執之法律關係，為防止發生重大之損害或避免急迫之危險或有其他相類之情形而有必要時，得聲請為定暫時狀態之處分。所謂就爭執之法律關係有

定暫時狀態之之必要者，應由聲請處分之人提出證據釋明；所謂「釋明」者，係使法院就某事實之存否，得到大致為正當之心證，即為已足，與「證明」係當事人提出之證據方法，足使法院產生堅強心證，可以確信其主張為真實者，尚有不同[1]。

關於是否發生重大之急迫之危險，司法實務上是就具體個案，透過利益權衡及比例原則加以認定，即就聲請人因該處分所得利益、不許假處分所受損害，是否逾相對人因處分所受不利益或損害，以及其他利害關係人之利益或法秩序之安定、和平等公益，加以比較衡量[2]。

因此，於員工違反競業禁止條款，雇主聲請禁止其競業行為之定暫時狀態處分之情形，法院必須審究雇主是否已釋明兩造間有競業禁止條款約定及爭執之法律關係存在，至於競業禁止條款是否無效，則屬本案請求之爭議，原則上非假處分程序審究。再者，法院亦須審究有無定暫時狀態處分之必要，即衡量允許假處分聲請人可確保之利益（例如：首間投入生產者之競爭優勢），或不許假處分，聲請人可能所受損害（例如：員工從事競業行為可能造成雇主之損害），以及相對人因假處分所受不利益或損害（例如：禁止員工從事競業行為期間可得受領之薪資），如允許假處分聲請人可確保之利益，或不許假處分可能使聲請人受有喪失營業秘密或競爭基礎等難以回復之重大損害，大於相對人因假處分所受損失，則可能認為有定暫時狀態處分之必要性[3]。

依民事訴訟法第538條之4準用526條第1、2項規定，如定暫時狀態必要之釋明有所不足者，法院得命供擔保後為定暫時狀態之處分。於法院定擔保金額而為准許禁止員工從事競業禁止行為

---

[1] 最高法院100年度台抗字第851號民事裁定。

[2] 最高法院105年度台抗字第185號民事裁定。

[3] 臺灣高等法院104年度抗字第498號民事裁定、臺灣高等法院103年度抗字第215號民事裁定、臺灣高等法院100年度抗字第1643號民事裁定、臺灣高等法院100年度抗更（一）字第9號民事裁定。

之處分者，多數法院判決係以員工因此所受之可能損害，即定暫時狀態處分期間無法受領之薪資為擔保金額[4]。惟有法院判決認為，雇主與員工間既已有競業禁止條款，假處分之限制即屬員工義務之履行，員工並無因假處分執行結果而受有任何損害之虞，故無命雇主預為提供擔保金之必要[5]。

　　另有案例係雇主同時針對員工違反競業禁止條款及保密條款二者，聲請定暫時狀態之處分，禁止員工從事競業行為及禁止使用或揭露雇主之營業秘密，惟法院僅准予聲請保密處分，而就競業禁止處分，則認定競業禁止條款過度限制員工之轉職自由，且雇主未給予補償金，已影響員工之生存權及工作權，准予保密處分業足以保全雇主機密資訊及營業秘密，故就禁止員工從事競業行為部分，認定無定暫時狀態處分之必要[6]。以此案例而言，無法完全排除法院可能在定暫時狀態處分之聲請程序中會某程度斟酌競業禁止約款無效之概然性。

　　此外，智慧財產案件審理法第22條第2、3項及智慧財產案件審理細則第37條第3項分別規定：「聲請定暫時狀態之處分時，聲請人就其爭執之法律關係，為防止發生重大之損害或避免急迫之危險或有其他相類之情形而有必要之事實，應釋明之；其釋明有不足者，法院應駁回聲請。」「聲請之原因雖經釋明，法院仍得命聲請人供擔保後為定暫時狀態之處分。」「法院審理定暫時狀態處分之聲請時，就保全之必要性，應審酌聲請人將來勝訴可能性、聲請之准駁對於聲請人或相對人是否將造成無法彌補之損害，並應權衡雙方損害之程度，及對公眾利益之影響。」併值留意。

---

[4]　臺灣高等法院104年度抗字第2507號民事裁定、臺灣高等法院103年度抗字第215號民事裁定、臺灣高等法院100年度抗更（一）字第9號民事裁定。

[5]　臺灣高等法院101年度抗字第563號民事裁定。

[6]　臺灣高等法院101年度抗字第1081號民事裁定。

◎假扣押

依民事訴訟法第522條第1項及第523條第1項規定，債權人就金錢請求或得易爲金錢請求之請求，有日後不能強制執行或甚難執行之虞，得聲請假扣押。再依同法第526條第1項及第2項規定，請求及假扣押之原因，應釋明之，該釋明如有不足，而債權人陳明願供擔保或法院認爲適當者，法院得定相當之擔保，命供擔保後爲假扣押。

所謂假扣押之原因，係指有日後不能強制執行或甚難執行之虞而言，其情形不以債務人浪費財產，增加負擔或就其財產爲不利益之處分，將達於無資力之狀態，或債務人移往遠方、逃匿無蹤或隱匿財產爲限[7]。

因此，於員工違反競業禁止條款，雇主主張有違約金或損害賠償請求而聲請假扣押之情形，法院會審究雇主是否已釋明請求之原因（例如：員工是否原受僱於雇主？雙方間是否存在競業禁止約款及違約金約款？等），至於違約金賠償是否成立及競業行爲是否已逾競業禁止期間等，則屬本案訴訟於實體上有無理由問題[8]。再者，法院也會審究雇主是否已釋明假扣押原因（即日後有何無法執行或甚難執行之虞），雇主須提出證據使法院得到薄弱心證，認爲員工有浪費財產、增加負擔或就其財產爲不利益之處分，將達於無資力之狀態，或將移往遠方、逃匿，致其財產有不足爲強制執行之虞等情形[9]。

---

[7] 最高法院100年度台抗字第851號民事裁定。

[8] 臺灣高等法院100年度抗字第1807號民事裁定。

[9] 臺灣高等法院104年度抗更（二）字第19號民事裁定、臺灣高等法院101年度抗字第397號民事裁定、臺灣高等法院101年度抗字第659號民事裁定。

17

派遣公司與派遣員工約定，派遣員工離職後不得從事與要派單位具有競爭關係之工作，是否有效？

江嘉瑜

派遣公司、要派單位與派遣員工間形成三方關係，一般而言，勞動派遣契約係派遣公司與派遣員工間所簽訂，要派契約係派遣公司與要派單位所簽訂，派遣員工則係受派遣公司之指派至要派公司工作。若要派單位有其應受保護之利益，可否限制派遣員工於離職後不得至與要派單位具有競爭關係之公司任職？例如：在要派單位之要求下，派遣公司與派遣員工約定，派遣員工離職後不得從事與要派單位具有競爭關係之工作，是否有效？

關鍵字：派遣勞動契約、要派契約

◎勞動部之法規命令：僅規範不得限制派遣員工離職後至要派單位任職

派遣員工於要派單位服務時可能表現良好，致要派單位希望將其轉爲正職，故爲避免派遣員工跳槽或在要派單位轉爲正職，

派遣公司可能與派遣員工於契約中訂立離職後競業禁止條款，限制派遣員工在要派單位轉為正職之機會。勞動部為保障派遣員工權益，於勞動派遣權益指導原則第3條第11款規定：「派遣單位未符合勞動基準法第9條之1第1項規定者，不得約定勞工於勞動契約終止後，一定期間內禁止之要派單位任職。」並於派遣勞動契約應約定及不得約定事項第貳項「不得約定事項」第14款規定：「不符合勞動基準法第9條之1第1項規定，約定勞工於勞動契約終止後，一定期間內不得至要派單位任職。」

此外，於103年2月勞動部所提之派遣勞工保護法草案[1]第8條第1項及第2項明文規定：「派遣勞工於同一要派單位工作滿一年，並繼續為該要派單位提供勞務者，得以書面向要派單位提出訂定勞動契約之意思表示，要派單位未於收到通知之日起十日內以書面表示反對者，該派遣勞工與要派單位成立勞動契約。」「前項派遣勞工與要派單位勞動契約成立時，該勞工與原派遣事業單位之勞動契約視為終止，且不適用勞動基準法第15條第2項預告之規定。」可知該草案不僅止於約束派遣公司不得限制派遣員工轉為正職，甚至賦予派遣員工於工作一定期間後，得請求與要派單位成立勞動契約之權利。

◎限制派遣員工工作權之可能類型

派遣員工受派遣公司之指派至要派單位服勞務，亦可能接觸到要派單位之營業秘密等資訊，此時，如何保護要派單位之利益即成為問題。首先，於派遣公司與派遣員工間之勞動派遣契約中，或可能約定有保密條款或離職後競業禁止條款（限制派遣員工不得至與要派單位具競爭關係之公司任職）等，同時或可減少嗣後要派單位因受有損害而向派遣公司求償之風險。再者，於派

---

[1]　草案於103年2月送行政院審查，最後被退回勞動部。

遣公司與要派單位之要派契約中，或可能特約約定，如派遣員工從事競業行為或洩漏營業秘密等，致要派單位受有損害時，要派單位得向派遣公司求償。最後，如要派單位有受法律保護之利益，且派遣員工之職務或職位得接觸到營業秘密或優勢技術時，則基於契約自由原則等，或無法完全排除要派單位與派遣員工特別約定離職後競業禁止條款之可能性，惟此時如何平衡兼顧派遣員工之權益，是否有勞基法第9條之1之適用或類推適用，將成問題。針對上述可能類型，在目前尚無專法規定派遣員工權益之狀況下，或須待勞動部等行政機關以行政函令為適當規範，或待法院視個案類型闡釋其容許與否之界限及要件。

18

負責採購之員工如收受供應商之餽贈或賄賂，而洩漏公司之採購底價或制定有利該供應商之採購條件，隨後該供應商順利取得供貨之機會，此時該員工是否會構成任何民、刑事之責任？

陳一銘

　　貪瀆案件不僅發生於公部門之政府機關，也可能發生於私部門之企業組織，尤其，近年來國內曾先後爆發多件員工不法收取賄賂或餽贈，涉嫌背信之企業貪瀆案件，更引發各界對此議題之關注。但因私人企業發生貪瀆案件時，其所適用之法規與公部門不同，故其認定構成犯罪與否之要件即有所不同，且除刑事責任外，收賄者倘因其行為致企業受損，亦有遭到求償之可能。以下爰說明之。

關鍵字：企業貪瀆、回扣、背信、損害、商譽、背於善良風俗之方法

◎企業貪瀆

關於企業貪瀆，實務上曾見員工收取佣金回扣後，利用職務之便，未依營業常規及公司內控規定，投資經營不良的公司[1]；或有員工藉主管託運業務之機會，向託運公司收取回扣，使託運公司得長期承包運送業務[2]；或有員工為採購主辦人員，但因收取回扣，而協助特定廠商得標或維持其競爭優勢[3]；又或有員工主管銷售業務，但因收取回扣，故於銷售時未以最佳價格售出商品等[4]，其型態不一而足。

在現實的商業人際交往中，禮尚往來在所難免，但此利益的提供仍有一定界限，否則即可能傷害雇主的利益。天下沒有白吃的午餐，交易相對人常會將其給付回扣或餽贈之成本添加在交易中，無形間導致企業最終的交易成本上升，甚且提供賄賂所鎖定的交易本身可能就是不利企業的惡質交易，造成企業嚴重損失。

員工基於其忠實義務及注意義務，本應為雇主追求最大利益，不得藉職務之便，牟取自己之私利，損害雇主利益。實務上雇主常會於僱傭契約、委任契約及／或工作規則中明文規定禁止員工收取餽贈或回扣等，甚或要求員工簽訂「廉潔公約」或「清廉守則」，並於相關規定中明訂違反的處罰或責任。

◎收受回扣／餽贈可能涉及之刑事責任

公務員收受賄賂或回扣者，可構成貪污治罪條例第4條第1項第3款之收受回扣罪、第5款之違背職務收受賄賂罪、第5條第

---

[1]　臺灣高等法院104年度金訴字第4號民事判決。

[2]　臺灣高等法院107年度勞上易字第28號民事判決。

[3]　臺灣高等法院106年度重勞上字第19號民事判決、臺灣高等法院106年度重上字第918號民事判決。

[4]　臺灣新北地方法院106年易字552號刑事判決。

1項之不違背職務收受賄賂罪，且其中成罪與否的關鍵，往往在於「對價關係」存否。相對地，在私部門中，員工收受交易相對人之餽贈或回扣時，可能涉及何項刑責？法規適用上又常見什麼問題？

若非適用證券交易法的企業，其員工收取不當的餽贈或回扣時，因該員工所為可能涉及意圖為自己或第三人不法之利益，或損害企業之利益，而為違背任務之行為，故可能構成刑法第342條之背信罪。

若屬公開發行公司，則該員工可能涉及證券交易法第171條第1項第2款：「已依本法發行有價證券公司之董事、監察人、經理人或受僱人，以直接或間接方式，使公司為不利益之交易，且不合營業常規，**致公司遭受重大損害**。」之非常規交易罪，或第3款：「已依本法發行有價證券公司之董事、監察人或經理人，意圖為自己或第三人之利益，而為違背其職務之行為或侵占公司資產，**致公司遭受損害達新臺幣五百萬元**」之特別背信罪。

值得注意者，實務上，在認定員工收受餽贈是否構成上開犯罪時，就公司（雇主）是否受有「損害」一節常有爭議。

首先，員工收受賄賂或回扣，是否就當然會造成公司受損害？就此，實務上有判決曾指出收取回扣之行為本身，與背信罪所稱的「違背任務之行為」，並非可當然等同視之[5]；且「員工有無收受回扣」與「公司有無受到損害」亦非全然相等，蓋交易相對人即使不提供回扣，也未必會降低報價，故除非檢察官可以證明公司確實因員工違規收受回扣，直接導致公司受損，司法機關才可以認定公司受有損害，構成背信[6]。否則，必須再探究員

---

[5] 臺灣高等法院105年度金上重訴字第45號刑事判決。

[6] 臺灣臺北地方法院102年度金訴字第37號、103年度訴字第500號、104年度訴字第423號刑事判決。此外，曾有報導指出：「檢察官在釐清員工收賄有無導致企業損失時，他調查了台塑招標資料、訪談太空包同業發現，欣雙興太空包在業界是龍頭地位，不僅通過台塑驗收，出貨後也未接獲任何客訴，而欣雙興還

工是否因收取回扣，而爲其他違背任務之行爲，導致公司受損。

其次，「損害」固然是針對財產利益，但財產利益之內涵甚廣，有屬財產上現存權利，有屬權利以外之利益；且其可能受害之態樣亦不一致，有使現存財產減少（積極損害）者，亦有妨害財產之增加，或使未來可期待利益之喪失（消極損害）者；但所生損害之數額，並不以能明確計算爲必要，只須事實上生有損害即足，不以損害有確定之數額爲要件[7]。

實務上曾有判決認定，收受回扣並洩漏底價，使客戶能以接近底價之價格購得商品，而減少企業之獲利（銷售公司因其職員收取回扣，致其所售貨物，因購買者需另給付回扣，因而受有至少相當於回扣數額之營業收入損失），此將使企業受有商譽損失[8]，及至少相當於回扣數額之營業收入損失，而受有財產上之

是以『最低價得標』，因此沒有證據顯示台塑因而受到損害，與背信罪構成要件不符，全案給予不起訴處分。」參照唐筱恬（2017），〈台塑史上最大貪污案 收賄者竟全無罪？〉，《今週刊》，網頁：今週刊網站，https://www.businesstoday.com.tw/article/category/80392/post/201709140027/台塑史上最大貪污案%20%20收賄者竟全無罪%EF%BC%9F（最後瀏覽日：107年6月6日）。

[7] 最高法院80年度台上字第2205號刑事判決、最高法院87年度台上字第3704號刑事判決。

[8] 惟實務上有對商譽受損採取嚴格認定標準者，例如臺灣高等法院105年度金上重訴字第45號刑事判決指出：「所謂法人商譽，係指法人（包括其品牌及其所提供之產品或服務等）對外之商務信譽（即名譽、營業信用或其他經濟上評價）而言，故對法人商譽之侵害，須足以毀損法人之名譽、營業信用或其他經濟上評價，使一般人在心理上、觀感上對法人或其品牌、產品或服務等產生不信任或其他負面之形象，致生法人財產或財產上利益之損害，始得謂該法人商譽受有損害，而與刑法第342條第1項背信罪所稱『致生損害於本人之財產或其他利益』之構成要件相當。又『商譽』乃無形資產，所生損害之數額，固不須能明確計算，然仍須事實上生有損害，方爲已足（最高法院80年度台上字第2205號判決亦同此旨）。查公訴意旨僅謂被告廖萬城、鄧志賢採購前述日立貼片機36台，致鴻海集團受有價差損害等語，並未指稱鴻海集團尚有商譽受損之情（參見起訴書第14頁之犯罪事實欄二、（二）2.所載）。而被告廖萬城、鄧志賢違背鴻海公司相關採購決策及流程規定，採購該等貼片機，究使『鴻海公司商譽』

損害[9]。亦有認為，員工以抬高報價之手法，使特定廠商無須與其他廠商競爭，即可取得標案，並朋分因抬高報價間所生價差之利潤，致使企業增加不必要之採購成本，及喪失依市場機制追求更佳採購條件之機會，足以致生企業受有財產或商業利益損害[10]。或有認為，員工違背正常採購程序之行為，導致先後採購

生如何之『財產或財產上利益之損害』，原審未予究明，徒以『鴻海集團採購相關設備、備品、耗材所占銷售市場之數量，為業界數一數二之指標，……而被告廖萬城、鄧志賢、……等人擔任之SMT技委會職務，又負責集團內SMT設備、備品、耗材等統購之事項，是被告廖萬城、鄧志賢、……等人若有收取交易對象回扣或佣金之情，……亦屬侵害鴻海公司商譽之情形，足生損害於鴻海公司之財產及經濟上利益。參諸鴻海公司之資本總額為新臺幣1,800億元，集團年度交易總額超過新臺幣3兆元，……，以該公司之規模及知名度，再參諸被告廖萬城、鄧志賢、……違反誠信廉潔規約向交易對象收取回扣之行為情狀、持續期間，加以被告廖萬城收受之不當利益金額總計超過新臺幣1億6千萬元等情……，當足證明其等所為業已侵害鴻海集團之商譽甚明。』云云（參見原判決第52至53頁），遽認鴻海公司除上述採購價差成本之財產損失外，尚受有『商譽損失』云云（參見原判決第16頁第12至13行），已有未合。況證人林威廷、林培元、廖本杰於偵審中一致證稱其等不知郝緒光有將信立能公司付給郝緒光之佣金撥分予鴻海公司人員之情，難認被告廖萬城、鄧志賢向郝緒光收取此部分佣金回扣，已使鴻海公司遭受供應商認為該公司容任員工收取不當利益、破壞公平誠實交易原則之商譽損失。檢察官復未舉證證明被告廖萬城、鄧志賢向郝緒光收取信立能公司付給郝緒光之部分佣金之行為，已毀損鴻海公司對外之名譽、營業信用或其他經濟上評價，使一般人在心理上、觀感上對鴻海公司或其所經營之品牌、所提供之產品或服務等產生瑕疵、不良、難以信任或其他負面之形象，致鴻海公司事實上生有財產或財產上利益之損害，難認有毀損鴻海公司對外之商譽。是原判決謂鴻海公司受有商譽損失云云，亦有未當。」

[9] 臺灣高等法院104年度上易字第1037號刑事判決。

[10] 臺灣高等法院104年度上訴字第2199號刑事判決。另可參臺灣臺北地方法院102年度金訴字第37號、103年度訴字第500號、104年度訴字第423號刑事判決指出：「本案被告簡志霖、吳建宏要求證人胡良駒**在報價時高報價格，使告訴人公司因此支出較高之logo銘牌生產成本，致生損害於告訴人公司之利益**，故核被告簡志霖、吳建宏所為，係犯修正前刑法第342條第1項之背信罪。」

所生價差，認該價差即屬企業之損害[11]。

　　值得注意者，適用證券交易法第171條第1項第3款時，因犯罪主體限於董事、監察人或經理人，其中「經理人」究何所指，實務上有認為，應依公司章程或契約規定之授權範圍為實質審認，有無為公司管理事務及獨立對外簽名之權限為斷[12]。

◎收受回扣／餽贈可能涉及之民事責任

　　除公司已於勞動契約、工作規則或廉潔守則等規定，直接規定收受回扣之法律效果外，因員工對公司負有忠實及注意義務，故倘員工收受回扣，且該回扣已影響到交易條件，致公司受損，或員工收受回扣，更為其他違背任務之行為，致公司受損者[13]，公司或得依民法債務不履行[14]或侵權行為等規定，向員工求償。

　　實務上曾有判決指出，如員工利用辦理採購業務之機會，向供應商索取回扣，該供應商復將回扣款金額計入商品報價內，致公司受有損害時，該員工所為係故意以背於善良風俗之方法加損

[11] 臺灣高等法院105年度金上重訴字第45號刑事判決。

[12] 臺灣高等法院105年度金上重訴字第45號刑事判決、最高法院97年度台上字第2351號民事判決。

[13] 臺灣高等法院106年度重勞上字第19號民事判決：「本件係陳振偉以縮短詢價日數，或於正常詢價日數屆至而無廠商報價之情形下，由王蕙蘭配合先後提出初報價單（陳帝君部分係由其直接將國外報價單直接寄給陳振偉）、修正後報價單，藉以抬高報價，陳振偉為掩飾其勾結王蕙蘭、陳帝君抬高報價之不法行為，甚至會隱匿、偽造其他廠商之報價單，使王蕙蘭、陳帝君得以所代表公司取得標案，再朋分價差利潤，足認台塑海運等3公司因陳振偉等人不法行為所受損害，係因此失去向其他報價更為優惠之廠商購買而本可期待之商業利益因而溢付之價差（按附表一、二計算之價差金額），即不僅是陳振偉遭查獲之1,090萬元、1,200萬元回扣，並有王蕙蘭、陳帝君等朋分之不法利潤，故陳振偉上開所辯，顯不可採。」

[14] 臺灣高等法院104年度金訴字第4號民事判決。

害於他人，故公司可依民法第184條第1項後段求償[15][16]。

[15] 臺灣高等法院106年度重上字第918號民事判決。另可參酌臺灣高等法院106年度重上字第82號民事判決：「縱享竣等4公司對上訴人之報價為最低價，亦需經議價（即減價）方能得標，且在確定得標後，始被告知回扣之比例，享竣等4公司於報價時，顯無法事先預測能否得標及得標金額，遑論事先預估回扣之比例而將回扣反映於報價金額，故證人林宏祥、張哲瑋及許美惠證述其等以享竣公司、正順公司及承鴻公司報價時，均是以預估之利潤中撥取回扣而非以加上回扣金額之方式報價（即以低報高）等語，洵堪信取……上訴人主張享竣等4公司已將回扣反映於成本，亦即以高於實際可承作金額之10%至15%報價並與其締約，其本僅需支付模具合約約定模具款85%至90%，即可獲得相同品質之模具，而受有溢付相當於回扣數額模具款之損害云云，尚乏所據。」

[16] 臺灣高等法院106年度重勞上字第19號民事判決。

第四篇

營業（工商）秘密侵害及背信

1

營業秘密的要件爲何？公司與客戶進行交易所獲得的客戶資料、商品價格等資訊，是否屬於營業秘密？

吳典倫

俗話說：「江湖一點訣，說破不值錢」，可知人們對自己做生意上掌握的秘訣、或者所謂「祖傳秘方」的保護意識流傳已久。在現代，對於這些秘密主要是透過營業秘密法等法律加以保護，近年來隨著商業間諜的新聞以及最近美中貿易戰的發展，營業秘密的保護成為一個熱門的討論議題。一般對於營業秘密內容的想像，是在生產、製造上面的特殊技術，但公司與客戶做生意，得到的客戶資料、商品售價等資訊，[1]是否也有可能受到營業秘密的保護？

關鍵字：營業秘密、秘密性、經濟價值、客戶、名單、價格

---

[1] 經濟部智慧財產局將客戶名單、商品售價、交易底價及成本分析統稱爲「商業性營業秘密」，詳經濟部智慧財產局編著，「營業秘密保護實務教戰手冊」，頁5。

◎營業秘密之要件

依營業秘密法第2條的規定[2]，營業秘密，是指方法、技術、製程、配方、程式、設計或其他可用於生產、銷售或經營之資訊，且具備以下三個要件：

第一，這資訊是非一般涉及該類資訊之人所知者，即具有「秘密性」。

第二，這資訊因其秘密性而具有實際或潛在之經濟價值者，即具有「經濟價值」。

第三、資訊所有人對這資訊已採取「合理之保密措施」者。

客戶資料、商品售價等資訊如果能符合上述的要件，就屬於受營業秘密法保護的營業秘密。「秘密性」、「經濟價值」及「合理之保密措施」三個要件，其中「合理保密措施」本身涉及公司對資訊本身採取什麼作為，使資訊不會外洩，而「秘密性」及「經濟價值」屬於資訊本身性質的探討，本文僅介紹法院對於客戶資料、商品售價等資訊的「秘密性」及「經濟價值」的見解，「合理之保密措施」則請見本篇第22題至第24題。

◎法院見解

1. 法院認定不具秘密性及經濟價值的案例

先以最高法院99年度台上字第2425號民事判決為例。本案被告甲、乙原為原告A公司員工，二人離職後另行成立B公司，

---

[2]　營業秘密法第2條：「本法所稱營業秘密，係指方法、技術、製程、配方、程式、設計或其他可用於生產、銷售或經營之資訊，而符合左列要件者：一、非一般涉及該類資訊之人所知者。二、因其秘密性而具有實際或潛在之經濟價值者。三、所有人已採取合理之保密措施者。」

與原東家A公司經營相同業務。A公司主張甲、乙將自A公司取得的客戶名單以及銷售價格利用在B公司業務上，侵害A公司營業秘密而起訴請求甲、乙及B公司連帶賠償。

　　第二審臺灣高等法院在事實層面上，認定A公司的產品售價在其公開網頁上就可以查得，而甲、乙二人在B公司也是透過公開的工商名錄尋找客戶，從而甲、乙及B公司並沒有侵害A公司營業秘密。A公司不服提起上訴，最高法院維持第二審的認定，並進一步指出，若所謂客戶名單只是表明名稱、地址、聯絡方式，可於市場上或專業領域內依一定方式查詢取得，也未涉其他類如客戶之喜好、特殊需求、相關背景、內部聯絡及決策名單等經整理、分析的資訊，就難以認定這客戶名單具有秘密性及經濟價值；另外就商品價格而言，價格並非一成不變，其決定與成本、利潤等經營策略有關，所以除非能證明被告以競爭對手價格為基礎，報出比競爭對手即原告還低的價格，而違反產業倫理或競爭秩序的情形，否則單就原告的銷售價格並不具有經濟價值。[3]

　　再以最高法院104年度台上字第1654號民事判決說明。其案情與前述99年度台上字第2425號相似，也是被告丙、丁原為原告C公司員工，二人離職後另行成立D公司，與原東家C公司經營相同業務。C公司主張丙、丁將自C公司取得的客戶名單以及

---

[3]　最高法院99年度台上字第2425號民事判決：「就市場中之商品交易價格並非一成不變，銷售價格之決定，復與成本、利潤等經營策略有關，於無其他類如以競爭對手之報價為基礎而同時為較低金額之報價，俾取得訂約機會之違反產業倫理或競爭秩序等特殊因素介入時，亦難以該行為人曾接觸之商品交易價格資訊逕認具有經濟價值，以調和社會公共利益。原審本此意旨，以被上訴人係經由公開資訊取得客戶資訊，再寄發大量電子郵件行銷，始取得與國外客戶進行交易之機會，難認客戶名單有何秘密性，且不同時間或不同客戶會有不同報價，難認商品銷售價格有經濟價值為由，認定上訴人所稱其客戶名單及營業（商品）銷售價格並非營業秘密法所保護之客體，被上訴人不負損害賠償之連帶責任，因以上述理由而為上訴人不利之論斷，經核於法洵無違誤。」

交易價格供D公司使用，並以低於C公司之售價為不正競爭，侵害C公司營業秘密而起訴請求丙、丁及D公司連帶賠償。

　　本案歷經臺灣高等法院與最高法院間數次更審，最後更二審臺灣高等法院就客戶資料及產品報價是否屬營業秘密部分，認定C公司所提出之客戶名單只有客戶名稱及國別，並未包含個別客戶的風格及消費偏好，且C公司為窗簾業，該業界國際買家名稱、國別及聯絡方式等一般性資料，屬交易市場上公開之資訊，任何人均可透過網路查詢、國際展覽取得之廠商名冊獲得相關資料。至於產品之報價或銷售價格，如不涉及成本分析，這也屬業界中人在市場中可輕易獲取之資訊，非必因受僱於C公司才可得獲知之秘密。C公司對於丙、丁二人如何知悉其產品之成本分析並據以利用，並未舉證，故法院認定該客戶資料及產品報價不具秘密性及經濟價值。最高法院則認為臺灣高等法院上述見解沒有違誤而加以維持。[4]

---

[4]　最高法院104年度台上字第1654號民事判決：「原審以……客戶資訊之取得如係經由投注相當之人力、財力，並經過篩選整理而獲致之資訊，且非可自其他公開領域取得者，例如個別客戶之個人風格、消費偏好等，固足認係具有實際或潛在的經濟價值之營業秘密。惟若係於市場上公開之資訊，一般人均可由工商名冊任意取得，其性質僅為預期客戶名單，與所謂『營業秘密』並不相當。上訴人主張張淑青、林麥克任職期間掌握客戶機密資料云云。就其資料是否係經由上訴人投注相當之人力、財力，並經過篩選整理而獲致之個別客戶交易風格及消費偏好等資訊，並未為具體之舉證。且窗簾業界國際買家名稱、國別及聯絡方式等一般性資料，係交易市場上公開之資訊，亦有被上訴人提出之網路查詢資料及自國際展覽取得之廠商名冊可參，自難遽認上訴人主張之客戶名單確具有經濟性及保密性。再產品之報價或銷售價格，如不涉及成本分析，即屬替代性產品進入市場進行價格競爭時得自市場中輕易獲取之資訊，並非必須因受僱於產品之製造或銷售者，始得獲知之營業秘密。上訴人對於張淑青、林麥克如何知悉其產品之成本分析並據以利用，始終未為具體之主張及舉證，自難認上訴人主張之客戶名單及交易價格等為營業秘密法所保護之營業秘密……因而維持第一審所為上訴人敗訴之判決，駁回其上訴，經核於法並無違誤。」

2. 法院認定具有秘密性及經濟價值的案例

先以臺灣高等法院101年度上易字第1567號刑事判決為例說明。本案被告戊擔任E公司之副理，涉嫌將E公司的經整理之客戶名單、開發客戶資料及訪談紀錄、媒體代理商、暫時失敗客戶、年度目標預估表、各月份可追蹤客戶、業績預估表、shining bar、重要產品資料稿等資料，以電子郵件寄送給其任職於競爭同業之女友，而被起訴違反洩漏工商秘密罪。法院認定上述戊所傳送的E公司資料，均屬其因業務所知悉或持有之工商秘密，依規定不得以任何方式將該等電磁紀錄攜出E公司，且與E公司業務及營收息息相關之客戶資料及產品資訊，具有一定之商業經濟價值，亦非一般涉及該類資訊之人所知。且E公司對上述資訊有採取合理之保密措施，[5]故法院認定這些資訊屬於E公司的工商秘密。[6]

再以智慧財產法院107年度刑智上訴字第14號刑事判決為例，本案被告己任職於F公司，在離職前往競爭對手G公司之前，將F公司的客戶資料、業務往來情形、處理進度及報價等資料，以電子郵件夾帶附檔之方式，寄送至個人的信箱，己因而被起訴違反營業秘密法。

智慧財產法院認定，本案被告己所傳送的客戶資料，除基本資料及聯絡方式外，還區分客戶聯絡窗口只是聯絡對象還是有

---

[5] 請見本書第23題的說明。

[6] 臺灣高等法院101年度上易字第1567號刑事判決：「被告以電子郵件信箱寄送至證人羅秀慈電子郵件信箱內，如附表所示記載屬告訴人公司機密文件資料之電磁紀錄，內容包括經整理之客戶名單、開發客戶資料及訪談紀錄、媒體代理商、暫時失敗客戶、年度目標預估表、各月份可追蹤客戶、業績預估表、ShiningBar、重要產品資料稿（暨簡報檔）等資料，均屬其因業務所知悉或持有之工商秘密，依規定不得以任何方式將該等電磁紀錄攜出星聞公司。為與告訴人公司業務及營收息息相關之客戶資料及產品資訊，具有一定之商業經濟價值，亦非一般涉及該類資訊之人所知。」

潛在影響力之人、對方的行事風格、喜愛的食物或飲料等喜好、是否有要求併單或重視樣品外觀等特殊需求、客戶的國籍或語言能力等相關背景、客戶與關係企業間之配合、客戶主要銷售市場等資訊、各家客戶之下單狀況、目前進行專案、產品（如鏈類木柄顏色、字樣顏色及字型）、報價、訂單（如產品編號、檔案名稱）、出貨注意事項（如指定包裝、運送、報關方法）等資訊，是F公司與客戶交易往來過程中，經過長時間累積所得的交易記錄，且係投入相當人力及心力所整理彙總而成，這並非一般涉及該項業務之人自公開管道所可輕易知悉，且具有高度之經濟及商業上之價值。[7]

◎小結

　　由以上的法院見解可知，客戶名單、交易資料是否能夠具備營業秘密要件中「秘密性」及「經濟價值」的要件，法院相當重視這些資料是單純記錄下來的資訊而已，還是有經過進一步的整理及分析，公司對原始資訊整理分析的程度越高，就越可能被認定具有秘密性及經濟價值。

---

[7]　智慧財產法院107年度刑智上訴第14號刑事判決：「告訴人公司所有『Monica交接事項』之內容（見他字卷第21頁至第131頁），除記載客戶名稱、品牌、主要銷售地區、地址、聯絡人、電話、手機等基本資料或聯絡方式外，另詳細記載客戶對應窗口（區分聯絡對象及具潛在影響力之人）之行事風格、喜好（如喜愛的食物及飲料）；客戶特殊需求（如要求併單、重視樣品外觀）；客戶相關背景（如國籍、語言能力）；客戶與關係企業間之配合；客戶主要銷售市場等資訊；各家客戶之下單狀況；目前進行專案、產品（如鏈類木柄顏色、字樣顏色及字型）、報價、訂單（如產品編號、檔案名稱）；出貨注意事項（如指定包裝、運送、報關方法）等資訊（詳如告訴人公司107年5月30日刑事告訴補充理由狀，以不同顏色標記不同類別之資訊內容，見本院卷第70-179頁）。該等資訊係告訴人公司與客戶交易往來過程中，經過長時間累積所得的交易記錄，且係投入相當人力及心力所整理彙總而成，並非一般涉及該項業務之人自公開管道所可輕易知悉，具有高度之經濟及商業上之價值。」

2

公司設置文件管理中心，對營業秘密資料進行集中管理，是否就算已採取合理保密措施？

吳典倫

　　「秘密性」、「經濟價值」以及「合理保密措施」是營業秘密的三大要件。實務上，常有公司為了加強資料的管理，設置諸如「文件管理中心」、「文件管控中心」之類單位，將公司的重要資料放置在這中心內，員工必須登入該中心後才可讀取、甚至不同等級員工可以讀取、下載的權限各有不同。假設這些機密資料符合營業秘密「秘密性」及「經濟價值」的要件，是否將這類資料放到專責的管理單位來保管，公司就算已經採取合理保密措施，而享有營業秘密法的保護？

關鍵字：保密措施、文件管理中心、帳號、密碼

◎法院見解

1. 法院認定構成合理保密措施的情形

以智慧財產法院106年度刑智上易字第19號刑事判決爲例，本案爲A公司的製造處處長甲涉嫌將公司的光纖開關產品製程資料儲存在隨身碟內，洩漏給另一家B科技公司。法院調查證據後，發現A公司在員工到職時，就會要求員工簽訂「保密切結書」，裡面記載公司產品的設計、組合、製造、流程，包括過去所使用、現在正在使用或正在發展階段的資料，都屬於公司的機密資料；而A公司也設置有「文件管制中心」以及「文件管制總覽表」管制文件最新的版本狀態，光纖開關產品的製造流程則屬於其中B級的管制機密，文件上會註明「A公司機密」字樣，而且要申請複印需經一級主管核准。法院綜合A公司以上各種措施，認定A公司對這光纖開關產品的製程資料已採取合理保密措施。[1]

---

[1] 智慧財產法院106年度刑智上易字第19號刑事判決：「佐以東盈公司於員工任職之初，即會要求簽立員工保密切結書，其上更載明產品之設計、組合、製造及流程，包括過去使用或現正使用或發展階段之相關資料係屬於公司機密資料，而東盈公司設有文件管制中心，經頒布發行之文件，由文件管制中心建立『文件管制總覽表』管制文件最新的版本狀態，告訴人公司另制定文件與資料管理程序，其中製造流程屬於等級B之管制機密，對外分發內頁須有標示『東盈光電科技機密』之DONOTCOPY，需經一級主管簽核通過始得申請複印，業據證人○○○於調查局訊問時陳述明確（見偵字卷二第265頁），並有文件與資料管理程序1份、員工保密切結書6份在卷足憑（見偵字卷一第87至88頁；偵字卷二第251頁至第251頁反面、第269頁至第269頁反面、第279頁至第279頁反面、第289頁至第289頁反面、第293頁至第293頁反面、第361至363頁），輔以扣案之被告郭魏清所有的隨身碟內檔名爲『1x2moseManufactureProcessFlow』、『1x2opticalswitchstructure』者，其內容爲產品之詳細製作過程，並載明東盈光電技術資訊，未經許可不得翻印、複製，前經檢察官於偵查中勘驗屬實，而有勘驗筆錄1份附卷可參（見偵字卷三第428頁），復有扣案之被告郭魏清的隨身碟可佐，則東盈公司既然設有文件管制中心並制定文件與資料管理程序，就該

2. 法院認為尚不構成合理保密措施的情形

　　第一個案例為臺灣高等法院107年度上易字第37號刑事判決。被告乙為C公司的研發部經理以及文件管制中心主管，涉嫌將C公司的「產品風險管理辦法」及「異常通報作業辦法」等重要的品保文件用email寄給其即將要跳槽去另一家D公司任職的同事丙。法院認為「產品風險管理辦法」及「異常通報作業辦法」不屬於C公司之機密文件，因為C公司雖然將這些文件存放於「文件管制中心」，但這些文件上面並沒有標示為機密，而且員工到檔案室就看得到這些文件的紙本，登記後就可以拿走，不用申請，法院認為這「產品風險管理辦法」及「異常通報作業辦法」等文件在C公司內部其實是自由流通的，而且也沒有加註機密。法院因此認為C公司並未採取合理保密措施。[2]

　　另外一個案例是智慧財產法院107年度刑智上訴字第19號刑

公司所頒布發行之文件依照來源、機密等級分門別類，由文件管制中心保管，並限制可接觸機密文件的對象，且於文件上標明機密等類似字樣，足認東盈公司就附表編號1至2所示之文件已採取合理保密措施。」

[2]　臺灣高等法院107年度上易字第37號刑事判決：「附表編號5、13所示之『產品風險管理辦法』及『異常通報作業辦法』雖為鼎眾公司之重要品保文件，而具有潛在經濟價值，已如前述。而該等文件所存放之鼎眾公司文管中心設有等級、帳號及密碼，需具有相當權限之鼎眾公司員工方能進入文管中心讀取上開文件乙節，雖據證人江欣惠證述在卷，然證人黃欽盈於原審審理時證稱：鼎眾公司員工的網路資料夾有設定權限，自己所在部門資料夾可以讀寫，其他部門的人只能看，但不管自己部門或其他部門的檔案都可以複製等語（見原審易字卷二第381至388頁），證人潘穎於原審審理時則證稱：如附表所示14個檔案均是公司的文件，但不是101年5月間最新的版本，這些文件都保存在鼎眾公司之文管中心裡，大部分員工登入鼎眾公司內網後就可以進入文管中心讀取及下載，且文管中心的資料並沒有標示為機密，本案發生後，鼎眾公司文管中心的資料上增加標示禁止將文管中心文件對其他人揭露、複製或散布文件內容等文字，且文管中心公司內網可以看到最新版本，文管中心檔案室則會保留舊版的紙本，公司員工在文管中心檔案室看是不用登記，印象中拿走要登記，但不用申請等語（見原審易字卷四第25至34頁），足見上開文件均係在鼎眾公司內部自由流通之資料，且未加註機密，核非屬刑法第317條所規定之工商秘密。」

事判決。該案被告丁原爲E公司員工，離職後到E公司的競爭對手、中國的F公司任職，被告丁請以前E公司的同事將E公司的「Release Check List」產品製程進行整合的確認表單以email方式提供給被告丁，被告丁因而涉嫌觸犯營業秘密法所規定：意圖在大陸地區使用、明知而取得他人未經授權而洩漏之營業秘密罪。法院認爲雖然E公司有設置「DCC文件控管中心」，該「Release Check List」文件也存放於「DCC文件控管中心」，但E公司對該「Release Check List」的機密等級是設定爲「一般」、「非保密」，而且該「Release Check List」檔案也被放在E公司CF廠內的一個共用槽裡，CF廠的同仁進到這個共用槽，就可以看到這份文件。另外，關於E公司CF槽共用槽的保密措施，E公司雖然主張這共用槽是透過公司電腦開機時的帳號、密碼來管制接觸共用槽的人，而且CF廠所在的E公司第六廠廠區各部門都有門禁卡做實體區域的管制。但法院認爲E公司第六廠規模龐大，不能單純以門禁管制，就當作是有合理保密措施，另外也有證人作證表示，CF廠的共用槽，用一個共用的帳號密碼就可以進入，如果其他廠的員工想要看共用槽裡的資料，CF廠同仁就可以開給他看，法院因此認定E公司對CF廠共用槽內的資料，並未盡合理保密措施。從而，法院認爲E公司對這個「Release Check List」並沒有採取合理保密措施。[3]

---

[3]　智慧財產法院107年度刑智上訴字第19號刑事判決：「系爭『ReleaseCheckList』文件雖置於『DCC文件控管中心』，但該控管中心對系爭『ReleaseCheckList』文件標明：『文件密等：一般，保密文件設定值：非保密（無保密，可調閱、搜尋）』等情，除有『DCC文件控管中心』畫面附卷可參外（見影偵3-2卷第97頁），亦據證人○○○證述明確（見智訴字第10號卷一第169背頁至170頁），顯見該等文件係以未保密文件控管。此外，該文件亦被放置於群創公司CF廠之共用槽中，業具證人○○○於另案證述明確（見智訴字第10號卷一第147頁），而群創公司對CF廠共用槽內文件並未盡合理保密措施等情，已如前述，以上，應認系爭『ReleaseCheckList』文件也未具備營業秘密法所要求之『合理保密措施』要件。因此，該文件自非屬營業秘密法所稱之營業秘密。」

◎小結

　　依照上述案例，法院似乎認為，雖然公司把重要資料統一保管在專責單位（或電腦中的特定資料夾），但不能就算已經採取合理保密措施，公司可能還需要採取其他作為才可以。例如：文件上仍要標示為機密、必須限定員工的接觸權限等。

3

公司在機密文件上標示「機密」，或在電子郵件中註明「禁止洩漏」，是否就算已採取合理保密措施？

吳典倫

公司在應保密的文件上加註「機密」，或在電子郵件中最後註明類似「禁止任意洩漏」的文字，應是實務上最常見，也是最容易的保密措施。假設這些資料符合營業秘密「秘密性」及「經濟價值」的要件，是否在文件上標示其為「機密」，或在寄送電子郵件時向收件人註明「禁止任意洩漏」，公司就算已經採取合理保密措施，而享有營業秘密法的保護？

關鍵字：保密措施、電子郵件、機密

◎法院見解

1. 在文件或資料上未註明公司機密，遭法院認定未採取合理保密措施的案例

於智慧財產法院107年度刑智上訴字第24號刑事判決中，該

案被告甲為A公司的員工，A公司曾為客戶計算某款鋼爐所需之耐火磚數量，但甲離職後，A公司在與甲另件訴訟中發現甲持有A公司當初回覆該客戶的工程設計圖資料，A公司因而主張甲侵害營業秘密而提起刑事自訴。

　　智慧財產法院從數個角度認定本案所涉的工程設計圖不是A公司的營業秘密。就其中合理保密措施而言，智慧財產法院指出**需以營業秘密所有人按其人力、財力，依其資訊性質，以社會通常所可能之方法或技術，將不被該專業領域知悉之情報資訊，以不易被任意接觸之方式予以控管，而能達成保密目的，這樣就符合「合理保密措施」。智慧財產法院進一步指出，應以在文件上標明「機密」、「限閱」等註記、對營業秘密之資料予以上鎖、設定密碼、作好保全措施（如限制訪客接近存放機密處所）等綜合判斷。**但就本案的工程設計圖而言，A公司提不出任何保密措施，法院因而認定A公司未採取合理保密措施。[1]

---

[1]　智慧財產法院107年度刑智上易字第24號刑事判決：「惟按，營業秘密法第2條所謂『合理之保密措施』，係指營業秘密之所有人主觀上有保護之意願，且客觀上有保密的積極作為，使人了解其有將該資訊當成秘密加以保守之意思。所有人所採取之保密措施必須『有效』，方能維護其資訊之秘密性，惟並不要求須達『滴水不漏』之程度，只需所有人按其人力、財力，依其資訊性質，以社會通常所可能之方法或技術，將不被該專業領域知悉之情報資訊，以不易被任意接觸之方式予以控管，而能達到保密之目的，即符合『合理保密措施』之要求，例如：對接觸該營業秘密者加以管制、於文件上標明『機密』或『限閱』等註記、對營業秘密之資料予以上鎖、設定密碼、作好保全措施（如限制訪客接近存放機密處所）等綜合判斷之，而是否採取合理之保密措施，不以有簽署保密協議為必要，若營業秘密之所有人客觀上已為一定之行為，使人了解其有將該資訊作為營業秘密保護之意，並將該資訊以不易被任意接觸之方式予以控管，即足當之，反之若簽署保密協議，惟任何人均得輕易接觸該等資訊，縱有保密協議之簽署，亦難謂營業秘密所有人已採取合理之保密措施（本院105年度刑智上訴字第11號判決參見）。查自訴人將自證4工程設計圖提供予○○公司時，並未採取任何保密措施，亦未要求○○公司不得再提供予其他第三人，自訴人之生產部工程模具設計圖管制表（自證10），亦僅係填載自證4工程設計圖初稿，○○公司提出需要再次修正，及工程未得標，比對自證4工程設計圖與保

另一個案例爲智慧財產法院106年度民專上字第9號民事判決。本案被告乙受原告B公司聘用，雙方合作研發某款BODD鑽石工具，但乙未經B公司同意，就將B公司員工所製作的BODD設計圖說、測試數據及結果等資訊提供給第三人，B公司因而起訴主張被告乙侵害營業秘密而請求賠償。[2]智慧財產法院調查後發現，這份BODD報告上並未標示不准複印、轉發或屬公司機密等文字，如果印出紙本，也沒有人要求回收，再加上乙離職時，離職單上關於保密義務的條款還被B公司刪除，法院因而認B公司對這份BODD報告並未採取合理保密措施。[3]根據筆者在司法院法學資料檢索網站查詢之結果，本件目前仍在最高法院審理中，其後續有待觀察。

全證據所得圖面，請律師提出訴追等情形，均與保密措施無涉，自訴人主張其對於自證4工程設計圖，已採取『合理之保密措施』，不足採信。」

[2] 本案尚涉及中國砂輪公司主張宋健民任職別家公司以及將研發成果申請專利，違反合作契約等規定，請求移轉專利權以及損害賠償等部分，因此部分與本文所討論的營業秘密問題較不相關，爰予捨去。

[3] 智慧財產法院106年度民專上字第9號民事判決：「○○○之BODD報告未盡合理有保密措施：證人○○○前於原審之104年7月9日言詞辯論期日結證稱：其報告未蓋有不准複印及轉發之印章，且該報告僅爲聲請人公司內部流通，其他員工不太可能看到。該報告比較少有紙本，大多是電子檔，除非有長官要，不然紙本報告就直接自行保存，不會丟掉等語（見原審六卷第400頁）。參諸證人○○○證述可知，○○○製作之BODD報告，均未標示不准複印或轉發或爲公司機密之字樣，倘印出紙本，亦未要求回收。而相對人於99年4月30日與聲請人簽訂離職申請單後，注意事項中關於保密義務之規定，亦經聲請人董事長及執行長核准刪除。再者，相對人於100年簽署備忘錄三後，聲請人即緊縮合資事業之資金投入，相對人於100年3月後，因前往鍊鑽公司上班，故每週僅需至聲請人處1次，每次約2小時。相對人於99年4月30日後，顯然已非聲請人之內部員工。職是，聲請人由○○○提出予宋健民之報告，未蓋上不准複印及轉發或公司機密之印章，中砂公司亦未與宋健民簽定保密協議。聲請人客觀上未有任何行爲，除使相對人瞭解聲請人有將該資訊作爲營業秘密保護之意圖外，亦未將該資訊以不易被任意接觸之方式予以控管。職是，聲請人就系爭資料未採取合理之保密措施。」

2. 標註爲公司機密而法院認爲可能構成合理保密措施的情形

　　以臺灣高等法院101年度上易字第1567號刑事判決爲例，本案被告丙擔任C公司之副理，涉嫌將C公司的客戶資料、年度預估表、重要產品資料稿等資料，以電子郵件寄送給其任職於競爭同業之女友丁，而被起訴違反洩漏工商秘密罪。法院認爲這些客戶資料、年度預估表、重要產品資料稿等資料與C公司的業務及營收息息相關，具有一定的商業價值，亦非一般涉及該類資訊的人所知；且C公司在傳送這些資料的電子郵件中均加註：「版權所有，除本文件傳送之特定對象，其他人非經同意不得轉載或散布本檔案文件或其所含之任何訊息。本信件及附件內容可能爲機密性資料，若您並非被指定之收信人或在任何原因未經授權的情形之下收到本信件，請勿揭曉本信件內容於任何人，並請告知原發信人，以及請從您的電腦刪除此信件和任何已列印的文件。」的中英文警語，法院因而認定C公司對這些資料已採取合理保密措施。[4]

　　再以最高法院106年度台上字第350號民事判決爲例。本案

---

[4] 臺灣高等法院101年度上易字第1567號刑事判決：「被告以電子郵件信箱寄送至證人羅秀慈電子郵件信箱內，如附表所示記載屬告訴人公司機密文件資料之電磁紀錄，內容包括經整理之客戶名單、開發客戶資料及訪談紀錄、媒體代理商、暫時失敗客戶、年度目標預估表、各月份可追蹤客戶、業績預估表、ShiningBar、重要產品資料稿（暨簡報檔）等資料，均屬其因業務所知悉或持有之工商秘密，依規定不得以任何方式將該等電磁紀錄攜出星聞公司。爲與告訴人公司業務及營收息息相關之客戶資料及產品資訊，具有一定之商業經濟價值，亦非一般涉及該類資訊之人所知，且告訴人公司於傳送上開資料之電子郵件，均加註『版權所有，除本文件傳送之特定對象，其他人非經同意不得轉載或散布本檔案文件或其所含之任何訊息。本信件及附件內容可能爲機密性資料，若您並非被指定之收信人或在任何原因未經授權的情形之下收到本信件，請勿揭曉本信件內容於任何人，並請告知原發信人，以及請從您的電腦刪除此信件和任何已列印的文件。』中英文警語，足見告訴人公司對於該等機密文件已採取相當之保密措施。」

爲D公司與E公司及F公司合作，由E公司代工成龍健康公司之「眞の生活化膠囊食品」、「眞生活白藜蘆醇」及「龐教授白藜蘆醇」等保健食品，F公司則負責經銷。D公司將其所研發的「逆轉醇」配方交給E公司及F公司，詎料E公司及F公司不但將這「逆轉醇」配方標示在健康食品包裝盒上，還以E公司爲申請人，將該配方申請專利，D公司因而起訴主張E公司、F公司及相關行爲人侵害其營業秘密而請求賠償。

　　本案第二審法院認爲這些產品的配方表上雖然有註記「商業機密」，且分別有「包裝盒成分／製造成分／隱藏不宣成分」及「外盒成分／實際成分與劑量」的記載，但產品包裝盒上揭露的內容，與配方表上「隱藏不宣成分」或「實際成分與劑量」所記載的產品成分種類、含量或劑量只有些微差異；何況D公司是以傳眞方式將配方提供給E公司及F公司，傳眞的接收端所在的不特定人都可以看到，且D公司未與E公司及F公司負責接收配方的兩位營養師簽訂保密協議，也沒有向這兩位營養師表示應該保密，單就配方上註明「商業機密」，不構成合理保密措施。但最高法院認爲，所謂包裝盒上的記載與配方表上「隱藏不宣成分」及「實際成分或劑量」的「些微差異」爲何，應該要調查清楚，而且D公司提供配方表時註明「商業機密」、配方表也將可否記載於包裝盒上的資訊區分開來，且D公司還另外向E公司及F公司說明調配原則，則最高法院認爲D公司主張其已採合理保密措施，似乎不是沒有依據，因而將本案發回更審。[5]

---

[5] 最高法院106年度台上字第350號民事判決：「查系爭產品爲上訴人所研發，穎創公司爲製造商，宏洲公司爲代理商，上訴人與白藜蘆醇生技公司簽訂經銷合約書，穎創公司爲見證人。上訴人於99年11月30日提供穎創公司與宏洲公司共同營養師林怡汝之『眞の生活化白藜蘆醇』配方以紅筆記載『商業機密』，可認爲上訴人主觀有管理秘密之意思。其配方分列『包裝盒成分』、『製造成分』、『隱藏不宣成分』，經比對系爭產品、『眞生活白藜蘆醇』包裝盒三紙『葡萄白藜蘆醇』一紙等件所載『主成分』內，與未載於包裝盒之實際成

3. 標註為公司機密但法院認為仍不構成合理保密措施的情形

　　以智慧財產法院106年度民營上更(一)字第2號判決為例，這是前述最高法院106年度台上字第350號判決發回智慧財產法院更審後，智慧財產法院所做出之判決，智慧財產法院在此仍堅持本案的配方表並非營業秘密。智慧財產法院首先認定配方表上的「隱藏不宣成分」或「實際成分與劑量」內容，業界人士都可從D公司或其創辦人另有公開的研究成果中進一步研究得知；又智慧財產法院繼續強調，本案的配方表是以傳真方式提供給E公司及F公司的營養師，傳真接收端的不特定人都可以取得，且D公司也未與營養師簽訂保密協議，也未向這些營養師提醒保密問題。換言之，智慧財產法院認為D公司對配方表上的資訊沒有分級分類的管制措施，也沒有要求特定人保管、限制其他人員取

及劑量，大部分相同，小部分成分種類或含量、劑量有些微差異，為原審認定之事實。果爾，所謂成分、含量、劑量之些微差異，究竟何指，是否即上訴人『隱藏不宣』部分，尚有未明。參以上訴人於97年8月28日、9月4日所交給穎創公司營養師簡蕙琦之『逆轉醇配方』、『逆轉醇新配方』（穎創公司銷售品名為『薩丁尼亞醇』）均載明『商業機密』；99年12月21日交給林怡汝『龐教授白藜蘆醇』配方分別標明『外盒成分』、『實際成分與劑量』；不詳日期給穎創公司營養師鄭曉琪之『真生活化白藜蘆醇』配方除記載『商業機密』，亦依『包裝盒成分』、『製造成分』、『隱藏不宣成分』各項，分別記載各成分及劑量，且於99年9月30日致林怡汝函稱：『就本產品『實際成分』調配，請注意把握幾個重要『協同作用』原則：白藜蘆醇成分PPARs活性劑成分、槲皮素成分、兒茶素成分、酵母貝塔葡聚醣、可增生活化修補幹細胞食材、乳酸菌……。』等語（見第一審卷一24、25、26、58、40頁）。上訴人主張上開配方係其研發，其生產亦於其交付各該配方予穎創公司、宏洲公司營養師林怡汝、簡蕙琦、鄭曉琪時，均於配方上記載『商業機密』警語，及可或不可標示於包裝盒上之成分，以為保密等語，似非空言。次查包裝盒標示之成分刻意與實際製造成分及劑量不同，該等不同之處，衡諸常理，一般涉及該類資訊之人即無從自包裝盒標示得知，而上訴人於交付上開配方時已以警語方式及載明不得於包裝盒標示之各該成分或劑量，其不欲穎創公司、宏洲公司及其使用人即上開營養師以外之人得知上開配方實際內容，上訴人主張該等配方具有獨特、秘密性及已為保密措施，亦似非全然無據。」

得，告知承辦人員保密內容及保密方法，從而仍認定D對配方表
未採取合理保密措施。[6]不過，據筆者在司法院法學資料檢索網

---

[6] 智慧財產法院106年度民營上更（一）字第2號民事判決：「上訴人未採取合理
之保密措施：1.合理保密措施之定義：所謂保密措施者，係指營業秘密所有人
已採取合理之保密措施者。故所有人按其人力、財力，依社會通常所可能之方
法或技術，將不被公眾知悉之情報資訊，依業務需要分類、分級而由不同之授
權職務等級者知悉。就電腦資訊之保護，使用者設有授權帳號、密碼等管制
措施（參照最高法院102年度台上字第235號民事判決）。合理保密措施，必須
營業秘密之所有人主觀上有保護之意願，且客觀上有保密的積極作為，使人瞭
解其有將該資訊當成秘密加以保守之意思，並將該資訊以不易被任意接觸之方
式，予以控管。因營業秘密涵蓋範圍甚廣，取得法律保護之方式，並非難事，
倘營業秘密所有人不盡合理之保密措施，使第三人得輕易取得，法律自無保護
其權利之必要性。倘事業資訊為該產業從業人員所普遍知悉之知識，縱使事業
將其視為秘密，並採取相當措施加以保護，其不得因而取得營業秘密。至於資
料蒐集是否困難或複雜與否，並非營業秘密之要件。上訴人雖主張其於系爭配
方均記載『商業機密』警語，且包裝盒之成分標示與實際成分不同，足證上訴
人有採取合理保護措施云云。然被上訴抗辯稱上訴人未合理保護措施等語。職
是，本院自應分析上訴人所主張之保密方式，是否符合營業秘密之合理保密
措施。2.上訴人措施非為合理保密措施：(1)無適當之保密管制措施……以傳真
方式將某配方交付他人，傳真接收端所在之不特定人員均可任意獲悉或取得，
且接收傳真者未簽訂保密協議，除無法律上保密義務外，亦未採取分類、分級
之群組管制措施，或應與交由特定人保管、限制相關人員取得、告知承辦人保
密內容及保密方法等合理保密措施，僅以商業機密或機密之記載，未盡合理保
密措施，不符合營業秘密之要件（參照最高法院106年度台上字第350號民事判
決）。系爭對照表固以紅筆手寫『商業機密』、『機密』等字樣，雖可認為上
訴人主觀上有管理秘密之意思。惟營業秘密之種類及內容各不相同，理應依業
務需要分類與分級，且針對不同之授權職務等級予以適當之管制措施，係對各
種技術或營業上資訊為秘密性管理，僅手寫『商業機密』、『機密』文字，未
盡適當秘密性之管制措施……上訴人自承將相關資訊傳真予被上訴人公司之共
同營養師鄭曉琪、林怡汝，雖記載傳真接收人為『怡汝』、『曉琪』。然該傳
真接收端所在之不特定人員，均可任意獲悉或取得，且訴外人鄭曉琪與林怡汝
與上訴人間，除均未簽訂署保密協定外，亦未見上訴人指明其等有何法律上保
密義務。職是，上訴人就系爭對照表之資訊，除無分類與分級之群組管制措施
外，亦未採取交由特定人保管、限制相關人員取得、告知承辦人員保密之內容
及保密方法等之合理保密措施……系爭配方之用途在於減緩疾病老化，其於上
訴人之相關著作『白藜蘆醇RESERATROL疾病老化剋星』有所登載，其中關

站查詢之結果，該判決於108年5月23日被最高法院108年度台上字第36號判決廢棄並發回更審，後續有待觀察。

◎小結

依照上述案例，法院似乎認為，除了是否在文件上標註「機密」或「禁止洩漏」，法院仍可能會參酌其他因素，例如提供機密資料的方式、資料的內部流通性、是否簽署保密協議、或有無分級分類的管制措施等，綜合判斷後決定公司是否已算採取合理保密措施。

於……等原料成分，均有介紹（見本院卷一第159至169頁）。足以使相關消費者聯想該等原料成分為系爭配方之一，可認上訴人就系爭配方之內容，有所公開揭露。職是，上訴人雖有記載『商業機密』、『機密』，然其有公開揭露之行為，該等資訊已無秘密性可言，縱使上訴人仍將其視為秘密，並採取相當措施加以保護，其仍無法因而取得營業秘密。故上訴人主張之所有營業秘密採取合理之保密措施，容有誤會。」

4

公司與員工簽訂保密協議，公司是否已經算對員工任職期間所取得資料採取合理保密措施？

吳典倫

實務上另一常見的保密作法，是公司在員工到職時，就請員工簽訂保密協議。保密協議可能是規定在僱傭契約中的保密條款，也可能規定在公司的工作規則等人事規範當中，也有可能是員工單獨簽立的切結書，公司也有可能另外針對特定專案請員工簽訂保密協議。假設公司機密資料被員工外洩，這些被外洩的資料符合「秘密性」及「經濟價值」的要件，則公司是否與員工簽訂保密協議，就算已經採取合理保密措施，而享有營業秘密法的保護？

關鍵字：保密措施、保密協議、工作規則、人事規範、切結書

◎法院見解

1. 法院認定簽署保密協議但不構成合理保密措施的情形

以智慧財產法院105年度刑智上訴字第11號判決為例。本案二位被告甲、乙原為A公司的行銷業務員，甲、乙二人與A公司均簽有「承攬契約」以及「公司人事規章薪資作業管理制度」，其上均有規定禁止將公司資料外流。但甲、乙二人從A公司離職後，涉嫌將當初任職A公司時所取得的客戶資料，利用在新任職的B公司的業務上，被告二人因而被起訴違反刑法洩漏工商秘密罪，以及營業秘密法所規定之知悉及持有營業秘密未經授權而使用及洩漏該營業秘密罪嫌。

法院認定甲、乙二人的確有將任職於A公司時所得知的客戶資料使用於B公司的業務上，但法院認定A公司的客戶資料不是營業秘密。就其中A公司是否採取合理保密措施上，法院指出所謂合理保密措施是指工商秘密或營業秘密的所有人主觀上有保護的意願，且客觀上有保密的積極作為，使人瞭解有將資訊當成秘密加以保守的意思，這樣的保密措施必須是「有效」的，但不要求達到「滴水不漏」的程度，只要秘密所有人按其人力、財力、依資訊性質以社會通常可能的方法或技術，將不被該專業領域知悉的情報資訊，以不易被任意接觸的方式加以控管，而能達保密目的，就屬合理保密措施。例如對接觸秘密者加以管制、在文件上標註「機密」或「限閱」，或將秘密資料上鎖、設定密碼、做好保全措施等綜合判斷。

法院進一步指出，是否採取合理保密措施，不以簽署保密協議為必要，若營業秘密所有人的行為，使人瞭解有將該資訊作為秘密保護的意思，客觀上也有以不被任意接觸的方式加以控管，就算沒有簽署保密協議，也算是有合理保密措施；相反的，若簽署保密協議，但任何人都可以輕易接觸該資訊，就無法認定這屬

合理保密措施。本案Ａ公司固然有與二位被告簽訂保密協議，但法院發現，甲、乙二人在Ａ公司擔任第二線客服人員，客戶打電話進來公司所留的資料不但甲、乙二人會得知，第一線接電話人員、行政、會計等部門也都會有所接觸，但本案卷證資料只有Ａ公司與被告甲、乙二人間的保密協議，並沒有其他可證明Ａ公司有無例如：設定接觸者權限、作好門禁管制措施、將客戶資料存放於無法輕易接觸之處、要求業務人員不使用客戶資料時應將資料上鎖、在客戶資料上標明機密或限閱字樣使任何第三人客觀上可知悉該資料為保密資料，或有採取任何其他不易被任意接觸之方式控管該客戶資料等作為，法院因而認定Ａ公司對本案客戶資料並未採取合理保密措施。[1]

---

[1] 智慧財產法院105年度刑智上訴字第11號判決：「所謂『合理保密措施』，係指工商秘密或營業秘密之所有人主觀上有保護之意願，且客觀上有保密的積極作為，使人了解其有將該資訊當成秘密加以保守之意思。所有人所採取之保密措施必須『有效』，方能維護其資訊之秘密性，惟並不要求須達『滴水不漏』之程度，只需所有人按其人力、財力，依其資訊性質，以社會通常所可能之方法或技術，將不被該專業領域知悉之情報資訊，以不易被任意接觸之方式予以控管，而能達到保密之目的，即符合『合理保密措施』之要求，例如：對接觸該營業秘密者加以管制、於文件上標明『機密』或『限閱』等註記、對營業秘密之資料予以上鎖、設定密碼、作好保全措施（如限制訪客接近存放機密處所）等綜合判斷之，而是否採取合理之保密措施，不以有簽署保密協議為必要，若營業秘密之所有人客觀上已為一定之行為，使人了解其有將該資訊作為營業秘密保護之意，並將該資訊以不易被任意接觸之方式予以控管，即足當之，反之若簽署保密協議，惟任何人均得輕易接觸該等資訊，縱有保密協議之簽署，亦難謂營業秘密所有人已採取合理之保密措施。本件被告二人固不否認曾與嘉誠公司簽署承攬契約書、公司規章人事薪資作業管理制度契約書，約定被告不得洩漏客戶名單、因工作或職務所知悉公司事務負保密義務、不得外洩，並均需留公司電話予客戶，而禁止員工留私人電話予客戶（見偵卷第14至15、18頁），惟告訴代理人陳稱：客戶打電話進來後，第一線人員會記下客戶姓名、電話、從哪家電台打進來等資訊，再由行政人員將單子分配給第二線人員，第二線人員就是所謂的諮詢師，被告二人在告訴人公司就是擔任諮詢師等語（見原審卷第45背頁），證人即嘉誠公司副總經理○○○證稱：客戶聽廣播打電話進來，公司會登記客戶資料，再將客戶資料交給業務人員去回撥。客戶資料內

　　另外再以智慧財產法院105年度刑智上易字第39號刑事判決為例說明。本案被告丙為C公司之員工，該被告涉嫌將C公司的員工資料提供給另一家D公司，供D公司挖角，該被告被起訴違反刑法妨害工商秘密罪以及背信罪。智慧財產法院認為C公司的工作規則雖然有規定不得將職務上所知悉的機密洩漏他人，且C公司的文書處理暨機密文件管理辦法將人事資料及薪資訂為極機密，但所謂秘密並非每位員工經辦管理的一切事務或技術均是秘密，仍需視公司是否有意保密、員工有無簽署個案保密協定及有為一切合理之保密措施，使員工得以遵循而言。被告丙並未就個別具體事項與C公司簽訂保密協議，從而法院認為單就員工工作規則以及文書處理暨機密文件管理辦法等，不足認定C公司已採取合理保密措施。[2]

容是客戶姓名、電話、地址，如果有成交，公司會留兩份，一份由行政人員就是會計去保管，一份在業務手上讓她去服務客戶，如果未成交，就由業務留下來繼續追蹤或交還給公司等語（見偵卷第54背頁），而被告王秀玉陳稱：嘉誠公司的客戶資料就是客戶姓名及電話，公司給其紙本，沒有電子檔案。上班時才會用到這些客戶資料，如須追蹤的客戶資料，其會放在其座位，沒有用的時候會當天還給會計等語（見偵卷第53背頁），被告余芳菊陳稱：嘉誠公司所提供之客戶資料是紙本，就是電台來的單子，其平常放在公司座位抽屜，離職時有交接給公司等語（見偵卷第54背頁至55頁），由此可知，接觸客戶資料之人有第一線接電話人員、行政人員（即會計）、業務人員（即被告），惟依卷內資料，告訴人除了與被告簽署上開合約規定被告不得將客戶資料外洩外，無證據證明告訴人對於該等『客戶資料』，是否有設定接觸者權限、作好門禁管制措施、將客戶資料存放於無法輕易接觸之處、要求業務人員不使用客戶資料時應將資料上鎖、在客戶資料上標明機密或限閱字樣使任何第三人客觀上可知悉該資料為保密資料，或有採取任何其他不易被任意接觸之方式控管該客戶資料，基於罪證有疑、利於被告之原則，自難認定告訴人所指之『客戶資料』，業經告訴人採取合理保密措施，而為告訴人之營業秘密或工商秘密。」

[2]　智慧財產法院105年度刑智上易字第39號刑事判決：「刑法之工商秘密，非指每位員工經辦管理之一切事務或技術均屬之，仍需視公司是否有意保密、員工有無簽署個案保密協定及有為一切合理之保密措施，使員工得以遵循而言。準此，被告與有萬公司未就員工薪資之具體事項簽署保密契約，亦無任何規範被

2. 法院以保密協議認定公司已採取合理保密措施的情形

　　先以臺灣高等法院90年度上易字第1527號刑事判決爲例，說明法院綜合保密協議及其他事證，認定公司採取合理保密措施之情形。本案被告丁爲E公司之工程師，負責E公司所生產「含浸處理機」維修事宜，丁一開始任職E公司時，就簽立切結書，保證在受僱期間所得知的生產技術等資訊，在任職其間以及離職後三年均不得外洩。詎料丁從E公司離職後，不到幾個月即成立F公司，生產與E公司含浸處理機功能相同的設備，丁因而被起訴違反刑法洩漏工商秘密罪。就E公司對該「含浸處理機」的製造技術是否採取合理保密措施，法院發現被告丁除於任職E公司之初簽立切結書，保證不洩漏生產技術外，公司電腦設有密碼，而公司放置設計圖的圖案櫃以及圖案櫃入口均有上鎖，法院因此認定E公司就「含浸處理機」的生產技術已採取合理保密措施。[3]

告有保密義務，被告縱有提供薪資結構建議附加檔案之電子郵件予益登公司，亦與洩漏工商秘密罪之要件不符。公訴人僅以員工工作規則第一章服務守則(3)、(5)、(8)及文書處理暨機密文件管理辦法爲憑，即認上開員工薪資已採取合理之保密措施，而屬營業秘密或工商秘密，自不足採。」

[3]　臺灣高等法院90年度上易字第1527號刑事判決：「又垂直式含浸處理機之複雜性，非一般社會上所熟知之機器，且其製造時尚須有部分關鍵性技術，除非是熟悉其設計圖之人員，非一般涉及該類資訊之人所能知曉……垂直式含浸機之製造技術必須具備完整之設計圖，包含流程圖、外觀尺寸圖、組合圖、零件圖等，完整的設計圖一般都是由擁有此類相關製造技術之公司，逐步研發改進累積而得，故以一般常情言，各公司都列爲商業機密，其他公司若要快速取得相關技術，一般須經由技術合作等語，此有台北市機械技師公會91年1月23日北機技六字第281號函在卷（見本院卷一第218頁），而被告丁○○於82年6月15日甫進入亞泰公司即與告訴人公司簽訂保守上述技術秘密之約定，顯見亞泰公司所獲得之含浸處理機製造技術，確非一般涉及該類資訊之人所能知曉。再者，所謂『合理之保密措施』，並無一定之要件，而係應就個案考量，依一般客觀社會經驗判斷，只須依實際情況盡合理之努力，使他人客觀上得認識係屬秘密即足當之。本件告訴人公司對於系爭含浸處理機之製造技術之開發及獲取，既投注相當之努力及費用，其對於該秘密亦已採取合理之保密措施，此經告訴代理人乙○○於本院到庭指稱：『（問：你們公司的設計圖有無管制？）都存在電

　　另實務上也曾有單以公司與員工簽訂員工規範及人事保證書，就認定公司以採合理保密措施的案例。如臺灣高等法院臺中分院102年度上易字第1077號刑事判決，本案被告戊原擔任G公司的不動產銷售業務，涉嫌將客戶委託銷售不動產物件的底價以簡訊傳送給任職於另一不動產經紀公司的友人己，因而被起訴違反刑法妨害工商秘密罪。法院首先認為客戶實際委託銷售的價額在不動產交易上實屬重要，仲介業者不會將這種資訊告訴同業，因而本案涉及的交易底價屬於商業上的秘密資料，又被告戊就職G公司時，即已簽署員工規範以及人事保證書，其上都載明禁止洩漏因職務取得的客戶資料，法院以此就認為G公司已經採取合理保密措施。[4]

腦檔案裡，工程師如果要看需要輸入密碼才能看得到。』『（問：是否任何部門都看得到？）工程部門才能看。』等語（見本院卷一第129頁），被告丁○○亦坦承公司有要求其出具保密的切結書、公司電腦設有密碼，公司人員必須知道密碼始可使用等語（同前卷頁及2708號偵查卷第4頁），且公司放置設計圖之圖案櫃及圖案櫃之入口皆有上鎖，亦有告訴人公司提出之照片附狀（見本院卷一第199至202頁）可稽，難認告訴人未為合理之保密措施。而該製造技術依證人羅劍鋒於偵查中所陳（見偵續59號卷第56頁），於國內尚無普遍製造生產，是該含浸處理機之製造技術自攸關告訴人公司是否能取得競爭優勢，具有秘密性而為告訴人公司據以營利之工商秘密無疑，被告丁○○謂其係根據原來之含浸處理機予以改良，為正常研究發展之作法，上開技術非工商秘密等云，亦無足採。」

[4] 臺灣高等法院臺中分院102年度上字第1077號刑事判決為：「蓋就客人即委託人委託仲介買賣之不動產實際委託銷售總價額，如任令第三人得知客戶實際委託銷售總價額，且開價較該價額為高時，非但將使該第三人於議約過程中可立即窺知若依開價成交，委託人尚可獲得多少利潤，以此作為議價空間，進而導致委託人利潤減損，甚至將導致同業可逕自向委託人宣稱可調高既有價額加大利潤而誘使委託人撤銷先前委任。故不動產委託銷售總價額，不僅會影響買方開價成交之價格，進而會影響委託人可獲得之利潤高低，並將同時牽涉受託之仲介業者之服務報酬……衡情受託人於委託人與買方間撮合，縱使市場價格本有一定供需機制，並非任一房仲業者所可壟斷，惟對於接受委託之房仲業者，當為盡力達成委託人之期望，並追求增加本身之服務報酬，是無論委託人或受委託人當不會任令實際委託銷售總價額毫不保留向買方公開，而使自身無利潤

◎小結

　　綜合以上案例，可看出法院見解傾向認為除保密協議外，還需綜合考量公司對資料有無密碼或上鎖等其他管制措施，以及資料實際上在公司內部的流通程度等因素而定，但也有法院見解僅單以公司與員工簽訂員工規範及人事保證書，就認定公司已採合理保密措施。

或較高之服務報酬可得。再者，該實際委託銷售總價額固可經由委託人簽立買賣委託書內容更改附表而變更，惟此實係因委託人考慮市場行情、委託時間之經過，亦或是須要取得該筆售屋金錢以做他用等事由而加以更改，其目的皆為求達到對自身最有利潤之成交價格，此於本案所附買賣委託書內容更改附表有數份之情形可知（分見偵卷第17頁、第22頁至第24頁、第27頁），從而，委託人是否得於事後更改前揭委託銷售總價額，與該委託銷售總價額是否具備『工商秘密』之特質無關。是該委託銷售總價額，或是更改附表上所載之更改委託總價額，對於委託人與受委託人皆屬重要。從而，仲介業者當不至於將客戶實際委託銷售總價額告知同業，此情亦核與證人陳世欣於偵訊時具結後證稱：伊在擔任房屋仲介時，若對方是同業，底價部分僅會講區間價等語（見偵卷第48頁背面）相符，從而，被告於前揭時、地以簡訊之方式傳送給證人陳世欣之上開物件底價，係屬具有商業上之秘密資料，具有一般人不得輕易知悉之特性，應屬無疑。又被告於就職時，既曾應告訴人○○公司要求，簽立前開員工規範及人事保證書，即可見告訴人群義公司欲以此防止員工對外洩漏因業務上知悉之客戶資料之目的，應可認告訴人群義公司已就前揭資料採取合理之保密措施。」

5

公司股東以監督公司營運為由，要求公司提供營業秘密資料，是否可能侵害公司的營業秘密？

吳典倫

股東未必是公司的實際經營者，所以股東需要獲取公司營運相關的資訊，才能監督公司經營團隊的經營狀況，並在股東會中對議案的投票中做出正確的選擇。但公司營運資訊可能涉及營業秘密，如果讓股東知悉，恐怕對公司營運造成妨害，這種情形在競爭對手取得股份後，以股東身分窺探公司的營業秘密，更為嚴重。則現行法律及實務上如何調和股東資訊權以及公司營業秘密保護？

關鍵字：股東、資訊權、營業秘密、檢查人、閱卷

◎公司法第210條[1]及第229條[2]規定之查閱權

我國公司法對股東這類獲取資訊的權利可分為股東查閱權以及股東聲請選派檢查人兩大類。[3]第一類的股東查閱權是公司法第210條規定股東得向公司請求抄錄章程及簿冊，以及公司法第229條規定股東得在股東會召開前查閱董事會造具的表冊及監察人的報告書。但從公司法第210條以及第229條的文義解釋，是否能看出查閱的對象可包括財務、業務的執行文件或契約等，有學者認為有疑問[4]，經濟部81年12月8日經商字第232851號函認為股東得依公司法第210條申請抄錄的「簿冊」，僅限股東會議事錄、資產負債表、股東名簿、公司債存根簿，不包括財務業務契約。[5]一般而言，股東會議事錄、資產負債表、股東名簿、公司債存根簿較難包含產品製程、客戶資料等容易被認定為營業秘密的資訊，故股東資訊權與公司營業秘密間的衝突在此層次還不明顯。

---

[1]　公司法第210條：「（第1項）除證券主管機關另有規定外，董事會應將章程及歷屆股東會議事錄、財務報表備置於本公司，並將股東名簿及公司債存根簿備置於本公司或股務代理機構。（第2項）前項章程及簿冊，股東及公司之債權人得檢具利害關係證明文件，指定範圍，隨時請求查閱、抄錄或複製；其備置於股務代理機構者，公司應令股務代理機構提供。（第3項）至（第5項）略」

[2]　公司法第229條：「董事會所造具之各項表冊與監察人之報告書，應於股東常會開會十日前，備置於本公司，股東得隨時查閱，並得偕同其所委託之律師或會計師查閱。」

[3]　張心悌，股份有限公司股東查閱權之研究——以美國法為中心，高大法學論叢第9卷第2期，頁61，69以下（2014）。張教授將文中所探討股東獲取資訊的權利，統稱為股東查閱權，本文則稱為股東資訊權，以資與股東依公司法第210條及第229條行使的權利有所區別。

[4]　張心悌，前揭註3文，頁71、74。

[5]　經濟部81年12月8日經商字第232851號函：「查公司法第210條第2項規定：『前項章程及簿冊，股東及公司之債權人得檢具利害關係證明文件，指定範圍，隨時請求查閱或抄錄』，其中『簿冊』係指歷屆股東會議事錄、資產負債表、股東名簿及公司債存根簿，尚不包括財務業務契約在內。」

◎股東聲請選任檢查人

　　實務上股東資訊權及公司營業秘密的交鋒，是在檢查人的選任。在107年公司法修法前，公司法第245條第1項即規定繼續1年以上，持有已發行股份總數3%以上之股東，得聲請法院選派檢查人，檢查公司業務帳目及財產情形。107年公司法修法，為強化公司治理、投資保護機制以及提高股東蒐集不法證據與關係人交易利益輸送蒐證能力，不但降低本條所要求的股東持有股數為百分之一，及期間門檻，且將檢查的標的擴及「特定事項」、「特定交易文件及紀錄」，但同時也要求聲請的股東檢附理由、事證並說明聲請必要性。[6]

　　在選派檢查人的事件中，公司方常見的答辯主張就是聲請的股東是有意藉選派檢查人窺探公司的營業秘密。例如於臺灣高等法院106年非抗字第113號民事裁定一案，聲請人甲向法院聲請選派檢查人，檢查A公司業務帳目及財產情形，臺灣臺北地方法院105年度司更（一）字第4號准許聲請，A提起抗告，主張聲請人之子乙有意另組公司，與A公司競爭，選派檢查人恐怕是聲請人利用來刺探A公司的營業秘密，但臺灣臺北地方法院106年度抗字第157號民事裁定認為A公司並未提出積極事證供法院審查聲請人一方有何利用選派檢查人的機會刺探營業秘密的情形，且檢查人為專業人士，對公司負忠實義務及善良管理義務，應不致

---

[6] 公司法第245條：「（第1項）繼續六個月以上，持有已發行股份總數百分之一以上之股東，得檢附理由、事證及說明其必要性，聲請法院選派檢查人，於必要範圍內，檢查公司業務帳目、財產情形、特定事項、特定交易文件及紀錄。（第2項）至（第3項）略。」修法理由：「為強化公司治理、投資人保護機制及提高股東蒐集不法證據與關係人交易利益輸送蒐證之能力，爰修正第1項，擴大檢查人檢查客體之範圍及於公司內部特定文件。所謂特定事項、特定交易文件及紀錄，例如關係人交易及其文件紀錄等。另參酌證券交易法第38條之1第2項立法例，股東聲請法院選派檢查人時，須檢附理由、事證及說明必要性，以避免浮濫。」

於會去刺探營業秘密而損害公司。此一見解後來被臺灣高等法院106年非抗字第113號民事裁定所維持。[7]

　　又於臺灣高等法院104年度非抗字第7號民事裁定一案，B公司的股東C公司向法院聲請選派檢查人，檢查B公司的業務帳目及財產情形，臺灣新北地方法院准許聲請人C公司的聲請，B公司提起抗告、再抗告，主張C公司與B公司間具商業競爭關係，如容任C公司的聲請，C公司將獲得B公司上下游廠商、銷售對象、銷售金額、經營策略、價格決定等資訊，違反營業秘密法規定。對此，臺灣高等法院認為C公司是依公司法第245條規定提出聲請，就算在查核報告中得悉B公司的營運資訊，也是正當取得，不違反營業秘密法。[8]但臺灣高等法院同時也考量到聲請人C

---

[7]　臺灣高等法院106年度非抗字第113號民事裁定：「再抗告人略以……相對人為張榮發配偶，獨子張國煒亦曾擔任長榮集團副總裁，綜攬再抗告人之管理及財務業務，對於再抗告人業務甚為瞭解，加以張國煒另設立航空公司，預定經營之航線與再抗告人重疊，有高度競爭關係，相對人企圖藉由檢查人窺探再抗告人之營業秘密，相對人顯係權利濫用，實無聲請選派檢查人之必要……惟查，原裁定已於理由欄四、(二)、2及3中分別敘明……『然就張國煒有何利用相對人向法院聲請選派檢查人之機會刺探抗告人營業秘密之情，則未提出任何積極事證供本院進行形式審查，抗告人前開質疑，尚屬空言臆測。況檢查人係由法院依法所選派與兩造均無特殊利害關係之專業人士，且在執行職務範圍內復應對公司負忠實及善良管理人注意義務，如前所述，則其於檢閱公司相關資料時，信亦不致有何逾越檢查目的而刻意為相對人刺探抗告人商業機密或不當揭露與檢查事項無涉之營業內容之必要』等情（見原裁定第6至8頁），顯然已就本件聲請有無權利濫用之情形為審酌，經核於法洵無違誤。」

[8]　營業秘密法第10條：「（第1項）有左列情形之一者，為侵害營業秘密。一、以不正當方法取得營業秘密者。（第2款至第5款略）（第2項）前項所稱之不正當方法，係指竊盜、詐欺、脅迫、賄賂、擅自重製、違反保密義務、引誘他人違反其保密義務或其他類似方法。」臺灣高等法院104年度非抗字第7號民事裁定：「再抗告人雖一再稱與相對人具商業競爭關係，如容任相對人聲請選派檢查人檢查再抗告人之業務帳目及財產，相對人將獲悉再抗告人上下游廠商、銷售對象、銷售金額、經營策略、價格決定等資訊，違反公平交易法第19條第5款、營業秘密法第10條第1項第1款之規定云云，惟公司法第245條第1項明定繼續1年以上持有公司已發行股份總數3%以上之股東得聲請法院選派檢查人檢查公

公司與B公司間原本就有競爭關係，而將臺灣臺北地方法院原本准予檢查的範圍加以限縮。[9]

　　值得注意的是，前述臺灣高等法院104年度非抗字第7號民事裁定事件在檢查人提出檢查報告後，原本聲請的股東C公司向臺灣新北地方法院聲請閱覽檢查報告，但臺灣新北地方法院以105年度聲字第279號裁定僅准許C公司閱覽檢查報告的一部分，其餘部分以涉及B公司的隱私或業務秘密爲由，未准許C公司閱覽。[10]C公司不服，提起抗告、再抗告，但臺灣新北地方法院105年度抗字第320號民事裁定及臺灣高等法院106年度非抗字第32

司帳目及財產，別無其他資格限制，已如前述，而本件相對人既係依公司法前述規定爲聲請，縱或因查核報告內容得悉再抗告人上下游廠商及銷售對象爲何人、營收金額等整體營運資訊，仍非公平交易法第19條第5款、營業秘密法第10條第1項第1款所指之『以不正當方法獲取他事業之營業秘密』，尚難遽指悖於公平交易法、營業秘密法之規定。」

[9]　臺灣高等法院104年度非抗字第7號民事裁定：「於102年7月31日以前，相對人就再抗告人公司業務帳目及財產情形無任何經濟上利益，參諸相對人與再抗告人間確有商業競爭關係，且有諸多民刑事爭訟，此經再抗告人供陳詳明，並有臺灣士林地方法院刑事判決、智慧財產法院民事判決、臺灣新北地方法院刑事判決在卷可佐，相對人甚且於持有再抗告人股票甫滿1年之103年8月1日旋聲請法院選派檢查人，並指定檢查再抗告人自96年1月1日起之業務帳目及財產情形，顯逾合理範圍，而與法條目的相違背，本院認本件檢查人檢查範圍，應以再抗告人自102年8月1日起至103年7月31日止之業務帳目及財產情形爲限。」

[10]　臺灣新北地方法院105年度聲字第279號民事裁定：「又按營業主體（含私法人）保守其營業交易對象及內容、資金往來、資產種類及數量等秘密之權利亦爲隱私之一種，交易往來之合約書、統一發票、銷貨明細等涉及交易之標的內容、數量等資訊內容，而該等資訊又非他人可得知悉，且具經濟價值，即應係屬涉及聲請人及其交易往來廠商之隱私或業務秘密，併參酌兩造之營業項目均爲電腦伴唱機等產品，處於商業上有競爭關係，而檢查人所提出之前開檢查人報告中，附表一、二、四所示之附件資料諸如精選歌曲授權合約書、伴唱歌曲租賃使用合約書、統一發票、出貨明細、送貨單、請款明細單、存摺明細、代收票據明細表等資料，若准許聲請人閱覽上開書狀，恐將致相對人與第三人間之商業機密資訊曝光而致遭受重大損害，是堪認聲請人聲請閱覽上開卷宗全部之請求，應予限制。」

號民事裁定都維持原裁定保護B公司營業秘密的見解。[11]

◎小結

　　由以上法院的見解可知，在股東聲請法院選派檢查人，「於必要範圍內，檢查公司業務帳目、財產情形、特定事項、特定交易文件及紀錄」的情形，公司若以營業秘密將受侵害作為抗辯理由，須提出積極的事證，具體證明股東有刻意刺探營業秘密權利濫用的情形，否則應該很難成功，但受檢查後，還是有可能限制聲請人的閱覽範圍，以資保護營業秘密。

---

[11] 臺灣高等法院106年度非抗字第32號民事裁定：「又按檢查人經法院選派檢查公司業務帳目及財產情形，所製作之查核報告書面係送交選派之法院，檢查過程中對於受查公司之契約、傳票、發票、收付款憑證等電子或書面內部文件，以及自身製作之紀錄、工作底稿等並均負有保密義務，未得法院或受查公司之許可，不得洩露予含相對人在內之人，此觀會計師法第41條、第46條第1項第11款規定即明，則公司股東是否有權藉由檢查人檢查公司業務帳目及財產情形程序，知悉公司具體之交易內容、價格決定、營運發展策略等細節，實值商榷；復考以公司法第184條、第210條、第229條等規定，股東會或股東得查核、查閱或抄錄之公司帳目資料，僅為董事會造具之各項表冊、監察人之報告、章程、歷屆股東會議事錄、財務報表、股東名簿、公司債存根簿等，且公司法第210條第2項所稱之『簿冊』係指歷屆股東會議事錄、資產負債表、股東名簿及公司債存根簿，尚不包括財務業務契約在內，此亦有經濟部81年12月8日商字第232851號函釋可參（原審卷第40頁），是公司股東依公司法規定所得查核、查閱或抄錄之公司簿冊，本無包括業務契約、交易明細、下游經銷商及客戶等商業機密資料在內。則抗告人主張：少數股東依公司法第245條第1項規定聲請法院選任檢查人檢查公司之財產資料後，即當然得以閱覽有關公司上下游廠商、銷售對象、銷售金額、經營策略、價格決定等資訊之營業資料，並無使相對人受重大損害之虞云云，亦屬無據。原裁定既本於其取捨證據認定事實之職權行使，認再抗告人如閱覽系爭檢查報告附表一、二、四資料，將致相對人受重大損害之虞，因而裁定限制再抗告人閱覽該部分卷證，其適用民事訴訟法第242條第3項規定，自無違誤。」

6

公部門調查檢舉案的過程中，使得公司的營業秘密外洩予第三人；或是公司的產品配方雖屬其營業秘密，但行為人依法將產品成分予以標示揭露，則洩漏或揭露公司營業秘密之人，是否可能構成洩漏營業秘密罪或洩漏工商秘密罪？

唐玉盈

　　基於保障社會大眾之公益目的，公司的營業秘密可能會與法令所強制之資訊揭露義務發生衝突，例如食品安全衛生管理法所強制標示之食品成分等；或是公部門為調查民眾檢舉案件之相關事證，而於調查過程中取得公司的營業秘密，甚至外洩予第三人，則此時洩漏或揭露公司營業秘密之人，是否可能構成洩漏營業秘密罪或洩漏工商秘密罪？

關鍵字：檢舉、產品配方、資訊揭露義務、營業秘密、工商秘密

◎法院見解

1. 法院認為於調查檢舉案的過程中洩漏公司營業秘密，尚不構成洩漏營業秘密罪或洩漏工商秘密罪之案例

以臺灣臺北地方法院106年度聲判字第261號刑事裁定為例，某立法委員甲接獲A公司人員的檢舉，指稱在國防部辦理之生物偵檢車標案（下稱系爭標案）中，有A公司、B公司及C公司參與投標，最後由B公司取得系爭標案，但系爭標案採購過程中疑有不法（B公司之代表人同時因系爭標案，遭A公司之合作廠商D公司檢舉涉犯偽造文書罪嫌，並經臺北地檢署另案偵辦中），A公司並將相關投標文件提供給立法委員甲參考。

立法委員甲收到上開檢舉案後，即指示其辦公室助理乙，以該立法委員國會辦公室之名義，就B公司之投標文件內容，發函請E公司說明該文件提及之相關設備是否屬E公司代理之原廠所提供，以及生物偵檢車相關規格及功能等事宜。

B公司認為，上開投標文件之內容符合營業秘密法第2條所稱非周知性、經濟價值性及具保密措施之要件，而屬營業秘密法所欲保護之營業秘密[1]及刑法第317條所稱之工商秘密[2]，立委助理乙將B公司之投標文件資料提供給其競標對手C公司之代理商E公司，其行為已逾適當查證權限之範疇，應已該當營業秘密法第13條之1第1項第1款之以不正方法取得營業秘密並洩露罪[3]及刑

---

[1] 營業秘密法第2條：「本法所稱營業秘密，係指方法、技術、製程、配方、程式、設計或其他可用於生產、銷售或經營之資訊，而符合左列要件者：一、非一般涉及該類資訊之人所知者。二、因其秘密性而具有實際或潛在之經濟價值者。三、所有人已採取合理之保密措施者。」

[2] 刑法第317條：「依法令或契約有守因業務知悉或持有工商秘密之義務，而無故洩漏之者，處一年以下有期徒刑、拘役或一千元以下罰金。」

[3] 營業秘密法第13條之1：「（第1項）意圖為自己或第三人不法之利益，或損害

法第317條之洩漏工商秘密罪嫌。B公司遂向臺北地檢署提出告訴，經檢察官偵查後爲不起訴處分，B公司不服該不起訴處分而聲請再議，並於再議遭駁回後，委任律師向法院聲請交付審判。

　　法院認爲，營業秘密法第13條之1第1項第1款所謂以不正方法取得營業秘密並洩露罪，僅處罰「故意犯」，而本案係因立法委員甲接獲檢舉，被告乙身爲立委助理，方以立委辦公室名義函詢E公司，縱認乙在函詢E公司之過程中有提供上開投標文件之內容予E公司，且該投標文件之內容亦如B公司所稱爲營業秘密法所保護之營業秘密，但是乙函詢之對象E公司並非B公司之競爭對手，且函詢內容也僅及於相關檢舉事項，因此乙並非以損害B公司利益爲其目的，或有爲自己或第三人之不法利益，而有以不正方法取得營業秘密並洩露之主觀犯意，更何況乙所提供之函詢資訊，既係經檢舉而來，客觀上亦無以不正方法取得之情事。[4]

營業秘密所有人之利益，而有下列情形之一，處五年以下有期徒刑或拘役，得併科新臺幣一百萬元以上一千萬元以下罰金：一、以竊取、侵占、詐術、脅迫、擅自重製或其他不正方法而取得營業秘密，或取得後進而使用、洩漏者。二、知悉或持有營業秘密，未經授權或逾越授權範圍而重製、使用或洩漏該營業秘密者。三、持有營業秘密，經營業秘密所有人告知應刪除、銷毀後，不爲刪除、銷毀或隱匿該營業秘密者。四、明知他人知悉或持有之營業秘密有前三款所定情形，而取得、使用或洩漏者。（第2項）前項之未遂犯罰之。（第3項）科罰金時，如犯罪行爲人所得之利益超過罰金最多額，得於所得利益之三倍範圍內酌量加重。」

[4] 臺灣臺北地方法院106年度聲判字第261號刑事裁定：「……營業秘密法第13條之1第1項第1款之以不正方法取得營業秘密並洩露罪，僅處罰故意犯，而本件係因立法委員陳亭妃接獲檢舉，被告身爲立委助理，方以立委辦公室名義函詢豐禾公司，縱認被告於函詢豐禾公司之過程中，確有提供系爭資訊予豐禾公司之事實，且系爭資訊亦如聲請人所稱爲營業秘密法所保護之營業秘密，然因被告函詢對象，並非聲請人之競爭對手，且函詢內容，也僅及於相關檢舉事項，可見被告並無以損害聲請人利益爲其目的，或有爲自己或第三人之不法利益，而有以不正方法取得營業秘密並洩露之主觀犯意，更何況被告所提供函詢資訊，既係經檢舉而來，客觀上亦無以不正方法取得之情事。」

由本案可知，由於被告乙的發函行為是基於調查檢舉案之目的，並非以損害B公司利益為其目的，也不是為了乙自己或第三人之不法利益，因此法院認為乙不具有洩漏營業秘密之主觀犯意，故不成立洩漏營業秘密罪。

2. 法院認為依法令將產品成分及數量標示於外包裝，尚不構成刑法第317條洩漏工商秘密罪之案例

另以臺灣士林地方法院102年度聲判字第111號刑事裁定為例，F公司主張，被告丙為G公司及H公司之實際負責人，被告丁為G公司及H公司之名義負責人，F公司將其所有之營養保健食品配方授權G公司及H公司專賣，且該配方為F公司之商業機密，但G公司及H公司將該營養保健食品之成分刊載在該產品之外包裝，致F公司受有損害，而認被告丙、丁涉有刑法第317條洩漏業務上知悉工商秘密罪嫌。F公司遂向士林地檢署提出告訴，經檢察官偵查後為不起訴處分，F公司不服該不起訴處分而聲請再議，並於再議遭駁回後，委任律師向法院聲請交付審判。

法院認為，被告丙、丁是依照102年6月19日修正前之食品衛生管理法第17條第1、2項規定，將上開營養保健食品之成分及數量等內容刊載在該產品之外包裝，既然丙、丁是依據上開法令所為，則無法認定有何洩漏業務上知悉工商秘密之犯行；縱使該標示內容有細節過多之問題，至多亦屬過失，難以認定丙、丁有犯罪故意，因而駁回交付審判之聲請。[5]

---

[5] 臺灣士林地方法院102年度聲判字第111號刑事裁定：「……3.妨害工商秘密部分：按102年6月19日修正前之食品衛生管理法第17條第1項規定『有容器或包裝之食品、食品添加物，應以中文及通用符號顯著標示下列事項於容器或包裝之上：一、品名、二、內容物名稱及重量、容量或數量；其為二種以上混合物時，應分別標明、三、食品添加物名稱、……』；同條第2項規定『經中央主管機關公告指定之食品，應以中文及通用符號顯著標示營養成分及含量；其標示方式及內容之標準，由中央主管機關定之』。是縱被告曾陳益、何曉茵有將

◎小結

　　依上開駁回交付審判聲請之裁定可知，法院肯認在符合特定公益目的或法令規定之情形下，營業秘密並不必然受到法律保護。

　　此外，關於公司員工可否基於揭弊之目的洩漏公司營業秘密？行政院日前已向立法院提出揭弊者保護法草案，該草案第12條規定：「揭弊者向受理揭弊機關之陳述內容涉及國家機密、營業秘密或其他依法應保密之事項者，不負洩密之民事、刑事、行政及職業倫理之懲戒責任。其因揭弊向律師徵詢法律意見者，亦同。」倘若該草案規定經立法通過，則公司員工基於揭弊目的所為洩漏公司營業秘密之行為，法院亦可能認為該員工不構成洩漏營業秘密罪或洩漏工商秘密罪。

　　『薩丁尼亞逆轉醇』之成分及數量等內容刊載在該產品之外包裝，此究係依上開法令所為，實難認此有何洩漏業務上知悉工商秘密之犯行，縱有標示過細之問題，至多亦屬過失，難以遽認有犯罪故意，檢察官縱未依告訴人所請發函詢問行政院，亦無不可。至發明人之權利應如何加以確保，自應依循相關法律，如專利法等，以資保障，不另贅述。」

7

外國公司營業秘密在臺灣被員工洩漏，也可以追究員工的法律責任嗎？

唐玉盈

　　倘若外國公司的營業秘密在臺灣被員工洩漏，但是該外國公司並未經我國認許，該外國公司是否可以在臺灣提起訴訟追究該員工的法律責任呢？

關鍵字：外國公司、認許、法人、權利能力、行使訴訟權利

◎修法前後

1. 公司法於107年8月1日修正前

　　在公司法修正前，由於我國對外國公司採行「認許制度」，外國公司須經我國「認許」後，才能取得法人格，進而方能享有包含訴訟權在內之各種權利。

　　依據修正前公司法第4條規定：「本法所稱外國公司，謂以營利為目的，依照外國法律組織登記，並經中華民國政府認許，在中華民國境內營業之公司。」修正前公司法第375條規定：「外國公司經認許後，其法律上權利義務及主管機關之管轄，除

法律另有規定外，與中華民國公司同。」以及司法院20年8月7日院字第533號解釋要旨：「刑事訴訟法第三條所稱自訴人以自然人或法人爲限。未經依法註冊之外國公司。既未取得法人資格。其以公司名義委任代理人提起自訴者。應不受理。」因此，外國公司倘若未經我國認許，即尚未取得法人資格，從而無法行使提起告訴或自訴等刑事訴訟權利，自亦無從追究員工洩漏其營業秘密之刑事責任。

至於民事訴訟權利，由於民事訴訟法第40條第3項規定：「非法人之團體，設有代表人或管理人者，有當事人能力。」是以外國公司縱使未經我國認許，仍得以「非法人團體」之身分提起民事訴訟，以追究員工洩漏其營業秘密之民事責任。

2. 公司法於107年8月1日修正後

在公司法修正後，已刪除公司法第375條規定[1]，並將「認許制度」予以廢除，同時於公司法第4條第2項增訂：「外國公司，於法令限制內，與中華民國公司有同一之權利能力。」[2]

因此，在現行公司法規定下，外國公司無論有無經我國認

---

[1] 現行公司法第375條之立法理由：「一、本條刪除。二、鑒於第四條已增訂第二項，明定外國公司於法令限制內，與我國公司有同一權利能力，已可涵蓋本條規定，爰予刪除。」

[2] 現行公司法第4條規定：「（第1項）本法所稱外國公司，謂以營利爲目的，依照外國法律組織登記之公司。（第2項）外國公司，於法令限制內，與中華民國公司有同一之權利能力。」及其立法理由：「一、原條文修正移列第1項。在國際化之趨勢下，國內外交流頻繁，依外國法設立之外國公司既於其本國取得法人格，我國對此一既存事實宜予尊重。且爲強化國內外公司之交流可能性，配合實際貿易需要及國際立法潮流趨勢，爰廢除外國公司認許制度，刪除原條文後段規定。關於外國公司之定義，採取與企業併購法第4條第8款及證券交易法第4條第2項相同之定義。二、按民法總則施行法第12條第1項規定『經認許之外國法人，於法令限制內，與同種類之我國法人有同一之權利能力。』本法廢除認許制度後，外國公司於我國究有如何之權利能力，宜予明定，爰參照上開規定，增訂第2項。」

許，皆與我國公司一樣具有權利能力，可向我國法院提起民、刑事訴訟，以追究員工洩漏其營業秘密之民、刑事法律責任。

8

公司是否可以監控員工使用公司電腦與第三人間之通訊內容，以檢查員工是否洩漏公司營業秘密？倘若公司利用公司電腦監控或側錄員工與第三人間的通訊內容，是否可能構成違法監察他人通訊之行為？

唐玉盈

　　無論是為了防止員工洩漏公司營業秘密，或是為了便利將來調查、舉證員工有洩漏公司營業秘密之行為，公司是否可以監控員工使用公司電腦與第三人間之通訊內容，以檢查員工是否洩漏公司營業秘密？倘若公司利用公司電腦監控或側錄員工與第三人間的通訊內容，是否可能構成違法監察他人通訊之行為？

關鍵字：電腦側錄軟體、違法監察他人通訊、隱私權

◎法院見解

法院認定公司負責人因利用公司電腦側錄員工與第三人間的通訊內容，而構成違法監察他人通訊的案例

以臺灣高等法院臺中分院107年度上訴字第1156號刑事判決為例，被告甲為A公司負責人，甲向某科技公司購買電腦側錄軟體，並安裝於A公司電腦內；甲於僱用乙擔任A公司採購專員時，配發安裝有上開電腦側錄軟體的電腦供乙使用，並側錄取得乙與第三人丙間以Skype通訊軟體對話之內容（下稱系爭Skype對話內容）。本案因被告甲於乙離職後對乙提出妨害秘密告訴，並將前述側錄電腦所得系爭Skype對話內容提交為證據，乙始得知其所使用之公司電腦遭側錄一事，而向臺中地檢署提出告訴，並經檢察官偵查後提起公訴。

本案第一審法院認定被告甲構成通訊保障及監察法第24條第1項「違法監察他人通訊」之規定[1]，處有期徒刑3月，如易科罰金，以新臺幣1千元折算1日。甲不服而提起上訴，亦遭第二審法院判決駁回上訴，該判決認定甲構成「違法監察他人通訊」之理由如下：

(1)依據卷宗內所附通聯紀錄顯示，系爭Skype對話內容是乙透過行動電話與丙之文字對話，該段對話內容是因為乙另以同一帳號登入公司電腦的Skype通訊軟體，而一併同步至該電腦後，才遭前開側錄軟體側錄該段對話內容。

(2)法院認為，被告甲所使用之電腦側錄軟體是以受監控電

---

[1]　通訊保障及監察法第24條：「（第1項）違法監察他人通訊者，處五年以下有期徒刑。（第2項）執行或協助執行通訊監察之公務員或從業人員，假借職務或業務上之權力、機會或方法，犯前項之罪者，處六月以上五年以下有期徒刑。（第3項）意圖營利而犯前二項之罪者，處一年以上七年以下有期徒刑。」

腦為監控及記錄標的，所得記錄忠實呈現使用者於受監控電腦之操作記錄，且於取得後直接傳送至企業用戶所建置之資料庫存放，並交由企業用戶之系統管理人依其權限負責管理、維護。由此足見該側錄軟體係無差別之側錄，是否取得側錄內容係取決於遭側錄之使用者通訊軟體版本、設定、操作，被告甲明知該側錄軟體運作結果，無法篩選側錄之內容，可能側錄與公務毫無關聯之他人隱私，卻仍執意安裝該側錄軟體監控乙所使用之公司電腦，其確有侵害他人隱私權之違法監察他人通訊故意。

(3)依通訊保障及監察法第29條規定[2]，監察他人通訊之人，若是依法律規定而為者；或是電信事業或郵政機關（構）人員，基於提供公共電信或郵政服務之目的，而依有關法令執行者；或是為通訊之一方或已得通訊之一方事先同意，而非出於不法目的者，均不罰。本案被告甲不符合前兩種之情形，亦非系爭Skype對話內容通訊之一方，且未曾得通訊之一方即乙或其友人丙的事先同意，自無需再討論甲是否出於不法之目的。縱使甲辯稱其是為保護A公司營業秘密資料，而有裝設側錄軟體之必要，甲亦應符合相關法令規定。

---

[2]　通訊保障及監察法第29條：「監察他人之通訊，而有下列情形之一者，不罰：一、依法律規定而為者。二、電信事業或郵政機關（構）人員基於提供公共電信或郵政服務之目的，而依有關法令執行者。三、監察者為通訊之一方或已得通訊之一方事先同意，而非出於不法目的者。」

9

員工在未經公司同意的情況下，將公司的機密資料以電子郵件寄到自己或他人之私人信箱，是否可能構成洩漏營業秘密或背信罪？

唐玉盈

公司員工可能為了方便將尚未完成的工作帶回家繼續加班，或是受到已離職員工的請託，又或者基於其他原因，而將公司的機密資料以電子郵件寄到自己或他人之私人信箱，倘若員工在未經公司同意的情況下，將公司的機密資料寄到公司外部的電子郵件信箱，是否可能構成洩漏營業秘密或背信罪？

關鍵字：電子郵件、合理保密措施、經濟價值、營業秘密、背信

◎法院見解

1. 法院認為尚不構成違反營業秘密法的案例

於智慧財產法院107年度刑智上訴字第19號刑事判決一案，被告甲與另案被告乙、丙均為A公司員工，甲於102年5月初離

職後，即前往中國於B公司任職，並持續與當時尚仍任職A公司之乙、丙保持聯繫，洽談安排乙、丙轉至B公司任職。102年5月間，甲趁休假返國時，向乙詢問A公司在產品投入生產時，有哪些可能危害產品品質之生產流程確認項目，並請乙提供A公司之作法供其參考，乙即在未經A公司同意之情形下，以其所使用之A公司電子信箱，將A公司之產品製程「Release Check List」文件，以電子郵件夾帶檔案之方式，寄送至甲所使用之B公司信箱；甲另向丙詢問A公司內部有關實驗之簽核流程，丙遂同樣在未經A公司同意之情形下，以其所使用之A公司電子信箱，將載有A公司實驗技術進行流程與條件之相關文件，寄送至甲所使用之B公司信箱。經A公司提起告訴後，被告甲遭檢察官以涉犯營業秘密法第13條之2第1項、第13條之1第1項第4款之意圖在大陸地區使用，明知而取得他人未經授權而洩漏之營業秘密之罪嫌[1]，提起公訴。

　　法院認為本案情形不構成違反營業秘密法的理由，主要是因為前述A公司之產品製程「Release Check List」文件及實驗相

---

[1]　營業秘密法第13條之1規定：「（第1項）意圖為自己或第三人不法之利益，或損害營業秘密所有人之利益，而有下列情形之一，處五年以下有期徒刑或拘役，得併科新臺幣一百萬元以上一千萬元以下罰金：一、以竊取、侵占、詐術、脅迫、擅自重製或其他不正方法而取得營業秘密，或取得後進而使用、洩漏者。二、知悉或持有營業秘密，未經授權或逾越授權範圍而重製、使用或洩漏該營業秘密者。三、持有營業秘密，經營業秘密所有人告知應刪除、銷毀後，不為刪除、銷毀或隱匿該營業秘密者。四、明知他人知悉或持有之營業秘密有前三款所定情形，而取得、使用或洩漏者。（第2項）前項之未遂犯罰之。（第3項）科罰金時，如犯罪行為人所得之利益超過罰金最多額，得於所得利益之三倍範圍內酌量加重。」
營業秘密法第13條之2規定：「（第1項）意圖在外國、大陸地區、香港或澳門使用，而犯前條第一項各款之罪者，處一年以上十年以下有期徒刑，得併科新臺幣三百萬元以上五千萬元以下之罰金。（第2項）前項之未遂犯罰之。（第3項）科罰金時，如犯罪行為人所得之利益超過罰金最多額，得於所得利益之二倍至十倍範圍內酌量加重。」

關文件，都不符合營業秘密法所稱之「營業秘密」。該判決首先指出「營業秘密」之要件包括：秘密性（非一般涉及該類資訊之人所知）、經濟價值（因其秘密性而具有實際或潛在之經濟價值）及保密措施（所有人已採取合理之保密措施），三者缺一不可。[2]

法院並詳予論述何謂「合理保密措施」，該判決記載：「營業秘密法所謂『合理保密措施』，係指營業秘密之所有人主觀上有保護之意願，且客觀上有保密的積極作為，使人了解其有將該資訊當成秘密加以保守之意思。所有人所採取之保密措施必須『有效』，方能維護其資訊之秘密性，惟並不要求須達『滴水不漏』之程度，只需所有人按其人力、財力，依其資訊性質，以社會通常所可能之方法或技術，將不被該專業領域知悉之情報資訊，以不易被任意接觸之方式予以控管，而能達到保密之目的，即符合『合理保密措施』之要求，例如：對接觸該營業秘密者加以管制、於文件上標明『機密』或『限閱』等註記、對營業秘密之資料予以上鎖、設定密碼、作好保全措施（如限制訪客接近存放機密處所）等。此於電腦資訊之保護，所有人常將資訊依業務需要分類、分級，依不同授權職務等級，設以授權帳號、密碼等管制措施，尤屬常見。另『資訊位於共享區，並未設定授權帳號、密碼，亦未區分職級，未有相當分類分級之管制措施，相關

---

[2] 智慧財產法院107年度刑智上訴字第19號刑事判決：「四、按營業秘密法所稱營業秘密，係指方法、技術、製程、配方、程式、設計或及他可用於生產、銷售或經營之資訊，而符合下列要件者：(1)非一般涉及該資訊之人所知者。(2)因其秘密性而具有實際或潛在之經濟價值者。(3)所有人已採取合理之保密措施者，營業秘密法第2條定有明文。是依該條規定，得作為該法保護對象之營業秘密，應以具有秘密性（非一般涉及該類資訊之人所知）、經濟價值（因其秘密性而具有實際或潛在之經濟價值）、保密措施（所有人已採取合理之保密措施），且可用於生產、銷售或經營之資訊，始足稱之。若欠上開一要件者，即難構成營業秘密法所稱之營業秘密。」

部門之行政人員均可任意進入自由閱覽，難認上訴人已採取合理之保密措施。』（最高法院104年度台上字第1654號民事判決參照）。」

　　法院認為，A公司之實驗相關文件是放在CF廠的共用槽中，該公用槽並未設定密碼，無論是否與該實驗有關之人員，只要是CF廠的員工均可以接觸該等資訊，因此不符合「合理保密措施」之要求。雖然A公司主張其共用槽是透過公司電腦開機時的帳號、密碼來管制接觸共用槽的人，且各部門有管制卡作實體區域的管制，已盡合理保密措施云云，然而，法院認為不能單純以門禁管制即可作為合理保密措施，否則公司門禁內之所有大大小小資訊，均屬於營業秘密法所保護之營業秘密，將太過廣泛；又根據A公司員工之證詞，公司電腦開機時雖然需要輸入帳號、密碼，但仍可以使用共用的帳號密碼登入，A公司並未再以密碼對可接觸共用槽者作管制，亦未依業務需要做分類、分級、授權接觸職務等級之管制措施，將使得許多不需要接觸該等資訊之人亦能接觸該等資訊，難認已符合「合理保密措施」要件；況且A公司內部既然設有「DCC文件控管中心」，不僅須有帳號及密碼始能進入該文件控管中心，並有將不同文件依其秘密性高低列為不同機密等級，不同權限之人所能看到的機密文件等級也不一樣，但上開實驗文件並未標示機密等級，也沒有放在A公司之「DCC文件控管中心」內加以控管。該判決並強調：「營業秘密之合理保密措施，雖然不必到達滴水不漏的地步，但至少應作到『不需要接觸的人就不要讓他接觸，該接觸的人讓他在該知道的限度內接觸』，才算已盡到基本的合理保密措施，如果資訊所有人在管制措施上，連不需要知道該資訊的人，都可以讓他任意接觸到該資訊，顯見資訊所有人亦不在乎該等資訊被無關之人所知悉，如此一來，法律實在也沒有以營業秘密加以保護之必要。」

　　另就A公司之產品製程「Release Check List」文件，法院認

爲不具有「因其秘密性而具有實際或潛在之經濟價值」此一特性。該判決指出：「營業秘密所謂『因其秘密性而具有實際或潛在之經濟價值者』，係指營業秘密所有人得以該等資訊產出經濟利益，且比起未擁有該等資訊之競爭同業，具有較高之競爭優勢，該競爭優勢並源於該營業秘密之秘密性，始足當之。」

法院認爲，雖然系爭「Release Check List」文件爲A公司新產品量產前用以檢查是否均已備妥可量產要素之文件，但是有制訂「Check List」文件的公司並非僅A公司一家，各家公司在產品投入量產前，大多備有類似文件以供檢查，一般而言包含確認是否有執行設定產品名稱、產品生產站點、產品規格設定、產品sample建立、產品異常控管流程、是否經教育訓練等等，可見本案系爭「Release Check List」文件的內容雖然是A公司因應自身需求投入時間、經驗所累積而製作，但並無證據證明該文件內所要求確認的各個項目以及其項目內容，有何特別不同於其他競爭同業之處，而使得A公司因爲持有該等資訊，可以比未持有該等資訊之同業競爭者，擁有較高之競爭優勢，或者競爭同業只因爲獲取了本案系爭「Release Check List」文件，就可以節省如何之試錯（try error）成本，進而足以取得如何之經濟利益而可與群創公司在競爭市場立足。因此，實在難以認定系爭「Release Check List」文件具備營業秘密法所要求之「經濟價值」要件。

綜上所述，該判決認爲，員工將公司資料寄到他人信箱是否違反營業秘密法，須視該資料是否符合營業秘密法關於「營業秘密」之全部要件，倘若有其一要件不符合，即不能主張員工違反營業秘密法。

2. 法院認爲尚不構成背信罪[3]的案例

於臺灣高等法院106年度上易字第2277號刑事判決一案，被

---

[3] 刑法第342條：「（第1項）爲他人處理事務，意圖爲自己或第三人不法之利

告丁於89年至101年間擔任C公司總經理，並在98年底經C公司解除競業禁止之限制後，於100年、101年間兼任D公司總經理，且為C公司所知悉。由於被告丁於任職C公司期間，透過C公司配發給丁使用之電子郵件信箱（下稱C公司信箱），分別寄發4封電子郵件至D公司配發給丁使用之信箱（下稱D公司信箱），以及2封電子郵件至第三人戊之電子郵件信箱。

　　法院認為，丁自C公司信箱寄到D公司信箱的電子郵件，由於寄件人及收件人都是丁，則在檢察官未舉證或指出證據方法，以證明丁有將該等電子郵件再行轉寄予他人之情形下；以及丁主張其因身兼C公司與D公司之總經理職務，且C公司信箱僅能在C公司內部收發信件，無法在公司外部使用，為了方便其在下班後可以繼續處理C公司事務，才將資料寄到D公司信箱，並無背信犯意等情，符合常理，法院因而認為丁之行為尚不構成背信罪。[4]此外，法院亦認為，該等電子郵件之附件檔案並無任何機

益，或損害本人之利益，而為違背其任務之行為，致生損害於本人之財產或其他利益者，處五年以下有期徒刑、拘役或科或併科五十萬元以下罰金。（第2項）前項之未遂犯罰之。」

[4] 臺灣高等法院106年度上易字第2277號刑事判決：「又被告林慶東於附表一編號3至6所示寄件日期，先後寄送附表一編號3至6所示電子郵件及附件至寬紘公司配發予其使用帳號「KHT-Tony」電子郵件信箱等事實，業經本院認定如前，然查，告訴人公司配發予員工使用之電子郵件帳號，只能以告訴人公司的電腦或告訴人公司配發之筆記型電腦收發乙節，業據證人即現任告訴人公司總經理柯宏迪、證人即時任告訴人公司生產部副理許博淳於原審審理時證述明確（見原審易字卷一第256頁、第263頁反面；原審易字卷二第137頁），佐以附表一編號3至6所示電子郵件之寄件時間係在101年9月12日17時40分、50分、57分及58分，時間密接，且寄件人、收件人均係告訴人公司、寬紘公司配發予被告林慶東使用之電子郵件帳號，亦即寄件人及收件人均係被告林慶東，則在檢察官未舉證或指出證據方法以證明被告林慶東有將上開電子郵件及附件再行轉寄予他人之情形下，被告林慶東辯稱其因身兼告訴人公司、寬紘公司之總經理職務，因在告訴人公司外部，無法使用告訴人公司配發電子郵件信箱收發信件，乃將附表一編號3至6所示附件資料先行寄到寬紘公司之帳號，以利伊下班後可以繼續處理事務，並無背信犯意等語，核與常理無違，並非不可採信，尚難認被告

密文件之標註，因此也不能認為屬於C公司之機密資料。

　　至於丁以C公司信箱寄給第三人戊之電子郵件，由於該電子郵件內容均與C公司營業業務無直接關聯，因此法院採信丁所稱：其身兼C公司與D公司之總經理職務，上開電子郵件內容其實是D公司與第三人戊間之業務往來資料，原本應以D公司信箱寄送，但誤用C公司信箱寄送等語。從而，法院亦認定被告丁之行為不構成背信罪。

　　同樣於臺灣高等法院106年度上易字第2277號刑事判決一案，被告己自100年初至101年底，任職於C公司擔任業務人員，並簽有「員工聘僱同意書」、「手提電腦使用申請暨保密切結書」，約定被告己同意採取必要措施維持其在職期間所知悉或持有之機密資訊，且非經C公司之書面同意，不得洩漏、告知、交付或移轉他人或對外發表出版，以及被告己因工作或職務所知悉或持有C公司之營業秘密，被告己皆應負保密義務，未經C公司事前書面同意，不得揭露予任何第三人，或為其本身或他人之利益而使用。

　　被告己於任職期間，曾透過C公司配發給己使用之電子郵件信箱，寄發1封電子郵件至被告丁早年任職E公司時所使用之電子郵件信箱（該信箱當時已成為E公司的公用電子郵件信箱，且丁已不具有使用權限），由於丁當時仍任職C公司，且丁之C公司信箱與上開E公司之公用信箱帳號開頭與結尾均相同，法院因而採信己的主張：其原本是要寄到丁之C公司信箱，但誤寄至E公司之公用信箱等情；又加以該電子郵件之內容及附件，均未經標示為機密文件或限閱，法院認定己尚未構成背信罪。

　　此外，己於任職期間亦曾透過其在C公司所使用之信箱，分別寄發3封電子郵件予不同之第三人，但法院均認為該等電子郵

　　林慶東主觀上有何為自己不法利益或損害告訴人公司利益之意圖，亦難認被告林慶東客觀上有何違背任務之行為。」

件之內容及附件均存放於公司電腦之公用資料夾區，非屬機密文件，且檢察官並未舉證證明C公司因被告己寄送該等電子郵件行為使之現存財產減少、妨害財產之增加或未來可期待利益之喪失之情形，因此認定被告己不構成背信罪。

3. 法院認定構成背信罪的案例

於臺灣高等法院107年度上易字第37號刑事判決一案，被告庚於101年3月至同年5月間，任職於F公司，擔任研發部經理，並為F公司文件管制中心主管，且簽有業務機密責任保證書及員工保證書；庚於任職期間，曾以其所使用之Gmail電子郵件信箱，傳送F公司之品保文件至被告辛的電子郵件信箱（辛當時同樣任職於F公司，但已規劃離職並將轉往G公司任職，該收件人信箱為辛所使用G公司網域之電子郵件信箱）。

法院認為，F公司與G公司之營業項目有部分重疊，具有市場競爭關係；F公司之品保文件存放在文件管制中心，且是F公司為取得ISO、GMP認證，投入、累積多年資源及經驗，考量F公司本身狀況所制定，非其他同業者所得知悉，具有潛在之經濟價值，故被告庚將上開文件寄送至與F公司具有競爭關係之G公司網域之電子郵件信箱中，而置於G公司可得利用之狀態，將使F公司喪失市場上領先之優勢，造成F公司的財產損害；且庚自白其任職F公司時，私底下接受G公司每月支付2萬元，由其把F公司品質系統相關資料及開發產品相關規格資料提供給G公司，庚並於任職期間帶G公司人員前往F公司之產品展示間及倉庫，窺探F公司手術燈、整合系統之設計及重要零件，以提供F公司相關產品規格資料予G公司。因此，法院認定被告庚之上開行為構成背信罪，且庚具有背信之故意。[5]

---

[5]　臺灣高等法院107年度上易字第37號刑事判決：「刑法第342條背信罪之所謂『違背其任務』，係指違背他人委任其處理事務應盡之義務（民法第535條），

◎小結

依據上開判決似乎可以推知，員工將公司的機密資料寄到自己的私人信箱，倘若只是為了方便在下班離開公司後，繼續處理公司業務，並未再將該資料轉寄給其他人，法院認為尚不構成背信罪。

又員工無論是基於何種目的，而將公司的機密資料以電子郵件寄到他人之私人信箱，倘若該資料不符合「營業秘密」之其一要件，包括：秘密性（非一般涉及該類資訊之人所知）、經濟價值（因其秘密性而具有實際或潛在之經濟價值）及保密措施（所有人已採取合理之保密措施），則法院認為尚不構成洩漏營業秘密罪；但倘若員工在未經公司同意的情況下，將公司的營業秘密提供給公司的競爭對手，並已造成公司財產損害，則法院認為構成背信罪。

內含誠實信用之原則，積極之作為與消極之不作為，均包括在內，故是否違背其任務，應依法律之規定或契約之內容，依客觀事實，本於誠實信用原則，就個案之具體情形認定之（最高法院91年度台上字第2656號判決參照）。又背信罪係因為他人處理事務，意圖為自己或第三人之不法利益，或損害於本人之利益，而為違背其任務之行為，致生損害於本人之財產或其他利益而成立。本罪為目的犯，其中對於損害本人之利益，僅需對於未來予本人財產損害之事實，有容認其發生之認識即可。而所謂『其他利益』，固亦指財產利益而言。但財產權益，則涵義甚廣，有係財產上現存權利，亦有係權利以外之利益，其可能受害情形更不一致，如使現存財產減少（積極損害），妨害財產之增加，以及未來可期待利益之喪失等（消極損害），皆不失為財產或利益之損害；又所生損害之數額，並不須能明確計算，祇須事實上生有損害為已足，不以損害有確定之數額為要件（最高法院80年度台上字第2205號判決、87年度台上字第3704號判決參照）。本案被告李經明知受託擔任鼎眾公司研發經理，並為文管中心主管，且簽有業務機密責任保證書、員工保證書，本應誠實執行職務，並追求鼎眾公司之最大利益，明知鼎眾公司與康源公司具有市場競爭關係，竟貪圖康源公司提供之利益，將鼎眾公司之品保資料及產品相關規格資料提供與康源公司，足見其對於上開行為損害鼎眾公司利益已有容認其發生之認識，而具有背信之故意甚明，又被告李經上開行為將使鼎眾公司喪失市場上領先之優勢，致生損害於鼎眾公司之利益甚明。」

10

員工於在職期間籌組新公司，提供與原公司相同的商品或服務，是否可能構成背信罪？

唐玉盈

各行各業都可能發生員工在職期間自行創業成立新公司，並且提供與所任職公司相同的商品或服務，甚至進而與所任職公司競爭，爭取客戶訂單，影響所任職公司之交易業績。則該名員工是否可能構成背信罪？

關鍵字：在職期間組新公司、相同營業、競業、著手（未遂）、背信罪

◎法院見解

1. 法院認為尚不構成背信罪的案例

於臺灣高等法院105年度上易字第1582號刑事判決一案，被告甲自99年12月起，受僱於製造、販賣槍械零件之A公司，並擔任業務一職；嗣於100年2月間升任為A公司業務協理，擔任業務主管，直至同年9月底遭A公司解僱。甲在擔任A公司業務主管期

間，先在某電子商業平台網站以B公司之名稱註冊登錄為會員，並於100年7月間，向內政部警政署申請經營槍砲彈藥刀械輸出入貿易業、槍枝保管業及魚槍零售業，嗣經內政部核准所申請之營業項目，而於同年8月間完成以甲為負責人之B公司設立登記。

甲於100年9月初，以B公司之名義寄發電子郵件予C公司（即A公司之客戶），該電子郵件內容為與A公司所販售之相同產品，但價格低於A公司之報價，並依不同數量設定不同價格向C公司報價。然而，該電子郵件經C公司負責人轉寄予A公司之業務人員，詢問是否提供C公司聯絡方式予他人，且C公司並未與B公司交易，被告甲亦於100年9月底遭A公司解僱。

法院認為本案不構成背信罪[1]之理由，主要論述為背信罪之罪質在於違背義務而侵害他人之財產，不論是何種義務違背之類型，均以行為人所為足致本人財產利益受有損害為成罪要件；而其既、未遂之區別，則以本人之財產或其他利益已否受損害為判斷。又判斷未遂與否之標準，依刑法第25條所謂已「著手」於犯罪行為之實行，係指對於構成犯罪要件之行為，已開始實行者而言，若於著手此項要件行為以前之準備行動，係屬預備行為，除法文有處罰預備犯之明文，應依法處罰外，不能遽以未遂犯罪論擬（最高法院30年上字第684號判例意旨參照）。[2]

---

[1] 刑法第342條：「（第1項）為他人處理事務，意圖為自己或第三人不法之利益，或損害本人之利益，而為違背其任務之行為，致生損害於本人之財產或其他利益者，處五年以下有期徒刑、拘役或科或併科五十萬元以下罰金。（第2項）前項之未遂犯罰之。」

[2] 臺灣高等法院105年度上易字第1582號刑事判決：「陸、經查：……四、惟按刑法第342條之背信罪，係以『為他人處理事務，意圖為自己或第三人不法之利益，或損害本人之利益，而為違背其任務之行為，致生損害於本人之財產或其他利益』為要件。此罪係義務犯，罪質在於違背義務而侵害他人之財產。至於行為人所負義務及違反義務之類型，或其係受本人委託，處理本人與他人財產之事務，行為人對於本人與第三人間財產關係具有處分權限，詎竟濫用權限

從而，法院認爲本案被告甲寄發上開電子郵件之行爲，尙未達已「著手」於背信行爲，因此不構成背信罪之未遂，當然也不會構成既遂。該判決具體認定本案情形未達背信罪之「著手」程度，而不構成背信未遂罪之理由如下：

(1) 依據上開電子郵件內容之記載，其中僅有商品之名稱及各種數量之各別單價等項目，而並未提及交易之時間、地點、商品數量、價金支付方式等交易重要事項，亦即尙未進入交易前之商品數量特定及價格之協商階段。

(2) 依據證人即記帳士事務所人員之證詞，被告甲於100年9月初寄發上開電子郵件時，B公司尙未完成設立請領發票以營運之程序。

(3) 被告甲在寄發上開電子郵件時，A公司與C公司間並無就特定商品之數量、價格進行協商等相關交易往來行爲，C公司也沒有實際向A公司表示有購買商品之需求。

此外，法院並於上開判決最後附帶說明：縱然被告甲自A公司離職後，從事與A公司相同營業項目，此僅爲競業禁止與否的問題，不能因此而論以背信罪。[3]

（最高法院25年上字第367號判例意旨參照）；或係其與本人間具有依法令、契約而生的信賴關係，對本人復有財產照料義務，復就涉及該財產之具體事務之處理具自我決定的判斷空間，卻違反此一信賴關係而行事（最高法院77年度台上字第5189號判決意旨參照）。不論何種義務違背類型，均以行爲人所爲足致本人財產利益受有損害爲成罪要件。而其既未遂之區別，則以本人之財產或其他利益已否受損害。又刑法第25條所謂已著手於犯罪行爲之實行，係指對於構成犯罪要件之行爲，已開始實行者而言，若於著手此項要件行爲以前之準備行動，係屬預備行爲，除法文有處罰預備犯之明文，應依法處罰外，不能遽以未遂犯罪論擬（最高法院30年上字第684號判例意旨參照）。」

[3] 臺灣高等法院105年度上易字第1582號刑事判決：「柒、綜上所述，被告於任職譯順公司期間，寄發系爭電子郵件之行爲，尙難認已著手於背信行爲。縱被告自譯順公司離職後，從事與譯順公司相同營業項目，此僅爲競業禁止與否之問題，非可與背信罪相提並論，不得遽以背信罪罪責相繩。公訴人前揭所指被告涉有背信未遂之罪嫌，所舉之事證，尙有可疑之處。本院依憑卷附證據，尙無

　　從法院上述論理似乎可以推知，雖然C公司為A公司之客
戶，但因甲以B公司名義主動向C公司報價時，C公司不僅未與B
公司達成任何交易，雙方甚至根本尚未開始磋商具體交易內容，
而且A公司與C公司間當時並無實際交易往來，也就是說，甲寄
發上開電子郵件之行為，並不會造成A公司的財產損害，亦尚未
達到「著手」實行背信罪構成要件的程度。至於甲自A公司離職
後，繼續從事與A公司相同之營業項目，這只是有無違反「競業
禁止」的問題，並不會僅因為員工離職後從事與原公司相同商品
或服務之營業活動，即構成刑法上之背信罪。

2. 法院認定構成背信罪的案例

　　以臺灣高等法院102年度上易字第2725號刑事判決為例，被
告乙自77年間起至101年間擔任D公司董事，並於78年至98年間
擔任D公司的總經理；D公司的營業項目除了生產、銷售「電銲
條」外，亦有從事「電銲絲」銷售業務，並有實際進口「電銲
絲」再轉銷其他外國客戶之交易紀錄。

　　該判決認定之事實為：被告乙與其妻丙、其子丁共同出
資，於92年間在紐西蘭註冊成立E公司，在E公司成立後，被告
乙與同樣任職於D公司的總工程師戊、財務經理己，利用D公司
的交易仲介商F公司所提供之客戶交易資訊，以及D公司之辦公
設備等資源，以E公司名義向客戶報價，並於E公司報價單上記
載「代表D公司」之不實資訊，該報價單上同時記載E公司之聯
絡方式即為D公司之地址、電話、傳真、網址等，使買方誤認E
公司與D公司同屬一體或關係密切，並且確實有使用D公司營業

_____

從得出毫無合理懷疑之有罪確信，此外，復查無其他積極證據足以證明被告犯
罪，揆諸前開說明，本於罪疑唯輕原則，自應為被告有利之認定。原審不察，
遽為被告有罪之判決，尚有未洽。被告上訴意旨，執以指摘原判決不當，非無
理由，原判決既有上開可議而無可維持，自應由本院將原判決撤銷，另為被告
無罪之判決。」

第四篇　營業（工商）秘密侵害及背信　555

資源之事實。

　　法院認爲，被告乙利用D公司已建立之名聲、D公司的客戶資訊及D公司的聯絡資訊等資源，以E公司名義與買方從事交易後，使買方直接將貨款匯至乙在紐西蘭設立之E公司銀行帳戶內，乙、戊、己3人並按比例取得銷售利潤，已損及原屬D公司之交易利益，認定構成背信罪；且乙、戊、己3人對於上開背信行爲有犯意聯絡與行爲分擔，因此成立共犯關係。[4]

　　不過，該判決僅就經證據證明E公司有完成之交易認定被告乙構成背信罪，其他部分交易情形雖然也有被檢察官起訴，但是因爲相關交易文件上顯示是以D公司自己名義作爲出賣人，並無E公司之名義，且無法證明E公司有參與或從事該交易，所以法院認爲該部分交易是D公司所爲，不能用以認定被告乙構成背信罪；至於另有部分報價單上摻雜E公司的名義，但是該報價單上僅爲告知客戶貨物價格，並無證據顯示E公司與客戶間確實有交涉交易內容，因此無法認定是否已達到「著手」交易之程度，從而認定被告乙就該部分交易情形不構成背信罪之既遂或未遂。[5]

<hr>

[4] 臺灣高等法院102年度上易字第2725號刑事判決：「壹、有罪部分：……二、認定事實之依據：……（二）經查：……5.依證人蔡崇哲、謝予平前開所述，證人蔡崇哲負責接洽附表三所示交易，而證人謝予平負責製作PROFORMA INVOICE（報價單）、COMMERICAL INVOICE（商業發票）等文件，渠等當然知悉係以CMC公司從事交易，而渠等以CMC公司爲附表三所示販售電鋅絲交易時，並未特別區分係另以身爲CMC公司員工身分所爲，可見渠等係以中國鋅條公司員工身分，卻爲CMC公司從事販售電鋅絲之業務，進而取得被告額外給付之款項，渠等與被告就本件背信犯行確有犯意聯絡、行爲分擔甚明。又蔡崇哲、謝予平與被告爲本案共犯，蔡崇哲、謝予平並非被告使用中國鋅條公司資源之一，故蔡崇哲、謝予平究係於中國鋅條公司上班期間抑或下班時始從事CMC公司業務一節，無礙被告本案背信犯行之認定，故被告辯稱：伊要求蔡崇哲、謝予平下班後再處理CMC公司之業務，並無利用中國鋅條公司之行政資源云云，實無卸被告罪責，併予敘明。」

[5] 臺灣高等法院102年度上易字第2725號刑事判決：「貳、無罪及不另爲無罪之諭知部分：……（三）經查：1.附表四所示交易，其中存有中國鋅條公司開立

◎小結

依照上述案例，法院似乎認爲，員工於在職期間籌組新公司，並提供與原公司相同的商品或服務，並不必然構成背信罪，而是要依據個案具體情形，視該名員工有無利用原公司之交易資料等營業資源，並因此損害原公司之財產或利益而定；且倘若該名員工未能完成交易，此時因原公司之利益尚未受侵害，故不構成背信罪之既遂，又或者僅是以新公司名義向原公司之客戶報價，買賣雙方尚未開始磋商交易內容，則不會構成背信罪之未遂。

之COMMERICALINVOICE（商業發票）、PACKINGLIST（裝貨單）、或對象爲中國銲條公司之PURCHASEORDER（訂單），有附表四證據欄所示證據可稽，而前開商業發票、裝貨單、訂單，顯示業已實際進行交易，並非僅係詢價階段，而該等資料之出賣人係中國銲條公司，可見該等交易應係中國銲條公司所爲。雖前開交易文件中或摻雜CMC公司名義之PROFORMAINVOICE（報價單），然報價單僅係告知客戶貨物價格，無法以此得知嗣後確有交涉交易事宜，則CMC公司是否業已著手交易一節，尚無可知，換言之，公訴意旨就附表四所示交易提出之證據，尚不足證明CMC公司業已進行該等交易，自無法以此證明被告有何公訴意旨所指背信犯行。2.附表五所示交易，僅有報價單、詢價資料一情，有附表五證據欄所示證據可參，而前開資料僅可顯示CMC公司告知附表五所示客戶所詢電銲絲等物價格，然前開告知價格之舉，尚無法認定CMC公司嗣後確有著手進行該等交易，換言之，公訴意旨所舉事證，尚未達認定CMC公司業已進行該等交易之程度，更遑論以此證明被告業以CMC公司名義進行附表五所示交易，故公訴意旨就附表五所示交易提出之證據，尚無法證明被告已有背信之舉。」

11

員工離職後，憑記憶將在前公司合法知悉的知識與技術應用在新公司的業務上，是否可能構成侵害前公司的營業秘密？

郭曉丰

員工在任職期間，為了雇主營業上目的，往往能合法學到許多知識與技術，但員工離職後，儘管物理上未帶走任何資料，仍有可能憑記憶將在前公司習得的知識與技術應用在新公司的業務上，此舉是否可能構成侵害前公司的營業秘密？若前員工不受競業禁止約定的限制，前公司得否禁止員工至新公司任職呢？

關鍵字：營業秘密、不可避免揭露原則、必然揭露原則、競業禁止、後契約義務

◎離職員工憑記憶將合法在前公司習得的知識與技術運用在新公司，是否有法律責任？

所謂「營業秘密」，依營業秘密法第2條[1]規定，是指具有秘

---

[1] 營業秘密法第2條：「本法所稱營業秘密，係指方法、技術、製程、配方、程

密性（非一般涉及該類資訊之人所知）、經濟價值（因其秘密性而具有實際或潛在之經濟價值）、保密措施（所有人已採取合理之保密措施），且可用於生產、銷售或經營的資訊[2]。

因此，在思考員工憑記憶將在前公司習得的技術用於新公司，是否可能構成侵害前公司的營業秘密時，首應判斷在前公司習得的技術是營業秘密，或是員工為其他雇主提供勞務時也大致得以習得的知識或技能。倘若是前者，則可能屬營業秘密之侵害（詳後述）；若是後者，臺灣高等法院103年度勞上易字第4號判決[3]指出，員工在前公司學到該業種普遍皆能習得的知識或技能，因員工在勞動契約存續中，通常會習得許多知識及技術，該知識及技術構成員工的一種主觀無形資產，即使勞動契約消滅，員工仍得自由使用之。

若員工憑記憶使用者是在職期間所合法習得前雇主的營業秘密，可分為民事責任及刑事責任二部分探討之：

1. 民事責任部分

因員工在職期間合法取得營業秘密屬於營業秘密法第10條[4]

式、設計或其他可用於生產、銷售或經營之資訊，而符合左列要件者：一、非一般涉及該類資訊之人所知者。二、因其秘密性而具有實際或潛在之經濟價值者。三、所有人已採取合理之保密措施者。」

[2] 最高法院99年度台上字第2425號民事判決。

[3] 臺灣高等法院103年度勞上易字第4號民事判決：「勞工於勞動契約存續中，基於勞動中之學習及經驗，一般多能習得許多知識及技能，而於當時同一業種之營業，上開知識、技能如係普遍可習得者時，亦即勞工於其他雇主處大致上亦能修得同樣之知識技能時，該知識、技能實已構成勞工之一種主觀無形財產，勞工於勞動契約消滅後，運用前勞動契約關係中所習得之知識、技能，應屬於勞工之自由，尚難認為有何不當。」

[4] 營業秘密法第10條：「（第一項）有左列情形之一者，為侵害營業秘密。一、以不正當方法取得營業秘密者。二、知悉或因重大過失而不知其為前款之營業秘密，而取得、使用或洩漏者。三、取得營業秘密後，知悉或因重大過失而不知其為第一款之營業秘密，而使用或洩漏者。四、因法律行為取得營業秘密，

第1項第4款規定之「因法律行爲取得營業秘密」情形，故仍須以不正方法使用或洩漏營業秘密，才會構成侵害營業秘密[5]。所謂不正當方法，依同條第2項規定：「係指竊盜、詐欺、脅迫、賄賂、擅自重製、違反保密義務、引誘他人違反其保密義務或其他類似方法。」[6]

想像上合法取得營業秘密的員工，可能使用的不正方法是營業秘密法第10條第2項規定的「違反保密義務」（按：當然不排除有其他可能），就此情形，則須視該員工是否與前雇主約有保密義務。若有，屬於侵害營業秘密。若無，有論者認爲，憑記憶運用在新工作上，不構成「以不正當方法使用或洩漏」的要件，而非侵害營業秘密[7]；惟因最高法院95年度台上字第1076號民事判決[8]明白將「受僱人離職後不得洩漏任職期間獲知之營業秘

而以不正當方法使用或洩漏者。五、依法令有守營業秘密之義務，而使用或無故洩漏者。（第二項）前項所稱之不正當方法，係指竊盜、詐欺、脅迫、賄賂、擅自重製、違反保密義務、引誘他人違反其保密義務或其他類似方法。」

[5]　臺灣臺中地方法院97年度智字第25號民事判決：「原告復自承就前開資料，被告二人均係原告公司授權查詢之人，則被告縱有知悉取得，則其究係以何種不正當方法（竊盜、詐欺、脅迫、賄賂、擅自重製、違反保密義務、引誘他人違反其保密義務或其他類似方法）取得，或取得後如何使用或洩漏？經本院依法行使闡明後，原告均未能提出具體之事實並舉證證明，自不得僅憑其主觀之臆測，而認被告有侵害原告公司營業秘密之行爲，是原告請求被告賠償其損害，即屬無據。」

[6]　臺灣臺中地方法院97年度智字第25號民事判決。

[7]　謝宛蓁（2014），〈離職員工記憶抗辯爭議問題之研究〉，《智慧財產權月刊》，190期，頁31。

[8]　最高法院95年度台上字第1076號民事判決：「按學說上所稱之『後契約義務』，係在契約關係消滅後，爲維護相對人人身及財產上之利益，當事人間衍生以保護義務爲內容，所負某種作爲或不作爲之義務，諸如離職後之受僱人得請求雇主開具服務證明書、受僱人離職後不得洩漏任職期間獲知之營業秘密之類，其乃脫離契約而獨立，不以契約存在爲前提，違反此項義務，即構成契約終了後之過失責任，應依債務不履行之規定，負損害賠償責任，與當事人間就契約本身應負之原給付義務未盡相同。」

密」歸爲員工在勞動契約終止後仍應負擔的「後契約義務」，離職員工是否仍有主張對前公司的營業秘密不負保密義務的空間，則有疑問。

2. 刑事責任部分

員工憑記憶在爲新雇主提供勞務時，使用在前公司服務時合法知悉的營業秘密，在員工主觀上意圖爲自己或第三人不法的利益，或損害營業秘密所有人的利益，而客觀上將與前雇主勞動契約存續中合法取得的營業秘密，未經授權或逾越授權而使用，可能成立營業秘密法第13條之1[9]第1項第2款侵害營業秘密刑事責任。

◎雇主得否限制不受競業禁止約定限制的前員工到競爭對手處任職

正因爲知悉營業秘密的離職員工對於前公司而言，無論是否有正當理由，都是個隱憂，因此實務上常見到勞雇雙方以競業禁止條款，限制離職員工到競爭對手處任職；但如果競業禁止期間已經經過，而前公司擔心營業秘密遭洩漏的憂慮卻沒有改變，前公司該如何保護其營業秘密？最高法院104年度台上字第1589號

---

[9]　營業秘密法第13條之1：「（第1項）意圖爲自己或第三人不法之利益，或損害營業秘密所有人之利益，而有下列情形之一，處五年以下有期徒刑或拘役，得併科新臺幣一百萬元以上一千萬元以下罰金：一、以竊取、侵占、詐術、脅迫、擅自重製或其他不正方法而取得營業秘密，或取得後進而使用、洩漏者。二、知悉或持有營業秘密，未經授權或逾越授權範圍而重製、使用或洩漏該營業秘密者。三、持有營業秘密，經營業秘密所有人告知應刪除、銷毀後，不爲刪除、銷毀或隱匿該營業秘密者。四、明知他人知悉或持有之營業秘密有前三款所定情形，而取得、使用或洩漏者。（第2項）前項之未遂犯罰之。（第3項）科罰金時，如犯罪行爲人所得之利益超過罰金最多額，得於所得利益之三倍範圍內酌量加重。」

判決[10]指出，營業秘密有相當的獨占性與排他性，且沒有保護期間的限制，在其秘密性喪失以前，如果受侵害或有受侵害之虞，被害人得依營業秘密法第11條[11]第1項規定請求排除或防止之，且此項請求權是法律所規定，即使雙方從未特別約定，也無礙於被害人能夠依法請求。所以，在競業禁止期間經過以後，若**雇主的營業秘密已受侵害或可能受侵害，而合理限制離職員工的工作選擇，又是排除或防止侵害的必要方法，即使約定的競業禁止期間已經屆滿，仍然可以依上開規定限制前員工到競爭對手處任職**。

　　關於禁止不受競業禁止約束的離職員工到競爭對手處任職的法源依據，美國案例曾提出「不可避免揭露原則」，或稱「必然揭露原則」（inevitable disclosure），意指離職員工所具有的技能或知識與前任雇主之營業秘密有關，如果離職員工轉換新工作，仍與原工作維持在同一專業領域時，將會不可避免地利用其

---

[10] 最高法院104年度台上字第1589號民事判決：「按營業秘密為智慧財產權之一環，為保障營業秘密，維護產業倫理與競爭秩序，調和社會公共利益，故有以專法規範之必要，此觀營業秘密法第一條之規定即明。而營業秘密具相當之獨占性及排他性，且關於其保護並無期間限制，在其秘密性喪失前，如受有侵害或侵害之虞，被害人得依營業秘密法第11條第1項規定請求排除或防止之，此項請求權不待約定，即得依法請求。至競業禁止約款，則係雇主為保護其商業機密、營業利益或維持其競爭優勢，與受僱人約定於在職期間或離職後之一定期間、區域內，不得受僱或經營與其相同或類似之業務。此類約款須具必要性，且所限制之範圍未逾越合理程度而非過當，當事人始受拘束，二者保護之客體、要件及規範目的非盡相同。是以企業為達保護其營業秘密之目的，雖有以競業禁止約款方式，限制離職員工之工作選擇權，惟不因而影響其依營業秘密法第11條第1項規定之權利。倘其營業秘密已受侵害或有侵害之虞，而合理限制離職員工之工作選擇，又係排除或防止該侵害之必要方法，縱於約定之競業禁止期間屆滿後，仍非不得依上開條項請求之。」

[11] 營業秘密法第11條：「（第1項）營業秘密受侵害時，被害人得請求排除之，有侵害之虞者，得請求防止之。（第2項）被害人為前項請求時，對於侵害行為作成之物或專供侵害所用之物，得請求銷燬或為其他必要之處置。」

在先前工作所發展出之技能與經驗，而洩漏前雇主之營業秘密，並使新雇主藉此不當獲利[12]。

在我國實務上不乏有雇主援引前述原則，主張禁止不受競業禁止約定限制的前員工到競爭對手處任職，但我國法院對於以「不可避免揭露原則」作為法源依據似乎仍有保留，而是回歸營業秘密法第11條第1項規定的要件審查。以智慧財產法院102年度民營上字第3號民事判決為例[13]，我國知名晶圓大廠A公司鑒於前研發部門資深主管被告甲在競業禁止期間便執教於韓國有潛力的競爭對手B公司擔任董事的大學，所開課程更限制選課對象為B公司的資深在職員工，並於競業禁止期間屆至後，無縫接軌

---

[12] 智慧財產法院102年度民營上字第3號民事判決：「美國案例法上『不可避免揭露原則』，係指離職員工所具有之技能或知識與前任雇主之營業秘密有關，如果離職員工轉換新工作，仍與原工作維持在同一專業領域時，將會不可避免地利用其在先前工作所發展出之技能與經驗，而洩漏前雇主之營業秘密，並使新雇主藉此不當獲利。該原則係美國法院在處理原雇主向法院聲請核發暫時禁制令或永久禁制令，禁止離職員工至競爭對手工作，以避免洩漏雇主之營業秘密之案件，所建立之認定原則，惟並非美國各州法院所普遍採用，且為避免侵害離職員工之工作權、轉業自由與合理之市場競爭，原雇主主張適用『不可避免揭露原則』時，應由原雇主負擔較重之舉證責任，而非由離職員工負擔舉證責任。……原告無法證明被告劉曜昌或被告宏憬公司有不法侵害原告公司之營業秘密之行為，或有使用或洩露原告公司之營業秘密的高度可能性或明確危險，遽予援引美國法上『不可避免揭露原則』，請求被告劉曜昌、宏憬公司不得為競業行為，自非可採。」

[13] 智慧財產法院102年度民營上字第3號民事判決：「台積電公司雖主張本件有美國營業秘密法上不可避免揭露原則（inevitable disclosure）或稱必然揭露理論之適用，惟查美國聯邦法及州法雖均有關於營業秘密之保護，但並非所有州法均採納不可避免揭露原則，且以現有之案件觀之，亦多半係適用於定暫時狀態處分時關於必要性要件之衡量。而關於員工與前後雇主間之營業秘密侵害案件，係一屬人性相當高之案件，本件係因為員工是梁孟松、因為前後雇主是台積電公司與三星公司，且因為梁孟松於離職後之種種行為，致本院認台積電公司主張梁孟松可能已有侵害之事實或至少有高度侵害之可能，非不可採。但倘於此類型案件，一律適用不可避免揭露原則，恐對員工之工作自由造成不當限制，併此敘明。」

至B公司任職，A公司因而認為其營業秘密有遭侵害的可能，所以援用上開「不可避免揭露原則」及營業秘密法第11條第1項規定，請求禁止被告甲至競爭對手B公司處任職。法院審理後做成判決，禁止該資深員工被告甲在一定期間內至B公司任職，但強調本件之所以判決准許A公司的請求，是因為採信A公司主張其營業秘密已經有被侵害的事實，或有高度被侵害的可能；至於「不可避免揭露原則」並未普遍為美國各州法院所採納，且現有案例多是運用在定暫時狀態處分時的「必要性」衡量，若在類似案件一律適用不可避免揭露原則，恐怕對前員工的工作權有不當限制。換言之，法院仍然是以營業秘密法第11條第1項規定的要件進行審查，而未援引美國法的「不可避免揭露原則」。

12

員工將前公司的營業秘密用於新公司的業務上，新公司是否可能構成刑事犯罪或有民事責任

郭曉丰

公司間人才流動難免，當員工跳槽到新公司，除了原公司可能擔心營業秘密遭洩漏外，若員工侵害前公司營業秘密使用於新公司的業務上，新公司是否可能構成刑事犯罪或有民事責任？新公司應如何防免員工將前公司的營業秘密用於本身業務上？

關鍵字：營業秘密、防止行為

◎新公司依法有盡力防止員工將前公司的營業秘密使用於本身營業的義務

我國的營業秘密法在民國85年立法之初，針對營業秘密的侵害，僅規範民事責任。但有鑒於近年來，俗稱「帶槍投靠」的情形在高科技產業的離職員工間日益嚴重，甚至外國商業間諜惡意以高報酬及洩漏原公司營業秘密為條件挖角我國人才，每每造成原公司競爭上及經濟上的嚴重打擊，甚至影響我國產業的全球

布局。

　　爲落實營業秘密法第1條所規定「維護產業倫理與競爭秩序，調和社會公共利益」的立法目的，營業秘密法修正案於102年1月修正通過，增訂侵害營業秘密的刑事責任（第13條之1至第13條之4），對於雇主而言，尤其應注意營業秘密法第13條之4[1]。依營業秘密法第13條之4的規定，無論是代表人、代理人、員工或者其他從業人員，只要因執行業務，侵害他人營業秘密而構成營業秘密法第13條之1及第13條之2所規定的犯罪時，營業秘密法除了依各條項規定處罰行爲人以外，還會依同法第13條之4，對公司科以罰金，以處罰公司監督不力[2]。

　　正因爲營業秘密法第13條之4的規範目的在於處罰新公司監督不力，立法者爲了預防犯罪，特別於同條但書定有免責規定，只要新公司能舉證證明已經盡力防止侵害營業秘密的犯罪發生，就可以免其責任，如此既可以避免企業形象因員工個人的違法行爲而遭毀，也可以免於大筆罰金[3]。

　　事實上，處罰新公司就員工侵害他公司營業秘密監督不力，在我國法制上並不是全然的新概念。過去在侵害營業秘密的刑事處罰規定尚未立法以前，原公司往往透過營業秘密法第12條[4]及民法第188條[5]規定，訴請新公司應與員工負民事連帶賠償

---

[1]　營業秘密法第13條之4：「法人之代表人、法人或自然人之代理人、受雇人或其他從業人員，因執行業務，犯第十三條之一、第十三條之二之罪者，除依該條規定處罰其行爲人外，對該法人或自然人亦科該條之罰金。但法人之代表人或自然人對於犯罪之發生，已盡力爲防止行爲者，不在此限。」

[2]　營業秘密法第13條之4立法理由。

[3]　營業秘密法第13條之4立法理由。

[4]　營業秘密法第12條：「因故意或過失不法侵害他人之營業秘密者，負損害賠償責任。數人共同不法侵害者，連帶負賠償責任。（第1項）前項之損害賠償請求權，自請求權人知有行爲及賠償義務人時起，二年間不行使而消滅；自行爲時起，逾十年者亦同。」

[5]　民法第188條：「（第1項）受僱人因執行職務，不法侵害他人之權利者，由僱

責任，而新公司只有就選任員工及監督其職務執行上，已盡相當的注意，或者當即使盡相當的注意也不免發生損害結果的情形（類似於營業秘密法第13條之4但書規定的「已盡力爲防止行爲」），才能援引民法188條第1項但書規定，不負賠償責任。

因此，除了較新的營業秘密法第13條之4規定以外，即使在侵害營業秘密的刑事責任尙未立法以前，僱用離職員工的新公司，依法亦應盡力防止員工將前公司的營業秘密使用於本身營業，否則就可能應負相應的法律責任。

◎新公司應如何盡力防止員工將前公司的營業秘密使用於本身營業

不過，新公司要做到何等程度，才能稱作「盡力防止」？或許因過去公司在經營上多專注於保護自己的營業秘密，對於盡力防止員工使用前公司營業秘密的思維尙未建立，筆者目前在司法院供一般民眾查詢的公開系統中，未查得有新公司因已盡力爲防止行爲，而獲免除刑事責任或免其民事賠償責任的判決，因此尙難自法院過去的判決了解司法實務的意見，僅能從部分判決，窺知可能被法院認定雇主未盡監督義務的情形。以臺灣高雄地方法院106年度訴字第510號民事判決[6]爲例，被告甲從前公司A公司

用人與行爲人連帶負損害賠償責任。但選任受僱人及監督其職務之執行，已盡相當之注意或縱加以相當之注意而仍不免發生損害者，僱用人不負賠償責任。（第2項）、（第3項）略」

[6]　臺灣高雄地方法院106年度訴字第510號民事判決：「億尙公司雖辯稱：其與陳必忠簽署勞動契約時，已告知營業秘密之重要性及不可侵害性，已盡力防止員工爲侵害營業秘密之行爲，不負損害賠償之責云云。然觀諸億尙公司與陳必忠簽署之勞動契約及員工保密、競業禁止及智慧財產權約定書所載內容（見本院卷一第197至199頁），均未提及禁止陳必忠爲侵害他人營業秘密或智慧財產權之行爲，僅係禁止陳必忠侵害及億尙公司營業秘密及智慧財產之行爲，自難認億尙公司已就陳必忠執行職務行爲盡其監督之責；此外，億尙公司復未提出其

離職後，發現A公司並未更改其任職時管理使用的電子郵件信箱密碼，便爲了新公司即被告B公司的業務推展及客戶訂單取得，多次登入A公司的電子郵件信箱，下載A公司的訂單資料與工程圖等營業秘密，用於被告B公司的營業上。審理中，被告B公司抗辯，其於僱用被告甲時，已請被告甲簽署「員工保密、競業禁止及智慧財產權約定書」，告知被告甲營業秘密之重要性及不可侵害性，應已盡其選任、監督的義務。但法院審理後認爲，「員工保密、競業禁止及智慧財產權約定書」的內容是禁止被告甲侵害被告B公司的營業秘密，完全沒有提及禁止員工侵害他人營業秘密，因此難認被告B公司已就被告甲執行職務行爲盡監督責任。也就是說，新公司若只在僱用員工時，書面告知員工應保護公司所有的營業秘密，卻未有禁止使用前公司營業秘密的宣導，不過是禁止員工侵害自身營業秘密，對於侵害他人營業秘密則未防免，不足以認定新公司已經就員工執行職務行爲盡其監督之責。

此外，經濟部智慧財產局在102年營業秘密法修正後，曾就營業秘密法第13條之4但書的免責規定表示，如何認定新雇主已經盡監督義務，須由法院依個案事實認定，但現行實務上，許多公司在僱用新進員工時，會要求新進員工簽署切結書，確認該名員工未攜帶前公司的任何營業秘密到新公司，並於員工在職期間加強教育訓練，督導員工尊重智慧財產權、避免侵害他人營業秘密等措施，值得參考[7]。

他積極證據以證已盡管理監督義務，故億尚公司所辯，難認可取。」

[7]　經濟部智慧財產局（2013），《營業秘密保護實務教戰手冊》，載於：https://www.tipo.gov.tw/public/Attachment/31291540358.pdf。

13
勞工發現雇主經營涉及舞弊，若不循內部管道溝通而直接對外揭弊，是否可能違反忠誠義務？

郭曉丰

勞工依勞動契約為雇主提供勞務，往往是最清楚雇主經營體系內問題的人，倘若勞工為了公共利益而對外揭弊，不免對雇主的經營與名譽等有所戕害，而違反勞工依勞動契約對雇主負有的忠誠義務。在公共利益與勞工的忠誠義務相衝突時，勞工是否應先循公司內部管道予以糾舉？抑或得以直接對外向有關機關檢舉？勞工若選擇直接揭弊，是否可能違反忠誠義務？雇主得否因此對勞工為解僱等不利對待？

關鍵字：吹哨者、揭弊者、忠誠義務、揭弊者保護法

◎有認為員工應先循內部溝通管道，否則即屬違反忠誠義務

勞工依勞動契約對雇主負有忠誠義務，不過當勞工挺身揭發雇主或工作體系中可能違反公共利益的事，就會發生公共利益與

忠誠義務的衝突。雇主是否得因此對勞工為解僱、減薪、降職等不利對待，過去曾有許多討論。司法實務中最知名的事件應是知名瓦斯公司員工爆料事件。在該案中，知名瓦斯公司A公司員工即被告甲曾擔任產業工會常務理事，因不滿公司多年來對廣大消費者收取管線補助費，而在爭取績效獎金未果後，召開記者會抨擊A公司長期收取管線補助費為不義之財，使新聞媒體大篇幅負面報導，影響公司正常經營與運作。A公司遂認被告甲違反忠誠義務，而以被告甲違反工作規則情節重大為由，依勞動基準法第12條第1項第4款規定[1]解僱之。臺灣高等法院97年度勞上字第44號民事判決[2]的承審法官審理後認為，A公司收取管線服務費是經目的事業主管機關經濟部能源局同意備查，被告甲曾擔任工會

---

[1] 勞動基準法第12條第1項第4款：「勞工有左列情形之一者，雇主得不經預告終止契約：……四、違反勞動契約或工作規則，情節重大者。」

[2] 臺灣高等法院97年度勞上字第44號民事判決：「被上訴人自93年至95年間，因擔任產業工會理事身分，已由上訴人提供每年公假200餘日處理工會會務，則被上訴人對於上訴人收取管線補助費之行為若是認為有不妥之處，早可循內部之管道，與上訴人理性討論，尋得對上訴人、上訴人員工及消費客戶間最有利之平衡點。但被上訴人卻因爭取績效獎金未果，即於前開時、地舉行記者會，並於接受記者訪問時，以言詞及張貼標語方式，抨擊上訴人依法收取之管線補助為不義財，致使聯合報於翌日大幅報導上訴人收取之管線費為不義之財（見原審卷第48頁），對上訴人公司產生負面之評價，且造成上訴人與消費客戶彼此間關係之緊張，亦影響上訴人公司之正常經營與運作。故被上訴人之前開行為顯然已違反勞工之忠誠義務，破壞與上訴人間之信賴關係，導致其與上訴人間之勞僱關係受到干擾，無法期待上訴人採用解僱以外之懲戒手段，而繼續與被上訴人維持勞僱關係。是以堪認被上訴人已違反工作規則，且情節重大，上訴人採取與被上訴人終止勞動契約，為不得已手段。從而，上訴人依勞動基準法第12條第1項第4款規定終止與被上訴人間之勞動契約，為有理由。……惟因上訴人得否依勞動基準法第12條第1項第4款規定終止與被上訴人間之勞動契約，應依終止當時被上訴人違反行為之情節，審酌當時之客觀標準，判斷被上訴人是否違反工作規則且情節重大，而經濟部能源局上開函示係於上訴人96年4月27日終止勞動契約後所發出，故尚不得以兩造勞動契約已終止後發生之新事實，回溯認定被上訴人於前開時間之言論係屬正當。」

理事，若認爲收取管線服務費有任何不妥，大可循內部管道理性討論，而非在爭取績效獎金未果後，直接召開記者會以聳動標語抨擊的方式爲之，因此被告甲確實違反勞工對雇主應負的忠誠義務，且無法期待公司以解僱以外的懲戒手段繼續雙方勞雇關係，所以A公司解僱合法。至於收取管線補助費的事情見報後，經濟部能源局發函稱不宜向消費者強制收取費用等語，是解僱後發生的新事實，不影響契約終止時依當時客觀標準的判斷。

前開臺灣高等法院97年度勞上字第44號判決明確指出，員工應先循內部溝通管道與公司理性討論，而不該直接訴諸外部力量，否則即屬違反忠誠義務，若情節嚴重則可能爲雇主合法的懲戒解僱事由。

◎有認爲鼓勵公益揭弊，員工對外檢舉不違反忠誠義務

相對於前開判決，亦有其他判決受美國安隆案影響，轉爲鼓勵公益揭弊的立場。以臺灣高等法院104年度勞上字第20號民事判決[3]爲例，該案中B公司爲逃漏稅捐而將土地借名登記於股東名下，被告乙便委請律師發函予國稅局促其查清，並追繳稅捐，B

---

[3] 臺灣高等法院104年度勞上字第20號民事判決：「上訴人固委請律師於103年6月3日發函以正本送國稅局板橋分局，副本送楊進坤、楊美鳳、江楊美雲、楊進河及楊美春等人，表示其爲被上訴人公司股東，關於其父楊進益名下土地並無借名登記情事，且要求國稅局查明其他登記楊進坤等人名下土地有無借名登記情形，如被上訴人有逃漏稅捐，即應予追繳並查封拍賣被上訴人所有之土地等語……誠實依法納稅，本係公司應盡之義務，被上訴人亦不否認其不動產借名登記於股東名下（見本院卷二第263頁），則上開律師函要求稅捐機關查明被上訴人有無以借名土地逃漏稅捐而應予追繳情事，即難認有何不實；遑論晚近因受美國安隆案影響，對於勞工忠誠義務不再無限上綱，鼓勵員工爲公益揭弊，扮演吹哨者（whistle blower）角色，勞動檢查法第33條第5項亦明文規定：勞動檢查機構管理勞工申訴必須保持秘密，不得洩漏勞工申訴人身分。是本件尚難僅憑上訴人以股東身分委請律師發函稅捐機關即遽認上訴人違反忠誠義務，且屬違反勞動契約情節重大。」

公司遂以被告乙違反依勞動契約所負有的忠誠義務為由，依勞動基準法第12條第1項第4款規定解僱之。法院審理後認為，B公司確實有將土地借名登記於股東名下，被告乙揭弊內容非有不實，且晚近受到美國安隆案的影響，對於勞工的忠誠義務不再無限上綱，而是鼓勵員工擔任吹哨者（whistle blower）的角色，因此不能僅僅因為被告乙委請律師發函給稅捐機關，揭露B公司涉及逃漏稅捐，便認為其違反忠誠義務情節重大。

此外，目前亦有諸如勞動基準法第74條第2項[4]及勞動檢查法第33條第4項[5]等規定，保障員工不因提出關於雇主違反勞動法令的申訴而受雇主不利對待。

◎未來展望

近年來，我國因應《聯合國反貪腐公約》明定反貪腐政策應促進社會參與，並體現法治、廉正、透明度等原則，對出於善意及具合理事證之檢舉人，提供保護之適當措施，避免遭受不公正待遇，在立法方向上也搭上了保護吹哨者的列車。在筆者截稿前，行政院會甫於108年5月2日通過《揭弊者保護法》草案，鼓勵及保護揭露影響公共利益不法資訊者，以有效打擊政府機關與私人企業內部不法行為[6]，未來立法動向及於實務上的影響值得持續關心。

---

[4] 勞動基準法第74條：「（第1項）勞工發現事業單位違反本法及其他勞工法令規定時，得向雇主、主管機關或檢查機構申訴。（第2項）雇主不得因勞工為前項申訴，而予以解僱、降調、減薪、損害其依法令、契約或習慣上所應享有之權益，或其他不利之處分。（第3項）至（第7項）略」

[5] 勞動檢查法第33條第4項：「事業單位不得對勞工申訴人終止勞動契約或為其他不利勞工之行為。」

[6] 行政院（2019），《揭弊者保護法草案總說明》，載於：https://www.ey.gov.tw/Page/9277F759E41CCD91/7e537657-2a5b-4fa4-abe4-477f588616da。

14

公司將資產借名登記於員工名下，卻遭員工挪用或拒絕返還，該員工之行為是否可能構成刑法背信罪？

郭曉丰

現在社會經濟生活中，公司不乏因為各種考量，將資產借名登記於有足夠信賴基礎的員工名下，但仍不時有員工將資產挪做他用而產生紛爭的例子。倘若公司將土地等資產借名登記在員工名下，卻遭員工擅自處分（例如：持以向金融機構辦理抵押貸款、擅自塗銷登記等），或於公司請求返還時予以拒絕，該員工之行為是否可能構成刑法背信罪？

關鍵字：借名登記、背信、信託

◎法院見解

刑法第342條背信罪條文中所謂「為他人處理事務」及「違背其任務」，於臺灣高等法院104年度上訴字第1530號刑事判決[1]

---

[1] 臺灣高等法院104年度上訴字第1530號刑事判決：「刑法背信罪所稱為他人所

一案的見解，是指行爲人因爲法令的規定、法律行爲（當事人之契約）或其他事實之信託關係（無因管理）等原因，爲他人處理財產上事務，卻違背他人委任其處理事務所應盡的義務者。

而所謂「借名登記」，雖不是民法債編分則規定的契約類型，但法院透過裁判累積，將其定義爲是指當事人約定一方將自己的財產，以他方名義登記，但仍由自己保有管理、使用、處分財產的權利，而他方同意就該財產爲出名登記的契約。因爲這種契約側重於借名者與出名者間的信任關係，因此民事法院多認爲，借名登記契約在性質上應與委任契約等同視之[2]。

正因借名登記契約在性質上與委任契約同視，因此出借名義的員工擅自挪用資產，或主張自己爲所有權人而拒絕返還的情形，是否構成刑法第342條背信罪中「爲他人處理事務」及「違背其任務」等客觀構成要件，則值得討論。

然而民事法院雖透過判決對於「借名登記」有所定義，但在一般經濟生活中，人們口中或白紙黑字寫下的「借名登記」，未必與司法判決中所謂的「借名登記」完全相同，甚至極容易與受託人有權管理、處分財產的「信託[3]」混淆，所以實務上經常可

處理之事務，須爲財產上之事務（最高法院81年度台上字第3534號判決意旨參照），不限於法律行爲之事務，亦包括事實行爲之事務，且不以具體特定之事務爲限，依法律或契約，於一定範圍內概括處理之事務均包括在內。爲他人處理財產上之事務之原因，**包括法令之規定、法律行爲（當事人之契約）或其他事實之信託關係（無因管理）**等（最高法院80年度台上字第5692號、81年度台上字第3015號判決意旨參照）。」

[2] 最高法院98年度台上字第990號民事判決。

[3] 信託法第1條規定：「稱信託者，謂委託人將財產權移轉或爲其他處分，使受託人依信託本旨，爲受益人之利益或爲特定之目的，管理或處分信託財產之關係。」因此信託與借名登記最大的不同在於，在借名登記的情形，出名人僅出借名義登記爲權利人，但實質權利人仍保有財產的一切管理、處分權；在信託的情形，出名人（受託人）不但登記爲權利人，且有權爲實質權利人管理、處分信託財產。

以看到用「信託契約」或「信託登記」包裝借名登記的情形，反之亦然。而上述混淆情形，往往使行為人之行為是否構成背信罪變得難以一概而論。

　　法院有認為「借名登記」的出名人拒絕返還土地不成立背信罪的情形。以臺灣高等法院107年度上易字第550號刑事判決[4]為例，告訴人甲為節稅考量，將其與他人合夥購買的土地借名登記於被告乙名下，並自己處理一切土地稅捐及其他使用、收益，被告乙則僅出借名義，而無庸處理任何土地相關事務，但被告乙卻於告訴人甲委請代書辦理信託登記時提出異議、拒絕返還該土地，而使告訴人甲申請登記遭駁回。法院在調查證據後認為，被告乙僅出借名義而在形式上登記為土地所有權人，但對於土地卻沒有任何管理處分之權責，因此被告乙不是受告訴人甲委任而為告訴人甲處理事務的人，自無從對告訴人甲為違背其任務的行為，而不成立背信罪。類似見解亦可參考臺灣高等法院106年度

---

[4] 臺灣高等法院107年度上易字第550號刑事判決：「依告訴人於原審審理時之證述所示，顯見被告蔡郭麗玉雖非本案土地之實際所有人，並僅係出名登記為本案土地之所有人，惟蔡郭麗玉除出借其名義而登記為本案土地之形式上所有人外，並不負其他任何義務，其就本案土地亦無任何管理處分之實際權責，實際占有、管理本案土地之人仍為借用名義人即告訴人，本案土地所有權狀仍由告訴人實際持有，亦係由告訴人負責處理本案土地之相關事務及繳納稅款。是依前揭說明，關於公訴意旨所指告訴人與被告蔡郭麗玉間所成立之前揭『借名登記』或信託關係，僅係所謂『消極信託』，依現行信託法之規定，應認為告訴人與被告蔡郭麗玉間並不成立所謂『信託關係』，亦即被告蔡郭麗玉並非受本人即告訴人依信託契約或委任契約之委任而為告訴人處理事務之人，自無從對告訴人成立公訴意旨所指之背信行為。至於告訴人所指被告蔡郭麗玉須配合交付其身分證、印章等文件，或併於相關契約文件上簽名，俾告訴人得據以申辦本案土地之信託登記或將本案土地持向銀行貸款等情，經核均屬前揭『消極信託』所應配合辦理之事項，並未因此使被告蔡郭麗玉實際取得任何管理本案土地之權責，自不影響前揭判斷。是被告蔡郭麗玉縱有依被告蔡宗坤之提議，而於98年12月1日，向新莊地政事務所就告訴人委託代書申辦之前揭土地信託登記提出異議之舉，亦難認其等所為，係違反被告蔡郭麗玉對告訴人所負何項『契約義務』而應成立公訴意旨所指之背信罪責。」

上易字第2076號刑事判決[5]。

　　相對於前揭判決，臺灣高等法院107年度上易字第1658號刑事判決[6]則認為「借名登記」的出名人將財產挪用成立背信罪。告訴人丙及被告丁約定，告訴人丙將自己所有的房地借名登記於被告丁名下，並由被告丁出名向銀行辦理房屋貸款，同時將該房地設定最高限額抵押權予銀行，而告訴人丙應負擔房屋貸款及房地相關稅款、水電及大樓管理費等費用，多年後告訴人丙及被告丁更簽訂信託契約書，重申該房地是告訴人丙借名登記在被告丁名下，但被告丁卻因自己生意上周轉，未經告訴人丙同意，擅自將該房地設定最高限額抵押權予租賃公司，作為融資性分期付款買賣的擔保。法院調查證據後，查知被告丁在出借名義登記為房地所有權人以後，曾陸續代墊房屋貸款及費用，因此足以認為被告丁是為告訴人丙處理事務，而為為告訴人丙處理事務的人，從而被告丁擅自將借名登記於其名下的房地設定抵押權給租賃公司，就是違背任務的行為，是以被告丁的行為在其他主客觀要件

---

[5]　臺灣高等法院106年度上易字第2076號刑事判決：「如委託人僅以其財產在名義上移轉於受託人，受託人自始不負管理或處分之義務，凡財產之管理、使用、或處分悉由委託人自行辦理者，是為消極信託（最高法院90年度台上字第2377號、93年度台上字第752號、98年度台上字第1339號判決參照）。此種情形，所有權人僅係借用他人名義辦理登記，而並無授權名義人代為行使權利，乃俗稱之借名登記，尚難遽認有民法之委任關係。經查，被告施婉如、施張春枝將其等名義及帳戶借予王志強，用以存放股票或資金，然上開股票或資金均由王志強處分支配，王志強並未無委任被告2人代為處理任何事務，揆諸上開法條及最高法院判決意旨，被告2人僅是單純出借名義予王志強，其間不成立信託關係，亦無從以此遽認有民法之委任關係，是被告2人縱有公訴意旨所載之事實，亦與刑法背信罪構成要件不相符合，要難遽以背信罪責相繩。」

[6]　臺灣高等法院107年度上易字第1658號刑事判決：「被告自97年10月8日登記為本案房地之所有權人後，均有陸續代墊房貸（97年11月起至103年8月9日止按月代墊房貸）、管理費、房屋稅、電費、水費、房貸保險費、地價稅等情，均足認係為告訴人徐如瑩、被害人陳昶暉處理事務，故被告確係為告訴人徐如瑩、被害人陳昶暉處理事務之人。」

都具備的情況下，自然成立背信罪。

　　大家看了上述兩個判決，會發現當事人口中都是說「借名登記」，結果卻天差地遠。何以如此？可以從最高法院86年度台上字第4249號刑事判決[7]一窺端倪。在此判決中，告訴人戊借款給第三人，並由被告己提供土地設定抵押權作為擔保，但告訴人戊為了節稅考量，將抵押權信託登記於被告庚名下，由被告庚出名登記為抵押權人。第三人事後無法依約清償借款，告訴人戊便實行抵押權，但被告庚竟然在強制執行程序中自行與被告己達成和解，由被告己給付款項予被告庚，被告庚便撤回抵押物拍賣聲請，並擅自塗銷抵押權登記。法院審理後認為，若出名人僅單純出借名義，而未實質管理、處分登記標的物或權利的借名登記情形，固不成立信託關係；但如果出名人有實質管理、處分登記標的物或權利的情形，無論是雙方合意，抑或是出名人單方自願為之（無因管理），就不能認定出名人不是為借用人處理事務。因此被告庚雖僅出借名義，供告訴人戊登記為抵押權人，既不是債權人，也不是真正抵押權人，但因為被告庚積極與抵押債務人被告己成立和解，並塗銷抵押權登記，而藉由無因管理的方式，管

---

[7] 最高法院86年度台上字第4249號刑事判決：「借名登記，其登記名義人若僅單純出借名義，對登記之標的物或權利並無任何管理處分之實，其實際占有、管理之人仍為借用人，即所謂之『消極信託』，依現行信託法，固不成立信託關係。但如登記名義人同時對登記之標的物或權利，有『積極之管理或處分』之行為時，不論係雙方之合意，或登記名義人單方自願為之（無因管理），即不得謂雙方並無信託關係存在，出借名義人並非為借用人處理事務。本件原判決既認定被告甲○○出借名義，供上訴人登記為抵押權人，竟又擅自與抵押債務人即知情之被告乙○○成立和解，並塗銷抵押權登記等情（原判決第4頁倒數第6行至第4行、第5頁倒數第5行至第3行），如果無訛，則被告○○既明知其僅為出借名義人，並非真正之債權人即抵押權人，乃又積極行使該債權，竟與抵押債務人成立和解，復收受債權，並進而塗銷該抵押權登記，而『積極管理及處分』該抵押權，由無因管理而介入，進而為背信之行為，能否謂其仍係僅為單純之人頭，與上訴人間尚不成立信託關係，即非無斟酌之餘地。」

理及處分登記在其名下的抵押權，因此難以認為被告戊只是單純出名的人頭，和告訴人庚間不成立信託關係、不是為告訴人庚處理事務（反面解釋：法院認為，應認定被告戊是為告訴人庚處理事務）。

◎小結

　　由上述判決可知，實務上不拘泥於「借名登記」或「信託」的表面文字，而是依據契約雙方約定的內容，以及出名人事實上管理、處分資產的情形，個案判斷雙方關係究竟是僅出名而未處理事務的借名登記，抑或是透過法律、契約或無因管理，而構成「為他人處理事務」及「違背其任務」等客觀構成要件，進一步認定行為人的行為是否應以刑法背信罪懲罰。也就是說，雇主雖然將資產「借名登記」在員工名下，但仍應透過雙方約定及管理、處分財產的權利行使狀況等客觀事實，去判斷員工挪用的行為是否成立背信罪。

15

模具開發廠商以他人委託開發的模具製造產品對外銷售，是否可能構成背信罪？

郭曉丰

　　許多公司雖然有良好的產品設計能力，但是因為沒有開發模具能力或製造能力，而必須委請他人開模或製造，且常為製造之便而將模具寄託於開模或製造廠商。產品設計廠商為確保其利益，事前多會與開模及製造廠商約定，未經許可不得自行以委託開發的模具製造產品。假如開模廠商違反約定，以他人的模具製造產品對外銷售，這樣是否可能構成背信罪？

關鍵字：背信、公司負責人、模具

◎何謂「為他人處理事務」？

　　刑法第342條背信罪，依最高法院86年度台上字第4109號刑事判決[1]所述，須以受他人委任，而為其處理事務為前提，如果

---

[1] 最高法院86年度台上字第4109號刑事判決：「刑法第342條之背信罪，須以為他人處理事務為前提，所謂為他人云者，係指受他人委任，而為其處理事務而言。如非為他人處理事務，無論圖利之情形是否正當，要與該罪之構成要件不

不是為他人處理事務，無論所圖利益如何不正當，都沒有成立背信罪的餘地。

　　此外，最高法院71年度台上字第1159號刑事判決[2]說明，所謂「為他人處理事務」，是指行為人本於其對他人（即法條中所稱的「本人」）的對內關係，負有基於誠實義務處理事務的義務；相對於此，有時行為人處理事務雖也本於一定的契約關係，但與他人是處於對向關係，所應遵守的是交易上誠信原則，而非誠實義務，在此情形便不是為他人處理事務，當然沒有違背任務可言。例如：買賣契約的雙方當事人間屬於對向關係，出賣人處理交付貨物等相關事務，都是為自己出賣標的物而處理事務，而非為他人處理事務，若發生未依債之本旨給付買賣標的物的情況，只是違反買賣契約的債務不履行，而沒有違反對內關係的誠實義務，所以出賣人不是為他人處理事務的人，不會構成背信罪。

　　基於前述基本概念，底下接著討論模具開發廠商用他人委託開發的模具生產產品對外銷售，是否構成背信罪。

◎模具開發廠商為公司組織，用他人委託開發的模具製造產品

　　在臺灣高等法院臺中分院96年度上易字第698號刑事判決一

　　符。」
[2]　最高法院71年度台上字第1159號刑事判決：「刑法第342條背信罪之主體須為他人處理事務者，即其為他人處理事務，本其對他人（本人）之內部關係，負有基於一定之注意而處理事務之法的任務，因之，其為他人處理事務，係基於對內關係，並非對向關係，基於誠實義務，並非基於交易上信義誠實之原則，故如買賣契約之單純當事人乃對向關係，非為他人處理事務，其未履行給付義務，僅生是否有背交易上信義誠實之原則，並非違背其誠實義務，與背信罪之要件不合，原審依背信罪論處罪刑，其適用法律亦有違誤。」

案[3]，被告甲代表A公司與B公司締約，約定由A公司為B公司開發釘子模具，及於完成後將釘子模具寄存於A公司，由A公司以模具生產釘子，並約定未經B公司同意，A公司不得擅自以釘子模具生產產品及零件，亦不得再翻製釘子模具。未料，A公司未經B公司同意，擅自再翻製釘子模具及生產釘子後，賣給第三人。法院審理後並未討論A公司與B公司間究竟是對內或對外關係，而是以自然人和法人是不同的權利主體，被告甲只是代表A公司與B公司締約，契約存在於A公司與B公司之間，被告甲不是契約當事人，並不受契約所拘束，縱使A公司擅自翻製模具或以模具生產產品出售他人，也只是A公司違約，而與代表公司簽約的被告甲無關。既然被告甲未受B公司委託，其行為自無成立背信罪可言。

◎模具開發商為個人，用他人委託開發的模具製造產品

在臺灣高等法院105年度上易字第2635號刑事判決一案[4]，被

---

[3] 臺灣高等法院臺中分院96年度上易字第698號刑事判決：「法人與自然人為不同之權利主體，兩者所享之權利或所負之義務應屬個別，不得混為一體，依法組織之公司（法人）間相互簽訂契約，雖係由有代表權或代理權之自然人簽約，惟受契約規範及履行契約者究為法人，而非自然人，兩者不應混淆……本案契約之當事人顯為『展儀公司』及『賢經公司』之法人，而非代表各該公司之自然人乙○○及被告甲○○，亦即受上開契約所拘束者為訂立契約之法人，而非代表簽訂契約之自然人自明。縱本件賢經公司有未經展儀公司授權同意，而擅自翻製模具出售他人之情事，亦僅得證明係契約當事人『賢經公司』法人違約，而屬民事糾紛，與代表公司簽約之被告自然人無涉，被告不因代表公司簽約，而受有契約相對人『展儀公司』任何委託，自無背信可言。」

[4] 臺灣高等法院105年度上易字第2635號刑事判決：「按我國背信罪之本質，係採『違背信任說』，其可罰性基礎在於信任（賴）關係之違反。是背信罪之成立，應以為『他人』處理事務為前提。行為人所處理之事務，如係『他人』之事務（亦即為『他人』計算），其與他人間係對內關係（如委任、寄託等），卻違背其應盡之義務，方可成立背信罪。反之，行為人所處理之事務，倘係

告乙與C公司約定，由C公司負擔開發模具費用，委由被告乙製造模具、保管模具及以該模具生產手推車，並強調C公司為模具所有人，被告乙是因受託製作關係而保管模具，且非經C公司同意，被告乙不得以保管的模具為自己或第三人製造任何產品。未料，被告乙卻於保管模具期間，擅自以C公司的模具生產手推車，賣給C公司的客戶。法院審理後認為，被告乙與C公司間的關係，就模具製造與以模具生產的部分，屬於承攬關係（對外關係），保管模具的部分則是寄託關係（對內關係），雖然保管模具的寄託關係屬於對內關係，但在同時兼具對內及對外關係時，基於刑法謙抑性，必須觀察複數關係的主從，只有在行為人「主要」是為「自己」計算的情形，才有以背信罪處罰的必要。所以，考慮雙方間主要的關係在於被告乙為C公司製造模具以及用模具生產手推車（承攬關係），保管模具（寄託關係）則是依附於用模具生產手推車而來，所以被告乙主要是為自己的利益計算、處理自己的事務，而不構成「為他人處理事務」的要件，因此不成立刑法背信罪。

『自己』之事務（亦即為『自己』計算），其與他人間係對向關係（如買賣、承攬、借貸等），縱其處理事務違背應盡之義務，亦無背信可言。行為人所處理之事務，偏同時存在對內關係、對外關係（如承攬、寄託之混合契約），基於刑罰之最後手段性，應視其主從關係決定是否成立背信罪。在行為人『主要』係為『自己』計算，而非為『他人』計算之情形，方有以背信罪處罰之必要。……被告與告訴人間之權利義務關係，主要仍係承攬關係，寄託關係乃係附隨於承攬關係而存在。被告主要係為自己利益而計算，處理自己之事務，並不該當刑法背信罪為『他人』處理事務之要件，核與背信罪之構成要件有間。」

16

員工未經內部程序核准，即擅自同意與交易相對人辦理契約變更，是否可能構成背信罪？

黃新為

　　契約乃是規範公司與客戶或廠商間權利義務關係之重要法律文件。多數公司就與交易相對人間之契約變更等事宜，訂有內部程序加以管控，要求員工應先經過特定內部程序取得核准後，始得辦理契約變更，此屬於公司內部控制之重要一環。惟若有員工未遵守公司內部程序，未取得公司同意，即擅自與交易相對人辦理契約變更，是否可能構成背信罪？

關鍵字：契約變更、內部程序、背信罪

◎法院見解

1. 法院認定構成背信罪的情形

※案例一

　　於臺灣臺北地方法院100年度易字第515號刑事判決一案，

被告是A公司的總經理特助兼傢俱部經理，代表A公司與一位客戶簽訂契約，出售A公司向外國公司訂製的沙發數座。爾後，客戶要求無償變更沙發材質，被告明知此一變更應經A公司另一位經理之同意始可為之，且製作沙發的外國公司業已拒絕變更沙發之材質，惟被告因為A公司將解僱他而心生不滿，故在未取得A公司經理同意之情況下，擅自修改客戶之訂單，將客戶訂製之沙發材質無償變更為鵝絨坐墊，並將送貨時間提前一個月，再將被告擅自修改之訂單以電子郵件寄給客戶。之後，客戶收到A公司的沙發後，發現與該修改後之訂單不符，因此取消交易，導致A公司須另覓買家，且受有支付給被告共新臺幣（下同）34,916元獎金等損害。法院因此認定，被告擅自更改訂單之行為，係犯刑法第342條第1項之背信罪[1]。

※案例二

　　於臺灣臺中地方法院103年度簡字第682號刑事簡易判決一案，告訴人B公司與客戶訂有保鮮膜之長期供應契約，由B公司出售保鮮膜給客戶，且雙方就保鮮膜之售價，以及客戶支付款項之方式，在契約中明文約定。被告則在B公司擔任業務員工作，負責向客戶接洽業務及收取貨款等業務，但被告為了圖利客戶，並為自己賺取業績獎金，明知其無變更契約之授權，竟未經B公司同意，擅自同意給予客戶折扣，並同意客戶變更付款方式，導致B公司受有價差之損害。法院因此認定，被告擅自變更契約約定之付款方式，並給予客戶折扣之行為，係犯刑法第342條第1項之背信罪。

---

[1] 刑法第342條：「（第1項）為他人處理事務，意圖為自己或第三人不法之利益，或損害本人之利益，而為違背其任務之行為，致生損害於本人之財產或其他利益者，處五年以下有期徒刑、拘役或科或併科五十萬元以下罰金。（第2項）前項之未遂犯罰之。」

2. 法院認定不構成背信罪的情形

※案例一

事實

於臺灣高等法院107年度上易字第960號刑事判決一案，告訴人C公司內部規定，購買預售屋之客戶欲辦理變更或追加工程時，應依序經告訴人C公司客服部、工務部、設計部等主管及總經理簽核同意後始能辦理。惟被告未經C公司前述內部簽核程序，擅自同意為客戶購買之預售屋辦理機電變更及追加工程，並向客戶收取該等費用，以該等費用自行委託廠商施作，但因故未能完成全部變更。告訴人C公司乃接續完成該等預售屋機電變更及追加工程，因而受有損失。

法院認定被告並非「為他人處理事務之人」

法院認定，被告沒有權限核准客戶工程契約之更動，被告之工作內容只是單純傳達訊息、文件之傳遞，只能機械式地完成被交辦的工作，A公司並未授與被告對外事務處理權限，因此，被告不是刑法背信罪所規範之「為他人處理事務」之人[2]。

---

[2]　臺灣高等法院107年度上易字第960號刑事判決：「總瑩公司並無授權被告得決定、處理客戶變更或追加工程事務，被告就此並不具有總瑩公司對外事務處理權限之授與，而係以個人名義為客戶李蕙君、李子楊辦理工程變更。參以卷附他戶申請工程變更、追加後經合法簽核之『客戶工程變更確認書』（見他字卷第57-58頁、偵字卷第21頁），其中工務部負責簽核之主管並非被告，顯見被告僅為告訴人總瑩公司工務部機電事項經辦人員，並非告訴人總瑩公司內部有權決定是否同意客戶辦理變更、追加工程之主管，則其對於是否核准客戶工程變更申請，並無決定權限，就客戶工程變更契約內容亦無更動、增減之權限，其工作之內容僅係單純傳達訊息、文件之傳遞，所從事者為傳達之工作，僅能機械性的完成告訴人總瑩公司交辦之事務，無權作成任何決定，並不具有告訴人總瑩公司對外事務處理權限的授與，衡諸前揭說明，難認被告係刑法背信罪所規範之『為他人處理事務』之人，應屬明確。」

法院認定被告主觀上無不法意圖

　　此外，法院認定，被告主觀上是為了便利客戶而協助處理房屋之變更及追加工程，且被告客觀上，是以被告個人之名義與客戶訂立預售屋之變更、追加工程契約，並非代表C公司，C公司並不會因此負有幫客戶完成變更追加工程之義務。而且，被告取得客戶支付款項後，確實也有以個人名義，委託相關廠商進行後續變更、追加工程，雖然因故未能完成，但告訴人C公司大可以自己並未同意變更、追加而拒絕接續施作，其捨此不為，因而受有損失，不能認係被告所造成。法院因此認定，告訴人C公司並不會因為被告之行為受有損害，且被告並未受有利益，故被告所為並不符合背信罪之主觀及客觀構成要件[3]。

※案例二

事實

　　於臺灣高等法院臺南分院100年度上易字第408號刑事判決一案，告訴人D公司內部規定，如有工程變更之需求，應以書面通知工程主辦部門，工程主辦負責修改圖面並填具檢附相關資料後會委託部門簽核，再依工程變更影響之金額，依有核決權限表決定有核決權限之層級，最後呈請有核決權者核准。惟被告明知無權擅自同意承包廠商減少施作數量之權限，竟擅自與廠商達成工程變更之協議，同意廠商減少施作數量，並就該減少施作部

---

[3] 臺灣高等法院107年度上易字第960號刑事判決：「惟上開編號C28、C33、C35號客戶變更、追加工程契約係分別存在於被告與證人李蕙君、李子楊間，當證人李蕙君、李子楊以該客戶變更、追加工程契約向告訴人總瑩公司有所主張時，告訴人總瑩公司自可以其非締約主體而拒絕之，告訴人總瑩公司若捨此不為，反無償負起上開變更及追加工程完工之責任，因此受有損害，應與被告上開行為無因果關係，且證人楊劍合亦證稱總瑩公司交屋遲延與被告私下受理二人之變更、追加工程無關，總此，自無『致生損害於本人之財產或其他利益』之可言。」

分，要求廠商另作於他處，並於驗收時就該變更後所施作之工程項目予以通過。

法院認定被告屬「為他人處理事務之人」，且被告無權同意本案工程變更

法院認定，被告等在D公司之職位，分別屬於處長級及課長級之職等，就預算及付款等事宜分別有其等之核決權限，負責本案相關工程之統一採購，兼負責本案相關 24個契約中，5個製程區之契約執行、監工、驗收與複核付款事宜，因此屬於為他人處理事務之人。再者，本案工程變更依D公司內部規定，須由設計部門及預算部門檢討變更方案，明確標示修改範圍、修改內容及細部尺寸等等程序，且本案工程變更所涉及金額逾百萬元，已超出被告等之核決權限（10萬元），因此不在被告得逕為同意變更施作之權限內，被告等不得逕自變更契約內容。[4]

法院認定被告主觀上無不法意圖

法院認定，本案由於D公司在開工會議中新增附件二之「新增示意圖」，惟該新增範圍並非廠商依原先契約所應施作之範圍，廠商因此拒絕施作。惟本件工程之施作具有緊急性，且被告等經與專業人員討論，判斷有部分原契約約定施工範圍之材料並非必須，而得以將之移轉到D公司新增之施工範圍內使用，因此被告等在兼顧工程急迫之考量下，擅自就部分原契約約定施工範圍同意廠商免予施作，藉此換取廠商施作「新增示意圖」範圍內

---

[4] 臺灣高等法院臺南分院100年度上易字第408號刑事判決：「可知減少組數係屬工程變更，須由設計部門及預算部門檢討變更方案，明確標示修改範圍、修改內容及細部尺寸等等程序。況依臺塑石化公司各類核決權限表工程大宗支出（工程：概算、原案預算、刪減預算、決包、付款）類，廠處長級僅在10萬元以下有核決權，而本案工程變動金額逾百萬元，自非在被告蔡清良得逕為同意變更施作之權限內。再就本件訂約過程觀之，本案工程內容係層層簽報至王永在總經理核決定案，顯非被告蔡清良一人所得決定，而逕自變更契約內容，益見被告蔡清良並無權限允許光勵公司減少施作本案3組MOV之權甚明。」

之工程，被告等主觀上並無損害D公司利益之意圖，且被告等主觀上以補貼損失之方式，換取廠商繼續履行契約，亦無使廠商獲得不法利益之意圖，故不構成背信罪[5]。

◎小結

綜上可知，背信罪之成立，員工應為具有一定核決權限之人[6]，主觀上具有為自己或他人取得不法利益或造成雇主損害之意圖[7]，而為違背任務之行為，始足當之。當員工未經內部程

---

[5] 臺灣高等法院臺南分院100年度上易字第408號刑事判決：「被告蔡清良身為本工程自採購以迄驗收之負責人，雙方對於契約既有爭執，理應依規定填寫『工程異常報告單』會同各相關部門人員共同檢討變更方案後修訂圖面並辦理變更追加減手續。被告捨此未為，固違反上開臺塑關係企業工程監工人員辦事細則第7項規定，惟附件二『新增示意圖』本非契約範圍，被告蔡清良復認本案R63編號2、3、4三組MOV並非緊急遮斷閥，無一體包覆必要，在兼顧工程急迫之考量下，乃自行決定同意光勵公司就本案R63契約中編號2、3、4等3組MOV免予施作，以換取陳友欽同意施作附件二『新增示意圖』部分，其主觀上並無損害臺塑石化公司利益之意圖。再者，附件二『新增示意圖』部分，既非光勵公司依約應施作範圍，光勵公司陳友欽因被告蔡清良同意本案R63契約中編號2、3、4等3組MOV免予施作，乃同意施作附件二『新增示意圖』部分，被告蔡清良主觀上乃以補貼損失方式，換取光勵公司繼續履行契約，亦無使光勵公司獲得不法利益之意圖。」

[6] 最高法院49年台上字第1530號刑事判決：「按刑法第342條之背信罪，須以為他人處理事務為前提，所謂為他人云者，係指受他人委任，而為其處理事務而言。」最高法院85年度台上字第660號刑事判決：「刑法上背信罪所指為他人處理事務，在性質上應限於具有相當責任性之事務，而且行為人在處理上有權作成決定，或是行為人在處理上需要作成決定之事務。若他人對於行為人並無相當之授權，兩者之間並不存在所謂之信託關係，行為人所從事者只是轉達之工作，無需也無權作成任何決定者，則非背信罪所指之事務。」

[7] 最高法院26年上字第1246號刑事判決：「刑法第342條之背信罪，除有致生損害於本人財產或其他利益之事實外，並以行為人具有圖利自己或第三人或損害本人利益之意思為構成要件，此項犯意既屬於構成犯罪事實之一部，自應依證據認定，不能僅以客觀上發生損害本人利益之事實，遽推定其有前項犯意，否則與刑事訴訟法第268條之規定有所未符，其判決即難謂非違法。」

序，自行變更與交易相對人之契約內容時，法院會斟酌員工是否有變更契約之核決權限，或者只是單純依指示執行任務之人員等，判斷該名員工是否屬於「為他人處理事務之人」；此外，法院亦會斟酌包括：員工是否知道其無權限變更契約內容、員工之行為是否確實造成公司損害，或員工是否藉此讓自己或他人取得利益、以及員工做此契約變更是否是出自便利客戶之考量，或是有工程急迫性之考量等因素，綜合判斷員工主觀上有無不法意圖。

17

公司之決策人員未經鑑價即進行不動產交易，且交易價格與市場行情不相當，決策人員是否可能構成背信罪？

黃新為

　　不動產交易經常涉及龐大金額及繁複手續，宜審慎為之。若公司決策人員未經過鑑價而售出／購入公司之不動產，且該售出／購入之價額與一般市場行情有所出入，則決策人員是否可能構成背信罪？

關鍵字：不動產交易、鑑價、偏離市價、背信罪

◎法院見解

1. 法院認定構成背信罪的情形

　　於臺灣高等法院103年度金上重更（一）字第4號刑事判決一案，被告甲為A公司之董事長，該公司為公開發行公司，依其董事會所通過之「取得或處分資產處理程序」規定，A公司取得不動產應經鑑價程序，且交易金額達新臺幣（下同）1億元以上者，應提經董事會同意或追認。惟被告甲未依前述A公司取得或

處分資產處理程序規定，未經董事會同意，且未經鑑價，即擅自以1億1,000萬元之價格為A公司購入位於臺中之一處市價未逾1億元不動產（下稱系爭不動產）。

被告甲雖主張，其對A公司取得或處分資產處理程序之規定不清楚，並非故意違反該程序之規定云云，但法院認定，在被告甲擔任A公司董事之期間，該公司取得或處分資產處理程序曾經過2次修訂，被告甲不得推諉其不清楚公司規定，而理應知悉其為A公司購買系爭不動產前，應踐行鑑價程序，並取得董事會同意；復依公司法第202條規定，股份有限公司業務之執行，除公司法或章程規定應由股東會決議之事項外，均應由董事會決議行之，被告甲若不清楚其授權範圍，理應依公司法規定，在購買系爭不動產前提交董事會決議；且公司購置不動產前，本應先洽請專業鑑價機構出具鑑價報告[1]；且系爭不動產之市價不到1億元，被告甲以1億1,000萬元之價格購買之，使A公司受有1,000萬元之

---

[1] 臺灣高等法院103年度金上重更（一）字第4號刑事判決：「董事長僅對外代表公司，尚非公司業務執行之意思決定機關；而股份有限公司業務之執行，除公司法或章程規定應由股東會決議之事項外，均應由董事會決議行之（公司法第202條），張俊宏擔任股份有限公司負責人，對其執行業務權責之來源，自不能諉為不知、任憑己意而行；未經董事會決議之事項，其毫無權源任意委諸其所憑認之專家執行。又公司業務繁簡不一，為能掌握時機、順利推展，董事會亦得決議於一定之金額範圍、類型或特定之交易，授權經一定程序、董事長核定即可執行，避免不論鉅細均須由董事會決議而後行，致使商業目的難成、股東權益受損。是相較於基本法之規定，董事會授權董事長得自行核定之執行業務範圍，係給予董事長之權限而非桎梏，如張俊宏主張不知該授權範圍，即應回歸上開公司法之規定，執行任何業務均經董事會之決議行之，方屬合法，其絲毫未取得授權，已無主張所為合乎規定之餘地。退而言之，張俊宏尚曾主持關於修正『取得或處分資產處理程序』部分規定之董事會，已知該公司有該資產處理程序，而部分規定之修正，亦需與其他條文不生齟齬，俾免矛盾難行，而全民電通公司『取得或處分資產處理程序』之規定復非繁瑣眾多，董事會於討論之際，各條文之間相互參照而有所瞭解，當為常情，況公司取得不動產，應先洽請專業鑑價機構出具鑑價報告，此為至然之理，張俊宏既不具不動產估價專業，對需經鑑價之程序，空言託稱不知，實難為採。」

損失。綜上，法院認定被告甲之行為犯刑法第342條第1項之背信罪[2]。

2. 法院認定不構成背信罪的情形

※案例一

事實

　　於臺灣高等法院105年度上易字第1579號刑事判決一案，被告乙、丙及丁三人均擔任B公司之清算人，其等未經B公司之其他股東之同意，亦未取得鑑價報告，即以240萬元之價格將B公司所有，帳面價值共計1,200萬元之3筆土地（下稱系爭土地）出售。

法院認定被告等並無損害B公司之意圖

　　法院認定，系爭土地為閒置土地，且有部分土地B公司僅有部分持分，尚難認定系爭土地為B公司主要財產，因此被告等出售系爭土地是否須經B公司股東會之特別決議，尚有疑義；再者，公司法未規定股份有限公司於清算程序出售土地，須由第三人進行鑑價或估價之規定，且被告等是為了進行清算職務，了結B公司現務並儘速消滅其法人人格，故出售系爭土地；再者，系爭土地之帳面價值雖為1,200萬元，但經鑑價機關事後鑑定結果，系爭土地於斯時包裹出售之估價為289萬3,132元，且92年間因SARS關係，往後多年臺灣全國不動產價格全面下降，被告等出售價格並無明顯低於系爭土地鑑定價格。綜上，法院認定被告等未經鑑價出售系爭土地之行為，難以證明被告等有損害B公

---

[2] 刑法第342條：「（第1項）為他人處理事務，意圖為自己或第三人不法之利益，或損害本人之利益，而為違背其任務之行為，致生損害於本人之財產或其他利益者，處五年以下有期徒刑、拘役或科或併科五十萬元以下罰金。（第2項）前項之未遂犯罰之。」

司之主觀意圖，法院因此認定被告等之行為不符合背信罪之要件[3]。

※案例二

事實

於臺灣高等法院100年度上易字第1881號刑事判決一案，某土地（下稱系爭土地）當時已進入法院拍賣程序，第一次拍賣在94年9月13日上午10時進行，法院核定最低拍賣價格為2億元，但無人應買。於是，法院於94年9月14日公告將於同年10月4日就系爭土地進行第二次拍賣，底價為1億6,000萬元。被告為C公司董事長，其未對系爭土地進行鑑價，即於94年9月17日召開C公司常務董事會，在會議中提出以每坪30萬元以下之價格，授權自己代表C公司買受系爭土地。系爭土地遭第二次拍賣前，被告即於94年9月19日代表C公司與地主簽訂買賣契約，以2億2,000萬元購入系爭土地。

---

[3] 臺灣高等法院105年度上易字第1579號刑事判決：「依公司法第334條準用第84條之規定，應經同法第185條第1項特別決議行之，係指股份有限公司之清算人讓與公司全部或主要部分之營業或財產而言，此觀諸公司法第185條第1項第2款規定自明……是清算人即被告王朝觀、洪千惠、張秋杏三人開會決議出售上開北園段及世興段土地是否須經過股東會特別決議，非無疑義，自難據此遽認被告王朝觀、洪千惠、張秋杏主觀上有損害逸園公司之意圖……本件土地清算人即被告王朝觀、洪千惠、張秋杏雖未委託第三人進行鑑價或估價即共同決議出售予陳椿全，然公司法並無股份有限公司於清算程序出售土地，須由第三人進行鑑價或估價之規定，且清算人進行清算職務，為了結現務，以儘速消滅逸園公司法人人格。又本件土地買受人陳椿全與逸園公司及被告等人間無利害關係，陳椿全身為代書，買賣價格240萬元應為被告何弋彬與陳椿全間多次協商決定之價格，另土地買賣價格本有高低，本件土地出售價格240萬元固較鑑價公司估價289萬3,132元為低，但92年間因SARS關係，往後多年全國不動產價格全面下降，為眾所皆知之事。自難因本件土地未經第三人書面鑑價或估價及售價較鑑價略低，即遽認被告四人主觀上有損害逸園公司之意圖。」

法院認定被告並無違背任務之行為

　　被告於購買系爭土地時，並不知悉系爭土地正遭法院執行拍賣中，也不知道系爭土地一拍流標等情事；且被告在購買系爭土地前，已經取得C公司常務董事會之授權，被告購買系爭土地之價格並未逾越其授權範圍；且被告雖然未經鑑價而購買系爭土地，但被告曾於事前請C公司人員私下瞭解行情，並做成公司內部評估報告，被告購入系爭土地之價格低於C公司人員私下瞭解之價位及公司內部評估報告之價位；綜合上述幾點，法院認定被告購買系爭土地並無違背其任務[4]。

法院認定被告無不法意圖

　　在C公司與地主簽約之後，系爭土地曾進行4次鑑價，其中二份鑑價報告之鑑價結果低於2億2,000萬元，但另外兩份鑑價報告之結果則高於2億2,000萬元，且系爭土地雖於當時經法院拍賣，但考量一般法院執行拍賣程序時，因標的物之價值、投標者多寡、競標程度等變動因素之參雜，再經過不同投標者之組合、

---

[4] 臺灣高等法院100年度上易字第1881號刑事判決：「參酌證人即地主楊阿軟、被告陳文邦對於自己是否知悉本件土地正遭臺中地院執行拍賣中之情，2人均閃避、支吾其詞，不願正面回應，更遑論該2人有將上情告知被告沈政棋或國光公司人員。再遍觀本案卷證資料，均查無被告沈政棋在94年9月19日簽訂本件土地買賣契約前業已知悉本件土地已遭法院拍賣中之情。是以公訴意旨指被告沈政棋知悉本件土地已遭法院拍賣中，竟未依照拍賣程序購買之違背其任務之行為一節，尚無從遽採……國光公司購買本件土地是否該當於『不動產之處分』要件，並非無疑，況上開章程第21條第3項已明定董事會休會期間由常務董事會代行董事會職權，而依本案卷證資料，尚無從認定94年9月17日為董事會開會期間，應排除第21條第3項之適用，且既然購買本件土地之議決過程，確有經過常務董事會之合法議決、未經過董事會之議決。基上，公訴人執此程序以被告沈政棋為國光公司購買本件土地沒有經過國光公司董事會決議，而指其一手主導違背任務部分，尚難認為有據……不論是依前揭評估報告內容或國光公司人員私下瞭解行情之價位，均可見購入本件土地之每坪價格較低，則認縱然未經鑑價而購買本件土地，容有瑕疵，惟難以憑此即遽認被告沈政祺有為違背國光公司委任任務之行為，公訴人所指上情亦非可取。」

盤算後，實無法預估最終拍定之價額爲多少，是否會低於C公司購入之價格，尚難以此認爲被告有使C公司受有損害之犯意[5]。綜上，法院認定本案被告之行爲不構成背信罪之主客觀要件。

◎小結

自上述三則案例可知，公司決策人員未經鑑價而進行不動產交易，不一定就會構成背信罪。法院實務仍會審酌，公司有無規定購入／售出不動產應經鑑價程序、決策者是否（應）知悉其爲公司購入／售出不動產應經鑑價程序、交易價額與市價有無明顯出入、決策者是否有取得公司內部之授權，及決策者雖未經鑑價，但事前是否有經其他價格評估等因素，綜合判斷該決策者有

5　臺灣高等法院100年度上易字第1881號刑事判決：「公訴人固以前揭資治公司、中科事務所鑑估本件土地之價額爲1億8,000餘萬元及臺中地方法院公告第2次拍賣之底價爲1億6,000萬元等爲據，指以被告沈政棋代表國光公司購買本件土地之2億2,000萬元價格過高，致國光公司受到至少4,000萬元之損害。惟資治公司、中科事務所鑑估本件土地之價額雖爲1億8,000餘萬元，然本案現存卷證資料內，另有咸名事務所、正心事務所鑑估本件土地之價額爲2億4,000餘萬元、2億6,000餘萬元，詳如前述，並有各該公司、事務所出具之鑑價報告書、估價報告書在卷足佐，而公訴人未論及上開咸名事務所、正心事務所對於被告沈政棋有利之鑑價結果，逕採取上開資治公司、中科事務所對於被告沈政棋不利之鑑價結果而指述上情，自難認爲公允可採。另臺中地院公告本件土地之第2次拍賣底價爲1億6,000萬元乙節，已如前述，然查，法院所核定、公告金額係『底價』而非最高價，亦非本件土地之拍定價格，一般法院執行拍賣程序時，因標的物之價值、投標者多寡、競標程度等變動因素之參雜，再經過不同投標者之組合、盤算後，最後拍定之價格常非屬所得以預料之結果，高於低價許多，亦無違交易常情，既然法院公告之拍賣底價毫無上限可預期，本案公訴人直指國光公司向臺中地院投標拍定本件土地之價格，將落在1億8,000萬元之價位，再憑此核算該虛擬價格與2億2,000萬元之價差後，認定國光公司受到至少4,000萬元之損害，要屬無足憑採。職是，公訴人徒以被告沈政棋代表國光公司購買本件土地之總價格超過臺中地院第2次拍賣之底價、資治公司、中科事務所之鑑價，即謂被告沈政棋所爲具有背信之犯意，並使國光公司受到至少4,000萬元之損害，尚難認有據。」

無不法意圖，以及決策者之行為有無違背其任務等，也就是說，案情細節將大大影響結果，尚難一概而論。

18

員工利用職務上機會獲取之資訊，搭公司便車而獲利，該員工是否可能構成背信罪

黃新爲

員工在執行公司任務時，常有機會接觸到公司內部第一手資訊，包括但不限於產品價格、公司未來投資開發案，並得接觸公司客戶等。若有員工利用職務上機會獲取之資訊，搭公司便車而獲利，例如：員工知悉公司要以特定價格購買某檔股票後，搶先以較低之價格向他人購買該檔股票，再賣給公司賺取其中價差等情形，該員工是否可能構成背信罪？

關鍵字：職務上機會、公司內部資訊、獲取私益、背信罪

◎法院見解

1. 法院認定構成背信罪的情形

※案例一

以臺灣高等法院102年度上易字第2046號刑事判決爲例，該案被告爲A公司之廠長兼業務，其與A公司間所簽從業道德守則

規定：「介紹案場給經銷商或競爭對手是明顯的違法行為」，且該公司並屢於開會時宣傳，員工不可私自介紹案件給競爭對手。惟被告利用其於拜訪A公司客戶時，得知客戶有意購買特定型號之機型，但A公司並未出售該型號之產品，故私自以第三人之名義，代客戶向A公司之競爭對手B公司訂購該型號之產品，再將產品轉售給該名客戶。法院認定，客戶之所以選擇購買B公司之產品，主要基於價格考量，因此A公司之產品與B公司之產品為相類之競爭性產品[1]，被告利用其擔任A公司業務之機會，違反規定向A公司之競爭對手購買產品再轉賣給客戶，已違背其任務，並造成A公司之損害，其行為係犯刑法第342條第1項之背信罪[2]。

※案例二

於臺灣高等法院104年度上易字第1037號刑事判決一案，被告為C公司橡膠事業處之課長，負責C公司對臺灣與大陸地區橡膠銷售業務。被告利用其職位可以即時得知C公司所販售熱可塑性橡膠之價格變動，且得以高於公司底價之價格出售產品等權限，在產品漲價前，搶先透露C公司將漲價之訊息給其客戶，以

---

[1] 臺灣高等法院102年度上易字第2046號刑事判決：「且證人簡秋茂亦證稱：那時臺灣靜電公司要調整價錢，客戶認為太貴，且又指定要該型號，所以我才會希望沈傳翔幫我去向其他廠商買。主要判斷基準還是依據價錢跟利潤及大陸製或臺灣製。（問：如果臺灣靜電公司靜電機臺價格調降，是否會改變臺灣靜電公司機臺，而非瀚鴻公司？）要看以價錢為導向或功能為導向，因為我是中盤商，所以是以價錢為主要導向（見102年度偵續字第18號卷第18頁）。故簡秋茂購買瀚鴻公司之產品，主要係基於價格之考量，顯見二公司之機型為相類之競爭性產品，被告沈傳翔以全國靜電公司之名義購買並轉售瀚鴻公司之產品，自將損害臺灣靜電公司之利益。」

[2] 刑法第342條：「（第1項）為他人處理事務，意圖為自己或第三人不法之利益，或損害本人之利益，而為違背其任務之行為，致生損害於本人之財產或其他利益者，處五年以下有期徒刑、拘役或科或併科五十萬元以下罰金。（第2項）前項之未遂犯罰之。」

及產品目前之底價，客戶因此可以在C公司產品漲價前，用較接近底價之價格多購入貨物，客戶並給予被告一定之佣金，做為被告提供漲價訊息之對價。法院認定，C公司所提供之產品底價，只是授權給公司業務提供報價之基準，但各區域負責人應基於市場漲跌、同業競爭等即時、突發狀況，為C公司牟取成交之最大商業利益；又只要被告所出售之價格高於授權之底價，被告具有報價及出貨等實質決定權，因此被告屬於「為他人處理事務之人」，並非毫無權限；再者，被告透露授權底價給客戶，已經違背被告原應以自由價格競爭，為C公司爭取利潤最大化之銷售任務之行為，其行為非但有損於C公司之商譽，且使公司受有營業收入之損失[3]，故被告透露底價等行為已成立背信罪。

2. 法院認定不構成背信罪的情形

※案例一

事實

於臺灣高等法院 97年度金上更（一）字第2號刑事判決一案，被告擔任D公司承銷部副總經理。其於88年12月間，得知有第三人欲以每股新臺幣（下同）6萬8,000元之價格出售證交所

---

[3] 臺灣高等法院 104年度上易字第1037號刑事判決：「被告所透露與邵惠石者，係較接近於李長榮公司核定之授權底價，而屬違背其以自由價格競爭為李長榮公司爭取利潤最大化之銷售任務之行為；而被告以此違背任務之行為，降低揭偉公司購買李長榮公司橡膠製品之進貨成本，相對即減少李長榮公司橡膠製品之售價。按購貨者願意給付回扣與銷貨公司之職員，自當希望能以最低價格成交，再將其因而多獲得之利益分一部分予銷貨公司之職員，則銷售公司因其職員收取回扣，致其所售之貨物，因購貨人需另給付回扣予銷售公司之職員，因而受有至少相當於回扣數額之營業收入損失。被告從中抽取每噸5至10美元不等之回扣，所為非但使李長榮公司商譽受損，亦使李長榮公司受有至少相當於邵惠石支付於江鴻達回扣數額之營業收入損失，而受有財產上之損害，顯已致李長榮公司受有財產及利益上損害無訛。」

股票，被告因此向D公司負責人表示，可以每股8萬8,000元之價格，買入1,500股之證交所股票。之後，被告便以人頭戶向第三人以每股6萬8,000元之價格購入1,500股之證交所股票，並將該等股票以每股8萬8,000元之價格轉售給D公司，而賺取其價差。

法院認定被告之行為未違背任務

由於被告之工作職務範圍不包括為D公司購買股票之業務，且D公司決定以每股8萬8,000元之價格購買證交所股票，是經由公司董事會決議通過，被告未出席D公司該次董事會，且亦非公司董事，法院因此認定董事會購買股票之決定，並非被告執行任務干預、影響之結果。D公司雖曾揭露，公司有意投資購買證交所之股票，但法院認定，D公司此舉動只是廣開相關股票買賣訊息之蒐集、提供，即使被告事先知悉公司之投資方向，仍不會因此負有處理購買證交所股票之任務。D公司董事長雖曾指示被告與另一名員工，共同辦理本案證交所股票買賣之交割、付款，但被告已經依董事會決定之價格，完成本案股票之交割、付款事宜，就此部分被告亦無違背公司委託之任務[4]。

法院認定D公司並未受有損害

法院認定D公司購入本案股票之數量、價格，並非依被告之詢價結果，而是經過公司內部之鑑價及評估，且D公司購買股票

---

[4] 臺灣高等法院97年度金上更（一）字第2號刑事判決：「犇亞公司擬購買證交所股票，係由主導該公司投資之證人陳智亮與承銷部、自營部討論，公司原有意投資購買證交所股票消息之披露，無非廣開相關股票買賣訊息之蒐集、提供，尚難認以被告丙事先知悉公司投資方向，即負有處理購買該股票之任務。是被告丙向公司董事長陳智亮報告本件證交所股票之買賣機會及其價格，並非基於處理事務之資格，犇亞公司是否購買，價格為何，應由董事會決定，堪信為真。又犇亞公司董事會決定購買證交所股票之後，雖曾由董事長陳智亮指示被告丙與犇亞公司廖述國共同辦理本件證交所股票買賣之交割、付款，惟被告丙既依董事會之決定價格買進1,500股、每股8萬8,000元之決議完成交割、付款事宜，就此交割、付款部分，其本身並無違背公司委託任務之可言。」

之後，並未受有損失，該等股票之價格反而大漲，法院因此認為，被告之獲利是因為其湊巧知道有第三人要以較低價格賣出證交所股票之結果，被告隱匿正確消息，未讓公司獲得更多利潤，道德上雖不足取，但尚不構成背信罪[5]。

※案例二

事實

於臺灣高等法院 97年度上重訴字第36號刑事判決一案，被告為E公司之董事長，其知悉E公司將購入某處土地開發，遂事先低價購入該處之土地，將該等土地過戶至數位人頭買主之名下，之後再由鑑價公司鑑定該等土地開發完成後之價值，並將該等土地以高價轉售給E公司，賺取其間價差。

法院認定被告主觀上無不法意圖

法院認定：被告所購入之土地原有土地產權複雜、各土地形狀零碎不完整，及包含山坡地等不同地目而需申請變更用途等情形，被告付出諸多努力、時間及費用取得各零碎土地，將之整合為大面積且形狀方整之土地，變更地目並為相關使用申請，使之適於E公司變更為遊憩用地加以開發之目的後，再將該等土地一併移轉給E公司。因此，被告出售土地給E公司之價差，應包括其整合土地所付出之行政成本等，尚屬合理。至於被告將該等土地均登記於人頭買主之名下，則是因為該等土地有部分原屬於農地，因此被告將該等土地登記在有自耕農身分之人頭買主名下，被告沒有任何不法意圖。綜上，法院認定被告之行為並無使自己

---

[5] 臺灣高等法院97年度金上更（一）字第2號刑事判決：「被告丙雖因本件轉賣股票過程之中獲利，惟係適遇被告乙告以轉售機會之結果。本件證交所股票屬未上市股票，既無上市價格，犇亞公司購買上開證交所股票之後曾經大漲，尚無法證明犇亞公司因此受有損失，被告丙任職犇亞公司隱匿正確消息從中謀利，未讓公司賺取更多利潤，於道德上固不足取，惟所為尚難認與背信罪之構成要件相合。」

獲得不法利益，或損害E公司之意圖[6]，並不構成背信罪。

◎小結

綜上可知，員工（或董事）利用職務上機會獲取之資訊而獲利，有多種可能之行為態樣，並非只要員工因為得知公司內幕消息，並藉此獲取利益，就會構成背信罪。法院尚會考量該名員工實際上負責之業務範圍，與其藉由公司資訊獲利之行為間，是否有所衝突，以及員工所獲取之利益，是否屬於合法之利益，公司是否確實因為該員工之行為受損等多種面向，綜合判斷員工之行為是否構成背信罪。

---

[6] 臺灣高等法院97年度上重訴字第36號刑事判決：「綜上所述，公訴意旨並未指明附表一所示各筆土地合理交易價格為何，亦未考慮附表一土地另與其他土地整合後始轉售於澎湖灣公司，尚包含被告整合眾多土地所有人所應付出之成本、變更地目所需之行政手續成本在內。爰參考中國不動產鑑定公司鑑定之土地開發經濟價值、誠泰商業銀行設定抵押權金額，認為附表一所示轉售於澎湖灣公司之價格，並無明顯不合理之現象。此外，被告將土地先過戶予楊清立、許順天等人，係考量農地所有人須具備自耕農身分，或整合土地必要，亦無不法意圖可言。從而，被告所為附表一所示之土地買賣行為，實難遽認有何意圖自己不法利益、損害澎湖灣公司利益之背信犯行。」

19
房屋仲介公司員工將仲介案件轉由其他房仲公司承辦、或不經房仲公司而私下搓合交易,導致房仲公司未能收到仲介費用,員工是否可能構成背信罪

黃新爲

房屋仲介公司之經紀人,多能第一線接觸到公司之客戶,並知悉各種房屋交易之商業機會,若經紀人私下將仲介之案件轉介由其他房仲公司承辦、或不經房仲公司而私下搓合交易,將可能導致房仲公司失去交易機會而未能收取仲介費用,經紀人是否可能構成背信罪?

關鍵字:房屋仲介、私下交易、仲介費、不動產經紀業管理條
　　　　例、背信罪

◎法院見解

1. 法院認定構成背信罪的情形

※案例一

　　於臺灣高等法院103年度上易字第1845號刑事判決一案，甲、乙、丙三位被告均為A公司之不動產經紀營業員，為A公司處理仲介不動產之買賣、租賃等事務，其等於為A公司服務期間，個別有未經由A公司，私下交易不動產之行為，並經檢察官提起公訴，但只有被告甲之部分行為遭法院認定符合背信罪之構成要件，以下先介紹有罪部分之事實，無罪部分請見第2項下案例一的說明。

　　本案被告甲之友人向其表示有一棟位於桃園市的房屋（下稱系爭房屋）欲出租，私下委託被告甲代為留意系爭房屋出租事宜。後來，有一位急需承租桃園市房屋的客戶，因為看到A公司之廣告看板而聯繫被告甲，希望透過A公司承租房屋，被告甲未將A公司其他位於桃園市之物件介紹給客戶，反而是將系爭房屋介紹給客戶承租。法院認定，背信罪所謂「致生損害於本人之財產或其他利益」之要件，包括使公司現存財產減少（積極損害），以及妨害公司財產增加，例如公司未來可期待利益之喪失等（消極損害）[1]，被告甲將系爭房屋介紹給客戶，使浩信公司

---

[1] 臺灣高等法院103年度上易字第1845號刑事判決：「但財產權益，則涵義甚廣，有係財產上現存權利，亦有係權利以外之利益，其可能受害情形更不一致，如使現存財產減少（積極損害），妨害財產之增加，以及未來可期待利益之喪失等（消極損害），皆不失為財產或利益之損害（最高法院87年台上字第3704號刑事判決意旨參照）。查，證人黃麗如斯時急需承租房屋，業據被告游振福於原審法院審理中供承在案（見103年易字第249號卷第89頁正面）；參以證人黃麗如僅前往系爭房屋看屋，隨即表示承租之意，顯見其確實急於承租房屋；基此，被告引介、帶同證人黃麗如至未委託浩信公司出租之系爭房屋，足使浩信

因此喪失「原本可能為該客戶找得承租房屋而得獲取服務費」之可期待利益，且被告甲明知此行為將使A公司受損仍執意為之，具有故意，因此被告甲之行為係犯刑法第342條第1項之背信罪[2]。

※案例二

於臺灣高等法院高雄分院102年度上易字第900號刑事判決一案，被告丁、戊二人分別為B公司之經理及經紀營業員，依不動產經紀業管理條例第16條規定，其等任職B公司之期間，不得為自己或他經紀業執行仲介或代銷業務。但被告等於任職B公司期間，**私下另以被告等所屬公司之名義**，將客戶委託B公司代為銷售之土地（下稱系爭土地），仲介給B公司的委買客戶，完成系爭土地之買賣交易，並向該二位客戶收取佣金。法院認定，被告等曾受不動產仲介經紀教育機構相關培訓，並領有不動產經紀營業員證明書，就不動產經紀業管理條例第16條規定[3]有所知悉，竟仍「為自己」執行仲介或代銷業務[4]，已違背職務並侵害B

房屋喪失可期待利益之『替證人黃麗如尋找承租房屋而獲取1個半月租金金額服務費之報酬』，因而受有利益之損害，自毋庸置疑。」

[2] 刑法第342條：「（第1項）為他人處理事務，意圖為自己或第三人不法之利益，或損害本人之利益，而為違背其任務之行為，致生損害於本人之財產或其他利益者，處五年以下有期徒刑、拘役或科或併科五十萬元以下罰金。（第2項）前項之未遂犯罰之。」

[3] 不動產經紀業管理條例第16條：經紀人員應專任一經紀業，並不得為自己或他經紀業執行仲介或代銷業務。但經所屬經紀業同意為他經紀業執行業務者，不在此限。

[4] 臺灣高等法院高雄分院102年度上易字第900號刑事判決：「上開條例第16條不動產經紀人員禁止就業規定，係為管理不動產經紀業，建立不動產交易秩序，保障交易者權益，促進不動產交易市場健全發展所訂立，因此不動產經紀人員在不動產經紀業之公司或商號任職期間，只能為『所屬公司或商號』或『經所屬公司或商號同意為他經紀業』（同條但書法文參照）執行仲介或代銷業務外，均不得為『自己』執行仲介或代銷業務。此不得為『自己』執行仲介或代銷業務規定之對象，並不分係所屬公司（商號）委託件或非所屬公司（商號）

公司之利益，故均構成背信罪。

　　此外，被告戊雖嗣後歸還其取得之佣金，但法院認定，被告戊私自執行本件仲介、簽約、收佣金等行為，已產生損害於所屬公司可收佣金利益之結果，其嗣後歸還佣金則屬於犯後態度之問題，並不影響背信罪之成立[5]。

2. 法院認定不構成背信罪的情形

※案例一

　　於臺灣高等法院103年度上易字第1845號刑事判決一案，甲、乙、丙三位被告均為A公司之不動產經紀營業員，為A公司處理仲介不動產之買賣、租賃等事務，其等於為A公司服務期間，分別為下列行為，而經法院認定無罪：

委託件（指個人件）而有不同，若有違反即屬違背職務之行為。又刑法背信罪所謂不法利益，係指自己或第三人在法律上不應取得之利益，且與本人利益所受之損害具備間接關係而言。查被告李國亮、柯麗霞於99年12月間均任職於告訴人東森○○不動產公司擔任經紀營業員之職務，李國亮兼任經理亦為公司之股東，渠等均曾參與不動產仲介經紀教育機構研習受訓，而領有不動產經紀營業員證明書，為渠等自承（本院卷第149、150頁），對上開規定自應知之甚詳。」

[5]　臺灣高等法院高雄分院102年度上易字第900號刑事判決：「刑法第342條第1項之背信罪為結果犯，本件被告柯麗霞隱匿私自執行本件仲介、簽約、收佣金等情，對所屬公司而言係違背其任務之行為，且其於100年2月25日收受佣金，隨即於100年2月27日及3月1日接續將帳戶佣金幾乎提領用罄，已彰顯其所為主觀上有不法利益之意圖，及致生損害於所屬公司可收佣金利益之結果，應已該當背信既遂要件甚明。至被告柯麗霞犯罪完成後，因事情曝光已不可免，始於100年4月22日向公司告知系爭土地已出售，並於4月25日退回相當買方56萬元佣金及辭職負責之行為，僅係犯罪後態度之問題，乃無卸於本件背信犯罪之成立。」

(1) 被告乙私下售屋給被告丙部分

事實

　　被告乙自其母親得知屋主要出售房屋（下稱系爭房屋），遂前往與屋主接洽仲介賣屋事宜，並將此事記載為公司日報表之工作內容。惟經接洽後，該屋主明確表示，不想找仲介公司處理本件售屋事宜。爾後，被告乙帶同被告丙與屋主洽談，最後由被告丙自己向屋主購買系爭房屋，但卻未透過浩信公司進行系爭房屋之買賣，使A公司無法收取本件仲介費用。

法院認定被告乙及被告丙主觀上無不法之意圖，且A公司未受損害

　　系爭房屋之屋主自始向被告乙表明，他要自己出售系爭房屋，不想找仲介公司，法院因此認定，系爭房屋之出售，對於A公司本來就沒有任何經濟上之利益可圖[6]。再者，被告丙向屋主購買系爭房屋是為了自住，法院認為，如果只因為被告丙任職於A公司，就要求被告丙在任職期間，均須透過A公司購買房屋，顯然違背常理[7]。且被告丙並沒有任何阻止屋主將系爭房屋委由A公司出售之行為，而是屋主自己本來就不想找仲介公司，法院因此認定，被告丙只是單純經由被告乙之介紹購買系爭房屋，被告乙及被告丙均無使公司受損之不法意圖，且A公司本來就賺不到這筆仲介費，也沒有因為被告乙及被告丙之行為受有損害，因此不成立背信罪。

---

[6]　臺灣高等法院103年度上易字第1845號刑事判決：「本院審酌被告徐逸鴻先前與證人蔣三寶接洽時，證人蔣三寶既明確表示『不委任予浩信公司出售』等情，自難認證人蔣三寶之出售前開正康三街房屋之行為，對浩信公司有何經濟上之利益或不利益可言；更遑論有『致生損害於浩信公司原迨交易成立時得以收受之10萬2,000元服務報酬利益』之可能。」

[7]　臺灣高等法院103年度上易字第1845號刑事判決：「是審酌縱被告郭錕達係於浩信公司任職，然若認被告郭錕達於任職期間欲購買房屋，均需透過浩信公司為之，顯係悖於情理。」

(2) 被告甲私下介紹買家給被告乙部分

事實

　　被告甲原先要帶買家去看某間A公司代為銷售之房屋，但由於屋主不在家，剛好被告乙的家人住在同一棟大樓，所以被告甲就帶買家到被告乙家人的房子去參觀該大樓房屋之格局。爾後，買家決定改向被告乙購買被告乙家人的房子（下稱系爭房屋），被告乙便私下將系爭房屋出售給買家，且未透過A公司進行本件買賣，使A公司無法收取本件仲介費用。

法院認定被告甲及被告乙主觀上無不法意圖，且A公司未受損害

　　被告甲是因為原本要帶買家看A公司代銷之房屋，但該屋主不在，為避免買家白跑一趟，被告甲才偕同買家去參觀位於同一大樓被告乙的房子，以確定房屋之格局；至於，買家之後決定改向被告乙購買系爭房屋，並非被告甲所得預料，且被告甲雖然代買家詢問被告乙有無出賣之意願，但並未收取仲介費，被告甲或可能是出於雙方情誼，或希望藉此人情換取未來更多業績，且買家本來就可以自由選擇要不要透過仲介公司代尋房屋，法院因此認定被告甲並無損害A公司，或圖利買家之不法意圖[8]，不構成

---

[8]　臺灣高等法院103年度上易字第1845號刑事判決：「購屋者本得任意尋找房屋仲介公司看屋，且購屋者亦有選擇買與不買、是否經由房仲公司購買之自主權限，則證人呂曹美月對於與浩信公司簽立不動產專任委託契約書之上開9樓房屋並不滿意，而欲購買系爭房屋，亦非被告游振福所得預見及加以干涉。又證人呂曹美月既已明確表示不欲購買9樓房屋，則斯時被告游振福於知悉，浩信公司已無法賺取販售9樓房屋時所得之服務費報酬，則於證人呂曹美月央求下，或基於朋友情誼，或者基於欲藉由此次服務證人呂曹美月，希冀將來證人呂曹美月得提供其更多業績之情形下，遂替證人呂曹美月代為磋商購買系爭房屋，實難推認被告游振福有何故意損害浩信公司利益之意圖。……又證人呂曹美月既本得自主決定購買何間房屋，則被告游振福應其要求代為與被告徐逸鴻洽談購屋事宜，實無從認定被告2人有何為證人呂曹美月不法利益之意圖，又證人呂曹美月並未支付被告游振福任何仲介費用，已據證人呂曹美月證述明確如前，另被告徐逸鴻既僅係詢問家人後，將其家人所有之系爭房屋出售，是亦難認被告游

背信罪。

　　至於被告乙的部分，由於系爭房屋為被告乙之家人所有，法院認定，被告乙之家人本來就可以自由選擇要不要透過仲介公司完成本件交易，若只是因為被告乙任職於A公司，則被告乙之家人就只能透過A公司出售房屋，顯然悖於情理[9]，因此被告乙亦無不法意圖，不構成背信罪。

※案例二

事實

　　於臺灣高等法院高雄分院105年度上易字第220號刑事判決一案，被告為某公司C加盟店之房屋經紀人員，其負責接洽該加盟店一位買家購買一處高雄市房屋（下稱系爭房屋）之事宜，但後來竟將買家轉介到D加盟店，之後並由D加盟店將系爭房屋出售給買家，使C加盟店失去賺取此筆仲介費之機會。

法院認定被告並非「為他人處理事務之人」

　　依被告與C加盟店間之契約約定，被告因業務需要之貨品及款項均由乙方全權負責，被告之勞健保及其他一切費用應自行負擔，且實際上被告就不動產經紀業務之履行時間、方法、地點，具有獨立之自主性，C加盟店並無支付被告底薪，只在房屋成交時才支付報酬給被告，法院因此認定被告與C加盟店間之關係為承攬關係，被告並非為C加盟店處理事務之人[10]，不符合背信罪

振福、徐逸鴻有何為自己不法所有利益之意圖。」

[9]　臺灣高等法院103年度上易字第1845號刑事判決：「被告徐逸鴻除未積極勸說，亦未有何攔阻證人呂曹美月購買前揭9樓房屋之舉止，反係證人呂曹美月主動表示欲購買之情，業如前述，則若僅認被告徐逸鴻於浩信公司任職，其家人即不得出售系爭房屋抑或需委任浩信公司始得出售，亦顯係悖於情理。」

[10]　臺灣高等法院高雄分院105年度上易字第220號刑事判決：「本件被告於相關不動產經紀業務之履行時間、方法、地點，具有獨立之自主性，永慶巨蛋店是否給付報酬，端視被告是否成交之結果為據，給付勞務本身不過為達成契約目的

之要件。

法院認定被告主觀上無不法意圖，且C加盟店未受損害

本件買家因為C加盟店要求買家支付系爭房屋之斡旋金，並邀請買家出價新臺幣（下同）660萬元，買家已無意願再與C加盟店商談，且買家亦未與C加盟店簽訂任何委任契約，法院因此認定，買家本來就可以自由透過各種管道對各仲介公司，就引起興趣之房屋（及系爭房屋）多方探詢，被告主觀上認定C加盟店之交易已經無法達成，因此引介買家其他管道，並未降低或減少買家對C加盟店所提出委賣條件之締約機會，且本件訂約機會隨時可能失去，系爭房屋之仲介交易費並非屬於C加盟店預期可得之利益，因此被告之行為不具不法意圖，且沒有損害C加盟店之利益[11]，自不構成背信罪。

之手段，不具對價性，且被告提供勞務係為自己事業之經營而獨立招攬業務，自行負擔風險，此由被告與永慶巨蛋店所簽立之契約第9、10條明定『乙方（即被告）因業務需要所進出款項或物品均授權乙方全權負責辦』、『乙方之勞健保及其他一切費用由乙方自行負擔』等文字（見偵一卷第3頁），可知被告並非依附於永慶巨蛋店，難謂兩造間有經濟上從屬性，是並非僱傭關係；另被告若招攬不成，則無法取得任何報酬乙情，業據被告陳明：我在永慶巨蛋店上班沒有領底薪，只能成交時才能與永慶巨蛋店拆算獎金等語在卷（見本院卷第68頁），且有永慶巨蛋店之業務規章存卷可憑（見偵一卷第123至127頁），此與受任人只要從事委任事務之處理，不論結果如何，均可自委任人處獲取報酬亦不相同，是以被告與永慶巨蛋店間之契約雖名為委任契約書，其性質應非委任關係，而係承攬關係，堪以認定。從而被告與永慶巨蛋店訂約後，為永慶巨蛋店為不動產之經紀業務，仍屬於自己之工作行為，並非為他人處理事務，核與背信罪之要件已有不符。」

[11] 臺灣高等法院高雄分院105年度上易字第220號刑事判決：「曹秀英居於買方地位，並未與任何仲介公司簽訂委買契約或其他類似性質之契約，非如吳宗達受限於委賣契約，自可透過各種管道對各仲介公司，就引起興趣之房屋多方探詢，而就與永慶巨蛋店之間關係而言，尚屬單純探詢價格狀態，此由證人曹秀英證稱：就系爭房屋有向多家仲介詢價，亦同時有在考慮另一間其他仲介介紹的房屋等語自明（見偵一卷第177至178頁），則曹秀英與永慶巨蛋店間，甚至尚未下斡旋金，而僅係單純表示興趣探詢價格狀態，自難認曹秀英與永慶巨蛋

◎小結

綜上可知，員工將案件轉介到其他仲介公司，或私下撮合
交易，並不見得會構成背信罪，法院尚會考量，仲介公司是否有
預期可得之利益，該仲介案件原先交涉之情況（是否已接近成交
等），員工與仲介公司間是否有僱傭關係，以及客戶自由選擇仲
介公司之權利等情形，多方面判斷員工之行為是否構成背信罪。

店間就買受系爭房屋一案已近成交狀態，亦難認曹秀英與永慶巨蛋店已成立居
間契約，是以公訴人指訴曹秀英為永慶巨蛋店之客戶，被告造成永慶巨蛋店損
失仲介服務費38萬4,000元云云，難認有據。」

20

房屋代銷公司員工將代銷之房屋以低價賣出，或將底價透露給他造，損害業主之利益，員工是否可能構成背信罪？

黃新爲

　　房屋代銷公司之員工可以得知客戶出售房屋之底價，甚至提供客戶建議，主動要求客戶降低底價。若有員工將代銷之房屋以較低的價格賣出，或將底價透露給他造，使他造有機會以接近底價的價格購入代銷之房屋，損害業主之利益，員工是否可能構成背信罪？

關鍵字：房屋仲介、洩漏底價、損害業主利益、背信罪

◎**法院見解**

1. 法院認定構成背信罪的情形

※案例一

　　於臺灣高等法院102年度上易字第510號刑事判決一案，二位被告均爲A公司之經紀營業員，負責居間仲介銷售本案屋主委

託A公司銷售之房地（下稱系爭房屋）。民國（下同）99年1月3日，買家甲同意以新臺幣（下同）2,260萬元之價格購買系爭房屋，並於同日簽署買賣議價委託書，但在屋主同意出售系爭房屋與買家甲前，另有買家乙同意以2,500萬元之價格購買系爭房屋。被告等考慮買家甲買屋之目的是要短期投資，相較於買家乙是為了長期自住，若系爭房屋賣給買家甲，被告等有機會在短期內再次居間仲介而獲利，因此向屋主隱瞞買家乙之出價，謊稱2,260萬元是最高的報價，而將系爭房屋出售給買家甲。法院認定，被告等與屋主簽訂委託銷售契約書，被告等屬於為屋主處理事務之人[1]，且雖然買家甲先對系爭房屋出價，但在系爭房屋之買賣契約尚未成立前，被告等仍應盡善良管理人之注意，將買

---

[1]　臺灣高等法院102年度上易字第510號刑事判決：「鄧寧川及鄧韻川等人於98年10月22日，以2,500萬元為委託銷售價格，委託住瑞公司居間仲介、銷售本案房地，並簽署專任委託銷售契約書，委託銷售期間自98年10月22日至99年1月31日，由被告宋銘賢擔任經紀人、被告位品鋒擔任經紀營業員，而依該契約書第7條『受託人之義務』第1項約定：『受託人受託處理仲介事務應以善良管理人之注意為之。』第5項約定：『如買方簽立要約書，受託人應於24小時內將該要約書轉交委託人，不得隱瞞或扣留。』第6項約定：『受託人應隨時依委託人之查詢，向委託人報告銷售狀況。』等情，有98年10月22日專任委託銷售契約書影本（編號：A853098號）1份在卷可參（見原審卷一第51頁至第54頁）。又依告訴人高慧媛所簽署之買賣議價委託書暨確認書（編號：M473375號），其中確認書所載『買賣議價委託書（如右頁所示）主要內容包括』欄位第1條亦約定：『載明您提出議價的主要內容，由經紀業者轉達給賣方』，且告訴人高慧媛並開立票據號碼為0000000號、票面金額為20萬元之支票作為斡旋金等情，亦有該份買賣議價委託書暨確認書影本1份及支票影本1紙附卷可佐（見原審卷一第135頁至第136頁、他字卷第34頁）。是被告宋銘賢、位品鋒為本案房地之經紀人及經紀營業人，經鄧寧川、鄧韻川等人及高慧媛分別簽署前開委託書後，即有受告訴人等之委託為本案房地之買賣仲介或居間等事務之處理，自應依前開各該契約書或委託書所載條款之規定，以善良管理人之注意負責仲介、銷售本案房地，並應於24小時內交付任何買方所簽署之要約書，且於鄧韻川等人查詢時，詳實報告銷售狀況；被告宋銘賢亦應將告訴人高慧媛之出價據實轉達予鄧韻川等人，均屬為鄧韻川等人及告訴人高慧媛處理事務之人無疑。」

家乙之報價告知屋主[2]，被告等因為有再次仲介系爭房屋之可能性，向屋主隱瞞買家乙之出價，屬於違背任務之行為，且使屋主受有價差之損害，因此被告等之行為構成刑法第342條第1項之背信罪[3]。

※案例二

於臺灣臺中地方法院103年度訴字第195號刑事判決[4]一案，被告丙、丁二人分別為B公司之實際負責人及業務員，B公司受屋主委託代為銷售臺中市一處房地產（系爭房屋），委託銷售之價格為1,480萬元。爾後，被告丁將系爭房屋介紹給其女友之家人，被告丁女友之家人表示願意出價1,360萬元，於是，被告丙、丁二人，共同前往請屋主降低系爭房屋之委託銷售價格，屋主同意降為1,360萬元，買賣雙方交易價格達成合致。詎料，被

---

[2] 臺灣高等法院102年度上易字第510號刑事判決：「鄧韻川等人與黃新民雙方之買賣契約，當至鄧韻川等人均簽署上開買賣議價委託書後始告成立。是就前情以觀，自99年1月3日黃新民簽署買賣議價委託書至告訴人鄧韻川等人同意並簽認於該議價委託書前，本件房地買賣契約仍未成立，則被告宋銘賢、位品鋒身為本件房地買賣契約之仲介業者，仍須盡其善良管理人之注意，於24小時內交付任何買方所簽署之要約書，並於鄧韻川等人查詢時，詳實報告銷售狀況……告訴人高慧媛既於99年1月4日晚間8時許，以較黃新民所提2,260萬元為高之2,500萬元價額簽署買賣議價委託書，則被告宋銘賢、位品鋒為鄧韻川等人及告訴人高慧媛之經紀人及經紀營業員，本應於99年1月5日上午10時許鄧韻川等人為同意出售之簽署前，將告訴人高慧媛出價較黃新民為高，且符合鄧韻川等人就本案房地所訂底價之事實，詳實告知鄧韻川等人，竟未予告知，甚而經告訴人鄧韻川等人於簽署前一再詢問是否有更高出價之際，仍表示無其他出價等語，已然屬違背任務之行為至明。」

[3] 刑法第342條：「（第1項）為他人處理事務，意圖為自己或第三人不法之利益，或損害本人之利益，而為違背其任務之行為，致生損害於本人之財產或其他利益者，處五年以下有期徒刑、拘役或科或併科五十萬元以下罰金。（第2項）前項之未遂犯罰之。」

[4] 臺灣臺中地方法院103年度訴字第195號刑事判決關於背信部分之判決（即案例二所介紹之部分），經臺灣高等法院臺中分院104年度上訴字第727號刑事判決予以維持。

告丙、丁二人等在議價過程發現，屋主似乎尚有折價空間，竟隱瞞已有買家（即被告丁女友之家人）出價1,360萬元之事實，再次要求屋主降價爲1,350萬元，最終因屋主拒絕降價而未達成此筆交易。法院認定，被告等之行爲，已經違背其等與屋主間簽訂之不動產專任委託銷售契約書約定，且是爲了使買家獲得以較低價格購入系爭房屋之利益，妨害屋主財產之增加[5]，嗣後雖因屋主拒絕降價而交易未成立，但被告等之行爲已構成背信未遂罪。

2. 法院認定不構成背信罪的情形

※案例一

事實

於臺灣高等法院102年度上易字第2571號刑事判決一案，二位被告分別爲C公司之代銷部經理及約聘人員，負責代銷D公司某建案之預售屋（下稱系爭房屋）。被告等將系爭房屋以低於該樓層平均單價之價格，出售給C公司之其他同事，但D公司及時發現被告等之承銷價格偏低，遂終止代銷，使被告等無法取得

---

[5] 臺灣臺中地方法院103年度訴字第195號刑事判決：「買賣議價委託書雖僅爲仲介業者與買方間之約定，未如同要約書般有立即轉交予賣方之義務，然於買賣雙方交易價格合致時，仲介業者仍應將買賣議價委託書交由賣方簽章同意以成立買賣，並將相關幹旋金轉爲定金之一部分，完成其居間媒介之義務，是被告黃坤安、吳宗益均爲爲告訴人處理事務之人，明知被告陳霈慈已於100年12月19日前某日簽立議價委託書一，出價1,360萬元承購本案房地，故於100年12月23日告訴人簽立修正同意書二下修出售價格爲1,360萬元後，買賣雙方之交易價格已合致，渠等應將被告陳霈慈所簽立議價委託書一交予告訴人簽名確認價格及同意出售以成立買賣，卻僅因委託銷售期限尚未屆至，且於議價過程中，發現告訴人銷售底價可能更低，即由被告陳霈慈另行簽署議價委託書二，使被告吳宗益於被告黃坤安同意下，得持以再向告訴人要求下修出售價格，渠等所爲顯係意圖爲自己不法之利益，且爲使被告陳霈慈以低於交易價格之1,350萬元購得本案房地。而違背與告訴人間契約之義務，妨害告訴人財產之增加，嗣因告訴人拒絕降價，而未能遂渠等犯行。」

該等交易案之佣金。

法院認定被告等並非「為D公司處理事務之人」

告訴人D公司是與被告二人所屬之C公司簽訂代銷房屋之房地業務銷售企劃合約（下稱系爭契約），法院認定被告等並非系爭契約之締約主體，而是受C公司之委任處理本件代銷，因此被告等並非為D公司處理事務之人，與背信罪之構成要件不符[6]。

法院認定被告等並無違背任務之行為

由於系爭契約並無約定C公司有義務為系爭房屋覓得最高出價者，法院因此認定，C公司及被告等只有在超過底價之範圍內出售系爭房屋之義務，並無義務為D公司找尋最高價售出之義務，因此若C公司或被告等自願放棄取得更高佣金之機會，只要系爭房屋是以超過底價之價格售出，被告等即無損害D公司之背信行為。此外，法院認定，不動產經紀業管理條例第16條[7]之規定，其立法意旨是在規範經紀人員應專任一家仲介或代銷業，並非規定避免利益衝突之情事，因此被告等將系爭房屋賣給C公司之同事或自己，也未必違反該規定，且未必構成背信罪。綜上，法院認定被告等之行為不構成背信罪。

---

[6] 臺灣高等法院102年度上易字第2571號刑事判決：「本件依據本件晴海通房地、車位、廣告業務銷售企劃簽訂之代銷房之房地業務銷售企劃合約（下稱本案合約）所載，簽約者甲方係告訴人、乙方則為被告二人所屬之太平洋房屋公司、並非被告二人等情，有前開契約（見他字卷第10至14頁）在卷可查，則依其所訴內容，縱令屬實，則其契約關係亦僅存在於告訴人與太平洋房屋公司之間；告訴人與被告二人間並無任何契約關係，被告處理晴海通房地、車位、廣告業務係基於太平洋房屋公司之約聘、並非告訴人之委任，被告二人自不發生受告訴人委任，而為其處理事務之問題，被告二人既非為告訴人處理事務，是無論圖利之情形是否正當，要與背信罪之犯罪構成要件不符，自不能以背信罪相繩，合先敘明。」

[7] 不動產經紀業管理條例第16條：「經紀人員應專任一經紀業，並不得為自己或他經紀業執行仲介或代銷業務。但經所屬經紀業同意為他經紀業執行業務者，不在此限。」

※案例二

事實

於臺灣高等法院105年度上易字第217號刑事判決一案,被告為E公司之不動產經紀人,其負責處理F公司委託E公司代銷之一處桃園縣土地(下稱系爭土地)事宜,但被告與買家接洽時,竟透露系爭土地之底價給買家,並以底價出售系爭土地給買家。F公司認為被告之行為導致買家不願提高購買系爭土地之價格,有違反背信罪之嫌疑。

法院認定被告並無違背任務之行為

依被告與F公司間之專任委託銷售契約書約定,F公司授權被告於委託期間內,在系爭土地售價超過底價每坪16,000元時出售系爭土地,法院因此認定,被告既是於委託銷售有效期限內,以符合底價之價格出售系爭土地,則被告並無違背任務[8]。再者,本案被告並非在與買家議價過程中洩漏底價,而是在買家出價每坪16,000元而成交,被告準備要向買家收受訂金時,依買家之要求出示F公司之授權書,讓買家確認被告有權利以此價格

---

[8] 臺灣高等法院105年度上易字第217號刑事判決:「本件專任委託銷售契約書,其上記載:委託銷售期限自101年12月14日起至102年6月30日止,立約日期為101年12月14日,簽約人欄並有『黃祺堯』(告訴人)、『曾憲基』(被告)之簽名與印文;本件同意書上記載:『(前言)……因市場商機之難掌握等之原因,避免客戶流失,本人特書修正原房地產專任委託銷售契約書之內容:……二、原契約第四條售權之價格更正為每坪新臺幣壹萬陸仟元整。三、同時授權貴公司在售價壹萬陸仟元以上,自行收受定金,本人無議(下略)。』締約人欄亦蓋立有『黃祺堯』(告訴人)、『曾憲基』(被告)之印文及簽名,立約日期同為101年12月14日。另證人即告訴人黃祺堯於偵查庭證稱:『(本來約定)底價每坪19,000元,……變成每坪16,000元。』、『(同意書載明底價16,000元有何意見?)我當時沒注意就簽了,事後我看同意書才知道。』(他字卷第16-17頁)告訴人黃祺堯既與俊國公司協議訟爭土地賣出底價每坪16,000元,則被告代表俊國公司與買方粘晉瑋在委託銷售有效期限內之102年4月2日,以每坪16,000元之價金出售訟爭土地,無違背任務之可言。」

出售系爭土地，法院因此認定，被告並無洩漏底價之情事[9]，被告之行為並不構成背信罪。

◎小結

綜上可知，房屋代銷公司員工將業主委託之物件用較低之價格出售，或透露代銷房屋之底價給買家，並不見得會構成背信罪，法院尚會審酌業主（即委託人）是否委任員工為其處理事務、或是委任公司為其處理事務、委託契約約定內容、銷售過程中是否確實有買家願意以更高價格購買房屋，但員工隱匿該訊息，及員工以低價出售房屋之動機等，綜合判斷員工之行為有無構成背信罪。

---

[9]　臺灣高等法院105年度上易字第217號刑事判決：「按刑事訴訟法係採真實發現主義，審理事實之刑事法院，應自行調查證據，以為事實之判斷，並不受民事判決之拘束（最高法院56年台上字第118號判例參看）。本件證人粘晉瑋於桃園地院103年度簡上字第5號民事事件，作證表示：『（你要求上訴人訴訟代理人〈即被告〉出示同意書的原因，是為了知悉賣方底價？）不是，因為我不知道賣方出的底價是多少，但我有說我願意以16,000元買。』『（考慮期間）我沒有探詢底價，我只有自己去查訪周遭土地價格。』『（黃祺堯訴訟代理人問：剛剛你說有向上訴人探詢底價，當時上訴人訴訟代理人怎麼跟你說？）他（被告）沒有告訴我底價。』（同民事卷第121-123頁）證人粘晉瑋明確表示，有關每坪土地以16,000元，係買方之出價，被告沒有告知底價之情，本院並參酌其他之證據，認定被告沒有洩漏底價，業如前述，本件不受另案民事判決認定之事實所拘束；又有關證人粘晉瑋在偵查中及原審之證詞及其民事起訴狀內容，不足以作為被告洩漏底價之證據，本院業已說明如前，檢察官提起上訴，就原審依職權為取捨及心證形成之事項，反覆爭執，並未有其他積極證據，供本院調查審認，是其上訴，並無理由，應予駁回。」

國家圖書館出版品預行編目資料

紛爭解決、公私協力、保密與競業／萬國
法律事務所著. -- 初版. -- 臺北市：五
南, 2019.10
　面；　公分
ISBN 978-986-763-694-2（平裝）

1.法律　2.文集

580.7　　　　　　　　　108016176

4U18

紛爭解決、公私協力、保密與競業

作　　者 — 萬國法律事務所

發 行 人 — 楊榮川

總 經 理 — 楊士清

總 編 輯 — 楊秀麗

副總編輯 — 劉靜芬

封面設計 — 王麗娟

出 版 者 — 五南圖書出版股份有限公司

地　　址：106台北市大安區和平東路二段339號4樓

電　　話：(02)2705-5066　　傳　　真：(02)2706-6100

網　　址：http://www.wunan.com.tw

電子郵件：wunan@wunan.com.tw

劃撥帳號：01068953

戶　　名：五南圖書出版股份有限公司

法律顧問　林勝安律師事務所　林勝安律師

出版日期　2019年10月初版一刷

定　　價　新臺幣680元

Copyright © by Formosa Transnational Attorneys at Law